金融科技系列

U0135271

基于 **Python** 的 金融分析与风险管理

畅享版·拓展卷

斯文◎著

Python for Financial Analysis and Risk Management

人民邮电出版社

北 京

图书在版编目（CIP）数据

基于Python的金融分析与风险管理：畅享版. 拓展卷 / 斯文著. -- 北京：人民邮电出版社，2024.7
（金融科技系列）
ISBN 978-7-115-63939-4

Ⅰ. ①基… Ⅱ. ①斯… Ⅲ. ①金融－分析－应用软件
②金融管理－风险管理－应用软件 Ⅳ. ①F83-33

中国国家版本馆CIP数据核字(2024)第053687号

内 容 提 要

Python 是一门以简洁和可读性著称的编程语言，它的易学性使其成为新手和专业人士的首选。Python 提供了丰富的库和框架，广泛应用于数据科学、人工智能、Web 开发等领域。无论你是初学者还是资深开发者，Python 都能满足你的需求。

本书内容共 6 章，围绕期权和风险价值展开讲解，结合期权定价、期权风险、期权交易策略、期权延伸性应用、风险价值等主题阐述了 Python 的实践应用，帮助读者探寻金融大数据分析的新思路。

本书由资深的金融从业者编写，旨在引导读者掌握金融领域的 Python 编程技巧，适合金融领域和金融科技领域的从业者和高校师生学习参考，也适合对 Python 的金融应用感兴趣的读者阅读。

♦ 著　　　　斯　文
　　责任编辑　胡俊英
　　责任印制　王　郁　焦志炜

♦ 人民邮电出版社出版发行　　北京市丰台区成寿寺路 11 号
　　邮编　100164　电子邮件　315@ptpress.com.cn
　　网址　https://www.ptpress.com.cn
　　天津千鹤文化传播有限公司印刷

♦ 开本：787×1092　1/16
　　印张：19　　　　　　　　2024 年 7 月第 1 版
　　字数：472 千字　　　　　2024 年 7 月天津第 1 次印刷

定价：99.80 元

读者服务热线：(010)81055410　印装质量热线：(010)81055316
反盗版热线：(010)81055315
广告经营许可证：京东市监广登字 20170147 号

前言

本书聚焦期权以及风险价值，涉及的内容难度较高、技术性较强。全书共 6 章，基于 Python 编程讨论普通期权的定价、风险与交易策略，分析奇异期权与期权的延伸性应用，探讨投资组合风险价值建模等。

一、本书的主要内容

第 1 章聚焦欧式期权与美式期权的定价，结合 Python 编程和 18 个示例，讨论期权的到期收益、看跌-看涨平价关系式、欧式期权定价的布莱克-斯科尔斯-默顿（BSM）模型、欧式期权定价的二叉树模型及美式期权定价的二叉树模型。

第 2 章侧重欧式期权与美式期权的风险，结合 Python 编程和 29 个示例，讲解欧式期权和美式期权的 Delta、Gamma、Theta、Vega 和 Rho 等期权希腊字母（也称"希腊值"），分析基于 Delta 的动态对冲，剖析隐含波动率的不同测算方法、波动率的曲线与曲面。

第 3 章集中探讨期权的各种常见交易策略，结合 Python 编程和 22 个示例，阐述保本票据的合成策略、单一期权与单一基础资产的策略、期权价差交易策略及期权组合策略等 14 种交易策略。

第 4 章围绕奇异期权展开，结合 Python 编程和 6 个示例，剖析缺口期权、选择人期权、回望期权、亚式期权、障碍期权、永续美式期权 6 类常见的奇异期权合约，合约的定价是整章的重点。

第 5 章主要介绍如何将期权的思想运用于风险管理与其他金融产品，结合 Python 编程和 10 个示例，分析信用风险计量的默顿模型、可转换债券定价的二叉树模型、欧式期货期权定价的布莱克模型、美式期货期权定价的二叉树模型，以及包括利率上限期权、利率下限期权、利率双限期权以及利率互换期权等在内的利率期权定价。

第 6 章重点探讨风险价值模型，结合 Python 编程和 7 个示例，探讨测度市场风险价值的 3 种常用方法、压力风险价值建模、预期损失建模及信用风险价值模型，其中也涉及风险价值的回溯检验。

二、本书的约定

一是 Python 代码的排版。Python 作为一门计算机编程语言，它的呈现方式是代码（code），因此 Python 的代码是本书的重要组成部分。本书的 Python 编程是通过 Anaconda 平台的 Spyder 完成的。为了将代码与书中的其他内容相区分，本书凡是涉及代码输入与输出的部分均以灰色为底色；同时，为了便于读者更好地理解代码，书中代码给出了比较详细的注释（具体是以#引导的文字部分）；此外，为了提升阅读体验，本书在不改变内容的前提下，优化了部分代码输出结果的排版格式。以下方代码为例。

```
In [1]: import numpy as np                    #导入 NumPy 模块并且缩写为 np
   ...: import pandas as pd                    #导入 pandas 模块并且缩写为 pd
   ...: import matplotlib.pyplot as plt        #导入 Matplotlib 的子模块 pyplot 并且缩写为 plt
   ...: from pylab import mpl                   #从 pylab 导入子模块 mpl
   ...: mpl.rcParams['font.sans-serif']=['FangSong']  #以仿宋字体显示中文
   ...: mpl.rcParams['axes.unicode_minus']=False      #解决保存图像时负号显示为方块的问题
   ...: from pandas.plotting import register_matplotlib_converters #导入注册日期时间转换函数
   ...: register_matplotlib_converters()        #注册日期时间转换函数
```

二是 Excel 文件的导入。笔者在撰写本书时，在 Python 中导入的 Excel 文件，均存放于笔者计算机的桌面，因此在代码中 Excel 文件导入的路径显示为'C:/Desktop/文件名称.xlsx'。当然，读者可以选择个人习惯的计算机位置存放 Excel 文件，输入正确的路径即可。

三是关于数学的运用。无论是期权合约还是风险价值，都与数学密不可分。本书在讨论期权定价、风险、交易策略以及风险价值建模等的过程中，都会用到数学符号和表达式。为确保可读性，本书遵循"简洁、易懂、实用"的原则处理相关的数学表述，读者仅需要具有微积分、线性代数和数理统计的基础知识，就可以无障碍地阅读和理解本书。

四是小数点后的位数。本书在对运算的数值结果进行描述时，依据金融领域的习惯，通常保留至小数点后 2 位。此外，针对价格的结果往往会保留至小数点后 4 位，特殊情况下（如股票的行情价格）则保留至小数点后 2 位，针对利率、收益率、涨跌幅或权重等的结果，在有百分数参与计算的情形下往往保留至小数点后 4 位。当然，也可能存在保留不同位数的特殊情形。

三、本书提供的资料

为了让读者的学习效果、阅读体验最优化，本书提供以下两类可免费下载的资料。

一是 18 张 Excel 数据表格。这些 Excel 表格是本书部分示例的基础数据，数据来源于各大证券交易所、期货交易所以及 Wind、同花顺 iFinD 等金融数据终端，这些数据均是市场的公开数据。

二是 72 张 Python 绘制的彩图。在本书示例中，为了分析的可视化，运用 Python 生成共计 72 张彩图，由于纸质图书黑白印刷效果受限，为了给读者带来最佳的阅读体验，全部彩图可以免费下载。

以上资料均已上传至人民邮电出版社异步社区，读者可以到异步社区的本书页面下载。

四、温馨提示

由于本书会运用较多的 Python 编程知识，对于 Python 编程零基础或者基础较弱的读者，建议先阅读《基于 Python 的金融分析与风险管理（畅享版）基础卷》，从而更有效地阅读并理解本书中的 Python 代码。本书的 Python 编程所涉及的数据类型、数据结构、语法规则、第三方模块、函数、方法、属性、类等内容，在该书中均有详细的阐述与演示。

　　此外，期权作为一种金融衍生产品，它的基础资产会涉及其他的金融产品。本书所讨论的期权，其基础资产包含股票、期货以及利率互换等，如果读者对这些金融产品不够熟悉，建议先阅读《基于 Python 的金融分析与风险管理（畅享版）应用卷》，该书针对这些金融产品进行过全面的分析与讨论。

　　最后需要做些风险提示。由于金融市场充满不确定性与风险，因此书中描述的交易策略和投资策略无法保证一定会带来盈利。

　　接下来，就开启美妙的阅读与学习之旅吧！

斯文

2023 年 11 月

资源与支持

资源获取

本书提供如下资源：
- Excel 数据表格；
- 配套彩图文件；
- 本书思维导图；
- 异步社区 7 天 VIP 会员。

要获得以上资源，您可以扫描下方二维码，根据指引领取。

提交错误信息

作者和编辑尽最大努力来确保书中内容的准确性，但难免会存在疏漏。欢迎您将发现的问题反馈给我们，帮助我们提升图书的质量。

当您发现错误时，请登录异步社区（https://www.epubit.com），按书名搜索，进入本书页面，单击"发表勘误"，输入错误信息，单击"提交勘误"按钮即可（见下图）。本书的作者和编辑会对您提交的错误信息进行审核，确认并接受后，您将获赠异步社区的 100 积分。

▍图书勘误		✐ 发表勘误
页码： 1	页内位置（行数）： 1	勘误印次： 1
图书类型： ◉ 纸书　○ 电子书		

添加勘误图片（最多可上传4张图片）

+

提交勘误

与我们联系

我们的联系邮箱是 contact@epubit.com.cn。

如果您对本书有任何疑问或建议，请您发邮件给我们，并请在邮件标题中注明本书书名，以便我们更高效地做出反馈。

如果您有兴趣出版图书、录制教学视频，或者参与图书翻译、技术审校等工作，可以发邮件给我们。

如果您所在的学校、培训机构或企业，想批量购买本书或异步社区出版的其他图书，也可以发邮件给我们。

如果您在网上发现有针对异步社区出品图书的各种形式的盗版行为，包括对图书全部或部分内容的非授权传播，请您将怀疑有侵权行为的链接发邮件给我们。您的这一举动是对作者权益的保护，也是我们持续为您提供有价值的内容的动力之源。

关于异步社区和异步图书

"**异步社区**"是由人民邮电出版社创办的 IT 专业图书社区，于 2015 年 8 月上线运营，致力于优质内容的出版和分享，为读者提供高品质的学习内容，为作译者提供专业的出版服务，实现作者与读者在线交流互动，以及传统出版与数字出版的融合发展。

"**异步图书**"是异步社区策划出版的精品 IT 图书的品牌，依托于人民邮电出版社在计算机图书领域的发展与积淀。异步图书面向 IT 行业以及各行业使用 IT 的用户。

目录

01

第 1 章

运用 Python 分析
期权定价

本章导读

　　期权（option）是一种金融合约，该合约赋予持有人（多头）在某一合约到期日或该日期之前的合约存续期内以特定价格买入或卖出某种基础资产的权利。据考古发现，期权的思想最早可追溯至约公元前 1200 年古希腊人和古腓尼基人的海上贸易。1973 年全球首个期权交易所——芝加哥期权交易所（CBOE）成立，正式开启有组织、标准化的期权交易。2019 年 2 月 25 日，我国 A 股期权市场交易的"50ETF 购 2 月 2800 合约"，合约价格一天内飙涨约 192 倍，引起广泛关注。如何测算期权的收益？影响期权价格的因素有哪些？怎样对期权进行定价？本章将结合 A 股期权市场的案例并借助 Python 编程来回答这些问题。

　　本章的内容将涵盖以下几个主题。

✓ 简要介绍 A 股期权市场的发展历程，描述在上海证券交易所和深圳证券交易所挂牌的股票期权及在中国金融期货交易所上市的股指期权等合约的要素，并对部分期权的合约价格走势进行可视化。

✓ 探讨期权类型、看涨期权和看跌期权在到期日的收益情况，以及连通看跌期权与看涨期权的重要恒等式——看跌-看涨平价关系式。

✓ 讨论欧式期权定价的 BSM 模型，刻画期权价格与基础资产价格、行权价格、波动率、无风险利率和期限等变量之间的关系。

✓ 探究欧式期权定价的二叉树模型，并且由浅入深依次分析一步二叉树模型、两步二叉树模型及 N 步二叉树模型。

✓ 剖析美式期权定价的二叉树模型，同时对比美式期权与欧式期权在价格上的异同。

1.1　A 股期权市场简介

　　以 A 股股票或指数作为基础资产的期权（简称"A 股期权"）最早可以追溯至1992 年 6 月推出的首只权证，并且在较长时期内以权证的形式存在。在经历了诸多的坎坷与曲折后，随着上证 50ETF 期权的推出，A 股期权市场才步入正轨。本节抚今追昔，对 A 股期权的过去与现在做概览性介绍。

1.1.1 权证市场

1. 权证的试点

A 股市场的首只权证诞生于 1992 年 6 月，当时的权证名称是"大飞乐配股权证"。

第 1 次掀起权证热潮的是 1992 年 10 月 30 日发行的中长期认股权证——宝安 93 认股权证。宝安 93 认股权证是由上市公司——深圳市宝安企业（集团）股份有限公司（现更名为"中国宝安集团股份有限公司"）于 1992 年 10 月 30 日向老股东发行的，期限为 1 年，发行数量为 2640 万张。此后，上海证券交易所、深圳证券交易所（合称"沪深证券交易所"）在 1994 年、1995 年开始推出转配股权证。

由于当时的 A 股市场刚刚起步，市场主体缺乏自我约束能力，法律法规不健全，监管能力不强、效率不高，权证市场过度投机，损害了普通投资者的权益，监管层在 1996 年 6 月底暂停了权证交易。

2. 权证的重启与终结

阔别近 10 年，权证在 A 股市场再度回归，这次权证的出现有其特殊的历史意义，主要目的是解决 A 股市场的股权分置问题。

2005 年 7 月 18 日，沪深证券交易所同时颁布了《权证管理暂行办法》，为权证产品复出奠定了制度基础。

随后，宝钢权证——宝钢 JTB1 于 2005 年 8 月 22 日在上海证券交易所正式挂牌交易，标志着权证重新回归。

2005 年 11 月 21 日上海证券交易所发布《关于证券公司创设武钢权证有关事项的通知》，通知明确规定取得中国证券业协会创新活动试点资格的证券公司可作为"创设人"创设权证。

2005 年 11 月 28 日，10 家创新类券商创设的 11.27 亿份武钢认沽权证上市。

2007 年 6 月 21 日，第一只以现金行权的股改权证南航 JTP1 上市。

2011 年 8 月 18 日，伴随着最后一只权证长虹 CWB1 的到期，权证完成了它的历史使命，从此彻底退出了历史舞台。

权证的重启与终结，有许多复杂的原因。一方面是监管层为了顺利地推进股权分置改革，重新推出了权证，将权证作为非流通股股东支付给流通股股东的对价，以减小对股票二级市场的冲击；另一方面是权证以其高杠杆性和 T+0 的交易特性吸引了众多个人投资者参加，中小投资者成为权证投资的主力军。但是，在缺乏对权证正确认识的前提下，大量中小投资者盲目开展权证交易，不少投资者将权证等同于股票，最终损失严重。

1.1.2 股票期权

2015 年 2 月 9 日，上海证券交易所（简称"上交所"）正式挂牌交易上证 50ETF 期权，这意味着 A 股市场在权证谢幕 3 年多以后迎来了全新的股票期权产品，2015 年也被称为"股票期权元年"。

在成功推出上证 50ETF 期权后，沪深证券交易所于 2019 年 12 月 23 日同步上市了沪深 300ETF 期权；随后，2022 年 9 月 16 日，沪深证券交易所同时推出了中证 500ETF 期权，当天深圳证券交易所（简称"深交所"）还挂牌了创业板ETF期权；2022年12月12日，深圳证券交易所上市了深证100ETF期权。

沪深证券交易所推出的股票期权是由交易所统一制定交易规则，并且规定多头（买方）有权在将来特定时间以特定价格买入或者卖出约定股票或者跟踪股票指数的交易型开放式指数证券投资基金（简称"ETF基金"）等基础资产的标准化期权合约。表1-1整理了在沪深证券交易所挂牌交易的股票期权的合约要素信息。

表1-1　沪深证券交易所挂牌交易的股票期权的合约要素

合约要素	要素的详细说明
上交所挂牌的合约品种	上证50ETF期权、沪深300ETF期权、中证500ETF期权
深交所挂牌的合约品种	沪深300ETF期权、中证500ETF期权、创业板ETF期权、深证100ETF期权
合约标的（基础资产）	✓　上证50ETF期权合约标的：上证50交易型开放式指数证券投资基金（代码510050） ✓　上交所挂牌的沪深300ETF期权合约标的：华泰柏瑞沪深300交易型开放式指数证券投资基金（代码510300） ✓　深交所挂牌的沪深300ETF期权合约标的：嘉实沪深300交易型开放式指数证券投资基金（代码159919） ✓　上交所挂牌的中证500ETF期权合约标的：南方中证500交易型开放式指数证券投资基金（代码510500） ✓　深交所挂牌的中证500ETF期权合约标的：嘉实中证500交易型开放式指数证券投资基金（代码159922） ✓　创业板ETF期权合约标的：易方达创业板交易型开放式指数证券投资基金（代码159915） ✓　深证100ETF期权合约标的：易方达深证100交易型开放式指数基金（代码159901）
合约类型	认购期权（看涨期权）、认沽期权（看跌期权）
合约单位	10000份
合约到期月份	当月、下月及随后两个季月（例如，假定今天是2022年10月10日，则合约到期月份分别是2022年10月、11月、12月以及2023年3月）
行权价格	9个（1个平价合约、4个虚值合约、4个实值合约）
行权价格间距	✓　3元或以下为0.05元 ✓　3元至5元（含）为0.1元 ✓　5元至10元（含）为0.25元 ✓　10元至20元（含）为0.5元 ✓　20元至50元（含）为1元 ✓　50元至100元（含）为2.5元 ✓　100元以上为5元
行权方式	到期日行权（欧式期权）
交割方式	实物交割（业务规则另有规定的除外）

续表

合约要素	要素的详细说明
到期日	到期月份的第 4 个星期三（遇法定节假日顺延）
行权日	同合约到期日，行权指令提交时间为 9:15—9:25，9:30—11:30，13:00—15:30
交收日	行权日次一交易日
交易时间	9:15—9:25，9:30—11:30（9:15—9:25 为开盘集合竞价时间）； 13:00—15:00（14:57—15:00 为收盘集合竞价时间）
买卖类型	买入开仓、买入平仓、卖出开仓、卖出平仓、备兑开仓、备兑平仓以及业务规则规定的其他买卖类型
最小报价单位	0.0001 元
申报单位	1 张或其整数倍
涨跌幅限制	✓ 认购期权最大涨幅 = max{合约标的前收盘价 × 0.5%,min[(2 × 合约标的前收盘价 − 行权价格),合约标的前收盘价] × 10%} ✓ 认购期权最大跌幅 = 合约标的前收盘价 × 10% ✓ 认沽期权最大涨幅 = max{行权价格 × 0.5%,min[(2 × 行权价格 − 合约标的前收盘价),合约标的前收盘价] × 10%} ✓ 认沽期权最大跌幅 = 合约标的前收盘价 × 10% 注：针对创业板 ETF 期权，以上公式中的 10% 需要调整为 20%
熔断机制	连续竞价期间，期权合约盘中交易价格较最近参考价格涨跌幅度达到或者超过 50% 且价格涨跌绝对值达到或者超过 10 个最小报价单位时，期权合约进入 3 分钟的集合竞价交易阶段
开仓保证金最低标准	✓ 认购期权义务仓开仓保证金 = [合约前结算价+max(12% × 合约标的前收盘价−认购期权虚值，7% × 合约标的前收盘价)] × 合约单位 ✓ 认沽期权义务仓开仓保证金 = min[合约前结算价+max(12% × 合约标的前收盘价−认沽期权虚值,7% × 行权价格),行权价格] × 合约单位
维持保证金最低标准	✓ 认购期权义务仓维持保证金 = [合约结算价+max(12% × 合约标的的收盘价−认购期权虚值,7% × 合约标的的收盘价)] × 合约单位 ✓ 认沽期权义务仓维持保证金 = min[合约结算价+max(12% × 合约标的的收盘价−认沽期权虚值,7% × 行权价格),行权价格] × 合约单位

注：表中涉及的一些期权专业术语将在 1.2.1 小节给出具体的解释。
资料来源：上海证券交易所、深圳证券交易所。

沪深证券交易所对外发布相关股票期权每日交易的行情数据。以上海证券交易所挂牌的 2022 年 12 月到期、行权价格为 3.8 元的"300ETF 购 12 月 3800 合约"（代码 10004258）为例，该合约上市首日是 2022 年 4 月 28 日，合约到期日是 2022 年 12 月 28 日，通过 Python 导入存放该合约存续期内每日最高价、最低价和结算价数据的 Excel 文件，并绘制价格走势图。需要注意的是，为了便于本章后面的编程，在这里导入包括 NumPy、pandas 等常用模块以及绘图能够显示中文字体等功能的代码，这些代码也适用于本书其他各章。下面用 Python 编程将"300ETF 购 12 月 3800 合约"的日交易价格走势可视化（见图 1-1），具体代码如下：

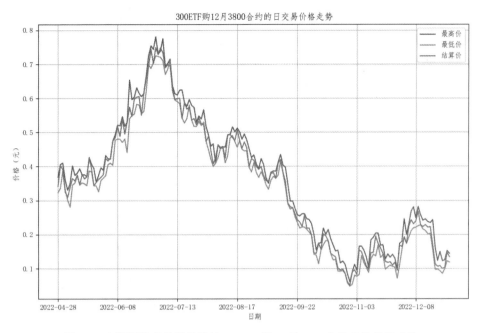

图1-1 上海证券交易所挂牌的300ETF购12月3800合约交易价格走势

```
In [1]: import numpy as np                              #导入NumPy模块并且缩写为np
   ...: import pandas as pd                              #导入pandas模块并且缩写为pd
   ...: import matplotlib.pyplot as plt                  #导入Matplotlib的子模块pyplot并且缩写为plt
   ...: from pylab import mpl                            #从pylab导入子模块mpl
   ...: mpl.rcParams['font.sans-serif']=['FangSong']     #以仿宋字体显示中文
   ...: mpl.rcParams['axes.unicode_minus']=False         #解决保存图像时负号显示为方块的问题
   ...: from pandas.plotting import register_matplotlib_converters #导入注册日期时间转换函数
   ...: register_matplotlib_converters()                 #注册日期时间转换函数

In [2]: opt_300ETF=pd.read_excel(io='C:/Desktop/300ETF 购 12 月 3800 合约每日价格数据.xlsx',
sheet_name= 'Sheet1',header=0,index_col=0)              #导入数据

In [3]: opt_300ETF.plot(figsize=(9,6),title='300ETF购12月3800合约的日交易价格走势',
   ...:              grid=True,xlabel='日期',ylabel='价格（元）')  #可视化
Out[3]:
```

从图1-1可以看到，"300ETF购12月3800合约"在6月底之前出现了一波快速拉升行情，结算价从不到0.4元大幅上涨至接近0.8元，经过分析可知，同期沪深300指数仅上涨不足15%，这体现出期权的杠杆效应。从7月开始，合约的价格步入下行通道，当合约到期时价格处在0.1元附近。

此外，除了沪深证券交易所推出的股票期权，依据中国证券业协会2020年9月25日发布的《证券公司场外期权业务管理办法》，目前国内部分证券公司允许开展挂钩个股、股票指数等基础资产的场外期权业务。

1.1.3 股指期权

1983年3月全球首只股指期权产品在芝加哥期权交易所上市，至今股指期权已有40多年的历史，并成为全球最活跃的衍生产品之一，广泛应用于风险管理、资产配置和产品创新等领域。

经中国证监会批准，沪深 300 股指期权于 2019 年 12 月 23 日在中国金融期货交易所正式挂牌交易，2019 年也被称为"股指期权元年"；随后，在 2022 年 7 月 22 日中国金融期货交易所上市了中证 1000 股指期权，在当年的 12 月 19 日又挂牌了上证 50 股指期权。发展股指期权产品是推进多层次资本市场建设的重要举措，对 A 股市场健康发展具有深远意义。表 1-2 梳理了在中国金融期货交易所挂牌交易的股指期权的合约要素信息。

表 1-2　中国金融期货交易所挂牌交易的股指期权的合约要素

合约要素	具体说明		
合约标的 （基础资产）	上证 50 指数	沪深 300 指数	中证 1000 指数
看涨期权的 交易代码	HO 合约月份-C-行权价格	IO 合约月份-C-行权价格	MO 合约月份-C-行权价格
看跌期权的 交易代码	HO 合约月份-P-行权价格	IO 合约月份-P-行权价格	MO 合约月份-P-行权价格
合约乘数	每点 100 元		
合约类型	看涨期权、看跌期权		
报价单位	指数点		
最小变动价位	0.2 点		
每日价格最大 波动限制	上一交易日指数收盘价的 ±10%		
合约月份	当月、下 2 个月及随后 3 个季月（例如，假定今天是 2022 年 10 月 10 日，则合约到期月份分别是 2022 年 10 月、11 月和 12 月以及 2023 年 3 月、6 月和 9 月）		
行权价格	1.　对当月与下 2 个月合约 （1）行权价格≤2500 点时，行权价格间距为 25 点； （2）2500 点＜行权价格≤5000 点时，行权价格间距为 50 点； （3）5000 点＜行权价格≤10000 点时，行权价格间距为 100 点； （4）行权价格＞10000 点时，行权价格间距为 200 点。 2.　对随后 3 个季月合约 （1）行权价格≤2500 点时，行权价格间距为 50 点； （2）2500 点＜行权价格≤5000 点时，行权价格间距为 100 点； （3）5000 点＜行权价格≤10000 点时，行权价格间距为 200 点； （4）行权价格＞10000 点时，行权价格间距为 400 点		
行权方式	欧式期权		
交易时间	9:30—11:30，13:00—15:00		
最后交易日	合约到期月份的第 3 个星期五，遇国家法定节假日顺延		
到期日	同最后交易日		
交割方式	现金交割		

注：表中的股指期权合约乘数均是每点 100 元；上证 50 股指期货、沪深 300 股指期货的合约乘数是每点 300 元，中证 500 股指期货、中证 1000 股指期货的合约乘数是每点 200 元。

资料来源：中国金融期货交易所。

中国金融期货交易所提供了相关期权每日交易数据的下载服务。这里以2022年12月到期、行权价格为5000点的"沪深300股指沽2022年12月5000合约"（代码IO2212-P-5000）为例，该合约上市首日是2021年12月20日，到期日是2022年12月16日，通过Python导入存放该合约存续期内每日交易最高价、最低价和结算价数据的Excel文件，并绘制走势图（见图1-2）。具体的代码如下：

```
In [4]: opt_HS300=pd.read_excel(io='C:/Desktop/沪深300股指沽2022年12月5000合约每日价格数
据.xlsx',sheet_name='Sheet1',header=0,index_col=0)        #导入数据
  ...: opt_HS300=opt_HS300.dropna()                       #删除缺失值

In [5]: opt_HS300.plot(figsize=(9,6),title='沪深300股指沽2022年12月5000合约的日交易价格走势',
  ...:            grid=True,xlabel='日期',ylabel='价格')   #可视化
Out[5]:
```

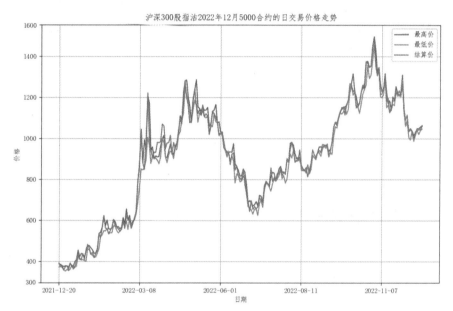

图1-2 沪深300股指沽2022年12月5000合约的日交易价格走势

从图1-2可以看到，该股指期权合约价格整体处于上升通道，从首个挂牌日的约400点上攻至2022年10月突破1400点，随后出现一定的回落，但整体依然处在1000点的上方。

1.2 期权类型与到期收益

本节将介绍期权的类型和相关要素，并且详细讨论看涨期权、看跌期权在合约到期时的收益状况以及看跌–看涨平价关系式。

1.2.1 期权的类型与要素

在期权市场上，期权可以划分为看涨期权和看跌期权这两种基本类型。**看涨期权**（call option），也称**认购期权**，是指期权持有人有权利在未来某一时刻以约定价格买入基础资产的金

融合约。相反，**看跌期权**（put option），也称**认沽期权**，是指期权持有人有权利在将来某一时刻以约定价格卖出基础资产的金融合约。期权合约中会明确约定合约的到期日。合约约定的买入价格或者卖出价格称为**行权价格**（exercise price 或 strike price），亦称**执行价格**。

期权还可以分为欧式期权和美式期权。**欧式期权**（European option）只允许期权持有人在合约到期日才能行使权利（行权），沪深证券交易所推出的股票期权以及中国金融期货交易所推出的股指期权都属于欧式期权。**美式期权**（American option）则允许期权持有人在合约到期日之前的任何时刻行使期权，国内证券公司推出的场外期权合约中就有美式期权。在理论上，欧式期权比美式期权更容易分析，当然美式期权的一些性质也常常可以从欧式期权的性质中推导出来。

期权的买入方被称为期权的**多头**、**持有人**或**权利方**，期权的卖出方被称为期权的**空头**、**沽出方**或**义务方**。因此，期权市场有 4 类参与者，一是看涨期权的买入方（持有人或多头），二是看涨期权的卖出方（沽出方或空头），三是看跌期权的买入方，四是看跌期权的卖出方。

为了便于阅读，本书统一使用术语"多头"表示期权合约的买入方或持有人，运用"空头"代表期权合约的卖出方或沽出方。

需要强调的是，期权的多头只有权利而无义务，具体而言就是看涨期权赋予多头买入特定基础资产的权利，但是多头可以放弃买入该基础资产的权利；同样，看跌期权赋予了多头卖出某个基础资产的权利，但是多头也可以放弃该权利。

当然，期权多头拥有这项权利是需要付出代价的，也就是必须以一定金额的**期权费**（premium），也称**权利金**或**期权价格**，作为对价支付给空头以后才能获得该项权利，并且期权费在合约达成或者购买时就需要支付。

1.2.2 看涨期权的到期收益

看涨期权多头是预期基础资产价格会上涨。为了便于理解，首先通过一个示例讲解看涨期权到期时的收益情况，然后推导出一般化的收益表达式。

1. 一个示例

【例 1-1】 假定 A 投资者在 2022 年 10 月 12 日买入基础资产为 10000 股工商银行 A 股（代码 601398）、行权价格为 4.6 元/股的欧式看涨期权，购买时工商银行 A 股的股价恰好是 4.4 元/股，期权到期日为 6 个月以后（即 2023 年 4 月 12 日），期权价格（期权费）是 0.1 元/股，投资者最初投资为 10000×0.1=1000（元），也就是 1 张看涨期权的期权费是 1000 元。

由于是欧式期权，因此 A 投资者只能在合约到期日才能行使期权。下面，考虑 3 种不同的情形。

情形 1： 在合约到期日，股票价格低于行权价格 4.6 元/股，期权不会被行权。假定股价下跌至 4.3 元/股，A 投资者不会行权，因为没有必要以行权价格 4.6 元/股买入股票，而可以在股票市场以更低的 4.3 元/股的价格购买股票。因此，A 投资者将损失 1000 元的初始投资，这也是 A 投资者亏损的最大值。

情形 2： 在合约到期日，股票价格高于 4.6 元/股，期权会被行权。比如，在期权到期日，股价上涨至 4.9 元/股，A 投资者通过行权可以按照 4.6 元/股的行权价格买入 10000 股股票，同时立刻将股票在市场上出售，每股可以获利 0.3 元，共计获利 3000 元。将最初的期权费考虑在内，A 投资者的净盈利为 3000−1000=2000（元），这里假定不考虑股票买卖本身的交易费用。

情形 3：在合约到期日，股票价格等于 4.6 元/股，行权与不行权是无差异的，此时 A 投资者也是损失 1000 元的初始投资。

此外，空头与多头之间是零和关系，多头的盈利就是空头的损失，同样多头的损失也就是空头的盈利。

2. 抽象的表达式与 Python 代码

结合例 1-1 并且不失一般性，假设 K 代表期权的行权价格，S_T 代表在合约到期日的基础资产价格期权到期时，欧式看涨期权多头的收益是 $\max(S_T - K, 0)$，空头的收益则是 $-\max(S_T - K, 0)$。

如果用 C 表示看涨期权的期权费，在考虑期权费以后，在期权到期时，欧式看涨期权多头的收益就是 $\max(S_T - K - C, -C)$，空头的收益则是 $-\max(S_T - K - C, -C)$。

下面，运用 Python 编程将例 1-1 讨论的股票期权到期时的收益状况进行可视化（见图 1-3），同时，在期权到期日，工商银行 A 股股价取值是在区间[3.5,5.5]的等差数列，相关的代码如下：

```
In [6]: S=np.linspace(3.5,5.5,200)        #期权到期时工商银行A股股价的等差数列
   ...: K_call=4.6                        #看涨股权的行权价格
   ...: C=0.1                             #看涨期权的期权费
   ...: N=10000                           #一张看涨期权对应基础资产工商银行A股的数量

In [7]: profit1_call=N*np.maximum(S-K_call,0)      #期权到期时不考虑期权费的收益
   ...: profit2_call=N*np.maximum(S-K_call-C,-C)   #期权到期时考虑期权费的收益

In [8]: plt.figure(figsize=(9,6))
   ...: plt.subplot(1,2,1)      #第1个子图
   ...: plt.plot(S,profit1_call,'b-',label='不考虑期权费',lw=2)
   ...: plt.plot(S,profit2_call,'b--',label='考虑期权费',lw=2)
   ...: plt.xlabel('工商银行A股价格（元）',fontsize=12)
   ...: plt.xticks(fontsize=12)
   ...: plt.ylabel('收益金额（元）',fontsize=12)
   ...: plt.yticks(fontsize=12)
   ...: plt.title('看涨期权到期日多头的收益', fontsize=12)
   ...: plt.legend(fontsize=12)
   ...: plt.grid()
   ...: plt.subplot(1,2,2)              #第2个子图
   ...: plt.plot(S,-profit1_call,'r-',label='不考虑期权费',lw=2)
   ...: plt.plot(S,-profit2_call,'r--',label='考虑期权费',lw=2)
   ...: plt.xlabel('工商银行A股价格（元）',fontsize=12)
   ...: plt.xticks(fontsize=12)
   ...: plt.yticks(fontsize=12)
   ...: plt.title('看涨期权到期日空头的收益', fontsize=12)
   ...: plt.legend(fontsize=12)
   ...: plt.grid()
   ...: plt.show()
```

图 1-3 显示了例 1-1 中 A 投资者作为看涨期权多头以及交易对手作为看涨期权空头的收益与工商银行 A 股（基础资产）价格之间的关系，显然，股价与期权收益之间并不是线性关系。此外，从图 1-3 中也可以发现，看涨期权多头的潜在盈利在理论上是无限的，但亏损是有限的；相反，看涨期权空头的潜在损失是无限的，而盈利则是有限的。这就是期权多头与空头之间风险的不对称性。

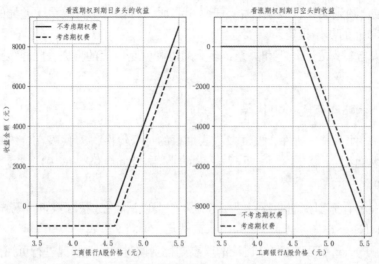

图1-3　看涨期权到期日多头与空头的收益情况

1.2.3　看跌期权的到期收益

与看涨期权多头相反的是，看跌期权多头则是预期基础资产价格会下跌。为了便于理解，参照1.2.2小节的思路，先通过一个示例讨论在合约到期时看跌期权的收益情况，然后给出一般化的收益表达式。

1. 一个示例

【例1-2】　假定B投资者于2022年9月22日买入基础资产为10000股工商银行A股股票、行权价格为4.5元/股的欧式看跌期权，购买时工商银行A股股价也为4.4元/股，期权到期日是1年以后的2023年9月22日，期权价格是0.2元/股，投资者最初投资为$10000 \times 0.2 = 2000$（元），也就是1张看跌期权的期权费是2000元。下面也分3种情形进行讨论。

情形1：在合约到期日，股票价格低于行权价格4.5元/股，期权会被行权。假定股价下跌至4.0元/股，B投资者可以先在股票市场以4.0元/股的价格买入10000股，然后通过行使期权以4.5元/股的价格卖出10000股股票。因此在不考虑期权费的情况下，B投资者每股盈利为0.5元，即总收益为5000元；将最初的期权费2000元考虑在内，投资者的净盈利为3000元。

情形2：在合约到期日，股票价格高于4.5元/股，期权不会被行权。比如，股价上涨至5.0元/股，此时看跌期权在理论上会变得一文不值，B投资者当然也就不会行权，损失就是最初的期权费2000元，这也是B投资者最大的亏损金额。

情形3：在合约到期日，股票价格等于4.5元/股，行权与不行权依然是无差异的，此时B投资者将损失2000元的初始期权费。

2. 抽象的表达式与Python代码

结合例1-2并且不失一般性，可以得出在不考虑初始期权费的情况下，欧式看跌期权多头在合约到期日的收益为$\max(K - S_T, 0)$，欧式看跌期权空头的收益则是$-\max(K - S_T, 0)$，相关数学符号的含义与1.2.2小节的看涨期权保持一致。

如果用 P 表示看跌期权的期权费，在考虑期权费以后，在期权到期时，欧式看跌期权多头的收益是 $\max\left(K-S_T-P,-P\right)$，空头的收益则是 $-\max\left(K-S_T-P,-P\right)$。

下面，用Python编程将例1-2看跌期权到期时的收益状况可视化（见图1-4），在期权到期日，工商银行A股股价取值依然是在区间[3.5,5.5]的等差数列，相关的代码如下：

```
In [9]: K_put=4.5                                        #看跌期权的行权价格
  ...: P=0.2                                             #看跌期权的期权费

In [10]: profit1_put=N*np.maximum(K_put-S,0)             #期权到期时不考虑期权费的收益
  ...: profit2_put=N*np.maximum(K_put-S-P,-P)            #期权到期时考虑期权费的收益

In [11]: plt.figure(figsize=(9,6))
  ...: plt.subplot(1,2,1)                                #第1个子图
  ...: plt.plot(S,profit1_put,'b-',label='不考虑期权费',lw=2)
  ...: plt.plot(S,profit2_put,'b--',label='考虑期权费',lw=2)
  ...: plt.xlabel('工商银行A股价格（元）',fontsize=12)
  ...: plt.xticks(fontsize=12)
  ...: plt.ylabel('收益金额（元）',fontsize=12)
  ...: plt.yticks(fontsize=12)
  ...: plt.title('看跌期权到期日多头的收益', fontsize=12)
  ...: plt.legend(fontsize=12)
  ...: plt.grid()
  ...: plt.subplot(1,2,2)                                #第2个子图
  ...: plt.plot(S,-profit1_put,'r-',label='不考虑期权费',lw=2)
  ...: plt.plot(S,-profit2_put,'r--',label='考虑期权费',lw=2)
  ...: plt.xlabel('工商银行A股价格（元）',fontsize=12)
  ...: plt.xticks(fontsize=12)
  ...: plt.yticks(fontsize=12)
  ...: plt.title('看跌期权到期日空头的收益', fontsize=12)
  ...: plt.legend(fontsize=12)
  ...: plt.grid()
  ...: plt.show()
```

图1-4显示了例1-2中B投资者作为看跌期权多头、交易对手作为看跌期权空头的盈亏与期权合约到期日股票价格之间的关系。对比图1-3，不难发现看跌期权的到期收益就是看涨期权的镜像反映。同时要注意的是，看跌期权多头的损失虽然是有限的，但是潜在的收益也是有限的，因为基础资产的价格（比如股票价格）通常不可能为负数。

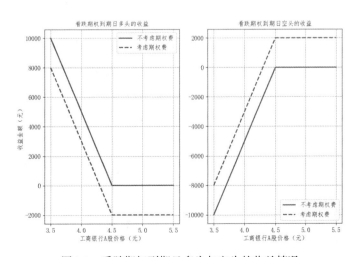

图1-4　看跌期权到期日多头与空头的收益情况

此外，按照基础资产价格与期权行权价格的大小关系，期权可以划分为**实值期权**（in-the-money option）、**平价期权**（at-the-money option）和**虚值期权**（out-of-the-money option）。表1-3梳理了这3类期权的数学特征，表中的 S 代表基础资产价格，K 代表行权价格。

表1-3　实值期权、平价期权和虚值期权的数学特征

合约类型	实值期权	平价期权	虚值期权
看涨期权	$S > K$	$S = K$	$S < K$
看跌期权	$S < K$	$S = K$	$S > K$

此外，针对看涨期权，当基础资产价格远高于行权价格时，或者针对看跌期权，当基础资产价格远低于行权价格时，期权称为**深度实值期权**；同理，针对看涨期权，当基础资产价格远低于行权价格时，或针对看跌期权，当基础资产价格远高于行权价格时，期权称为**深度虚值期权**。

1.2.4　看跌-看涨平价关系式

在前面讨论图1-4时，提到过看跌期权的到期收益是看涨期权的镜像反映，意味着这两类期权在价格上存在某种联系。下面，讨论具有相同行权价格、相同期限的欧式看跌期权、欧式看涨期权在价格上的一个重要恒等关系式，针对该关系式先从两个特殊的投资组合讲起。

1. 两个投资组合

首先，设定以下两个投资组合并且讨论投资组合在期权合约到期时的盈亏情况。A投资组合：一份欧式看涨期权和一份在 T 时刻到期的本金为 K 的无风险零息债券。B投资组合：一份欧式看跌期权和一份基础资产。

这里需要假设看涨期权与看跌期权具有相同的行权价格 K 与相同的合约期限 T。

对A投资组合而言，无风险零息债券在期权合约到期日也就是债券到期日（T 时刻）的价值显然等于 K，而对于看涨期权则分3种情形讨论。

情形A-1：在 T 时刻，基础资产价格 $S_T > K$，欧式看涨期权将被行权，此时，A投资组合的价值是 $(S_T - K) + K = S_T$。

情形A-2：在 T 时刻，基础资产价格 $S_T < K$，欧式看涨期权的价值等于0，此时A投资组合的价值为 K。

情形A-3：在 T 时刻，基础资产价格 $S_T = K$，欧式看涨期权依然没有价值（与情形A-2相似），此时A投资组合的价值为 K 或者 S_T，并且 $K = S_T$。

对B投资组合而言，依然分3种情形讨论。

情形B-1：在 T 时刻，基础资产价格 $S_T > K$，欧式看跌期权的价值等于0，此时，B投资组合价值仅剩下基础资产的价值 S_T。

情形B-2：在 T 时刻，基础资产价格 $S_T < K$，欧式看跌期权会被行权，此时B投资组合价值为 $(K - S_T) + S_T = K$。

情形B-3：在 T 时刻，基础资产价格 $S_T = K$，欧式看跌期权依然没有价值（与情形B-1相似），此时，B投资组合价值等于 S_T 或者 K，并且 $S_T = K$。

综合以上分析，当 $S_T > K$ 时，在 T 时刻两个投资组合的价值均为 S_T；当 $S_T < K$ 时，在 T 时

刻两个投资组合的价值均为 K；当 $S_T = K$ 时，在 T 时刻两个投资组合的价值也是相等的。换而言之，在 T 时刻（期权合约到期时），两个投资组合的价值均如下：

$$\max(S_T, \ K) \qquad\qquad （式1-1）$$

A投资组合与B投资组合中的期权均为欧式期权，在合约到期之前均不能行权，既然两个投资组合在 T 时刻均有相同的收益，在期权的合约存续期内也应该有相同的价值。否则，就会出现无风险套利机会，套利者可以买入价格低的投资组合，与此同时卖空价格高的投资组合，无风险套利收益就等于两个投资组合价值的差额。

2. 数学表达式

在期权初始日，A投资组合中的欧式看涨期权和无风险零息债券的价格分别表示为 c 和 Ke^{-rT}，B投资组合中的欧式看跌期权和基础资产的价格分别表示为 p 和 S_0，因此有如下等式：

$$c + Ke^{-rT} = p + S_0 \qquad\qquad （式1-2）$$

注意，r 是连续复利的无风险利率。（式1-2）称为**看跌-看涨平价关系式**（put-call parity）。将（式1-2）略微变换，就可以得到如下两个等式：

$$c = p + S_0 - Ke^{-rT} \qquad\qquad （式1-3）$$

$$p = c + Ke^{-rT} - S_0 \qquad\qquad （式1-4）$$

根据（式1-3）可以看到，如果已知欧式看跌期权价格，就可以推出相同行权价格、相同期限的欧式看涨期权价格。同理，依据（式1-4），已知欧式看涨期权价格时，也可以得出相同行权价格、相同期限的欧式看跌期权价格。

3. Python自定义函数

下面，运用Python自定义通过看跌-看涨平价关系式计算欧式看涨、看跌期权价格的函数，具体代码如下：

```
In [12]: def Option_Parity(opt,c,p,S,K,r,T):
   ...:     '''运用看跌-看涨平价关系式计算欧式看涨、看跌期权价格的函数
   ...:     opt: 期权类型，输入call表示计算看涨期权价格，输入其他表示计算看跌期权价格;
   ...:     c: 看涨期权的价格，如果是计算看涨期权价格，则输入Na;
   ...:     p: 看跌期权的价格，如果是计算看跌期权价格，则输入Na;
   ...:     S: 基础资产的价格;
   ...:     K: 行权价格;
   ...:     r: 连续复利的无风险利率;
   ...:     T: 期权合约的期限（年）'''
   ...:     from numpy import exp              #导入NumPy模块的exp函数
   ...:     if opt=='call':                   #针对欧式看涨期权
   ...:         value=p+S-K*exp(-r*T)         #计算欧式看涨期权价格
   ...:     else:                             #针对欧式看跌期权
   ...:         value=c+K*exp(-r*T)-S         #计算欧式看跌期权价格
   ...:     return value
```

在以上自定义函数Option_Parity中，输入期权类型、期权价格、基础资产价格、行权价格、无风险利率以及期限等参数，就可以运用看跌-看涨平价关系式计算出相关的期权价格。

4．一个示例

【例1-3】 假定在2022年10月20日，存在以工商银行A股为基础资产、行权价格为4.4元/股、期限为3个月的欧式看涨期权与欧式看跌期权，其中，欧式看涨期权的市场报价是0.16元/股，欧式看跌期权的市场报价是0.12元/股。

当天的工商银行A股收盘价为4.45元/股，以3个月Shibor作为无风险利率并且当天报价是1.6970%（连续复利），通过看跌-看涨平价关系式判断期权报价的合理性，如果报价不合理，则如何实施套利？

将以上参数信息代入（式1-3）和（式1-4），就可以运用看跌-看涨平价关系式计算得出欧式看涨、看跌期权的价格，具体如下（结果保留至小数点后4位）：

$$c = p + S_0 - Ke^{-rT} = 0.12 + 4.45 - 4.4 \times e^{-1.6970\% \times 0.25} = 0.1886（元）\qquad（式1-5）$$

$$p = c + Ke^{-rT} - S_0 = 0.16 + 4.4 \times e^{-1.6970\% \times 0.25} - 4.45 = 0.0914（元）\qquad（式1-6）$$

显然，通过以上计算，不难发现看涨期权报价被低估，看跌期权报价则被高估，因此可以通过持有看涨期权的多头头寸并买入零息债券（相当于买入A投资组合），同时持有看跌期权的空头头寸并卖空基础资产（相当于卖空B投资组合），来实现无风险套利。

下面运用Python编程以及自定义函数Option_Parity，分别计算满足看跌-看涨平价关系式的欧式看涨期权价格与欧式看跌期权价格，具体代码如下：

```
In [13]: price_call=0.16           #看涨期权报价
   ...: price_put=0.12            #看跌期权报价
   ...: S_ICBC=4.45              #工商银行A股收盘价
   ...: K_ICBC=4.4               #行权价格
   ...: shibor=0.01697           #3个月Shibor
   ...: tenor=3/12               #期限（年）

In [14]: value_call=Option_Parity(opt='call',c='Na',p=price_put,S=S_ICBC,K=K_ICBC,r=shibor,
T=tenor)                          #计算看涨期权价格
   ...: print('看跌-看涨平价关系式测算出欧式看涨期权价格（元）', round(value_call,4))
看跌-看涨平价关系式测算出欧式看涨期权价格（元） 0.1886

In [15]: value_put=Option_Parity(opt='put',c=price_call,p='Na',S=S_ICBC,K=K_ICBC,r=shibor,
T=tenor)                          #计算看跌期权价格
   ...: print('看跌-看涨平价关系式测算出欧式看跌期权价格（元）', round(value_put,4))
看跌-看涨平价关系式测算出欧式看跌期权价格（元） 0.0914
```

以上Python代码输出的结果与手动计算得到的数值结果是吻合的。

看跌-看涨平价关系式不仅可以用于推导欧式期权的定价（见1.3.1小节），而且在分析奇异期权的定价方面也能发挥重要作用（见4.2.1小节）。

1.3　欧式期权定价——BSM 模型

在20世纪70年代初，费希尔·布莱克（Fisher Black）、迈伦·斯科尔斯（Myron Scholes）和罗伯特·默顿（Robert Merton）在欧式期权定价研究领域取得了重大的理论突破，提出了欧式期权的定价模型，该模型被称为**布莱克-斯科尔斯-默顿模型**，简称**BSM模型**。本节围绕这一经典模型展开讨论。

1.3.1 模型介绍

1. 模型假设条件

需要注意的是，BSM模型存在以下7个假设条件。

假设1：短期无风险利率是已知的，并且在期权合约存续期内保持不变。

假设2：期权基础资产的价格（股票价格）遵循几何布朗运动；

假设3：在期权合约存续期内，股票不支付股息，也就是基础资产不存在期间收入；

假设4：不存在交易费用和税收；

假设5：可以借入资金购买股票，同时股票允许无限分割；

假设6：可以卖空股票，并且允许全部使用卖空所获得的资金；

假设7：市场不存在无风险套利机会。

此外，模型在推导过程中运用到了一个非常重要的微分方程，具体如下：

$$\frac{\partial f}{\partial t} + rS\frac{\partial f}{\partial S} + \frac{1}{2}\frac{\partial^2 f}{\partial S^2}\sigma^2 S^2 = rf \qquad （式1\text{-}7）$$

其中，f表示看涨期权价格，S表示期权基础资产的价格，r为连续复利的无风险利率，σ为基础资产价格百分比变化（收益率）的年化波动率。（式1-7）就是著名的**布莱克-斯科尔斯-默顿微分方程**，该微分方程式的解就是欧式看涨期权的定价公式。下面给出欧式看涨期权定价的数学表达式。

2. 模型的数学表达式

假定c表示欧式看涨期权的价格，p表示欧式看跌期权的价格，S_0是在期权定价日的基础资产价格，K是行权价格，T是期权定价日距离合约到期日的期限并且单位是年，$N(\cdot)$表示标准正态分布的累积概率分布函数，r和σ的含义与（式1-7）保持一致。

欧式看涨期权的定价公式可以写成如下式子：

$$c = S_0 N(d_1) - Ke^{-rT}N(d_2) \qquad （式1\text{-}8）$$

根据1.2.4小节讨论的看跌-看涨平价关系（式1-4），得到欧式看跌期权的定价公式如下：

$$p = Ke^{-rT}N(-d_2) - S_0 N(-d_1) \qquad （式1\text{-}9）$$

其中，

$$d_1 = \frac{\ln(S_0 / K) + (r + \sigma^2 / 2)T}{\sigma\sqrt{T}} \qquad （式1\text{-}10）$$

$$d_2 = \frac{\ln(S_0 / K) + (r - \sigma^2 / 2)T}{\sigma\sqrt{T}} = d_1 - \sigma\sqrt{T} \qquad （式1\text{-}11）$$

3. Python 自定义函数

下面，通过Python自定义基于BSM模型计算欧式期权价格的函数，在代码撰写过程中需要运用SciPy子模块stats的norm及cdf方法，具体代码如下：

```
In [16]: def Option_BSM(S,K,sigma,r,T,opt):
    ...:     '''运用BSM模型计算欧式期权价格的函数
    ...:     S: 基础资产的价格;
    ...:     K: 行权价格;
    ...:     sigma: 基础资产收益率的波动率（年化）;
    ...:     r: 连续复利的无风险利率;
    ...:     T: 期权合约的期限（年）;
    ...:     opt: 期权类型，输入call表示看涨期权，输入其他表示看跌期权'''
    ...:     from numpy import log,exp,sqrt            #从NumPy模块导入log、exp、sqrt函数
    ...:     from scipy.stats import norm             #从SciPy的子模块stats导入norm
    ...:     d1=(log(S/K)+(r+pow(sigma,2)/2)*T)/(sigma*sqrt(T))    #计算参数d1
    ...:     d2=d1-sigma*sqrt(T)                      #计算参数d2
    ...:     if opt=='call':                          #针对欧式看涨期权
    ...:         value=S*norm.cdf(d1)-K*exp(-r*T)*norm.cdf(d2)     #计算期权价格
    ...:     else:                                    #针对欧式看跌期权
    ...:         value=K*exp(-r*T)*norm.cdf(-d2)-S*norm.cdf(-d1)   #计算期权价格
    ...:     return value
```

在以上自定义函数 Option_BSM 中，输入基础资产价格、行权价格、基础资产收益率的年化波动率、无风险利率、合约期限以及期权类型等参数，就能计算出欧式期权的价格。下面通过一个具体的示例进行演示。

4. 一个示例

【例1-4】 沿用例1-3的信息，也就是考察基础资产是工商银行A股股票、期限为3个月、行权价格为4.4元/股的欧式看涨、看跌期权，2022年10月20日股票收盘价是4.45元/股，无风险利率为3个月Shibor并且等于1.6970%，股票收益率的年化波动率是15.40%，运用BSM模型计算当天期权的价格。

首先，将这些参数代入 d_1 和 d_2 的表达式中，就可以得到如下结果（保留至小数点后4位，下同）：

$$d_1 = \frac{\ln(S_0/K) + (r + \sigma^2/2)T}{\sigma\sqrt{T}}$$

$$= \frac{\ln(4.45/4.4) + (1.6970\% + 15.40\%^2/2) \times 0.25}{15.40\% \times \sqrt{0.25}} \quad \text{（式1-12）}$$

$$= 0.2403$$

$$d_2 = d_1 - \sigma\sqrt{T} = 0.2403 - 15.40\% \times \sqrt{0.25} = 0.1633 \quad \text{（式1-13）}$$

接着，运用（式1-8）可以得到欧式看涨期权价格如下：

$$c = S_0 N(d_1) - Ke^{-rT}N(d_2)$$

$$= 4.45 \times N(0.2403) - 4.4 \times e^{-1.6970\% \times 0.25} \times N(0.1633) \quad \text{（式1-14）}$$

$$= 0.1727（元）$$

最后，运用（式1-9）可以得出欧式看跌期权价格如下：

$$p = Ke^{-rT}N(-d_2) - S_0 N(-d_1)$$

$$= 4.4 \times e^{-1.6970\% \times 0.25} \times N(-0.1633) - 4.45 \times N(-0.2403) \quad \text{（式1-15）}$$

$$= 0.1040（元）$$

下面，运用自定义函数Option_BSM验证欧式看涨、看跌期权的价格。具体的代码如下：

```
In [17]: sigma_ICBC=0.154                          #工商银行A股收益率的年化波动率

In [18]: call_BSM=Option_BSM(S=S_ICBC,K=K_ICBC,sigma=sigma_ICBC,r=shibor,T=tenor, opt='call')
#计算看涨期权价格
    ...: print('运用BSM模型计算得到工商银行A股欧式看涨期权价格（元）', round(call_BSM,4))
运用BSM模型计算得到工商银行A股欧式看涨期权价格（元） 0.1727

In [19]: put_BSM=Option_BSM(S=S_ICBC,K=K_ICBC,sigma=sigma_ICBC,r=shibor,T=tenor,opt='put')
#计算看跌期权价格
    ...: print('运用BSM模型计算得到工商银行A股欧式看跌期权价格（元）', round(put_BSM,4))
运用BSM模型计算得到工商银行A股欧式看跌期权价格（元） 0.104
```

以上代码输出的结果与手动计算得到的数值是一致的，也就是在2022年10月20日欧式看涨期权价格等于0.1727元/股，欧式看跌期权价格为0.1040元/股。

仔细观察BSM模型不难发现，存在5个影响期权价格的变量，具体如下：一是基础资产的当前价格S_0，二是期权的行权价格K，三是期权期限T，四是基础资产收益率的年化波动率σ[①]，五是无风险利率r。因此，本节剩余部分将考察每个变量的变化会如何影响期权价格。

下面，以例1-4的工商银行A股股票期权作为分析对象并运用Python进行可视化，演示期权价格与基础资产价格、行权价格、波动率、无风险利率以及期限等变量之间的关系。

1.3.2 基础资产价格与期权价格的关系

【例1-5】 沿用例1-4的工商银行A股股票期权信息，对股票价格的取值是在区间[3.5,5.5]的等差数列，其他变量的取值保持不变，运用BSM模型对期权进行定价，从而模拟基础资产价格（股票价格）与期权价格之间的关系并且可视化（见图1-5）。具体的代码如下：

```
In [20]: S_list=np.linspace(3.5,5.5,100)              #设定股价的等差数列并存放于数组

In [21]: call_list1=Option_BSM(S=S_list,K=K_ICBC,sigma=sigma_ICBC,r=shibor,T=tenor,opt='call')
#计算看涨期权价格
    ...: put_list1=Option_BSM(S=S_list,K=K_ICBC,sigma=sigma_ICBC,r=shibor,T=tenor,opt='put')
#计算看跌期权价格

In [22]: plt.figure(figsize=(9,6))
    ...: plt.plot(S_list,call_list1,'b-',label='欧式看涨期权',lw=2)
    ...: plt.plot(S_list,put_list1,'r-',label='欧式看跌期权',lw=2)
    ...: plt.xlabel('工商银行A股股价（元）',fontsize=12)
    ...: plt.xticks(fontsize=12)
    ...: plt.ylabel('期权价格（元）',fontsize=12)
    ...: plt.yticks(fontsize=12)
    ...: plt.title('基础资产价格（股票价格）与期权价格的关系',fontsize=12)
    ...: plt.legend(loc=9,fontsize=12)                #图例在中上位置
    ...: plt.grid()
    ...: plt.show()
```

---

① 下文将"收益率的年化波动率"统一简称为"波动率"。

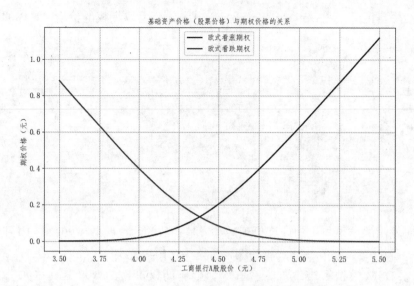

图1-5 基础资产价格与期权价格的关系

通过图1-5不难发现，随着基础资产价格的上升，看涨期权价格会上升，看跌期权价格会下降。此外，基础资产价格（股票价格）与期权价格之间存在非线性关系。

1.3.3 行权价格与期权价格的关系

【例1-6】 沿用例1-4的工商银行A股股票期权信息，对行权价格的取值是在区间[3.3,5.5]的等差数列，其他变量的取值保持不变，模拟出行权价格与期权价格之间的关系并且可视化（见图1-6）。具体的代码如下：

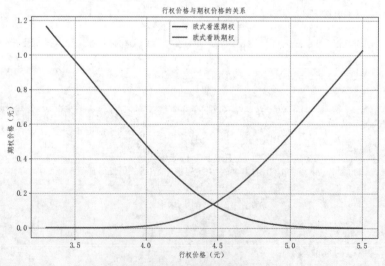

图1-6 行权价格与期权价格的关系

```
In [23]: K_list=np.linspace(3.3,5.5,100)          #设定行权价格的等差数列并存放于数组

In [24]: call_list2=Option_BSM(S=S_ICBC,K=K_list,sigma=sigma_ICBC,r=shibor,T=tenor,opt='call')
#计算看涨期权价格
    ...: put_list2=Option_BSM(S=S_ICBC,K=K_list,sigma=sigma_ICBC,r=shibor,T=tenor,opt='put')
```

```
#计算看跌期权价格

In [25]: plt.figure(figsize=(9,6))
    ...: plt.plot(K_list,call_list2,'b-',label='欧式看涨期权',lw=2)
    ...: plt.plot(K_list,put_list2,'r-',label='欧式看跌期权',lw=2)
    ...: plt.xlabel('行权价格（元）',fontsize=12)
    ...: plt.xticks(fontsize=12)
    ...: plt.ylabel('期权价格（元）',fontsize=12)
    ...: plt.yticks(fontsize=12)
    ...: plt.title('行权价格与期权价格的关系',fontsize=12)
    ...: plt.legend(loc=9,fontsize=12)                #图例在中上位置
    ...: plt.grid()
    ...: plt.show()
```

从图 1-6 中不难看出，随着期权行权价格的上升，看涨期权价格会下降，看跌期权价格则会上升。同时，行权价格与期权价格之间也呈现出非线性关系。此外，如果将图 1-6 与图 1-5 进行对比，可以发现图 1-6 中的曲线几乎是图 1-5 中曲线的镜像反映。

1.3.4 波动率与期权价格的关系

【例 1-7】 沿用例 1-4 的工商银行 A 股股票期权信息，针对波动率设定取值是在区间 [1%,30%] 的等差数列，其他变量的取值保持不变，模拟波动率与期权价格之间的关系（见图 1-7）。具体的代码如下：

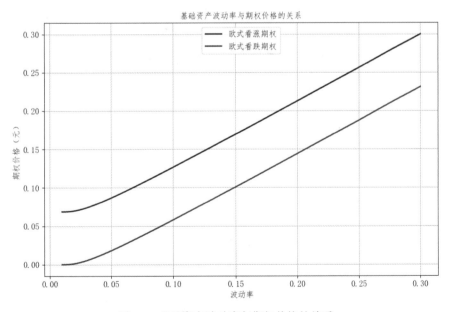

图 1-7 基础资产波动率与期权价格的关系

```
In [26]: sigma_list=np.linspace(0.01,0.3,100)    #设定波动率的等差数列并存放于数组

In [27]: call_list3=Option_BSM(S=S_ICBC,K=K_ICBC,sigma=sigma_list,r=shibor,T=tenor,opt='call')
#计算看涨期权价格
    ...: put_list3=Option_BSM(S=S_ICBC,K=K_ICBC,sigma=sigma_list,r=shibor,T=tenor,opt='put')
#计算看跌期权价格
```

```
In [28]: plt.figure(figsize=(9,6))
    ...: plt.plot(sigma_list,call_list3,'b-',label='欧式看涨期权',lw=2)
    ...: plt.plot(sigma_list,put_list3,'r-',label='欧式看跌期权',lw=2)
    ...: plt.xlabel('波动率',fontsize=12)
    ...: plt.xticks(fontsize=12)
    ...: plt.ylabel('期权价格（元）',fontsize=12)
    ...: plt.yticks(fontsize=12)
    ...: plt.title('基础资产波动率与期权价格的关系',fontsize=12)
    ...: plt.legend(loc=9,fontsize=12)          #图例在中上位置
    ...: plt.grid()
    ...: plt.show()
```

通过图 1-7 不难发现，随着基础资产波动率的增加，无论是看涨期权价格还是看跌期权价格都会上涨，但是波动率与期权价格之间依然是一种非线性关系。并且，当波动率很小时（本例中约小于 2%），期权价格对波动率就变得很不敏感。

1.3.5　无风险利率与期权价格的关系

【例 1-8】　依然沿用例 1-4 的工商银行股票期权信息，对无风险利率设定取值是在区间 [1%,10%] 的等差数列，其他变量的取值保持不变，模拟无风险利率与期权价格之间的关系（见图 1-8）。具体的代码如下：

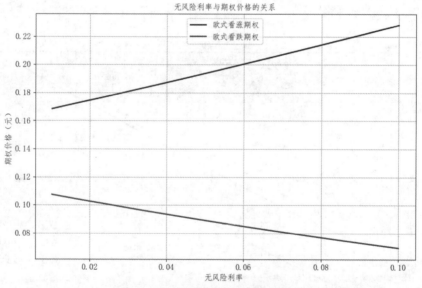

图 1-8　无风险利率与期权价格的关系

```
In [29]: shibor_list=np.linspace(0.01,0.10,100)    #设定无风险利率的等差数列并存放于数组

In [30]: call_list4=Option_BSM(S=S_ICBC,K=K_ICBC,sigma=sigma_ICBC,r=shibor_list,T=tenor,
opt='call')    #计算看涨期权价格
    ...:    put_list4=Option_BSM(S=S_ICBC,K=K_ICBC,sigma=sigma_ICBC,r=shibor_list,T=tenor,
opt='put')    #计算看跌期权价格

In [31]: plt.figure(figsize=(9,6))
    ...: plt.plot(shibor_list,call_list4,'b-',label='欧式看涨期权',lw=2)
```

```
    ...: plt.plot(shibor_list,put_list4,'r-',label='欧式看跌期权',lw=2)
    ...: plt.xlabel('无风险利率',fontsize=12)
    ...: plt.xticks(fontsize=12)
    ...: plt.ylabel('期权价格（元）',fontsize=12)
    ...: plt.yticks(fontsize=12)
    ...: plt.title('无风险利率与期权价格的关系',fontsize=12)
    ...: plt.legend(loc=9,fontsize=12)                #图例在中上位置
    ...: plt.grid()
    ...: plt.show()
```

从图1-8可以看到，当无风险利率提高时，看涨期权的价格上升，看跌期权的价格则下跌，主要的原因有以下两个方面。

一方面，无风险利率的提高意味着用于贴现的利率会上升，导致行权价格的现值下降，从而增加看涨期权的价格、减少看跌期权的价格。

另一方面，投资基础资产需要占用投资者一定的资金，相比之下，对应相同规模基础资产的期权只需要投入较少的资金，这就是期权的杠杆性。在较高利率的情况下，购买基础资产而占用的资金成本越高，期权的吸引力就越大。

以上两种效应叠加的结果就是，当无风险利率提高时，看涨期权价值会增加，看跌期权价值会下降。

1.3.6 期限与期权价格的关系

【例1-9】 沿用例1-4的工商银行A股股票期权信息，对合约期限的取值是在区间[0.01,3.0]的等差数列，其他变量的取值保持不变，模拟合约期限与期权价格之间的关系（见图1-9）。具体的代码如下：

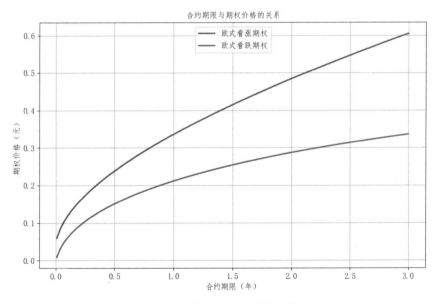

图1-9 合约期限与期权价格的关系

```
In [32]: T_list=np.linspace(0.01,3.0,100)        #设定合约期限的等差数列并存放于数组

In [33]: call_list5=Option_BSM(S=S_ICBC,K=K_ICBC,sigma=sigma_ICBC,r=shibor,T=T_list,opt='call')
```

```
#计算看涨期权价格
   ...: put_list5=Option_BSM(S=S_ICBC,K=K_ICBC,sigma=sigma_ICBC,r=shibor,T=T_list,opt='put')
#计算看跌期权价格

In [34]: plt.figure(figsize=(9,6))
   ...: plt.plot(T_list,call_list5,'b-',label='欧式看涨期权',lw=2)
   ...: plt.plot(T_list,put_list5,'r-',label='欧式看跌期权',lw=2)
   ...: plt.xlabel('合约期限（年）',fontsize=12)
   ...: plt.xticks(fontsize=12)
   ...: plt.ylabel('期权价格（元）',fontsize=12)
   ...: plt.yticks(fontsize=12)
   ...: plt.title('合约期限与期权价格的关系',fontsize=12)
   ...: plt.legend(loc=9,fontsize=12)              #图例在中上位置
   ...: plt.grid()
   ...: plt.show()
```

通过图 1-9 可以得出两个重要的结论：一是无论看涨期权还是看跌期权，期权价格都随合约期限递增；二是当合约期限增加时，看涨期权价格的增幅要大于看跌期权。

1.3.7　内在价值与时间价值

讲到这里，读者也许会有一个问题：在合约存续期内，欧式期权价格与假定期权被立刻行权所获得收益之间存在怎样的关系？下面通过一个具体示例给出该问题的答案。

【例 1-10】　沿用例 1-4 的工商银行 A 股股票期权信息，同时假定在 2022 年 10 月 20 日，工商银行 A 股收盘价的取值是处于区间[4.0,5.0]的等差数列。通过 Python 展开分析，具体的编程分为以下两个步骤。

第 1 步：运用 BSM 模型计算 2022 年 10 月 20 日对应不同基础资产价格的期权价格，同时测算当天期权假定被立刻行权所产生的收益并且不考虑期权费[①]。具体的代码如下：

```
In [35]: S_list=np.linspace(4.0,5.0,200)              #设定工商银行股价的等差数列

In [36]: price_call=Option_BSM(S=S_list,K=K_ICBC,sigma=sigma_ICBC,r=shibor,T=tenor,opt='call')
#计算看涨期权价格
   ...: price_put=Option_BSM(S=S_list,K=K_ICBC,sigma=sigma_ICBC,r=shibor,T=tenor,opt='put')
#计算看跌期权价格

In [37]: profit_call=np.maximum(S_list-K_ICBC,0)      #计算看涨期权立刻行权的收益（不考虑期权费）
   ...: profit_put=np.maximum(K_ICBC-S_list,0)        #计算看跌期权立刻行权的收益（不考虑期权费）
```

第 2 步：将第 1 步计算得到的期权价格与收益数据进行可视化（见图 1-10），以便对比分析。具体的代码如下：

```
In [38]: plt.figure(figsize=(9,7))
   ...: plt.subplot(2,1,1)                            #第1个子图
   ...: plt.plot(S_list,price_call,'b-',label='欧式看涨期权价格',lw=2)
   ...: plt.plot(S_list,profit_call,'r-',label='欧式看涨期权立刻行权的收益',lw=2)
   ...: plt.xticks(fontsize=12)
```

①　需要再次强调的是，欧式期权必须在合约到期日才能行权，这里为了分析的需要而做出在合约未到期时期权就行权的假设。

```
    ...: plt.ylabel('期权价格或收益（元）',fontsize=12)
    ...: plt.yticks(fontsize=12)
    ...: plt.title('期权价格与立刻行权收益的关系',fontsize=12)
    ...: plt.legend(loc=9,fontsize=12)            #图例在中上位置
    ...: plt.grid()
    ...: plt.subplot(2,1,2)                        #第2个子图
    ...: plt.plot(S_list,price_put,'b-',label='欧式看跌期权价格',lw=2)
    ...: plt.plot(S_list,profit_put,'r-',label='欧式看跌期权立刻行权的收益',lw=2)
    ...: plt.xlabel('股票价格（元）',fontsize=12)
    ...: plt.xticks(fontsize=12)
    ...: plt.ylabel('期权价格或收益（元）',fontsize=12)
    ...: plt.yticks(fontsize=12)
    ...: plt.legend(loc=9,fontsize=12)            #图例在中上位置
    ...: plt.grid()
    ...: plt.show()
```

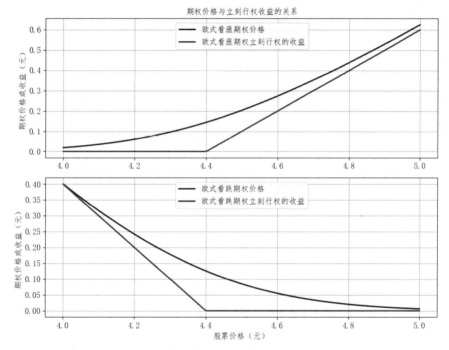

图1-10　期权价格与立刻行权收益的关系

从图1-10中可以很清楚地看到，无论是看涨期权还是看跌期权，2022年10月20日期权价格高于假定当天期权行权所产生的收益。

在合约存续期内，假定立刻行权而获得的收益称为期权的**内在价值**（intrinsic value）；同时，将期权价格超出期权内在价值的剩余部分称为期权的**时间价值**（time value），也称外在价值。据此，可以得到如下的关系式：

$$期权价格 = 期权的内在价值 + 期权的时间价值 \qquad （式1-16）$$

1.4　欧式期权定价——二叉树模型

1.3节讨论的BSM模型在数学上称为**解析法**（analytic method），欧式期权定价还存在另一

种实用并且比较流行的方法——**二叉树模型**（binomial tree model，BTM），这里的**二叉树**特指在期权存续期内基础资产价格变动路径的图形，二叉树模型在数学方法上归属于**数值法**（numerical method）。本节以最简单和最直观的一步二叉树模型作为分析的起点，由简至繁，从具象到抽象。

1.4.1 一步二叉树模型

在介绍一步二叉树模型时，比较理想的方法是结合具体的示例展开讲解。因此，引出计算欧式看涨期权和欧式看跌期权的两个示例。

1. 欧式看涨期权的示例

【**例 1-11**】 中国银行 A 股股票（代码 601988）在 2022 年 7 月 15 日的收盘价是 3 元/股，并且假定在 1 年后该股票的价格上涨 20% 变为 3.6 元/股或者下跌 20% 变为 2.4 元/股，需要对期限为 1 年、行权价格为 3.3 元/股的中国银行 A 股欧式看涨期权进行定价，同时假定连续复利的无风险利率是 1.88%（参考 1 年期国债到期收益率）。在 1 年后的期权到期日，期权价值就存在两种情形[①]，具体见图 1-11。

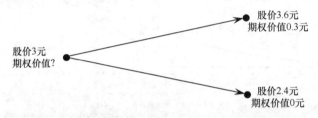

图 1-11 中国银行 A 股股价的变化与欧式看涨期权价值

下面，通过股票和期权构造出一个期限为 1 年的无风险投资组合，具体构成如下：

$$无风险投资组合 = h 股的股票多头头寸 + 1 份看涨期权空头头寸 \qquad （式 1\text{-}17）$$

根据（式 1-17），构造出一个无风险投资组合的关键就是求出 h 的具体数值，这里允许 h 不是整数。接着，分以下两种情形讨论投资组合在 1 年后的价值。

情形 1：中国银行 A 股股价上涨，即 1 年后股价上涨至 3.6 元/股。此时的投资组合中，股票的价值就是 $3.6h$，看涨期权的价值为 $\max(3.6 - 3.3, 0) = 0.3$（元），此投资组合的价值等于 $3.6h - 0.3$。

情形 2：中国银行 A 股股价下跌，即 1 年后股价下跌至 2.4 元/股。此时的投资组合中，股票价值变为 $2.4h$，看涨期权的价值变为 $\max(2.4 - 3.3, 0) = 0$，投资组合的价值等于 $2.4h - 0 = 2.4h$。

根据无套利原则，以上两种情形的价值应当相等，这意味着存在如下等式：

$$3.6h - 0.3 = 2.4h - 0 \qquad （式 1\text{-}18）$$

经过调整后得到：

$$h = \frac{0.3 - 0}{3.6 - 2.4} = 0.25 \qquad （式 1\text{-}19）$$

通过以上计算可以看到，h 就是在期权合约到期时两种不同情形下的期权价值变化与股价

① 在探讨二叉树模型时，国内外的教材普遍采用**期权价值**（value of option）的提法。因此，本书在涉及二叉树模型的章节中，统一使用"期权价值"这一术语。

变化的比率。据此，期限为1年的无风险投资组合的具体构成如下：

无风险投资组合 = 0.25股的股票多头头寸 + 1份看涨期权空头头寸 （式1-20）

因此，在1年后投资组合的价值就等于 $3.6 \times 0.25 - 0.3 = 2.4 \times 0.25 = 0.6$（元）。通过无风险利率进行贴现就得到在2022年7月15日投资组合的价值等于 $0.6 \times e^{-1.88\% \times 1} = 0.5888$（元）（保留至小数点后4位，下同）。

现在，用 C 代表2022年7月15日欧式看涨期权的价值，同时已知中国银行A股在当天的价格是3元/股，结合 $h = 0.25$ 的信息，期权的价值就有如下的表达式：

$$3 \times 0.25 - C = 0.5888 \qquad （式1-21）$$

最终可以得到2022年7月15日欧式看涨期权的价值 $C = 0.1612$ 元/股，这个结果就是图1-11中问号对应的答案。

2. 欧式看跌期权的示例

下面，讨论如何用一步二叉树模型计算欧式看跌期权，并且验证1.2.4小节的看跌-看涨平价关系式是否成立。

【例1-12】 沿用例1-11的信息，并且对期限为1年、行权价格为3.3元/股的中国银行A股欧式看跌期权进行定价，该期权在1年后到期的价值也存在两种情形，具体见图1-12。

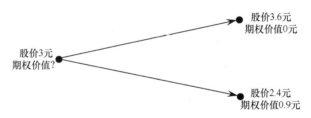

图1-12 中国银行A股股价的变化与欧式看跌期权价值

通过 h 股的股票多头头寸和1份看跌期权多头头寸构造出1年期的无风险投资组合，并且依然分以下两种情形讨论1年后投资组合的价值。

情形1：中国银行A股股价由3元/股上涨至3.6元/股。此时，股票的价值就是 $3.6h$，看跌期权的价值是 $\max(3.3 - 3.6, 0) = 0$，投资组合的价值是 $3.6h + 0 = 3.6h$。

情形2：中国银行A股股价由3元/股下跌至2.4元/股。此时，股票的价值变为 $2.4h$，看跌期权的价值则是 $\max(3.3 - 2.4, 0) = 0.9$（元），投资组合的价值等于 $2.4h + 0.9$。

根据无套利原则，以上两种情形的价值也应当相等，这意味着存在如下等式：

$$3.6h + 0 = 2.4h + 0.9 \qquad （式1-22）$$

（式1-22）经过计算得到 $h = 0.75$。这意味着无风险投资组合由0.75股的股票多头头寸和1份看跌期权多头头寸构成。因此，在1年后投资组合的价值就等于 $3.6 \times 0.75 = 2.4 \times 0.75 + 0.9 = 2.7$（元）。通过无风险利率进行贴现就得到了在2022年7月15日投资组合的价值等于 $2.7 \times e^{-1.88\% \times 1} = 2.6497$（元）。

现在，用 P 代表欧式看跌期权在2022年7月15日的价值，结合中国银行A股在2022年7月15日的股价以及 $h = 0.75$ 的信息，期权的价值就有如下的表达式：

$$3 \times 0.75 + P = 2.6497 \qquad （式1-23）$$

由此可以得到2022年7月15日欧式看跌期权的价值 $P = 0.3997$ 元/股。

由于例 1-11 和例 1-12 中的两个期权都拥有相同的基础资产、期限和行权价格，因此，可以用于验证 1.2.4 小节给出的看跌-看涨平价关系式的正确性。

$$C + Ke^{-rT} = 0.1612 + 3.3 \times e^{-1.88\% \times 1} = 3.3997 \qquad （式1-24）$$

$$P + S_0 = 0.3997 + 3 = 3.3997 \qquad （式1-25）$$

显然，以上两个式子计算的结果相同，这也证明了看跌-看涨平价关系式的正确性。

3. 一般化的数学表达式

通过例 1-11 和例 1-12 这两个具体示例抽象出一步二叉树模型的相关数学表达式。

首先，引入期权定价的一个重要原理——风险中性定价。风险中性定价（risk-neutral valuation）是指在金融产品定价时，假设投资者的风险偏好全部是风险中性的，这意味着存在以下两个特征：一是任何投资（如股票）的期望收益率等于无风险利率；二是市场的贴现利率也等于无风险利率。据此，风险中性定价就可以简化对衍生产品的定价。

其次，设定相关的变量符号并且讨论欧式看涨期权。假定在期权合约的初始日（0 时刻），基础资产价格为 S_0，行权价格为 K 并且期限为 T 的期权价值设为 C，连续复利的无风险利率为 r。在期权到期时（T 时刻），分为两种情形。

情形 1：基础资产价格上涨。基础资产价格由 S_0 上涨到 $S_0 u$，其中 $u > 1$，价格涨幅就是 $u-1$，对应的看涨期权价值记作 C_u，并且 $C_u = \max(S_0 u - K, 0)$。

情形 2：基础资产价格下跌。基础资产价格由 S_0 下跌至 $S_0 d$，其中 $d < 1$，价格跌幅就是 $d-1$，对应的看涨期权价值记作 C_d，并且 $C_d = \max(S_0 d - K, 0)$。

在一步二叉树模型中，基础资产价格以及期权价值具体的变化路径见图 1-13。

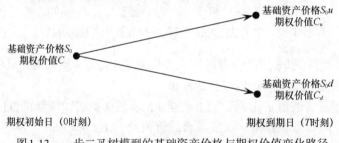

图 1-13 一步二叉树模型的基础资产价格与期权价值变化路径

再次，由 h 单位基础资产多头头寸与 1 份看涨期权的空头头寸构造出无风险投资组合。在期权合约到期时，基础资产价格上涨对应的投资组合价值为 $hS_0 u - C_u$，基础资产价格下跌对应的投资组合价值则为 $hS_0 d - C_d$。在无套利的前提下，两种情形的投资组合价值应当相等，即存在如下的恒等关系式：

$$hS_0 u - C_u = hS_0 d - C_d \qquad （式1-26）$$

经过调整后得到如下等式：

$$h = \frac{C_u - C_d}{S_0 u - S_0 d} \qquad （式1-27）$$

通过（式1-27）可以清楚地看到，h 就是在期权合约到期时（T 时刻）在不同情形下期权价值变化与基础资产价格变化之间的比率，该比率其实是 2.1 节将要详细讨论的期权希腊字母 Delta（Δ）。

此外，由于投资组合是无风险的，并且根据（式1-26），在期权合约初始日投资组合的现值为 $(hS_0u-C_u)\mathrm{e}^{-rT}$ 或者 $(hS_0d-C_d)\mathrm{e}^{-rT}$；此外，构造投资组合的初始成本是 hS_0-C。根据无套利原则，有如下的等式：

$$(hS_0u-C_u)\mathrm{e}^{-rT}=hS_0-C \qquad (\text{式1-28})$$

将（式1-27）代入（式1-28）并经过整理后，得到根据一步二叉树模型推导出的欧式看涨期权定价公式如下：

$$C=\left[pC_u+(1-p)C_d\right]\mathrm{e}^{-rT} \qquad (\text{式1-29})$$

其中，

$$p=\frac{\mathrm{e}^{rT}-d}{u-d} \qquad (\text{式1-30})$$

$$C_u=\max\left(S_0u-K,0\right) \qquad (\text{式1-31})$$

$$C_d=\max\left(S_0d-K,0\right) \qquad (\text{式1-32})$$

（式1-29）中的 p 就表示基础资产价格上涨的概率，$1-p$ 代表基础资产价格下跌的概率，并且根据（式1-30）可知该概率能够通过变量 r、T、u 和 d 计算得出。

最后，欧式看跌期权的定价可以通过看跌–看涨平价关系式计算得到。

4. Python的自定义函数及运用

为了计算的便利性，通过Python自定义一个通过一步二叉树模型计算欧式期权价值的函数。具体的代码如下：

```
In [39]: def BTM_1step(S,K,u,d,r,T,types):
   ...:     '''通过一步二叉树模型计算欧式期权价值的函数
   ...:     S: 基础资产当前的价格；
   ...:     K: 期权的行权价格；
   ...:     u: 基础资产价格上涨时价格变化比例；
   ...:     d: 基础资产价格下跌时价格变化比例；
   ...:     r: 连续复利的无风险利率；
   ...:     T: 期权的期限（年）；
   ...:     types: 期权类型，输入call表示欧式看涨期权，输入其他表示欧式看跌期权'''
   ...:     from numpy import exp,maximum        #从NumPy模块导入exp、maximum函数
   ...:     p=(exp(r*T)-d)/(u-d)                 #基础资产价格上涨的概率
   ...:     Cu=maximum(S*u-K,0)                  #期权到期时基础资产价格上涨对应的期权价值
   ...:     Cd=maximum(S*d-K,0)                  #期权到期时基础资产价格下跌对应的期权价值
   ...:     call=(p*Cu+(1-p)*Cd)*exp(-r*T)       #初始日的看涨期权价值
   ...:     put=call+K*exp(-r*T)-S               #初始日的看跌期权价值（运用看跌-看涨平价关系式）
   ...:     if types=='call':                    #针对看涨期权
   ...:         value=call                       #期权价值等于看涨期权的价值
   ...:     else:                                #针对看跌期权
   ...:         value=put                        #期权价值等于看跌期权的价值
   ...:     return value
```

在以上自定义函数BTM_1step中，输入基础资产当前价格、行权价格、基础资产价格变化比例、无风险利率、期权期限以及期权类型，可以方便地通过一步二叉树模型对欧式期权进行定价。

下面，直接通过自定义函数BTM_1step计算例1-11和例1-12的期权价值。具体的代码如下：

```
In [40]: S_BOC=3              #中国银行A股股价
    ...: K_BOC=3.3            #期权的行权价格
    ...: up=1.2               #在1年后股价上涨情形中的股价变化比例
    ...: down=0.8             #在1年后股价下跌情形中的股价变化比例
    ...: R=0.0188             #无风险利率
    ...: tenor=1.0            #期权合约期限（年）

In [41]: value_call=BTM_1step(S=S_BOC,K=K_BOC,u=up,d=down,r=R,T=tenor,types='call')
    ...: print('2022年7月15日中国银行A股欧式看涨期权价值（元）',round(value_call,4))
2022年7月15日中国银行A股欧式看涨期权价值（元） 0.1612

In [42]: value_put=BTM_1step(S=S_BOC,K=K_BOC,u=up,d=down,r=R,T=tenor,types='put')
    ...: print('2022年7月15日中国银行A股欧式看跌期权价值（元）',round(value_put,4))
2022年7月15日中国银行A股欧式看跌期权价值（元） 0.3997
```

以上代码输出的数值结果与前面手动计算的期权价值金额是相同的。

1.4.2 两步二叉树模型

接着，对一步二叉树模型分析框架适当增加一些复杂度，延伸出两步二叉树模型。下面依然结合一个示例探讨两步二叉树模型的建模思路。

1. 一个示例

【例1-13】 沿用例1-11的信息，但是运用两步二叉树模型，并且对期限为2年、行权价格为2.7元/股的中国银行A股欧式看涨期权定价。这里假定股价服从每一步步长为1年并且在每一步股价上涨20%或者下跌20%，无风险利率（连续复利）依然等于1.88%，具体的两步二叉树模型见图1-14。需要注意的是，图中的英文字母（比如 A）代表二叉树的节点，节点上方的数值（比如 A 点上方的3.0）代表股票价格，下方的数值（比如 A 点下方的0.5535）表示期权价值。

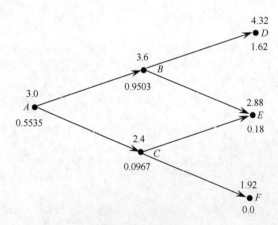

图1-14 两步二叉树模型的中国银行A股股价变化与欧式看涨期权价值

（节点上方的数值表示股价，下方的数值表示期权价值）

在二叉树模型中，运用**逆向归纳法**（backward induction）求出期权的初始价值，该方法的基本逻辑是以期权合约到期日的节点作为分析和计算的起点，逐次往前递推运算，最终计算得出期权的初始价值。下面具体演示和讲解。

首先，考查期权合约到期日（第2年末），图1-14的二叉树最后一列节点 D、E 和 F 分别表示合约到期日的3种情形，具体如下。

（1）节点 D 表示股价连续2年上涨（ $A \rightarrow B \rightarrow D$ ），合约到期日的股价是 $3.0 \times (1 + 20\%)^2 = 4.32$（元/股），对应的期权价值等于 $\max(4.32 - 2.7, 0) = 1.62$（元/股）。

（2）节点 E 表示股价在2年内1年是上涨、1年是下跌，可以是第1年上涨、第2年下跌（ $A \rightarrow B \rightarrow E$ ），也可以是第1年下跌、第2年上涨（ $A \rightarrow C \rightarrow E$ ），股价等于 $3.0 \times (1 + 20\%) \times (1 - 20\%) = 2.88$（元/股），对应的期权价值等于 $\max(2.88 - 2.7, 0) = 0.18$（元/股）。

（3）节点 F 表示股价连续2年下跌（ $A \rightarrow C \rightarrow F$ ），期权到期时股价是 $3.0 \times (1 - 20\%)^2 = 1.92$（元/股），相应的期权价值等于 $\max(1.92 - 2.7, 0) = 0$（元/股），此时的期权是一个虚值期权。

其次，考查期权合约的中期（第1年末），二叉树中间一列的节点 B 和 C 表示在合约中期的两种情形，具体如下。

（1）节点 B 表示股价在第1年上涨，上涨后的股价是 $3.0 \times (1 + 20\%) = 3.6$（元/股）。但是在该节点上的期权价值计算则会复杂些，计算需注意两点：一是需要结合节点 D 和节点 E 的期权价值；二是需要计算股价上涨概率和下跌概率，概率的计算公式可以参考（式1-30）。具体可以写成：

$$p = \frac{e^{r\Delta t} - d}{u - d} \tag{式1-33}$$

根据例1-13中的信息，可以得到如下参数的赋值： $u = 1.2$ ， $d = 0.8$ ， $r = 1.88\%$ ， $\Delta t = 1.0$ 。这里的 Δt 表示二叉树每一步的步长期限，将参数代入（式1-33）就得到股价上涨概率 $p = \left(e^{1.88\% \times 1.0} - 0.8\right) / (1.2 - 0.8) = 0.5474$ ，股价下跌概率 $1 - p = 0.4526$ 。

参考（式1-29），可以得到节点 B 的期权价值如下：

$$(0.5474 \times 1.62 + 0.4526 \times 0.18)e^{-1.88\% \times 1.0} = 0.9503 \text{（元/股）} \tag{式1-34}$$

（2）节点 C 表示股价在第1年下跌，下跌后的股价等于 $3.0 \times (1 - 20\%) = 2.4$（元/股）。在该节点上的期权价值计算需要基于节点 E 和节点 F 的期权价值，并且同样需结合股价上涨、下跌概率进行计算。节点 C 的期权价值计算如下：

$$(0.5474 \times 0.18 + 0.4526 \times 0.0)e^{-1.88\% \times 1.0} = 0.0967 \text{（元/股）} \tag{式1-35}$$

最后，考查期权合约初始日，也就是节点 A 。计算在该节点上的期权价值计算需要基于节点 B 和节点 C 的期权价值，同样需结合股价上涨、下跌概率进行计算。节点 A 的期权价值测算如下：

$$(0.5474 \times 0.9503 + 0.4526 \times 0.0967)e^{-1.88\% \times 1.0} = 0.5535 \text{（元/股）} \tag{式1-36}$$

也就是说，期权的初始价值等于0.5535元/股。

2. 一般化的数学表达式

从例1-13的具体示例抽象出两步二叉树模型的相关数学表达式，并且依然以欧式看涨期权作为分析对象。

首先，结合图1-15讨论两步二叉树模型中的相关变量。 假定 S_0 表示基础资产的初始价格，C 表示看涨期权的初始价值，K 表示行权价格，T 表示合约期限，无风险利率为 r ，每一步步长为 Δt 并且 $2\Delta t = T$ ，基础资产价格在每一步或者上涨到前一次价格的 u 倍，或者下跌至前一次价格的 $1/d$ 。

在期权到期日（即两步二叉树模型中第2步结束的节点），如果基础资产价格连续上涨两次，

价格变为 S_0u^2 ，对应的看涨期权价值用 C_{uu} 表示；如果基础资产价格一涨一跌（先涨后跌或者先跌后涨），价格均等于 S_0ud ，看涨期权价值用 C_{ud} 表示；如果基础资产价格连跌两次，股价变为 S_0d^2 ，期权价值用 C_{dd} 表示。

在两步二叉树模型中第 1 步结束的节点上，根据逆向归纳法，当基础资产价格上涨一次后变为 S_0u ，该节点的期权价值用 C_u 表示，并且可以通过 C_{uu} 和 C_{ud} 计算得出；当基础资产价格下跌一次后变为 S_0d ，该节点的期权价值用 C_d 表示，并且可以通过 C_{ud} 和 C_{dd} 计算得出。

期权初始日的期权价值 C 就可以通过 C_u 和 C_d 计算得出。

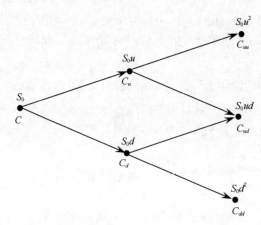

图 1-15　抽象的两步二叉树模型中基础资产价格及欧式看涨期权价值的变化路径

（节点上方的数值表示基础资产价格，下方的数值表示期权价值）

其次，获取相关节点的期权价值表达式。 依然结合（式 1-29）并且考虑每一步步长是 Δt ，可以得到如下节点的期权价值表达式：

（1）基础资产价格上涨 1 次后，该节点期权的价值如下：

$$C_u = \left[pC_{uu} + (1-p)C_{ud} \right] \mathrm{e}^{-r\Delta t} \qquad （式 1-37）$$

（2）基础资产价格下跌 1 次后，该节点期权的价值如下：

$$C_d = \left[pC_{ud} + (1-p)C_{dd} \right] \mathrm{e}^{-r\Delta t} \qquad （式 1-38）$$

（3）在期权合约初始日的节点，期权的价值可以写成：

$$C = \left[pC_u + (1-p)C_d \right] \mathrm{e}^{-r\Delta t} \qquad （式 1-39）$$

将（式 1-37）和（式 1-38）代入（式 1-39），并且经过整理以后，最终可以得到如下等式：

$$C = \left[p^2 C_{uu} + 2p(1-p)C_{ud} + (1-p)^2 C_{dd} \right] \mathrm{e}^{-rT} \qquad （式 1-40）$$

其中，

$$T = 2\Delta t \qquad （式 1-41）$$

$$p = \frac{\mathrm{e}^{r\Delta t} - d}{u - d} \qquad （式 1-42）$$

$$C_{uu} = \max \left(S_0 u^2 - K, 0 \right) \qquad （式 1-43）$$

$$C_{ud} = \max \left(S_0 ud - K, 0 \right) \qquad （式 1-44）$$

$$C_{dd} = \max \left(S_0 d^2 - K, 0 \right) \qquad （式 1-45）$$

（式1-40）就是基于风险中性定价并运用两步二叉树模型计算得到的看涨期权价值，需要注意的是在该式子中，p^2代表基础资产价格连续两次上涨的概率，$p(1-p)$代表基础资产价格一涨一跌的概率，$(1-p)^2$则表示基础资产价格连续两次下跌的概率。此外，看跌期权的价值，依然通过看跌-看涨平价关系式计算得出。

3. Python自定义函数及运用

为了计算的便利，通过Python自定义运用两步二叉树模型计算欧式期权价值的函数。具体的代码如下：

```
In [43]: def BTM_2step(S,K,u,d,r,T,types):
    ...:     '''运用两步二叉树模型计算欧式期权价值的函数
    ...:     S: 基础资产当前的价格;
    ...:     K: 期权的行权价格;
    ...:     u: 基础资产价格上涨时价格变化比例;
    ...:     d: 基础资产价格下跌时价格变化比例;
    ...:     r: 连续复利的无风险利率;
    ...:     T: 期权的期限（年）;
    ...:     types: 期权类型，输入call表示欧式看涨期权，输入其他表示欧式看跌期权'''
    ...:     from numpy import exp,maximum     #从NumPy模块导入exp、maximum函数
    ...:     t=T/2                             #每一步步长期限（年）
    ...:     p=(exp(r*t)-d)/(u-d)              #基础资产价格上涨的概率
    ...:     Cuu=maximum(pow(u,2)*S-K,0)       #期权到期时基础资产价格两次上涨对应的期权价值
    ...:     Cud=maximum(S*u*d-K,0)            #期权到期时基础资产价格一涨一跌对应的期权价值
    ...:     Cdd=maximum(pow(d,2)*S-K,0)       #期权到期时基础资产价格两次下跌对应的期权价值
    ...:     call=(pow(p,2)*Cuu+2*p*(1-p)*Cud+pow(1-p,2)*Cdd)*np.exp(-r*T)   #看涨期权的初始价值
    ...:     put=call+K*exp(-r*T)-S            #看跌期权的初始价值（运用看跌-看涨平价关系式）
    ...:     if types=='call':                 #针对看涨期权
    ...:         value=call                    #期权价值等于看涨期权的价值
    ...:     else:                             #针对看跌期权
    ...:         value=put                     #期权价值等于看跌期权的价值
    ...:     return value
```

在以上自定义函数BTM_2step中，输入基础资产当前价格、行权价格、基础资产价格变化比例、无风险利率、期权期限以及期权类型，就可以运用两步二叉树模型计算得到欧式期权的价值。

下面通过自定义函数BTM_2step验证例1-13的欧式看涨期权价值。具体的代码如下：

```
In [44]: tenor_new=2          #期限2年
    ...: K_new=2.7            #行权价格

In [45]: value_call_new=BTM_2step(S=S_BOC,K=K_new,u=up,d=down,r=R,T=tenor_new, types='call')
    ...: print('2022年7月15日中国银行A股欧式看涨期权价值（元）', round(value_call_new,4))
2022年7月15日中国银行A股欧式看涨期权价值（元） 0.5535
```

通过Python自定义函数计算得到的看涨期权价值与手动计算得到的数值是完全一致的。

下面，将例1-13的欧式看涨期权调整为欧式看跌期权，其他信息均保持不变，运用自定义函数BTM_2step计算看跌期权的价值。具体的代码如下：

```
In [46]: value_put_new=BTM_2step(S=S_BOC,K=K_new,u=up,d=down,r=R,T=tenor_new, types='put')
    ...: print('2022年7月15日中国银行A股欧式看跌期权价值（元）', round(value_put_new,4))
2022年7月15日中国银行A股欧式看跌期权价值（元） 0.1539
```

通过 Python 编程可以计算得出欧式看跌期权价值等于 0.1539 元/股。

1.4.3 N 步二叉树模型

前面讨论的一步或两步二叉树模型得到的期权价值是很粗略的近似值，无法运用于金融实战。在现实金融市场上，当应用二叉树模型对期权定价时，期权的期限通常会被分割为 30 步甚至更多步数。在每一步，基础资产价格的变化均由一个一步二叉树表示，在步数为 N 步的二叉树模型中，期权到期时就会形成 $N+1$ 种可能的股票价格，同时形成 2^N 条可能的基础资产价格路径。比如，步数为 30 步的二叉树模型，在期权到期时就会形成 31 种可能的股票价格，有 $2^{30} \approx 10.74$ 亿条可能的基础资产价格路径。

1. 如何确定参数 u 和 d

在前面讨论的一步、两步二叉树模型中，均假定已知参数 u 和 d，这样的处理仅仅是为了便于分析。在运用二叉树模型的实践中，首先需要计算的就是这两个参数。

假定 σ 是基础资产的波动率，根据随机过程的特征，$\sigma\sqrt{\Delta t}$ 是在一个长度为 Δt 的时间区间内基础资产收益率的标准差，进而得到 $\sigma^2 \Delta t$ 则是在该时间区间内的收益率方差。

同时，假定在二叉树模型的每一步步长 Δt 的区间内，变量 X 表示基础资产的收益率，根据期望值计算公式，基础资产收益率的期望值表达式如下：

$$E(X) = p(u-1) + (1-p)(d-1) \tag{式 1-46}$$

得到（式 1-46）是因为在二叉树模型的每一步上，基础资产收益率等于 $u-1$ 的概率为 p，等于 $d-1$ 的概率为 $1-p$。

此外，可以得到基础资产收益率平方的期望值表达式如下：

$$E(X^2) = p(u-1)^2 + (1-p)(d-1)^2 \tag{式 1-47}$$

根据方差的计算公式，并且结合（式 1-46）和（式 1-47），可以得到在每一步步长内，基础资产收益率的方差表达式如下：

$$E(X^2) - [E(X)]^2 = p(u-1)^2 + (1-p)(d-1)^2 - [p(u-1) + (1-p)(d-1)]^2 \tag{式 1-48}$$
$$= \sigma^2 \Delta t$$

将（式 1-42）代入（式 1-48）并进行简化，便得到关于参数 u 和 d 的方程式：

$$e^{r\Delta t}(u+d) - ud - e^{2r\Delta t} = \sigma^2 \Delta t \tag{式 1-49}$$

利用幂级数展开公式[①]，并且忽略 $(\Delta t)^2$ 和 Δt 的更高次幂[②]，可以得到如下 4 组等式：

---

① $e^x = 1 + x + \dfrac{x^2}{2!} + \dfrac{x^3}{3!} + \cdots$，式子中 $2! = 2 \times 1$ 代表 2 的阶乘，$3! = 3 \times 2 \times 1$ 代表 3 的阶乘，依此类推。

② 关于忽略 $(\Delta t)^2$ 和 Δt 的更高次幂的理由，可以通过一个简单的例子进行说明。假设二叉树模型的每一步步长设定为 1 月，则 $\Delta t = 1/12$，$(\Delta t)^2 = 1/144$，结果不足 0.01，Δt 的更高次幂就更小了；如果每一步步长减少至 1 周（$\Delta t = 1/52$）或 1 天（$\Delta t = 1/365$），则 $(\Delta t)^2$ 和 Δt 的更高次幂就非常小了。因此在金融量化建模中，即使忽略这些微小值也不会对运算结果产生实质影响。

$$e^{r\Delta t} = 1 + r\Delta t \qquad \text{（式1-50）}$$

$$e^{2r\Delta t} = 1 + 2r\Delta t \qquad \text{（式1-51）}$$

$$e^{\sigma\sqrt{\Delta t}} = 1 + \sigma\sqrt{\Delta t} + \frac{\sigma^2\Delta t}{2} + \frac{\sigma^3(\Delta t)^{\frac{3}{2}}}{6} \qquad \text{（式1-52）}$$

$$e^{-\sigma\sqrt{\Delta t}} = 1 - \sigma\sqrt{\Delta t} + \frac{\sigma^2\Delta t}{2} - \frac{\sigma^3(\Delta t)^{\frac{3}{2}}}{6} \qquad \text{（式1-53）}$$

然后，将（式1-52）与（式1-53）相加并做整理，可以得到如下等式：

$$\sigma^2\Delta t = e^{\sigma\sqrt{\Delta t}} + e^{-\sigma\sqrt{\Delta t}} - 2 \qquad \text{（式1-54）}$$

接着，将（式1-50）、（式1-51）和（式1-54）代入（式1-49），并且忽略 $r\Delta t$ 这一项[①]，就可以将方程式简化如下：

$$u + d - ud = e^{\sigma\sqrt{\Delta t}} + e^{-\sigma\sqrt{\Delta t}} - 1 \qquad \text{（式1-55）}$$

最终可以求出参数 u 和 d 的解析表达式，具体如下：

$$u = e^{\sigma\sqrt{\Delta t}} \qquad \text{（式1-56）}$$

$$d = e^{-\sigma\sqrt{\Delta t}} = \frac{1}{u} \qquad \text{（式1-57）}$$

2. 数学表达式

下面，探讨 N 步二叉树模型的一般数学表达式，并且依然以欧式看涨期权为分析对象。

假定在期权合约初始日，基础资产价格为 S_0，基础资产的波动率为 σ，看涨期权价值用 C 表示，并且期权的期限长度是 T。将期权期限切分为一个 N 步并且每步步长为 $\Delta t = T/N$ 的二叉树，同时在 $i\Delta t$ 时刻的第 j 个节点标记为二叉树 (i, j) 节点，其中 $i = 0,1,\ldots,N$，$j = 0,1,\ldots,i$。比如，当 $i = 2$ 时，$j = 0,1,2$，就意味着有 3 个节点；当 $i = 3$ 时，$j = 0,1,2,3$，就意味着有 4 个节点。

此外，在 $i\Delta t$ 时刻，树形最下方的节点为 $(i,0)$ 节点，次下方的节点为 $(i,1)$ 节点，依此类推，最上方的节点就是 (i,i)。以例1-13为例，在图1-14中，针对第1年末的节点 C 就是 $(1,0)$ 节点，节点 B 就是 $(1,1)$ 节点。

在 (i,j) 节点上，基础资产价格等于 $S_0 u^j d^{i-j}$，并且令 $C_{i,j}$ 表示在该节点上的看涨期权价值。同时，基础资产价格从 (i,j) 节点上涨至 $(i+1)\Delta t$ 时刻 $(i+1,j+1)$ 节点的概率为 p，下跌至 $(i+1)\Delta t$ 时刻 $(i+1,j)$ 节点的概率为 $1-p$。

在期权到期日的 T 时刻（即 $N\Delta t$ 时刻），看涨期权价值等于 $\max(S_T - K, 0)$，因此在期权到期时的每个节点上，期权价值可以表示如下：

$$C_{N,j} = \max(S_0 u^j d^{N-j} - K, 0) \qquad \text{（式1-58）}$$

在（式1-58）中，$j = 0,1,\ldots,N$。

在期权到期日的前一个时刻——即 $(N-1)\Delta t$ 时刻，在该时刻的每个节点上，期权价值可

[①] 理由与前面忽略 $(\Delta t)^2$ 和 Δt 的更高次幂相似。比如，每一步步长设定为 1 月，无风险利率等于 5%，$r\Delta t = 1/240$，结果也不足 0.001，当每一步步长更短、无风险利率更低时，结果就更加微不足道了。

以表示如下：

$$C_{N-1,j} = \left[pC_{N,j+1} + (1-p)C_{N,j} \right] e^{-r\Delta t} \qquad （式1-59）$$

在（式1-59）中，$j = 0,1,\dots,N-1$。

同理，在期权存续期内的 (i,j) 节点上，期权价值可以表示如下：

$$C_{i,j} = \left[pC_{i+1,j+1} + (1-p)C_{i+1,j} \right] e^{-r\Delta t} \qquad （式1-60）$$

在（式1-60）中，$i = 0,1,\dots,N-1$，$j = 0,1,\dots,i$。

在期权初始日（即0时刻），期权价值就有如下表达式：

$$C = C_{0,0} = \left[pC_{1,1} + (1-p)C_{1,0} \right] e^{-r\Delta t} \qquad （式1-61）$$

综上，将到期日的期权价值表达式（式1-58）代入前一个时刻的期权价值公式（式1-59），得出 $(N-1)\Delta t$ 时刻的期权价值表达式，然后将该表达式代入前一个时刻（即 $(N-2)\Delta t$ 时刻）的期权价值公式并得出该时刻的期权价值表达式，运用这样的递推算法逐次求出前一个时刻的期权价值表达式。

最终，在期权初始日，运用 N 步二叉树模型计算得出欧式看涨期权价值如下：

$$C = e^{-rT} \sum_{j=0}^{N} \frac{N!}{j!(N-j)!} p^j (1-p)^{N-j} C_{N,j} \qquad （式1-62）$$

其中，

$$C_{N,j} = \max \left(S_0 u^j d^{N-j} - K, 0 \right) \qquad （式1-63）$$

$$p = \frac{e^{r\Delta t} - d}{u - d} \qquad （式1-64）$$

$$u = e^{\sigma\sqrt{\Delta t}} \qquad （式1-65）$$

$$d = \frac{1}{u} \qquad （式1-66）$$

（式1-62）中的 $N! = N \times (N-1) \times (N-2) \times \cdots \times 3 \times 2 \times 1$ 表示 N 的阶乘，同时0的阶乘 $0! = 1$。

需要注意的是，在（式1-62）中，$\dfrac{N!}{j!(N-j)!}$ 表示在期权到期时基础资产价格等于某个数值在二叉树模型中可以实现路径的总数量，这也是 N 步二叉树模型的核心作用机制。下面，通过一个简单的例子加以说明。

假定运用三步二叉树模型（$N = 3$），在期权合约到期时，基础资产价格分别有 $S_0 u^3$、$S_0 u^2 d$、$S_0 u d^2$ 和 $S_0 d^3$ 共4个数值。

第一，当合约到期时基础资产价格等于 $S_0 u^3$，只有1条路径可以实现，也就是每一步都是基础资产价格上涨；由于此时 $j = 3$，得到实现的路径数量 $\dfrac{N!}{j!(N-j)!} = \dfrac{3!}{3! \times 0!} = 1$。

第二，当合约到期时基础资产价格等于 $S_0 u^2 d$，可以通过以下3条路径实现：①第1步上涨、第2步上涨、第3步下跌，②第1步上涨、第2步下跌、第3步上涨，③第1步下跌、第2步上涨、第3步上涨。由于 $j = 2$，得到实现的路径数量 $\dfrac{N!}{j!(N-j)!} = \dfrac{3!}{2! \times 1!} = 3$。

第三，当合约到期时基础资产价格等于 $S_0 u d^2$，可以通过以下3条路径实现：①第1步上涨、第2步下跌、第3步下跌，②第1步下跌、第2步上涨、第3步下跌，③第1步下跌、第2步下跌、第3步上涨。由于 $j=1$，得到实现的路径数量 $\dfrac{N!}{j!(N-j)!}=\dfrac{3!}{1!\times 2!}=3$。

第四，当合约到期时基础资产价格等于 $S_0 d^3$，只有1条路径可以实现，即每一步都是下跌；由于 $j=0$，得到实现的路径数量 $\dfrac{N!}{j!(N-j)!}=\dfrac{3!}{0!\times 3!}=1$。

此外，针对欧式看跌期权的价格，依然可以通过看跌-看涨平价关系式计算得到。

3. Python自定义函数

为了便于计算，需要通过Python自定义一个运用 N 步二叉树模型计算欧式期权价值的函数。具体的代码如下：

```
In [47]: def BTM_Nstep(S,K,sigma,r,T,N,types):
   ...:     '''运用N步二叉树模型计算欧式期权价值的函数
   ...:     S: 基础资产当前的价格；
   ...:     K: 期权的行权价格；
   ...:     sigma: 基础资产的波动率；
   ...:     r: 连续复利的无风险利率；
   ...:     T: 期权的期限（年）；
   ...:     N: 二叉树模型的步数；
   ...:     types: 期权类型，输入call表示欧式看涨期权，输入其他表示欧式看跌期权'''
   ...:     from math import factorial        #导入math模块的factorial函数（计算阶乘）
   ...:     from numpy import exp,maximum,sqrt #导入NumPy模块的exp、maximum和sqrt函数
   ...:     t=T/N                              #计算每一步步长期限（年）
   ...:     u=exp(sigma*sqrt(t))               #计算基础资产价格上涨时的比例
   ...:     d=1/u                              #计算基础资产价格下跌时的比例
   ...:     p=(exp(r*t)-d)/(u-d)               #计算基础资产价格上涨的概率
   ...:     N_list=range(0,N+1)                #创建从0到N的自然数数列
   ...:     A=[]                               #创建一个空列表
   ...:     for j in N_list:
   ...:         C_Nj=maximum(S*pow(u,j)*pow(d,N-j)-K,0)  #计算合约到期时某节点的期权价值
   ...:         Num=factorial(N)/(factorial(j)*factorial(N-j))  #到达合约到期节点的路径数量
   ...:         A.append(Num*pow(p,j)*pow(1-p,N-j)*C_Nj) #在列表尾部每次增加一个新元素
   ...:     call=exp(-r*T)*sum(A)              #计算看涨期权的初始价值（式1-62）
   ...:     put=call+K*np.exp(-r*T)-S          #计算看跌期权的初始价值（运用看跌-看涨平价关系式）
   ...:     if types=='call':                  #针对看涨期权
   ...:         value=call                     #期权价值等于看涨期权的价值
   ...:     else:                              #针对看跌期权
   ...:         value=put                      #期权价值等于看跌期权的价值
   ...:     return value
```

在以上自定义函数BTM_Nstep中，输入基础资产当前价格、行权价格、波动率、无风险利率、期限、步数及期权类型，就可以方便地通过 N 步二叉树模型对欧式期权定价。

4. 一个示例

【例1-14】 沿用例1-11的信息，需要运用 N 步二叉树模型，计算2022年7月15日基础资产是中国银行A股股票、期限为1年且行权价格为3.3元/股的欧式看涨期权价值。中国银行A股在当天的股价是3元/股，无风险利率（连续复利）是1.88%。对此，直接运用Python进行计算，相关编程分以下3步完成。

第1步：导入存放2019年1月至2022年7月15日中国银行A股日收盘价数据的Excel文件，并计算波动率。具体代码如下：

```
In [48]: price_BOC=pd.read_excel('C:/Desktop/中国银行A股收盘价数据.xlsx', sheet_name='Sheet1',
header=0,index_col=0)    #导入中国银行A股收盘价数据

In [49]: R_BOC=np.log(price_BOC/price_BOC.shift(1))    #计算中国银行A股每日收益率

In [50]: Sigma_BOC=np.sqrt(252)*np.std(R_BOC)         #计算中国银行A股的波动率
   ...: Sigma_BOC=float(Sigma_BOC)                     #转换为浮点型数据类型
   ...: print('中国银行A股的波动率',round(Sigma_BOC,4))
中国银行A股的波动率 0.1371
```

从以上输出的结果可以得到，中国银行A股的波动率等于13.71%。

第2步：分别按照步长等于1月（12步二叉树）、1周（52步二叉树）以及1个交易日（252步二叉树）的二叉树模型计算2022年7月15日的期权价值。具体代码如下：

```
In [51]: N_month=12                  #步长等于1月
   ...: N_week=52                     #步长等于1周
   ...: N_day=252                     #步长等于1个交易日

In [52]: C1_BOC=BTM_Nstep(S=S_BOC,K=K_BOC,sigma=Sigma_BOC,r=R,T=tenor,N=N_month, types='call')
#运用12步二叉树模型计算期权价值
   ...: C2_BOC=BTM_Nstep(S=S_BOC,K=K_BOC,sigma=Sigma_BOC,r=R,T=tenor,N=N_week, types='call')
#运用52步二叉树模型计算期权价值
   ...: C3_BOC=BTM_Nstep(S=S_BOC,K=K_BOC,sigma=Sigma_BOC,r=R,T=tenor,N=N_day, types='call')
#运用252步二叉树模型计算期权价值
   ...: print('运用12步二叉树模型计算中国银行A股欧式看涨期权价值（元）', round(C1_BOC,4))
   ...: print('运用52步二叉树模型计算中国银行A股欧式看涨期权价值（元）', round(C2_BOC,4))
   ...: print('运用252步二叉树模型计算中国银行A股欧式看涨期权价值（元）', round(C3_BOC,4))
运用12步二叉树模型计算中国银行A股欧式看涨期权价值（元） 0.0769
运用52步二叉树模型计算中国银行A股欧式看涨期权价值（元） 0.0775
运用252步二叉树模型计算中国银行A股欧式看涨期权价值（元） 0.0771
```

通过以上的代码输出结果可以看到，不同步数的二叉树模型给出的期权价值结果差异并不大，原因是中国银行A股的波动率不高。

第3步：针对中国银行A股的波动率取区间[0.2,0.3]的等差数列，其他参数保持不变，按照12步二叉树模型、52步二叉树模型以及252步二叉树模型测算不同波动率对应的期权价值，并且进行可视化（见图1-16）。相关代码如下：

```
In [53]: Sigma_list=np.linspace(0.2,0.3,200)    #设定波动率的等差数列

In [54]: C1_list=np.ones_like(Sigma_list) #创建初始数组用于存放12步二叉树模型计算得到的期权价值
   ...: C2_list=np.ones_like(Sigma_list)  #创建初始数组用于存放52步二叉树模型计算得到的期权价值
   ...: C3_list=np.ones_like(Sigma_list)  #创建初始数组用于存放252步二叉树模型计算得到的期权价值

In [55]: for i in range(len(Sigma_list)):          #运用for语句
   ...:     C1_list[i]=BTM_Nstep(S=S_BOC,K=K_BOC,sigma=Sigma_list[i],r=R,T=tenor,
   ...:                 N=N_month,types='call')     #存放12步二叉树模型计算的结果
   ...:     C2_list[i]=BTM_Nstep(S=S_BOC,K=K_BOC,sigma=Sigma_list[i],r=R,T=tenor,
   ...:                 N=N_week,types='call')      #存放52步二叉树模型计算的结果
   ...:     C3_list[i]=BTM_Nstep(S=S_BOC,K=K_BOC,sigma=Sigma_list[i],r=R,T=tenor,
   ...:                 N=N_day,types='call')       #存放252步二叉树模型计算的结果
```

```
In [56]: plt.figure(figsize=(9,6))
    ...: plt.plot(Sigma_list,C1_list,'b-',label='12步二叉树模型',lw=2)
    ...: plt.plot(Sigma_list,C2_list,'c-',label='52步二叉树模型',lw=2)
    ...: plt.plot(Sigma_list,C3_list,'m-',label='252步二叉树模型',lw=2)
    ...: plt.xlabel('波动率',fontsize=12)
    ...: plt.xticks(fontsize=12)
    ...: plt.ylabel('期权价值（元）',fontsize=12)
    ...: plt.yticks(fontsize=12)
    ...: plt.title('波动率与不同步数二叉树模型计算结果的关系',fontsize=12)
    ...: plt.legend(loc=9,fontsize=12)              #图例在中上位置
    ...: plt.grid()
    ...: plt.show()
```

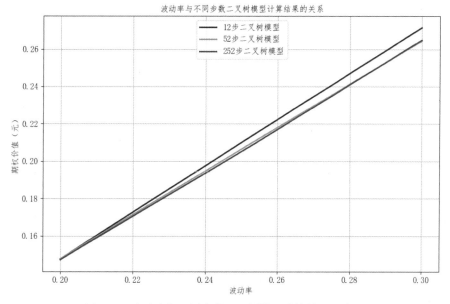

图1-16　波动率与不同步数二叉树模型计算结果的关系

通过图1-16可以清楚地发现，随着波动率的增加，12步二叉树模型测算得到的期权价值与52步或252步二叉树模型给出的结果之间差异是不断扩大的。因此当波动率较高时，运用较多步数的二叉树模型才能得到更精确的欧式期权价值结果。

5.　BSM模型与二叉树模型的关系

讲到这里，读者头脑中或许已经浮现这样一个问题：针对欧式期权的定价，BSM模型的计算结果与二叉树模型的结果会相似吗？如果相似，相似程度又会有多大？影响相似程度的因素是什么？下面，依然通过中国银行A股欧式期权揭开谜底。

【例1-15】　沿用例1-11的信息，针对基础资产是中国银行A股股票、期限为1年且行权价格为3.3元/股的欧式看涨期权，通过Python并分别运用BSM模型、二叉树模型计算2022年7月15日该期权的价值。相关编程包括3个步骤。

第1步：针对二叉树模型的步数取1至200的整数数列，依次计算不同步数的二叉树模型所得到的中国银行A股欧式看涨期权价值。具体的代码如下：

```
In [57]: N_list=range(1,201)                    #创建1到200的整数列表作为步数
```

```
    ...: call_BTM_list=np.zeros(len(N_list))      #创建存放期权价值的初始数组

 In [58]: for i in N_list:                        #通过for语句计算不同步数的二叉树模型所得到的期权价值
    ...:     call_BTM_list[i-1]=BTM_Nstep(S=S_BOC,K=K_BOC,sigma=Sigma_BOC,r=R,T=tenor, N=i,
types='call')
```

第2步：运用1.3.1小节自定义函数Option_BSM，测算BSM模型得出的期权价值。具体的代码如下：

```
 In [59]: call_BSM=Option_BSM(S=S_BOC,K=K_BOC,sigma=Sigma_BOC,r=R,T=tenor,opt='call') #运用
BSM模型对期权定价
    ...: print('运用BSM模型计算得到中国银行A股欧式看涨期权价值（元）',round(call_BSM,4))
运用BSM模型计算得到中国银行A股欧式看涨期权价值（元） 0.077

 In [60]: call_BSM_list=call_BSM*np.ones(len(N_list))   #创建BSM模型计算得到期权价值的数组
```

根据以上的输出结果，运用 BSM 模型计算得出 2022 年 7 月 15 日该看涨期权的价值是0.0770元/股。

第3步：运用可视化的方法考查二叉树模型计算的结果是如何收敛于 BSM 模型的（见图 1-17）。具体的代码如下：

```
In [61]: plt.figure(figsize=(9,6))
   ...: plt.plot(N_list,call_BTM_list,'b-',label='二叉树模型的结果',lw=2)
   ...: plt.plot(N_list,call_BSM_list,'r-',label='BSM模型的结果',lw=2)
   ...: plt.xlabel('步数',fontsize=12)
   ...: plt.xticks(fontsize=12)
   ...: plt.ylabel('期权价值（元）',fontsize=12)
   ...: plt.yticks(fontsize=12)
   ...: plt.title('二叉树模型与BSM模型之间的关系',fontsize=12)
   ...: plt.legend(fontsize=12)
   ...: plt.grid()
   ...: plt.show()
```

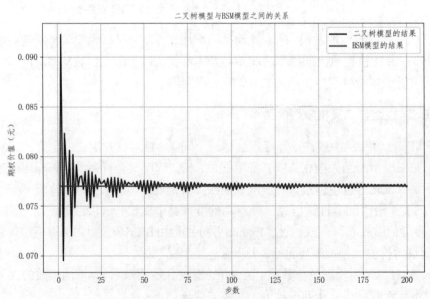

图1-17　二叉树模型与BSM模型之间的关系

从图1-17中可以看到，当二叉树模型步数不断增大时，期权价值呈现出锯齿形并且收敛于BSM模型的结果，同时二叉树模型的结果围绕着BSM模型的结果上下波动。通过图1-17可以发现，当步数达到约150步时，二叉树模型的结果与BSM模型几乎无差异。此外，可以通过数学证明，当步数趋于无穷大时，通过二叉树模型可以推导出BSM模型[①]。

1.5 美式期权定价

在1.2.1小节介绍期权类型时，曾提到美式期权的多头可以选择在期权合约存续期内提前行权，这一特征给美式期权的定价带来了复杂性和挑战性，传统的BSM模型无法适用于美式期权，可行的方法是运用二叉树模型。本节详细讨论如何运用二叉树模型对美式期权定价。

1.5.1 定价的基本思路

1. 基本思路介绍

既然是运用二叉树模型，定价的逻辑依然是逆向归纳法，也就是从二叉树模型的末尾节点（合约到期日）出发以倒推的形式推算至初始节点（合约定价日），这与1.4节欧式期权定价的思路是一致的。但是，由于美式期权可以提前行权，因此在二叉树模型的每一个节点上（不含到期日的节点）都需要检验提前行权是否为最优的选择。

虽然，在二叉树模型的末尾节点上（到期日节点），美式期权的收益与欧式期权的收益是完全一致的；但是在合约到期前的任何一个节点上，美式期权的价值都是取以下两个数值的最大值。

数值1：假定在该节点上期权没有被行权，通过如下公式计算得到在该节点的期权价值：

$$V = \left[pV_u + (1-p)V_d \right] e^{-r\Delta t} \qquad （式1-67）$$

其中，V代表该节点的期权价值，p和V_u分别表示基础资产价格上涨至下一个节点的概率以及对应下一个节点的期权价值，$1-p$和V_d分别表示基础资产价格下跌至下一个节点的概率以及对应下一个节点的期权价值。

数值2：假定在该节点上期权被行权，对应期权所获得的收益。如果是看涨期权，收益等于节点上的基础资产价格减去行权价格；如果是看跌期权，收益等于行权价格减去节点上的基础资产价格。

为了便于读者更好地理解以上的定价思路，下面通过两步二叉树模型计算美式期权价值的示例加以形象的说明。

2. 一个示例

【例1-16】 假定在2022年10月25日，期权市场上市了以建设银行A股（代码601939）为基础资产、期限为1年、行权价格为5.8元/股的美式看跌期权，当天建设银行A股收盘价是5.5元/股，同时通过2019年1月至2022年10月25日的日收盘价测算得到股票的波动率是19.36%。

---

① 相关的证明详见约翰·C.赫尔的《期权、期货及其他衍生产品（原书第10版）》第13章附录"由二叉树模型推导布莱克-斯科尔斯-默顿期权定价公式"。

以1年期国债到期收益率作为无风险收益率（连续复利）并且当天的报价为1.79%。图1-18展示了通过两步二叉树模型计算得到该美式看跌期权价值的路径，并且每一步步长 $\Delta t = 0.5$。

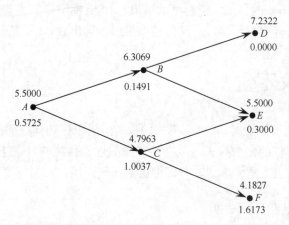

图1-18　两步二叉树模型的建设银行A股股价与美式看跌期权价值的变化路径

（节点上方的数值表示股价，下方的数值表示期权价值）

下面，就演示如何计算[①]得出图1-18的相关数据，一共分为5个步骤。

第1步：计算每个节点的股价。

运用（式1-56），计算得到每一步股票价格上涨的比例 $u = \mathrm{e}^{\sigma\sqrt{\Delta t}} = \mathrm{e}^{19.36\%\times\sqrt{0.5}} = 1.1467$，根据（式1-57）得到每一步股票价格下跌的比例 $d = \mathrm{e}^{-\sigma\sqrt{\Delta t}} = \mathrm{e}^{-19.36\%\times\sqrt{0.5}} = 0.8721$。

因此，节点 B 的股价是 $5.5u = 6.3069$（元/股），节点 C 的股价是 $5.5d = 4.7963$（元/股），节点 D 的股价是 $5.5u^2 = 7.2322$（元/股），节点 E 的股价是 $5.5ud = 5.5$（元/股），节点 F 的股价是 $5.5d^2 = 4.1827$（元/股）。

第2步：计算股价上涨与下跌的概率。

通过（式1-42），可以计算得出每一步股票价格上涨的概率 $p = \left(\mathrm{e}^{r\Delta t} - d\right)/\left(u - d\right) = \left(\mathrm{e}^{1.79\%\times0.5} - \mathrm{e}^{-19.36\%\times\sqrt{0.5}}\right)/\left(\mathrm{e}^{19.36\%\times\sqrt{0.5}} - \mathrm{e}^{-19.36\%\times\sqrt{0.5}}\right) = 0.4986$，下跌的概率 $1 - p = 0.5014$。

第3步：计算二叉树最后一列节点（合约到期日）的期权价值。

计算方法与欧式看跌期权是一样的，其中，节点 D 的期权价值是 $\max\left(5.8 - 6.3069, 0\right) = 0$（元/股），节点 E 的期权价值是 $\max\left(5.8 - 5.5, 0\right) = 0.3$（元/股），节点 F 的期权价值是 $\max\left(5.8 - 4.1827, 0\right) = 1.6173$（元/股）。

第4步：计算第1步结束（即0.5年末）节点的期权价值。

需要注意的是，计算方式与欧式期权存在显著差异。

（1）对于节点 B 的期权价值，需要在计算以下两种情形的数值中取最大值。

情形1： 假定期权没有被行权。在该情形下，计算期权价值就是运用（式1-67），得到期权价值 $V = \left[pV_u + (1-p)V_d\right]\mathrm{e}^{-r\Delta t} = [0.4986\times0 + 0.5014\times0.3]\mathrm{e}^{-1.79\%\times0.5} = 0.1491$（元/股）。

情形2： 假定期权被行权，则期权价值（收益）就等于 $5.8 - 6.3069 = -0.5069$（元/股）。

显然，比较这两种情形可以发现，对期权多头而言，在节点 B 不行权是最优的选择。因此，

---

① 在计算过程中，过程数据为精确值，在展示计算结果时，采用保留小数点后4位的形式。

该节点的期权价值等于0.1491元/股。

（2）对于节点 C 的期权价值，计算的思路与节点 B 相同。在期权不被行权的情形下，计算得到期权价值是 $[0.4986 \times 0.3 + 0.5014 \times 1.6173]e^{-1.79\% \times 0.5} = 0.9519$（元/股）；当期权被行权时，期权收益等于 $5.8 - 4.7963 = 1.0037$（元/股）。因此，对期权多头而言，在节点 C 行权是最优的选择。所以，该节点的期权价值等于1.0037元/股。

第5步：计算期初节点 A 的期权价值。

在期权不被行权的情形下，计算得到期权价值是 $[0.4986 \times 0.1491 + 0.5014 \times 1.0037]e^{-1.79\% \times 0.5} = 0.5725$（元/股）；相比之下，当期权被行权时，期权收益则等于 $5.8 - 5.5 = 0.3$（元/股）。因此，对期权多头而言，在节点 A 不行权是最优的选择。所以，在合约初始日，期权价值等于0.5725元/股。

1.5.2 定价的数学表达式

以上两步二叉树模型的示例可以推广至 N 步二叉树模型，并得到求解美式期权价值的一般化数学表达。这里也参照1.4.3小节讨论的 N 步二叉树模型对欧式期权定价的做法及部分参数。

假定一个期限为 T、行权价格为 K 的美式期权，并将期权期限划分成 N 个长度均为 $\Delta t = T/N$ 的时间区间，在 $i\Delta t$ 时刻的第 j 个节点标记为 (i,j) 节点，其中 $i = 0,1,...,N$，$j = 0,1,...,i$。假定在期权合约初始日，基础资产价格为 S_0，基础资产的波动率为 σ。

同样，在 $i\Delta t$ 时刻，树形最下方的节点为 $(i,0)$，次下方的节点为 $(i,1)$，依此类推，最上方的节点为 (i,i)。在 (i,j) 节点上的基础资产价格等于 $S_0 u^j d^{i-j}$。

下面，令 $V_{i,j}$ 代表在 (i,j) 节点上的期权价值。

1. 在合约到期日的节点

如果期权是看涨期权，在 T 时刻（合约到期日）各节点的期权价值可以表示如下：

$$V_{N,j} = \max\left(S_0 u^j d^{N-j} - K, 0\right) \qquad （式1-68）$$

如果期权是看跌期权，在合约到期时各节点的期权价值表示如下：

$$V_{N,j} = \max\left(K - S_0 u^j d^{N-j}, 0\right) \qquad （式1-69）$$

（式1-68）和（式1-68）中的 $j = 0,1,...,N$。

2. 在合约未到期的节点

针对除合约到期日以外的节点 (i,j)，这里 $i = 0,1,...,N-1$，$j = 0,1,...,i$，节点的期权价值应当是以下两种情形计算得到数值的最大值。

情形1：美式期权没有被提前行权。期权价值等于 $\left[pV_{i+1,j+1} + (1-p)V_{i+1,j}\right]e^{-r\Delta t}$，这里的 p 依然表示基础资产价格从 (i,j) 节点上涨到 $(i+1,j+1)$ 节点的概率；$1-p$ 也是表示基础资产价格从 (i,j) 节点下跌至 $(i+1,j)$ 节点的概率。

情形2：美式期权被提前行权。根据不同的期权类型得到期权实现的收益：①针对看涨期权，收益等于 $S_0 u^j d^{i-j} - K$；②针对看跌期权，收益则是 $K - S_0 u^j d^{i-j}$。

因此，对美式看涨期权而言，在该节点上的价值表示如下：

$$V_{i,j} = \max\left\{ S_0 u^j d^{i-j} - K, \left[p V_{i+1,j+1} + (1-p) V_{i+1,j} \right] e^{-r\Delta t} \right\}$$ （式 1-70）

对美式看跌期权而言，在该节点上的价值表示如下：

$$V_{i,j} = \max\left\{ K - S_0 u^j d^{i-j}, \left[p V_{i+1,j+1} + (1-p) V_{i+1,j} \right] e^{-r\Delta t} \right\}$$ （式 1-71）

注意，在 $i\Delta t$ 时刻的期权价值，不仅反映了 $i\Delta t$ 时刻提前行权的可能性对期权价值的影响，而且反映了在此后提前行权对期权价值的影响。

按照递推算法，最终得到在节点 $(0,0)$ 的期权价值 $V_{0,0}$ 就是通过二叉树模型计算得出的期权初始价值。

当 $N \to \infty$，即 $\Delta t \to 0$ 时，可以得到美式期权的精确价值。在实践中，步数 $N = 30$ 的二叉树模型通常会给出一个相对合理的价值。

此外，需要强调的是，看跌–看涨平价关系式仅对欧式期权成立，对美式期权则不成立。

1.5.3 运用矩阵的运算

为了便于 Python 代码的撰写，同时也试图提升代码运行的效率，下面运用矩阵便捷和清晰地展示美式期权定价的二叉树模型，同时，以美式看涨期权为例。

1. 矩阵运算的基本思路

首先，可以将 N 步二叉树模型中每个节点上的基础资产价格放置在 $N+1$ 行、$N+1$ 列的矩阵并且设为 $\mathbb{S}$，需要注意该矩阵是一个上三角矩阵。

$$\mathbb{S} = \begin{pmatrix} S_0 & S_0 u & \cdots & S_0 u^{N-1} & S_0 u^N \\ 0 & S_0 d & & S_0 u^{N-2} d & S_0 u^{N-1} d \\ \vdots & \vdots & & \vdots & \vdots \\ 0 & 0 & \cdots & S_0 d^{N-1} & S_0 u d^{N-1} \\ 0 & 0 & & 0 & S_0 d^N \end{pmatrix}$$ （式 1-72）

在以上的矩阵 $\mathbb{S}$ 中，第 1 列的非零元素 S_0 代表在定价日（即 0 时刻）节点的基础资产价格，第 2 列的非零元素 $S_0 u$ 和 $S_0 d$ 代表在 Δt 时刻节点的基础资产价格，依此类推，最后一列的非零元素 $S_0 u^N$、$S_0 u^{N-1} d \cdots\cdots S_0 d^N$ 代表在合约到期日（即 $N\Delta t$ 时刻或 T 时刻）节点的基础资产价格。

其次，根据基础资产价格的矩阵并结合（式 1-68），可以计算得到在合约到期日的期权价值并且放置在 $N+1$ 行、$N+1$ 列矩阵的第 $N+1$ 列，第 1 列至第 N 列的元素先设置为零，该矩阵设为 $\mathbb{C}$，具体如下：

$$\mathbb{C} = \begin{pmatrix} 0 & 0 & \cdots & 0 & \max\left(S_0 u^N - K, 0 \right) \\ 0 & 0 & & 0 & \max\left(S_0 u^{N-1} d - K, 0 \right) \\ \vdots & \vdots & \vdots & \vdots & \vdots \\ 0 & 0 & & 0 & \max\left(S_0 u d^{N-1} - K, 0 \right) \\ 0 & 0 & \cdots & 0 & \max\left(S_0 d^N - K, 0 \right) \end{pmatrix}$$ （式 1-73）

接着，运用（式1-73）并结合（式1-70），就可以依次得出矩阵ℂ中第 N 列非零元素、第 $N-1$ 列非零元素……第1列非零元素，最终该矩阵第1行、第1列的元素就是期权的初始价值。

基于以上的矩阵运算思路，通过Python自定义计算美式期权价值的函数。为了更好地理解代码，下面按照看涨、看跌期权类型分别自定义计算美式期权价值的函数。

2. 美式看涨期权定价的Python自定义函数

针对美式看涨期权定价的Python自定义函数，具体的代码如下：

```
In [62]: def American_Call(S,K,sigma,r,T,N):
    ...:     '''运用N步二叉树模型计算美式看涨期权价值的函数
    ...:     S: 基础资产当前的价格;
    ...:     K: 期权的行权价格;
    ...:     sigma: 基础资产的波动率;
    ...:     r: 连续复利的无风险利率;
    ...:     T: 期权的期限（年）;
    ...:     N: 二叉树模型的步数'''
    ...:     #为了便于理解代码撰写逻辑,分为以下3个步骤
    ...:     #第1步是计算相关参数
    ...:     t=T/N                           #每一步步长
    ...:     u=np.exp(sigma*np.sqrt(t))      #基础资产价格上涨时的比例
    ...:     d=1/u                           #基础资产价格下跌时的比例
    ...:     p=(np.exp(r*t)-d)/(u-d)         #基础资产价格上涨的概率
    ...:     call_matrix=np.zeros((N+1,N+1)) #创建N+1行、N+1列的零元素数组用于后续存放每个节点的期权价值
    ...:     #第2步是计算到期日节点的基础资产价格与期权价值
    ...:     N_list=np.arange(0,N+1)         #创建从0到N的整数数列并存放于数组
    ...:     S_end=S*pow(u,N-N_list)*pow(d,N_list) #计算到期日节点的基础资产价格（按照节点从上往下排序）
    ...:     call_matrix[:,-1]=np.maximum(S_end-K,0) #计算到期日节点的看涨期权价值(按照节点从上往下排序)
    ...:     #第3步是计算非到期日节点的基础资产价格与期权价值
    ...:     i_list=list(range(0,N))         #创建从0到N-1的整数数列并存放于列表
    ...:     i_list.sort(reverse=True)       #将列表的元素由大到小重新排序（从N-1到0排序）
    ...:     for i in i_list:
    ...:         j_list=np.arange(i+1)       #创建从0到i的整数数列并存放于数组
    ...:         Si=S*pow(u,i-j_list)*pow(d,j_list)   #计算在iΔt时刻各节点上的基础资产价格(按照节点
从上往下排序)
    ...:         call_strike=np.maximum(Si-K,0)       #计算提前行权时的期权收益
    ...:         call_nostrike=(p*call_matrix[:i+1,i+1]+(1-p)*call_matrix[1:i+2,i+1])*np.exp(-r*t)
#计算不提前行权时的期权价值
    ...:         call_matrix[:i+1,i]=np.maximum(call_strike,call_nostrike)  #取提前行权时期权收
益与不提前行权时期权价值的最大值
    ...:     call_begin=call_matrix[0,0]     #期权初始价值
    ...:     return call_begin
```

在以上自定义的函数American_Call中，输入基础资产当前价格、行权价格、无风险利率、波动率、期限以及步数，就可以得出美式看涨期权的价值。

3. 美式看跌期权定价的Python自定义函数

针对计算美式看跌期权价值的Python自定义函数,代码撰写过程与美式看涨期权有相似之处。具体的代码如下：

```
In [63]: def American_Put(S,K,sigma,r,T,N):
    ...:     '''运用N步二叉树模型计算美式看跌期权价值的函数
    ...:     S: 基础资产当前的价格;
    ...:     K: 期权的行权价格;
    ...:     sigma: 基础资产的波动率;
    ...:     r: 连续复利的无风险利率;
    ...:     T: 期权的期限（年）;
    ...:     N: 二叉树模型的步数'''
    ...:     t=T/N                                #每一步步长
    ...:     u=np.exp(sigma*np.sqrt(t))           #基础资产价格上涨时的比例
    ...:     d=1/u                                #基础资产价格下跌时的比例
    ...:     p=(np.exp(r*t)-d)/(u-d)              #基础资产价格上涨的概率
    ...:     put_matrix=np.zeros((N+1,N+1))       #创建N+1行、N+1列的零元素数组用于后续存放每个节点
的期权价值
    ...:     N_list=np.arange(0,N+1)             #创建从0到N的整数数列并存放于数组
    ...:     S_end=S*pow(u,N-N_list)*pow(d,N_list)  #计算到期时节点的基础资产价格（按照节点从上往下排序）
    ...:     put_matrix[:,-1]=np.maximum(K-S_end,0)  #计算到期时节点的看跌期权价值（按照节点从上往下排序）
    ...:     i_list=list(range(0,N))             #创建从0到N-1的整数数列并存放于列表
    ...:     i_list.sort(reverse=True)           #将列表的元素由大到小重新排序（从N-1到0排序）
    ...:     for i in i_list:
    ...:         j_list=np.arange(i+1)           #创建从0到i的整数数列并存放于数组
    ...:         Si=S*pow(u,i-j_list)*pow(d,j_list)  #计算在iΔt时刻各节点上的基础资产价格（按照节点
从上往下排序）
    ...:         put_strike=np.maximum(K-Si,0)   #计算提前行权时的期权收益
    ...:
put_nostrike=np.exp(-r*t)*(p*put_matrix[:i+1,i+1]+(1-p)*put_matrix[1:i+2,i+1])  #计算不提前行权时
的期权价值
    ...:         put_matrix[:i+1,i]=np.maximum(put_strike,put_nostrike)  #取提前行权时期权收益与
不提前行权时期权价值的最大值
    ...:     put_begin=put_matrix[0,0]           #期权初始价值
    ...:     return put_begin
```

在以上自定义的函数 American_Put 中，依然是输入基础资产当前价格、行权价格、无风险利率、波动率、期限以及步数，就可以得出美式看跌期权的价值。下面就通过一个示例演示如何运用上述自定义函数。

4. 一个示例

【例 1-17】 沿用例 1-16 关于建设银行美式看跌期权的信息，通过自定义函数 American_Put 并且将步数依次设定为 2 步（例 1-16 的步数）、12 步（步长为 1 月）、52 步（步长为 1 周）和 252 步（步长为 1 个交易日），分别计算该期权的价值。具体的计算分为以下 3 个步骤。

第 1 步：从外部导入 2019 年 1 月至 2022 年 10 月 25 日建设银行 A 股日收盘价数据，计算股票的波动率。具体的代码如下：

```
In [64]: price_CCB=pd.read_excel('C:/Desktop/建设银行A股收盘价数据.xlsx', sheet_name='Sheet1',
header=0,index_col=0)  #导入建设银行A股收盘价数据

In [65]: R_CCB=np.log(price_CCB/price_CCB.shift(1))      #计算建设银行A股每日收益率

In [66]: Sigma_CCB=np.sqrt(252)*np.std(R_CCB)            #计算建设银行A股的波动率
    ...: Sigma_CCB=float(Sigma_CCB)                      #转换为浮点型数据类型
```

```
    ...: print('建设银行A股的波动率',round(Sigma_CCB,4))
建设银行A股的波动率 0.1936
```

根据以上输出的代码，建设银行A股的波动率等于19.36%，这就是例1-16给出的波动率。

第2步：运用两步二叉树模型计算美式看跌期权的价值。具体的代码如下：

```
In [67]: S_CCB=5.5          #建设银行A股2022年10月25日收盘价
    ...: K_CCB=5.8          #行权价格
    ...: T_CCB=1            #期限（年）
    ...: r_Oct25=0.0179     #2022年10月25日无风险利率
    ...: N_2=2              #步数是2

In [68]: Put_2step=American_Put(S=S_CCB,K=K_CCB,sigma=Sigma_CCB,r=r_Oct25,T=T_CCB, N=N_2)
#两步二叉树模型
    ...: print('运用两步二叉树模型计算2022年10月25日建设银行A股美式看跌期权价值（元）
',round(Put_2step,4))
运用两步二叉树模型计算2022年10月25日建设银行A股美式看跌期权价值（元） 0.5725
```

根据以上的计算结果可以得出，运用两步二叉树模型计算得到建设银行A股美式看跌期权价值是0.5725元/股，这与在例1-16中手动计算得到的结果是一致的。

第3步：将二叉树模型的步数依次增加至12步、52步和252步，分别计算该期权的价值。具体的代码如下：

```
In [69]: N_12=12           #步数是12
    ...: N_52=52           #步数是52
    ...: N_252=252         #步数是252

In [70]: Put_12step=American_Put(S=S_CCB,K=K_CCB,sigma=Sigma_CCB,r=r_Oct25,T=T_CCB,N=N_12)
#12步二叉树模型
    ...: Put_52step=American_Put(S=S_CCB,K=K_CCB,sigma=Sigma_CCB,r=r_Oct25,T=T_CCB,N=N_52)
#52步二叉树模型
    ...:        Put_252step=American_Put(S=S_CCB,K=K_CCB,sigma=Sigma_CCB,r=r_Oct25,T=T_CCB,
N=N_252) #252步二叉树模型
    ...: print('运用12步二叉树模型计算2022年10月25日建设银行A股美式看跌期权价值（元）
',round(Put_12step,4))
    ...: print('运用52步二叉树模型计算2022年10月25日建设银行A股美式看跌期权价值（元）
',round(Put_52step,4))
    ...: print('运用252步二叉树模型计算2022年10月25日建设银行A股美式看跌期权价值（元）
',round(Put_252step,4))
运用12步二叉树模型计算2022年10月25日建设银行A股美式看跌期权价值（元） 0.5599
运用52步二叉树模型计算2022年10月25日建设银行A股美式看跌期权价值（元） 0.5502
运用252步二叉树模型计算2022年10月25日建设银行A股美式看跌期权价值（元） 0.5515
```

通过以上的结果可以看到，52步二叉树模型的结果和252步二叉树模型的计算结果仅相差0.0013元。

1.5.4 美式期权与欧式期权的价格关系

在讨论了欧式期权与美式期权的定价以后，细心的读者可能会问：美式期权与欧式期权在价值方面存在怎样的关系？两种期权的价值在什么情况下会相同，在什么情况下又会存在差异？回答这些问题的最好方法就是通过一个示例加以说明。

【例1-18】 沿用例1-16的信息，并且假定在2022年10月25日，上市了以建设银行A股股票为基础资产并且期限为1年的欧式期权、美式期权共计12只，具体期权类型及要素信息详见表1-4。当天建设银行A股收盘价是5.5元/股，股票的波动率为19.36%，无风险利率是1.79%。

表1-4 以建设银行A股股票作为基础资产的股票期权信息

序号	期权类型之一	期权类型之二	期权类型之三	行权价格（元/股）	基础资产	期限
1	欧式期权	看涨期权	实值	5.0	建设银行A股股票	1年
2			平价	5.5		
3			虚值	6.0		
4		看跌期权	虚值	5.0		
5			平价	5.5		
6			实值	6.0		
7	美式期权	看涨期权	实值	5.0		
8			平价	5.5		
9			虚值	6.0		
10		看跌期权	虚值	5.0		
11			平价	5.5		
12			实值	6.0		

通过二叉树模型并且借助Python计算这12只期权的价值，同时设定的步数为200步。具体的编程将通过4个步骤完成。

第1步：通过1.4.3小节的自定义函数 BTM_Nstep 以及1.5.2小节的自定义函数 American_Call，依次计算欧式看涨期权、美式看涨期权的价值。具体的代码如下：

```
In [71]: K1=5.0                    #行权价格为5元/股
   ...: K2=5.5                    #行权价格为5.5元/股
   ...: K3=6.0                    #行权价格为6元/股
   ...: step=200                  #步数为200步

In [72]: EuroCall_K1=BTM_Nstep(S=S_CCB,K=K1,sigma=Sigma_CCB,r=r_Oct25,T=T_CCB,N=step,
types='call')  #行权价格为5元/股的欧式看涨期权
   ...: AmerCall_K1=American_Call(S=S_CCB,K=K1,sigma=Sigma_CCB,r=r_Oct25,T=T_CCB, N=step)
   #行权价格为5元/股的美式看涨期权
   ...: EuroCall_K2=BTM_Nstep(S=S_CCB,K=K2,sigma=Sigma_CCB,r=r_Oct25,T=T_CCB,N=step,types='call')
#行权价格为5.5元/股的欧式看涨期权
   ...: AmerCall_K2=American_Call(S=S_CCB,K=K2,sigma=Sigma_CCB,r=r_Oct25,T=T_CCB, N=step)
   #行权价格为5.5元/股的美式看涨期权
   ...: EuroCall_K3=BTM_Nstep(S=S_CCB,K=K3,sigma=Sigma_CCB,r=r_Oct25,T=T_CCB,N=step,
types='call')  #行权价格为6元/股的欧式看涨期权
   ...: AmerCall_K3=American_Call(S=S_CCB,K=K3,sigma=Sigma_CCB,r=r_Oct25,T=T_CCB, N=step)
   #行权价格为6元/股的美式看涨期权
   ...: print('行权价格为5元/股的欧式看涨期权价值（元）',EuroCall_K1)
   ...: print('行权价格为5元/股的美式看涨期权价值（元）',AmerCall_K1)
   ...: print('行权价格为5.5元/股的欧式看涨期权价值（元）',EuroCall_K2)
   ...: print('行权价格为5.5元/股的美式看涨期权价值（元）',AmerCall_K2)
   ...: print('行权价格为6元/股的欧式看涨期权价值（元）',EuroCall_K3)
```

```
    ...: print('行权价格为6元/股的美式看涨期权价值（元）',AmerCall_K3)
行权价格为5元/股的欧式看涨期权价值（元）  0.7626503275210016
行权价格为5元/股的美式看涨期权价值（元）  0.7626503275209946
行权价格为5.5元/股的欧式看涨期权价值（元）  0.4704508781879124
行权价格为5.5元/股的美式看涨期权价值（元）  0.47045087818790854
行权价格为6元/股的欧式看涨期权价值（元）  0.27018324951172845
行权价格为6元/股的美式看涨期权价值（元  ）  0.2701832495117259
```

从以上的输出结果可以看到，相同基础资产、相同行权价格和相同期限的欧式看涨期权与美式看涨期权，在期权价值上几乎是相同的，差异仅发生在小数点后的12位或更后面的位数，这样的差异可以忽略不计。

其实，在理论上也可以证明，当期权的基础资产不产生期间收益（比如无股息股票），提前行使该美式看涨期权不是最优的选择，此时美式看涨期权就退化为欧式看涨期权。

第2步：通过自定义函数BTM_Nstep以及American_Put，依次计算欧式看跌期权、美式看跌期权的价值。具体的代码如下：

```
In   [73]:   EuroPut_K1=BTM_Nstep(S=S_CCB,K=K1,sigma=Sigma_CCB,r=r_Oct25,T=T_CCB,N=step,
types='put')  #行权价格为5元/股的欧式看跌期权
    ...:  AmerPut_K1=American_Put(S=S_CCB,K=K1,sigma=Sigma_CCB,r=r_Oct25,T=T_CCB,  N=step)
#行权价格为5元/股的美式看跌期权
    ...:     EuroPut_K2=BTM_Nstep(S=S_CCB,K=K2,sigma=Sigma_CCB,r=r_Oct25,T=T_CCB,N=step,
types='put')  #行权价格为5.5元/股的欧式看跌期权
    ...:  AmerPut_K2=American_Put(S=S_CCB,K=K2,sigma=Sigma_CCB,r=r_Oct25,T=T_CCB,  N=step)
#行权价格为5.5元/股的美式看跌期权
    ...:     EuroPut_K3=BTM_Nstep(S=S_CCB,K=K3,sigma=Sigma_CCB,r=r_Oct25,T=T_CCB,N=step,
types='put')  #行权价格为6元/股的欧式看跌期权
    ...:  AmerPut_K3=American_Put(S=S_CCB,K=K3,sigma=Sigma_CCB,r=r_Oct25,T=T_CCB,  N=step)
#行权价格为6元/股的美式看跌期权
    ...: print('行权价格为5元/股的欧式看跌期权价值（元）',EuroPut_K1)
    ...: print('行权价格为5元/股的美式看跌期权价值（元）',AmerPut_K1)
    ...: print('行权价格为5.5元/股的欧式看跌期权价值（元）',EuroPut_K2)
    ...: print('行权价格为5.5元/股的美式看跌期权价值（元）',AmerPut_K2)
    ...: print('行权价格为6元/股的欧式看跌期权价值（元）',EuroPut_K3)
    ...: print('行权价格为6元/股的美式看跌期权价值（元）',AmerPut_K3)
行权价格为5元/股的欧式看跌期权价值（元）  0.1739465943835281
行权价格为5元/股的美式看跌期权价值（元）  0.17706307798112347
行权价格为5.5元/股的欧式看跌期权价值（元）  0.3728767717366921
行权价格为5.5元/股的美式看跌期权价值（元）   0.3815221558324187
行权价格为6元/股的欧式看跌期权价值（元）  0.6637387697467609
行权价格为6元/股的美式看跌期权价值（元）  0.6826663989290886
```

从以上输出结果可以很清楚地看到，美式看跌期权价值要明显高于相同行权价格的欧式看跌期权，这意味着无论是实值、平价还是虚值，美式看跌期权在合约存续期内都会被提前行权。

第3步：以行权价格为5元/股的欧式看跌期权、美式看跌期权作为分析对象，同时建设银行A股当前股价的取值是在[2.0,8.0]区间内的等差数列，计算对应于不同股价的期权价值并且进行可视化（见图1-19，可结合配套彩图文件查看）。具体的代码如下：

```
In [74]: S_list=np.linspace(2.0,8.0,200)      #设定股价的等差数列并存放于数组
    ...: EuroPut_list=np.zeros_like(S_list)    #创建零元素数组用于后续存放欧式看跌期权价值
    ...: AmerPut_list=np.zeros_like(S_list)    #创建零元素数组用于后续存放美式看跌期权价值
```

```
In [75]: for i in range(len(S_list)):              #通过for语句计算对应股价的期权价值
   ...:     EuroPut_list[i]=BTM_Nstep(S=S_list[i],K=K1,sigma=Sigma_CCB,r=r_Oct25,
   ...:                     T=T_CCB,N=step,types='put')     #计算欧式看跌期权价值
   ...:     AmerPut_list[i]=American_Put(S=S_list[i],K=K1,sigma=Sigma_CCB,r=r_Oct25,
   ...:                     T=T_CCB,N=step)            #计算美式看跌期权价值

In [76]: plt.figure(figsize=(9,6))
   ...: plt.plot(S_list,EuroPut_list,'b',label='欧式看跌期权',lw=2)
   ...: plt.plot(S_list,AmerPut_list,'r',label='美式看跌期权',lw=2)
   ...: plt.xlabel('建设银行A股股价（元）',fontsize=12)
   ...: plt.xticks(fontsize=12)
   ...: plt.ylabel('期权价值（元）',fontsize=12)
   ...: plt.yticks(fontsize=12)
   ...: plt.title('欧式看跌期权与美式看跌期权的价值关系',fontsize=12)
   ...: plt.legend(fontsize=12)
   ...: plt.grid()
   ...: plt.show()
```

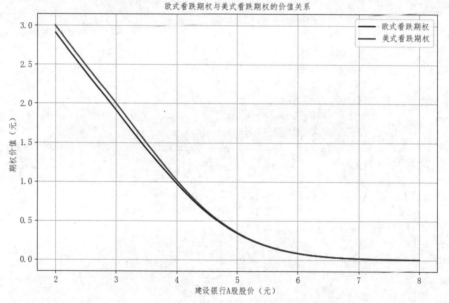

图1-19　欧式看跌期权与美式看跌期权的价值关系

通过图 1-19 可以得到以下两个重要结论。

一是针对处于实值状态的看跌期权，当实值程度越深（图中的股价比行权价格 5 元/股越低），美式看跌期权与欧式看跌期权的价值差异就越大，说明美式看跌期权越可能被提前行权。

二是针对处于虚值状态的看跌期权，当虚值程度越深（图中的股价比行权价格 5 元/股越高），美式看跌期权的价值就越趋近于欧式看跌期权，期权被提前行权的可能性就越小。

第 4 步：考查期权价值与内在价值的关系。在 1.3.7 小节提到过，期权的内在价值是期权立刻行权以后获得的收益。下面通过可视化的方法依次考查美式看跌期权价值与内在价值的关系、欧式看跌期权价值与内在价值的关系（分别见图 1-20、图 1-21），依然以行权价格为 5 元/股的期权作为分析对象。具体的代码如下：

```
In [77]: Intrinsic_value=np.maximum(K1-S_list,0)     #看跌期权的内在价值
```

```
In [78]: plt.figure(figsize=(9,6))
    ...: plt.plot(S_list,AmerPut_list,'r-',label='美式看跌期权价值',lw=2)
    ...: plt.plot(S_list,Intrinsic_value,'g--',label='期权内在价值',lw=2.5)
    ...: plt.xlabel('建设银行A股股价（元）',fontsize=12)
    ...: plt.xticks(fontsize=12)
    ...: plt.ylabel('期权价值（元）',fontsize=12)
    ...: plt.yticks(fontsize=12)
    ...: plt.title('美式看跌期权价值与内在价值的关系',fontsize=12)
    ...: plt.legend(fontsize=12)
    ...: plt.grid()
    ...: plt.show()
```

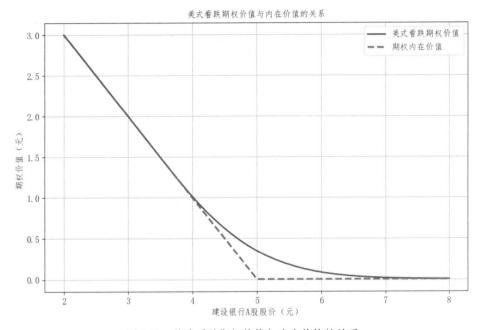

图1-20　美式看跌期权价值与内在价值的关系

通过图1-20可以看到，对美式看跌期权而言，随着期权实值程度加深，期权价值越收敛至期权内在价值，并且当股价小于4元/股时，期权价值与内在价值几乎无差异；同样，随着期权虚值程度加深，期权价值也不断收敛至内在价值，并且当股价高于约7元/股时，两者之间也几乎是无差异的。

```
In [79]: plt.figure(figsize=(9,6))
    ...: plt.plot(S_list,EuroPut_list,'b-',label='欧式看跌期权价值',lw=2)
    ...: plt.plot(S_list,Intrinsic_value,'g--',label='期权内在价值',lw=2.5)
    ...: plt.xlabel('建设银行A股股价（元）',fontsize=12)
    ...: plt.xticks(fontsize=12)
    ...: plt.ylabel('期权价值（元）',fontsize=12)
    ...: plt.yticks(fontsize=12)
    ...: plt.title('欧式看跌期权价值与内在价值的关系',fontsize=12)
    ...: plt.legend(fontsize=12)
    ...: plt.grid()
    ...: plt.show()
```

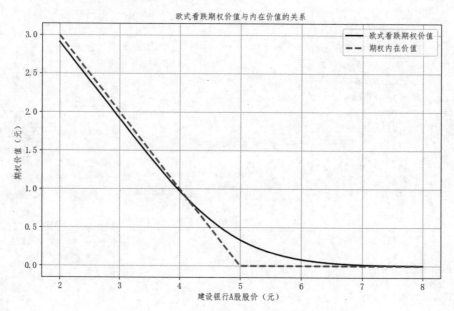

图1-21 欧式看跌期权价值与内在价值的关系

从图1-21可以看到与图1-20类似的规律，但需要注意的是，随着期权实值程度加深，尤其是当股价小于4元/股时，欧式看跌期权价值将出现低于内在价值的情形，这就意味着，对于欧式看跌期权，随着期权实值程度的加深，期权的时间价值将由正转变为负。

到这里，本章的内容就讲解完了，下一章将讨论衡量期权风险的希腊字母以及隐含波动率等问题。

1.6 本章小结

期权是金融市场中最具有复杂性、挑战性但也是最富有魅力的金融产品之一。在概览性介绍A股期权市场演进历程、沪深证券交易所挂牌交易的股票期权以及中国金融期货交易所挂牌交易的股指期权等内容的基础上，本章结合18个示例，重点讨论了以下关于期权定价的知识点。

（1）**期权的到期收益**。考查期权合约到期时的收益是整个期权定价体系的基础，由于期权的多头拥有选择是否行权的权利，因此从理论上而言，期权多头在合约到期日的亏损是有限的，期权空头的盈利也是有限的。

（2）**看跌-看涨平价关系式**。看跌-看涨平价关系式是欧式期权一个重要的恒等关系式，当已知了欧式看涨期权或看跌期权的价格，通过该关系式可以得出相同行权价格、相同期限的欧式看跌期权或看涨期权的价格。

（3）**BSM模型**。欧式期权的价格存在着解析表达式，该解析表达式就是BSM模型。通过该模型可以发现影响欧式期权定价的变量包括基础资产价格、行权价格、波动率、无风险利率以及合约期限等。

（4）**欧式期权定价的二叉树模型**。对于欧式期权的定价可以采用二叉树模型这种数值方法。当二叉树模型的步数趋近于无穷大时，运用二叉树模型就能推导出BSM模型。

（5）**美式期权定价的二叉树模型**。相比欧式期权，用于美式期权定价的二叉树模型会更加复杂，由于美式期权允许提前行权，因此在运用二叉树模型的过程中，需要充分考虑提前行权的情形。

（6）**欧式期权与美式期权的关系**。针对看涨期权，在基础资产没有期间收入的情况下，欧式期权与美式期权在定价结果上几乎是无差异的；但是，针对看跌期权，美式期权的定价结果往往会显著高于欧式期权。

1.7 拓展阅读

本章的内容参考了以下资料，建议感兴趣的读者拓展学习。

（1）名为"The Pricing of Options and Corporate Liabilities"的论文。

（2）名为"Theory of Rational Option Pricing"的论文。

以上两篇论文宣告20世纪伟大的金融理论——BSM模型的诞生。为此，1997年诺贝尔经济学奖授予了模型的两位提出者——迈伦·斯科尔斯和罗伯特·默顿。然而，令人扼腕叹息的是，模型最重要的贡献者——费希尔·布莱克却在1995年8月30日与世长辞，与诺贝尔奖失之交臂。

（3）这篇名为"Option Pricing: A Simplified Approach"的论文，在运用二叉树模型探讨期权定价方面具有里程碑的意义。为了凸显该论文的重要贡献，金融领域将期权定价的二叉树模型以其3位作者（考克斯、罗斯和鲁宾斯坦）姓氏的首字母命名为"CRR模型"。

02

第 2 章

运用 Python 测度
期权风险

本章导读

第 1 章提到影响期权价格的变量，包括基础资产价格、波动率、无风险利率以及合约期限等。从风险敞口的视角，这些变量就是期权的风险因子。在期权市场中，**希腊字母**（Greek letters）用于测度期权风险敞口，包括 Δ（Delta）、Γ（Gamma）、Θ（Theta）、ν（Vega）和 ρ（Rho），每个希腊字母都可用于度量期权头寸的某种特定风险，金融机构就是通过管理期权的这些希腊字母数值，将期权的风险控制在可承受的范围之内的。这些希腊字母的含义和数学表达式是什么？如何运用希腊字母开展期权的动态对冲？如何测算期权的隐含波动率？本章将结合国内 A 股期权市场的示例并借助 Python 给出答案。

本章的内容将涵盖以下几个主题。

✓ 讨论欧式期权、美式期权 Delta 的测算，基于 Delta 开展期权的风险对冲，以及基础资产价格、期权期限与 Delta 的关系。

✓ 探讨欧式期权、美式期权 Gamma 的测算，以及基础资产价格、合约期限与 Gamma 的关系。

✓ 分析欧式期权、美式期权 Theta 的测算，以及基础资产价格、合约期限与 Theta 的关系。

✓ 剖析欧式期权、美式期权 Vega 的测算，以及基础资产价格、合约期限与 Vega 的关系。

✓ 讲解欧式期权、美式期权 Rho 的测算，以及基础资产价格、合约期限与 Rho 的关系。

✓ 探究计算期权隐含波动率的单步长搜索法、二分查找法以及牛顿迭代法，波动率微笑、波动率斜偏以及波动率曲面。

2.1 期权的 Delta

期权的 Delta（Δ）定义为期权价格变动与基础资产价格变动的比率，也就是期权价格与基础资产价格之间关系曲线的切线斜率（参见图 2-1），其数学表达式如下：

$$\Delta = \frac{\partial \Pi}{\partial S} \qquad\qquad （式2\text{-}1）$$

其中，Π 表示期权的价格，S 表示基础资产的价格，∂ 是偏微分符号。

比如，期权 Delta 等于 0.6 就意味着当基础资产价格变化一个很小的金额时，相应期权价格变化约等于基础资产价格变化的 60%。

2.1.1 欧式期权的 Delta

根据 1.3 节介绍的 BSM 模型，对欧式期权 Delta 的计算，具体的数学表达式在表 2-1 中列出。

表 2-1　计算欧式期权 Delta 的表达式

期权类型	头寸方向	数学表达式
欧式看涨期权	多头	$\Delta = N(d_1)$
	空头	$\Delta = -N(d_1)$
欧式看跌期权	多头	$\Delta = N(d_1) - 1$
	空头	$\Delta = 1 - N(d_1)$

1. Python 自定义函数

为了计算的便利性，通过 Python 自定义计算欧式期权 Delta 的函数，具体代码如下：

```
In [1]: import numpy as np                    #导入NumPy模块并且缩写为np
   ...: import pandas as pd                    #导入pandas模块并且缩写为pd
   ...: import matplotlib.pyplot as plt        #导入Matplotlib的子模块pyplot并且缩写为plt
   ...: from pylab import mpl                  #从pylab导入子模块mpl
   ...: mpl.rcParams['font.sans-serif']=['FangSong']    #以仿宋字体显示中文
   ...: mpl.rcParams['axes.unicode_minus']=False        #解决保存图像时负号显示为方块的问题
   ...: from pandas.plotting import register_matplotlib_converters  #导入注册日期时间转换函数
   ...: register_matplotlib_converters()       #注册日期时间转换函数

In [2]: def Delta_EurOpt(S,K,sigma,r,T,optype,positype):
   ...:     '''计算欧式期权Delta的函数
   ...:     S: 基础资产的价格；
   ...:     K: 行权价格；
   ...:     sigma: 基础资产的波动率；
   ...:     r: 连续复利的无风险利率；
   ...:     T: 合约期限（年）；
   ...:     optype: 期权类型，输入call表示看涨期权，输入其他表示看跌期权；
   ...:     positype: 头寸方向，输入long表示多头，输入其他表示空头'''
   ...:     from numpy import log,sqrt          #从NumPy模块导入log、sqrt函数
   ...:     from scipy.stats import norm        #从SciPy的子模块stats导入norm
   ...:     d1=(log(S/K)+(r+pow(sigma,2)/2)*T)/(sigma*sqrt(T))  #d1的表达式
   ...:     if optype=='call':                  #针对看涨期权
   ...:         if positype=='long':            #针对多头头寸
   ...:             delta=norm.cdf(d1)          #计算期权的Delta
   ...:         else:                           #针对空头头寸
   ...:             delta=-norm.cdf(d1)
   ...:     else:                               #针对看跌期权
```

```
...:         if positype=='long':
...:             delta=norm.cdf(d1)-1
...:         else:
...:             delta=1-norm.cdf(d1)
...:     return delta
```

在以上自定义函数 Delta_EurOpt 中，输入基础资产价格、行权价格、波动率、无风险利率、期限、期权类型以及头寸方向等参数，可以计算出欧式期权的 Delta。下面通过一个示例进行演示。

2. 一个示例

【例 2-1】 假定在 2022 年 9 月 1 日，期权市场上市了以农业银行 A 股（代码 601288）为基础资产、行权价格为 3 元/股、期限为 6 个月的欧式看涨期权和欧式看跌期权，当天农业银行 A 股收盘价为 2.83 元/股，以 6 个月国债收益率作为无风险利率并且当天报价是 1.6629%（连续复利），股票的波动率是 13.91%。分别计算看涨、看跌期权的多头与空头的 Delta。

下面，直接运用自定义函数 Delta_EurOpt 进行计算。具体的代码如下：

```
In [3]: S_ABC=2.83                              #农业银行A股股价
   ...: K_ABC=3                                  #行权价格
   ...: Sigma_ABC=0.1391                         #股票波动率
   ...: R_6M=0.016629                            #6个月无风险利率
   ...: T_ABC=0.5                                #期限（年）

In [4]: D1_EurOpt=Delta_EurOpt(S=S_ABC,K=K_ABC,sigma=Sigma_ABC,r=R_6M,T=T_ABC,
   ...:                 optype='call',positype='long')      #看涨期权多头的Delta
   ...: D2_EurOpt=Delta_EurOpt(S=S_ABC,K=K_ABC,sigma=Sigma_ABC,r=R_6M,T=T_ABC,
   ...:                 optype='call',positype='short')     #看涨期权空头的Delta
   ...: D3_EurOpt=Delta_EurOpt(S=S_ABC,K=K_ABC,sigma=Sigma_ABC,r=R_6M,T=T_ABC,
   ...:                 optype='put',positype='long')       #看跌期权多头的Delta
   ...: D4_EurOpt=Delta_EurOpt(S=S_ABC,K=K_ABC,sigma=Sigma_ABC,r=R_6M,T=T_ABC,
   ...:                 optype='put',positype='short')      #看跌期权空头的Delta
   ...: print('农业银行A股欧式看涨期权多头的Delta',round(D1_EurOpt,4))
   ...: print('农业银行A股欧式看涨期权空头的Delta',round(D2_EurOpt,4))
   ...: print('农业银行A股欧式看跌期权多头的Delta',round(D3_EurOpt,4))
   ...: print('农业银行A股欧式看跌期权空头的Delta',round(D4_EurOpt,4))
农业银行A股欧式看涨期权多头的Delta 0.323
农业银行A股欧式看涨期权空头的Delta -0.323
农业银行A股欧式看跌期权多头的Delta -0.677
农业银行A股欧式看跌期权空头的Delta 0.677
```

从以上输出的结果可以看到，农业银行 A 股的欧式看涨期权多头的 Delta 等于 0.3230，欧式看跌期权多头的 Delta 等于 −0.6770，空头的 Delta 则是多头的相反数。

3. 利用 Delta 的近似计算

在已知期权 Delta 的情况下，当基础资产价格发生很小的变化，就可以利用 Delta 快速计算得出近似的期权新价格。

假定 S 表示基础资产的当前价格，Π 表示对应的期权价格，$\tilde{S}$ 表示变化后的基础资产新价格，$\tilde{\Pi}$ 表示对应于基础资产新价格的期权新价格，当 $\tilde{S}-S$ 很小时，根据（式 2-1）同时利用差分和泰勒展开式①，可以得到期权新价格的近似线性表达式如下：

$$\tilde{\Pi} \approx \Pi + \text{Delta} \times \left(\tilde{S} - S \right) \qquad \text{（式2-2）}$$

说明：在（式2-2）中，运用Delta而非Δ，是为了避免与代表变量变化的符号Δ相混淆。

【例2-2】 沿用例2-1关于农业银行A股股票期权的信息，以欧式看涨期权作为分析对象，对农业银行A股股价（基础资产价格）的取值是在区间[2.0,4.0]的等差数列，针对不同的股价，依次运用BSM模型计算期权价格以及运用（式2-2）计算近似的期权价格，并且进行可视化比较。具体编程分为两个步骤。

第1步：运用1.3.1小节的自定义函数Option_BSM，计算BSM模型的期权价格，以及根据（式2-2）测算近似的期权价格。具体代码如下：

```
In [5]: def Option_BSM(S,K,sigma,r,T,opt):          #1.3.1小节自定义的函数
   ...:     '''运用BSM模型计算欧式期权价格的函数
   ...:     S: 基础资产的价格;
   ...:     K: 行权价格;
   ...:     sigma: 基础资产的波动率;
   ...:     r: 连续复利的无风险利率;
   ...:     T: 合约期限（年）;
   ...:     opt: 期权类型，输入call表示看涨期权，输入其他表示看跌期权'''
   ...:     from numpy import log,exp,sqrt            #从NumPy模块导入log、exp、sqrt函数
   ...:     from scipy.stats import norm             #从SciPy的子模块stats导入norm
   ...:     d1=(log(S/K)+(r+pow(sigma,2)/2)*T)/(sigma*sqrt(T))  #计算参数d1
   ...:     d2=d1-sigma*sqrt(T)                      #计算参数d2
   ...:     if opt=='call':                          #针对欧式看涨期权
   ...:         value=S*norm.cdf(d1)-K*exp(-r*T)*norm.cdf(d2)   #计算期权价格
   ...:     else:                                    #针对欧式看跌期权
   ...:         value=K*exp(-r*T)*norm.cdf(-d2)-S*norm.cdf(-d1)  #计算期权价格
   ...:     return value

In [6]: S_list1=np.linspace(2,4,200)                #创建股价的等差数列并存放于数组

In [7]: Call_list1=Option_BSM(S=S_list1,K=K_ABC,sigma=Sigma_ABC,r=R_6M,T=T_ABC,opt='call')
#运用BSM模型计算期权价格

In [8]: Call=Option_BSM(S=S_ABC,K=K_ABC,sigma=Sigma_ABC,r=R_6M,T=T_ABC,opt='call')  #股价
2.83元/股对应的期权价格
   ...: Call_list2=Call+D1_EurOpt*(S_list1-S_ABC)  #运用（式2-2）计算近似的期权价格
```

第2步：对运用BSM模型计算得到的期权价格与运用Delta计算得到的期权近似价格进行可视化（见图2-1），具体代码如下：

```
In [9]: plt.figure(figsize=(9,6))
   ...: plt.plot(S_list1,Call_list1,'b-',label='运用BSM模型计算的看涨期权价格',lw=2)
   ...: plt.plot(S_list1,Call_list2,'m--',label='运用Delta计算的看涨期权近似价格',lw=2)
   ...: plt.plot(S_ABC,Call,'ro',label='股价2.83元/股所对应的期权价格',markersize=6)
```

---

① 泰勒展开式在金融领域有着广泛的运用。若函数 $f(x)$ 在 $x = x_0$ 处具有 n 阶导数，泰勒展开式如下：

$$f(x) = f(x_0) + \frac{f'(x_0)}{1!}(x - x_0) + \frac{f''(x_0)}{2!}(x - x_0)^2 + \cdots + \frac{f^{(n)}(x_0)}{n!}(x - x_0)^n$$

其中，$f'(x_0)$ 代表1阶导数，$f''(x_0)$ 代表2阶导数，$f^{(n)}(x_0)$ 代表n阶导数。

```
     ...: plt.xlabel('股票价格（元）',fontsize=12)
     ...: plt.ylabel('期权价格（元）',fontsize=12)
     ...: plt.xticks(fontsize=12)
     ...: plt.yticks(fontsize=12)
     ...: plt.title('BSM模型的期权价格与运用Delta计算的期权近似价格',fontsize=12)
     ...: plt.legend(fontsize=12)
     ...: plt.grid()
     ...: plt.show()
```

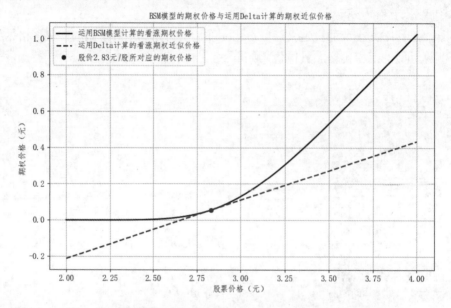

图2-1　BSM模型的期权价格与运用Delta计算的期权近似价格

从图2-1可以看到，运用Delta测算出的看涨期权价格是一条直线，该直线恰好是运用BSM模型得出期权价格曲线的一条切线，切点对应着2022年9月1日农业银行A股收盘价格2.83元/股，该切线的斜率就是期权的Delta，并且当股票价格围绕着切点变动较小时（比如从2.83元/股变动至2.75元/股），两种方法计算得到的期权价格是比较接近的；然而，当股票价格变动较大时（比如从2.83元/股变动至3.25元/股），两种方法得出的期权价格会存在很大的差异。

2.1.2　基础资产价格、合约期限与期权Delta的关系

本小节将通过两个示例并借助可视化方法，考查基础资产价格与期权Delta、合约期限与期权Delta这两组关系。

1. 基础资产价格与期权Delta的关系

【**例2-3**】　沿用例2-1的信息，同时对农业银行A股股价取值是在区间[1.5,4.5]的等差数列，其他的参数保持不变，运用Python将基础资产价格（股票价格）与期权多头Delta之间的对应关系可视化（见图2-2）。具体的代码如下：

```
In [10]: S_list2=np.linspace(1.5,4.5,200)                    #创建股价的等差数列并存放于数组

In [11]: D_EurCall=Delta_EurOpt(S=S_list2,K=K_ABC,sigma=Sigma_ABC,r=R_6M,T=T_ABC,
     ...:                 optype='call',positype='long')      #欧式看涨期权的Delta
```

```
    ...: D_EurPut=Delta_EurOpt(S=S_list2,K=K_ABC,sigma=Sigma_ABC,r=R_6M,T=T_ABC,
    ...:                 optype='put',positype='long')       #欧式看跌期权的Delta

In [12]: plt.figure(figsize=(9,6))
    ...: plt.plot(S_list2,D_EurCall,'b-',label='欧式看涨期权多头',lw=2)
    ...: plt.plot(S_list2,D_EurPut,'r-',label='欧式看跌期权多头',lw=2)
    ...: plt.xlabel('股票价格（元）',fontsize=12)
    ...: plt.ylabel('Delta',fontsize=12)
    ...: plt.xticks(fontsize=12)
    ...: plt.yticks(fontsize=12)
    ...: plt.title('基础资产价格（股票价格）与欧式期权Delta',fontsize=12)
    ...: plt.legend(fontsize=12)
    ...: plt.grid()
    ...: plt.show()
```

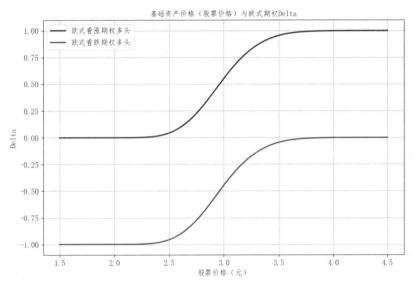

图2-2　基础资产价格（股票价格）与欧式期权Delta

从图2-2可以归纳出基础资产价格与期权Delta之间关系的4项结论。

一是当基础资产价格上涨的时候，期权的Delta会增加。

二是曲线的斜率始终是正的，用2.2.1小节讨论的期权Gamma描述就是Gamma始终大于零。

三是当基础资产价格小于行权价格（3元/股）时，随着基础资产价格的上涨，曲线的斜率递增；相反，当基础资产价格大于行权价格时，随着基础资产价格的上涨，曲线的斜率递减。因此，曲线斜率的拐点往往出现在行权价格的附近。

四是当基础资产价格很小（比如低于2元/股）或者基础资产价格很大（比如高于4元/股），期权Delta会出现饱和，也就是曲线变得十分平坦，这意味着Delta值对基础资产价格的变化很不敏感。饱和现象会在后面讨论期权其他希腊字母时多次出现。

2. 合约期限与期权Delta的关系

【例2-4】　沿用例2-1的信息，对期权期限设定取值是在区间[0.1,5.0]的等差数列，同时将期权分为实值期权、平价期权和虚值期权这3类，其中，实值期权对应的股价设置为3.3元/股，虚值期权对应的股价设置为 2.7 元/股，其他参数保持不变。运用 Python 将期权的期限与看涨期权多头 Delta 之间的对应关系可视化（见图 2-3）。具体的代码如下：

```
In [13]: S1=3.3                                        #实值期权对应的股价
    ...: S2=3                                          #平价期权对应的股价
    ...: S3=2.7                                         #虚值期权对应的股价
    ...: T_list=np.linspace(0.1,5,200)                  #创建期限的等差数列并存放于数组

In [14]: D_list1=Delta_EurOpt(S=S1,K=K_ABC,sigma=Sigma_ABC,r=R_6M,T=T_list,
    ...:                   optype='call',positype='long')   #实值看涨期权的 Delta
    ...: D_list2=Delta_EurOpt(S=S2,K=K_ABC,sigma=Sigma_ABC,r=R_6M,T=T_list,
    ...:                   optype='call',positype='long')   #平价看涨期权的 Delta
    ...: D_list3=Delta_EurOpt(S=S3,K=K_ABC,sigma=Sigma_ABC,r=R_6M,T=T_list,
    ...:                   optype='call',positype='long')   #虚值看涨期权的 Delta

In [15]: plt.figure(figsize=(9,6))
    ...: plt.plot(T_list,D_list1,'b-',label='实值看涨期权多头',lw=2)
    ...: plt.plot(T_list,D_list2,'r-',label='平价看涨期权多头',lw=2)
    ...: plt.plot(T_list,D_list3,'g-',label='虚值看涨期权多头',lw=2)
    ...: plt.xlabel('期限（年）',fontsize=12)
    ...: plt.ylabel('Delta',fontsize=12)
    ...: plt.xticks(fontsize=12)
    ...: plt.yticks(fontsize=12)
    ...: plt.title('合约期限与欧式看涨期权多头 Delta 的关系',fontsize=12)
    ...: plt.legend(fontsize=12)
    ...: plt.grid()
    ...: plt.show()
```

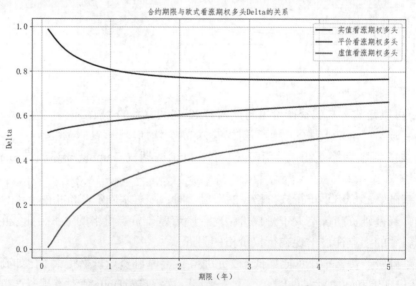

图 2-3　合约期限与欧式看涨期权多头 Delta 的关系

图 2-3 中有 3 条曲线，由上往下的第 1 条曲线表示合约期限与实值看涨期权多头 Delta 的关系，该曲线的特点是随着期限的增加，实值看涨期权的 Delta 是逐步递减的；第 2 条曲线、第 3 条曲线分别表示期限与平价、虚值看涨期权多头 Delta 之间的关系，显然平价、虚值看涨期权的 Delta 均随期限递增。

2.1.3 基于Delta的对冲

由于基础资产价格是影响期权价格的重要变量，对期权的多头和空头而言，可否运用一定数量的基础资产对期权进行套期保值？这便引出了基于Delta的对冲。

1. 对冲涉及的数量与头寸方向

为了便于理解，首先假定1张期权仅对应1个单位的基础资产（比如1股股票），根据（式2-2），针对1张期权，可以运用Delta个单位的基础资产进行对冲，从而使得基础资产价格变化 $\tilde{S}-S$ 或 ΔS 较小时，整个投资组合的价值保持不变，这就称为 **Delta 对冲**（Delta hedge）或 **Delta 中性**（Delta neutral）。

推广至一般的情形，假定1张期权对应 M 个单位的基础资产，运用 $M\times$Delta 个单位的基础资产就可以对冲1张期权，这里的 M 也称为**合约单位**（参见表1-1）。

当然，在开展 Delta 对冲时，需要根据不同的期权类型和头寸方向进行设计，具体见表2-2。

表2-2　基于Delta对冲 **N** 份期权需要运用的基础资产数量和头寸方向

期权数量	期权类型	头寸方向	用于对冲的基础资产数量和头寸方向（期权合约单位是 M）
N 张	欧式看涨期权	多头	$N\times M\times$Delta 个单位的基础资产空头头寸
		空头	$N\times M\times$Delta 个单位的基础资产多头头寸
	欧式看跌期权	多头	$N\times M\times$Delta 个单位的基础资产多头头寸
		空头	$N\times M\times$Delta 个单位的基础资产空头头寸

2. 不同的对冲策略

根据2.1.2小节所讨论的，由于期权Delta会随着基础资产价格、期限等变量的变动而发生变化，Delta对冲状态（或Delta中性状态）只能维持很短的时间，Delta对冲策略所运用的基础资产数量需要不断地进行调整，调整过程称为**再平衡**（rebalancing）。

基于Delta的对冲按照基础资产数量是否发生变化分为静态对冲和动态对冲两类。**静态对冲**（statistical-hedging）是指在对冲初始日设定用于对冲的基础资产数量并且在整个对冲期间不做调整，因此静态对冲也被形象地称为**保完即忘**（hedge-and-forget）。当用于对冲的基础资产数量随着期权 Delta 的变化而不断进行调整，这种对冲策略称为**动态对冲**（dynamical-hedging）。

下面通过一个示例具体演示基于期权Delta的静态对冲与动态对冲。

3. 一个示例

【**例2-5**】　沿用例2-1的农业银行A股股票期权信息，假定A金融机构在2022年9月1日（期权上市首日）持有100万张欧式看涨期权空头头寸，为了便于分析这里假定1张期权对应的基础资产是1股股票。同时为了保持期权组合的Delta中性，A金融机构需要在该交易日买入一定数量的农业银行A股股票。

经过若干交易日以后，在2022年10月31日，农业银行A股收盘价是2.76元/股，无风险利率依然是6个月国债收益率并且当天报价是1.6816%（连续复利），股票波动率仍然是13.91%。此外，由于期权期限是6个月，因此期权到期日是2023年3月1日。

下面通过Python演算基于期权Delta的静态对冲与动态对冲的策略效果，具体编程分为两个步骤。

第1步：假定A金融机构采用静态对冲策略，从而在整个对冲期间用于对冲的股票数量保持不变，计算2022年9月1日需要买入的农业银行A股股票数量以及在2022年10月31日该策略的对冲效果。具体的代码如下：

```
In [16]: N_call=1e6                                      #持有看涨期权空头头寸
    ...: N_ABC=np.abs(D2_EurOpt*N_call)                  #用于对冲的农业银行A股数量（变量D2_EurOpt在例2-1中已设定）
    ...: N_ABC=int(N_ABC)                                #转为整型
    ...: print('2022年9月1日买入基于期权Delta对冲的农业银行A股数量（股）',N_ABC)
2022年9月1日买入基于期权Delta对冲的农业银行A股数量（股） 322980

In [17]: import datetime as dt                           #导入datetime模块
    ...: T0=dt.datetime(2022,9,1)                        #设置合约初始日（也是对冲初始日）
    ...: T1=dt.datetime(2022,10,31)                      #设置交易日2022年10月31日
    ...: T2=dt.datetime(2023,3,1)                        #设置合约到期日
    ...: T_new=(T2-T1).days/365                          #2022年10月31日至合约到期日的剩余期限（年）

In [18]: S_Oct31=2.76                                    #2022年10月31日农业银行A股股价
    ...: R_Oct31=0.016816                                #2022年10月31日无风险利率

In [19]: C_Sep1=Option_BSM(S=S_ABC,K=K_ABC,sigma=Sigma_ABC,r=R_6M,T=T_ABC,opt='call')
                                                          #合约初始日看涨期权价格
    ...: C_Oct31=Option_BSM(S=S_Oct31,K=K_ABC,sigma=Sigma_ABC,r=R_Oct31,T=T_new, opt='call')
                                                          #2022年10月31日看涨期权价格
    ...: print('2022年9月1日农业银行A股欧式看涨期权价格（元）',round(C_Sep1,4))
    ...: print('2022年10月31日农业银行A股欧式看涨期权价格（元）',round(C_Oct31,4))
2022年9月1日农业银行A股欧式看涨期权价格（元）   0.0557
2022年10月31日农业银行A股欧式看涨期权价格（元） 0.0202

In [20]: profit=-N_call*(C_Oct31-C_Sep1)+N_ABC*(S_Oct31-S_ABC) #静态对冲策略下2022年10月31日
投资组合的累计收益
    ...: print('静态对冲策略下2022年10月31日投资组合的累计收益（元）',round(profit,2))
静态对冲策略下2022年10月31日投资组合的累计收益（元） 12860.23
```

从以上的代码输出结果可以看到，在静态对冲策略下，只需要在2022年9月1日一次性买入农业银行A股股票322980股就完成了对冲，这里暂不考虑A股每次交易必须是100股整数倍的交易规则。同时，在2022年10月31日，包含期权和股票的投资组合出现约1.29万元的浮盈。

第2步：计算在2022年10月31日看涨期权的Delta以及实现该交易日期权Delta中性而需要针对基础资产（农业银行A股）新增交易情况。具体的代码如下：

```
In [21]: D_Oct31=Delta_EurOpt(S=S_Oct31,K=K_ABC,sigma=Sigma_ABC,r=R_Oct31,T=T_new, optype=
'call',positype='short') #2022年10月31日期权Delta
    ...: print('2022年10月31日农业银行A股欧式看涨期权空头的Delta', round(D_Oct31,4))
2022年10月31日农业银行A股欧式看涨期权空头的Delta -0.1758

In [22]: N_ABC_new=np.abs(D_Oct31*N_call) #2022年10月31日保持Delta中性而用于对冲的股票数量
```

```
   ...: N_ABC_new=int(N_ABC_new)                 #转为整型
   ...: print('2022年10月31日保持Delta中性而用于对冲的农业银行A股数量（股）', N_ABC_new)
2022年10月31日保持Delta中性而用于对冲的农业银行A股数量（股） 175807

In [23]: N_ABC_chg=N_ABC_new-N_ABC              #保持Delta中性而发生的股票数量变化
   ...: print('2022年10月31日保持Delta中性而发生的股票数量变化（股）',N_ABC_chg)
2022年10月31日保持Delta中性而发生的股票数量变化（股） -147173
```

根据以上的代码输出结果，看涨期权空头 Delta 从 2022 年 9 月 1 日的 -0.3230（见例 2-1）变为 2022 年 10 月 31 日的 -0.1758，从绝对值角度而言是变小了。因此，在 2022 年 10 月 31 日需要额外卖出股票 147173 股，才能满足 Delta 中性的要求，这也是实施动态对冲策略而需要进行的额外交易。

2.1.4　美式期权的 Delta

在 1.5 节提到过，由于美式期权在合约存续期内允许提前行权，美式期权的定价只能运用二叉树模型，因此计算美式期权的希腊字母也将沿用这一模型。

1.　计算思路

下面，仅考查 N 步二叉树模型第 1 步的相关节点，具体包括初始和结束两个节点，详见图 2-4。

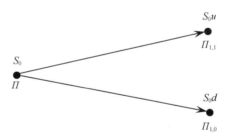

图 2-4　N 步二叉树模型第 1 步的相关节点

（节点上方的数值表示基础资产价格，下方的数值表示期权价值）

在 0 时刻，基础资产价格为 S_0，期权价值为 Π。在 Δt 时刻，当基础资产价格为 $S_0 u$ 时，该节点的期权价值为 $\Pi_{1,1}$；当基础资产价格为 $S_0 d$ 时，期权价值为 $\Pi_{1,0}$。这说明当 $\Delta S = S_0 u - S_0 d$，就有 $\Delta \Pi = \Pi_{1,1} - \Pi_{1,0}$。

因此，利用（式 2-1）并运用差分，得到在 Δt 时刻美式期权 Delta 的表达式如下：

$$\text{Delta} = \frac{\Delta \Pi}{\Delta S} = \frac{\Pi_{1,1} - \Pi_{1,0}}{S_0 u - S_0 d} \tag{式2-3}$$

运用 Python 计算美式期权 Delta 时，参照 1.5.3 小节所介绍的矩阵运算思路，运用 $N+1$ 行、$N+1$ 列的期权价值矩阵并且取该矩阵第 2 列的非零元素，该矩阵如下：

$$\begin{pmatrix} \Pi & \Pi_{1,1} & \cdots & \Pi_{N-1,N-1} & \Pi_{N,N} \\ 0 & \Pi_{1,0} & & \Pi_{N-1,N-2} & \Pi_{N,N-1} \\ \vdots & \vdots & & \vdots & \vdots \\ 0 & 0 & \cdots & \Pi_{N-1,0} & \Pi_{N,1} \\ 0 & 0 & & 0 & \Pi_{N,0} \end{pmatrix} \tag{式2-4}$$

2. Python自定义函数

下面，运用Python自定义计算美式期权Delta的函数，并且按照看涨期权、看跌期权分别进行定义，并参考1.5.3小节用于计算美式看涨期权、看跌期权价值的自定义函数American_Call和American_Put的相关代码。具体的代码如下：

```
In [24]: def Delta_AmerCall(S,K,sigma,r,T,N,positype):
    ...:     '''运用N步二叉树模型计算美式看涨期权Delta的函数
    ...:     S: 基础资产价格；
    ...:     K: 行权价格；
    ...:     sigma: 基础资产的波动率；
    ...:     r: 连续复利的无风险利率；
    ...:     T: 合约期限（年）；
    ...:     N: 二叉树模型的步数；
    ...:     positype: 头寸方向，输入long表示多头，输入其他表示空头'''
    ...:     t=T/N                         #计算每一步步长期限（年）
    ...:     u=np.exp(sigma*np.sqrt(t))    #计算基础资产价格上涨时的比例
    ...:     d=1/u                         #计算基础资产价格下跌时的比例
    ...:     p=(np.exp(r*t)-d)/(u-d)       #计算基础资产价格上涨的概率
    ...:     call_matrix=np.zeros((N+1,N+1))  #创建N+1行、N+1列的零元素矩阵用于后续存放每个节点的期权价值
    ...:     N_list=np.arange(0,N+1)       #创建从0到N的整数数列并存放于数组
    ...:     S_end=S*pow(u,N-N_list)*pow(d,N_list)  #计算到期时节点的基础资产价格（按照节点从上往下排序）
    ...:     call_matrix[:,-1]=np.maximum(S_end-K,0)  #计算到期时节点的看涨期权价值（按照节点从上往下排序）
    ...:     i_list=list(range(0,N))       #创建从0到N-1的整数数列并存放于列表
    ...:     i_list.sort(reverse=True)     #列表的元素由大到小重新排序（从N-1到0）
    ...:     for i in i_list:
    ...:         j_list=np.arange(i+1)     #创建从0到i的整数数列并存放于数组
    ...:         Si=S*pow(u,i-j_list)*pow(d,j_list)  #计算在iΔt时刻各节点上的基础资产价格（按照节点
从上往下排序）
    ...:         call_strike=np.maximum(Si-K,0)      #计算提前行权时期权收益
    ...:
call_nostrike=np.exp(-r*t)*(p*call_matrix[:i+1,i+1]+(1-p)*call_matrix[1:i+2,i+1]) #计算不提前行
权时期权价值
    ...:         call_matrix[:i+1,i]=np.maximum(call_strike,call_nostrike)    #取提前行权时期权
收益与不提前行权时期权价值的最大值
    ...:     Delta=(call_matrix[0,1]-call_matrix[1,1])/(S*u-S*d)         #计算期权Delta
    ...:     if positype=='long':                  #针对期权多头
    ...:         result=Delta
    ...:     else:                                 #针对期权空头
    ...:         result=-Delta
    ...:     return result

In [25]: def Delta_AmerPut(S,K,sigma,r,T,N,positype):
    ...:     '''运用N步二叉树模型计算美式看跌期权Delta的函数
    ...:     S: 基础资产价格；
    ...:     K: 行权价格；
    ...:     sigma: 基础资产的波动率；
    ...:     r: 连续复利的无风险利率；
    ...:     T: 合约期限（年）；
    ...:     N: 二叉树模型的步数；
    ...:     positype: 头寸方向，输入long表示多头，输入其他表示空头'''
    ...:     t=T/N                         #计算每一步步长期限（年）
```

```
        ...:        u=np.exp(sigma*np.sqrt(t))              #计算基础资产价格上涨时的比例
        ...:        d=1/u                                    #计算基础资产价格下跌时的比例
        ...:        p=(np.exp(r*t)-d)/(u-d)                  #计算基础资产价格上涨的概率
        ...:        put_matrix=np.zeros((N+1,N+1))           #创建N+1行、N+1列的零元素数组用于后续存放每个节点
的期权价值
        ...:        N_list=np.arange(0,N+1)                  #创建从0到N的整数数列并存放于数组
        ...:        S_end=S*pow(u,N-N_list)*pow(d,N_list)    #计算到期时节点的基础资产价格（按照节点从上往下排
序）
        ...:        put_matrix[:,-1]=np.maximum(K-S_end,0)   #计算到期时节点的看跌期权价值（按照节点从上往下
排序）
        ...:        i_list=list(range(0,N))                  #创建从0到N-1的整数数列并存放于列表
        ...:        i_list.sort(reverse=True)                #列表的元素由大到小重新排序（从N-1到0）
        ...:        for i in i_list:
        ...:            j_list=np.arange(i+1)                #创建从0到i的整数数列并存放于数组
        ...:            Si=S*pow(u,i-j_list)*pow(d,j_list)   #计算在iΔt时刻各节点上的基础资产价格（按照节点
从上往下排序）
        ...:            put_strike=np.maximum(K-Si,0)        #计算提前行权时期权收益
        ...:
put_nostrike=np.exp(-r*t)*(p*put_matrix[:i+1,i+1]+(1-p)*put_matrix[1:i+2,i+1]) #计算不提前行权时
期权价值
        ...:            put_matrix[:i+1,i]=np.maximum(put_strike,put_nostrike)  #取提前行权时期权收益与
不提前行权时期权价值的最大值
        ...:        Delta=(put_matrix[0,1]-put_matrix[1,1])/(S*u-S*d) #计算期权Delta
        ...:        if positype=='long':                     #针对期权多头
        ...:            result=Delta
        ...:        else:                                    #针对期权空头
        ...:            result=-Delta
        ...:        return result
```

在以上自定义的两个函数 Delta_AmerCall 和 Delta_AmerPut 中，输入基础资产价格、行权价格、波动率、无风险利率、期限、步数以及头寸方向等参数，就可以得出美式看涨期权或美式看跌期权的 Delta。下面通过一个示例进行演示。

3. 一个示例

【例2-6】 沿用例2-1关于农业银行A股股票期权的信息，但是期权类型调整为美式看涨期权、美式看跌期权，按照不同的期权头寸方向，依次计算期权的 Delta；同时，设定二叉树模型的步数是200步，并运用自定义函数 Delta_AmerCall 和 Delta_AmerPut。具体的代码如下：

```
In [26]: step=200                                         #二叉树模型的步数

In [27]: D1_AmerOpt=Delta_AmerCall(S=S_ABC,K=K_ABC,sigma=Sigma_ABC,r=R_6M,T=T_ABC,
        ...:                   N=step,positype='long')     #美式看涨期权多头的Delta
        ...: D2_AmerOpt=Delta_AmerCall(S=S_ABC,K=K_ABC,sigma=Sigma_ABC,r=R_6M,T=T_ABC,
        ...:                   N=step,positype='short')    #美式看涨期权空头的Delta
        ...: D3_AmerOpt=Delta_AmerPut(S=S_ABC,K=K_ABC,sigma=Sigma_ABC,r=R_6M,T=T_ABC,
        ...:                   N=step,positype='long')     #美式看跌期权多头的Delta
        ...: D4_AmerOpt=Delta_AmerPut(S=S_ABC,K=K_ABC,sigma=Sigma_ABC,r=R_6M,T=T_ABC,
        ...:                   N=step,positype='short')    #美式看跌期权空头的Delta
        ...: print('农业银行A股美式看涨期权多头的Delta',round(D1_AmerOpt,4))
        ...: print('农业银行A股美式看涨期权空头的Delta',round(D2_AmerOpt,4))
        ...: print('农业银行A股美式看跌期权多头的Delta',round(D3_AmerOpt,4))
        ...: print('农业银行A股美式看跌期权空头的Delta',round(D4_AmerOpt,4))
```

农业银行A股美式看涨期权多头的Delta 0.3228
农业银行A股美式看涨期权空头的Delta -0.3228
农业银行A股美式看跌期权多头的Delta -0.7028
农业银行A股美式看跌期权空头的Delta 0.7028

将以上 Python 代码输出的结果与例 2-1 的欧式期权 Delta 进行对比可以发现，美式看涨期权多头的 Delta（0.3228）与欧式看涨期权多头的 Delta（0.3230）是很接近的；相比之下，美式看跌期权空头的 Delta（0.7028）则大于欧式看跌期权空头的 Delta 值（0.6770），因此，相比欧式看跌期权，美式看跌期权的价值对基础资产价格更加敏感。

此外，考虑到期权空头的希腊字母可以通过对期权多头的希腊字母取相反数直接得到，因此限于篇幅，本章后面讨论的期权希腊字母将仅仅涉及期权多头。

2.2 期权的Gamma

期权的 Gamma（Γ）是指期权 Delta 的变化与基础资产价格变化的比率，用数学语言描述就是期权价格关于基础资产价格的二阶偏导数，表达式如下：

$$\Gamma = \frac{\partial \text{Delta}}{\partial S} = \frac{\partial^2 \Pi}{\partial S^2} \qquad （式2-5）$$

（式2-5）中符号的含义与（式2-1）中的一致。

比如，期权 Gamma 等于 0.3，这就意味着当基础资产价格变化时，相应期权 Delta 的变化约等于基础资产价格变化的30%。

下面讨论欧式期权的 Gamma，基础资产价格、合约期限与 Gamma 之间的关系，以及美式期权的 Gamma。

2.2.1 欧式期权的Gamma

1. 数学表达式

根据 1.3 节讨论的 BSM 模型，可以得到欧式看涨期权与欧式看跌期权的 Gamma 表达式是完全相同的，具体的数学表达式如下：

$$\Gamma = \frac{N'(d_1)}{S_0 \sigma \sqrt{T}} \qquad （式2-6）$$

其中，

$$N'(d_1) = \frac{1}{\sqrt{2\pi}} e^{-d_1^2/2} \qquad （式2-7）$$

$$d_1 = \frac{\ln(S_0 / K) + (r + \sigma^2 / 2)T}{\sigma \sqrt{T}} \qquad （式2-8）$$

为了撰写 Python 代码的便利，（式2-6）经整理以后得到表达式如下：

$$\Gamma = \frac{N'(d_1)}{S_0 \sigma \sqrt{T}} = \frac{1}{S_0 \sigma \sqrt{2\pi T}} e^{-d_1^2/2} \qquad （式2-9）$$

通过（式2-9）可以得出，欧式期权的Gamma始终大于零。

2. Python自定义函数与案例

通过Python自定义计算欧式期权Gamma的函数，具体的代码如下：

```
In [28]: def Gamma_EurOpt(S,K,sigma,r,T):
    ...:     '''计算欧式期权Gamma的函数
    ...:     S: 基础资产价格;
    ...:     K: 行权价格;
    ...:     sigma: 基础资产的波动率;
    ...:     r: 连续复利的无风险利率;
    ...:     T: 合约期限（年）'''
    ...:     from numpy import exp,log,pi,sqrt #从NumPy模块导入exp、log、pi和sqrt函数
    ...:     d1=(log(S/K)+(r+pow(sigma,2)/2)*T)/(sigma*sqrt(T))          #计算d1
    ...:     gamma=exp(-pow(d1,2)/2)/(S*sigma*sqrt(2*pi*T))              #计算Gamma
    ...:     return gamma
```

在以上自定义函数Gamma_EurOpt中，输入基础资产价格、行权价格、波动率、无风险利率以及合约期限等参数，就可以计算得到欧式期权的Gamma。下面，通过一个示例进行演示。

【例2-7】 沿用例2-1的农业银行A股股票期权信息，运用自定义函数Gamma_EurOpt计算该期权的Gamma。具体的代码如下：

```
In [29]: G_EurOpt=Gamma_EurOpt(S=S_ABC,K=K_ABC,sigma=Sigma_ABC,r=R_6M,T=T_ABC) #欧式期权Gamma
    ...: print('农业银行A股欧式期权的Gamma',round(G_EurOpt,4))
农业银行A股欧式期权的Gamma 1.2897
```

以上的代码输出结果表明，在2022年9月1日农业银行A股欧式期权的Gamma等于1.2897。

3. 利用Delta和Gamma的近似计算

在例2-2已经提到过，当基础资产价格发生较大变化时，仅仅利用Delta近似计算的期权价格与BSM模型计算得到的期权价格之间会存在较大差异，在这种情况下，通过引入Gamma可以有效修正这种差异。

假定S表示基础资产的原价格，Π表示对应的期权原价格，$\tilde{S}$表示基础资产的新价格，$\tilde{\Pi}$表示对应的期权新价格，基础资产价格的变化$\Delta S = \tilde{S} - S$，期权价格的变化$\Delta \Pi = \tilde{\Pi} - \Pi$。利用泰勒展开式并忽略阶数高于$\Delta S^2$的项，得到如下近似表达式：

$$\Delta \Pi \approx \text{Delta} \times \Delta S + \frac{1}{2} \times \text{Gamma} \times \Delta S^2 \qquad （式2-10）$$

（式2-10）也可以写成：

$$\tilde{\Pi} \approx \Pi + \text{Delta} \times (\tilde{S} - S) + \frac{1}{2} \times \text{Gamma} \times (\tilde{S} - S)^2 \qquad （式2-11）$$

下面，通过一个示例讲解如何运用Delta和Gamma近似计算期权的价格。

【例2-8】 沿用例2-2的信息，以看涨期权作为分析对象，对农业银行A股股价的取值依然是在区间[2.0,4.0]的等差数列。针对不同的股价，通过（式2-11）并且运用Python计算期权的近似价格；此外，例2-2已测算出通过BSM模型得到的期权价格以及仅运用Delta计算得到

的期权近似价格，因此通过可视化对比这3种不同方法计算出的期权价格（见图2-5）。具体代码如下：

```
In [30]: Call_list3=Call+D1_EurOpt*(S_list1-S_ABC)+0.5*G_EurOpt*pow(S_list1-S_ABC,2)  # 用 Delta 和 Gamma 计算近似的期权价格

In [31]: plt.figure(figsize=(9,6))
   ...: plt.plot(S_list1,Call_list1,'b-',label='BSM模型计算看涨期权价格',lw=2)
   ...: plt.plot(S_list1,Call_list2,'m--',label='用Delta计算看涨期权近似价格',lw=2)
   ...: plt.plot(S_list1,Call_list3,'c--',label='用Delta和Gamma计算看涨期权近似价格',lw=2)
   ...: plt.plot(S_ABC,Call,'ro',label='股价2.83元所对应的期权价格',markersize=6)
   ...: plt.xlabel('股票价格（元）',fontsize=12)
   ...: plt.xticks(fontsize=12)
   ...: plt.ylabel('期权价格（元）',fontsize=12)
   ...: plt.yticks(fontsize=12)
   ...: plt.title('BSM模型、仅用Delta以及用Delta和Gamma计算期权价格',fontsize=12)
   ...: plt.legend(fontsize=12)
   ...: plt.grid()
   ...: plt.show()
```

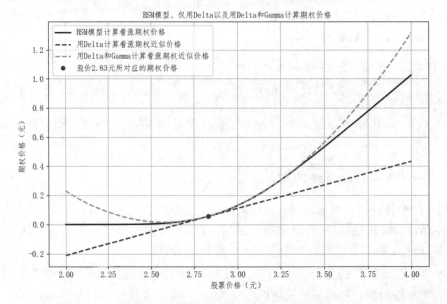

图2-5　BSM模型、仅用Delta以及用Delta和Gamma计算期权价格

从图2-5可以看到，运用Delta和Gamma所得到的期权近似价格与BSM模型得出的期权价格是比较接近的，当股票价格出现较大的增量变化，例如从2.83元/股上涨至3.5元/股，这两种方法给出的期权价格依然比较接近。同时，需要注意的是，如果股票价格出现较大的减量变化，比如从2.83元/股下跌至2.25元/股，用Delta和Gamma计算期权价格的精确度则会大打折扣。以上的分析表明，Gamma对期权价格向上修正的效应要强于向下修正的效应。

2.2.2　基础资产价格、合约期限与期权Gamma的关系

本小节依然借助两个示例并通过Python进行可视化，考查基础资产价格与期权Gamma、合约期限与期权Gamma这两组关系。

1. 基础资产价格与期权 Gamma 的关系

【例 2-9】 沿用例 2-3 的信息,对农业银行 A 股股价(基础资产价格)设定取值是在区间 [1.5,4.5]的等差数列,其他的参数保持不变,运用 Python 将股票价格与期权 Gamma 之间的对应关系可视化(见图 2-6)。具体的代码如下:

```
In [32]: G_list=Gamma_EurOpt(S=S_list2,K=K_ABC,sigma=Sigma_ABC,r=R_6M,T=T_ABC) #不同股价的期权 Gamma(S_list2 在例 2-3 已设定)

In [33]: plt.figure(figsize=(9,6))
   ...: plt.plot(S_list2,G_list,'b-',lw=2)
   ...: plt.xlabel('股票价格(元)',fontsize=12)
   ...: plt.xticks(fontsize=12)
   ...: plt.ylabel('Gamma',fontsize=12)
   ...: plt.yticks(fontsize=12)
   ...: plt.title('基础资产价格(股票价格)与期权Gamma的关系',fontsize=12)
   ...: plt.grid()
   ...: plt.show()
```

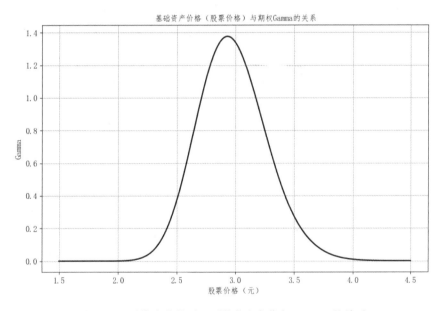

图 2-6 基础资产价格(股票价格)与期权 Gamma 的关系

图 2-6 中的曲线展示了基础资产价格与期权 Gamma 之间的关系,可以发现这条曲线形状比较接近于正态分布曲线,并且可以归纳出如下几个特征:

一是当基础资产价格小于期权的行权价格,也就是看涨期权是虚值、看跌期权是实值时,期权 Gamma 随基础资产价格递增;

二是当基础资产价格大于行权价格,也就是看涨期权是实值、看跌期权是虚值时,期权 Gamma 随基础资产价格递减;

三是当基础资产价格接近行权价格时,也就是期权接近于平价时,期权 Gamma 取值最大;

四是当曲线处于尾部时,在本例中就是股价低于约 2 元/股以及高于约 4 元/股时,期权 Gamma 会出现饱和现象,也就是对基础资产价格很不敏感。

2. 合约期限与期权 Gamma 的关系

【例 2-10】 沿用例 2-4 的信息，对看涨期权的合约期限取值依然是在区间[0.1,5.0]的等差数列，并且将期权分为实值期权、平价期权和虚值期权这 3 类，其中，实值期权对应的股价依然设定为 3.3 元/股，虚值期权对应的股价依然设定为 2.7 元/股，其他参数也保持不变，运用 Python 将合约期限与期权 Gamma 之间的对应关系可视化（见图 2-7）。具体的代码如下：

```
In [34]: G_list1=Gamma_EurOpt(S=S1,K=K_ABC,sigma=Sigma_ABC,r=R_6M,T=T_list)#实值看涨期权的
Gamma（S1 和 T_list 在例 2-4 已设定）
    ...: G_list2=Gamma_EurOpt(S=S2,K=K_ABC,sigma=Sigma_ABC,r=R_6M,T=T_list) #平价看涨期权的
Gamma（S2 在例 2-4 已设定）
    ...: G_list3=Gamma_EurOpt(S=S3,K=K_ABC,sigma=Sigma_ABC,r=R_6M,T=T_list) #虚值看涨期权的
Gamma（S3 在例 2-4 已设定）

In [35]: plt.figure(figsize=(9,6))
    ...: plt.plot(T_list,G_list1,'b-',label='实值看涨期权',lw=2)
    ...: plt.plot(T_list,G_list2,'r-',label='平价看涨期权',lw=2)
    ...: plt.plot(T_list,G_list3,'g-',label='虚值看涨期权',lw=2)
    ...: plt.xlabel('期限（年）',fontsize=12)
    ...: plt.xticks(fontsize=12)
    ...: plt.ylabel('Gamma',fontsize=12)
    ...: plt.yticks(fontsize=12)
    ...: plt.title('合约期限与期权 Gamma 的关系',fontsize=12)
    ...: plt.legend(fontsize=12)
    ...: plt.grid()
    ...: plt.show()
```

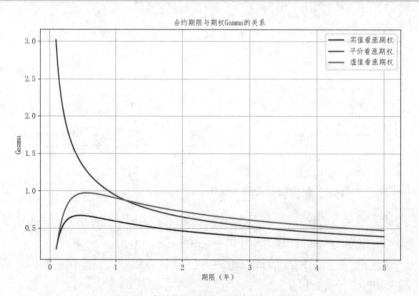

图 2-7 合约期限与期权 Gamma 的关系

图 2-7 显示合约期限分别与平价看涨期权、虚值看涨期权、实值看涨期权 Gamma 之间的关系。

对平价看涨期权而言，Gamma 随期限递减；同时，期限越短的平价看涨期权，Gamma 越高，这意味着越接近合约到期日，平价看涨期权的 Delta 对基础资产价格变动越敏感。

此外，无论是对实值看涨期权还是虚值看涨期权，当期限比较短时，Gamma 随期限递增，当期限拉长时，Gamma 则随期限递减。

2.2.3 美式期权的 Gamma

针对美式期权，计算期权的 Gamma 依然运用二叉树模型，这一点与前面讨论计算美式期权 Delta 的逻辑是一致的。

1. 计算思路

根据（式 2-5），运用差分就可以得到如下的 Gamma 表达式：

$$\Gamma = \frac{\Delta \text{Delta}}{\Delta S} \qquad （式 2\text{-}12）$$

下面，讨论 N 步二叉树模型并且仅仅考查该模型的前两步节点，即初始节点、第 1 步达到的节点和第 2 步达到的节点，具体见图 2-8。

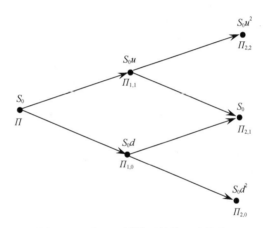

图 2-8 N 步二叉树模型的前两步节点

（节点上方的数值表示基础资产价格，下方的数值表示期权价值）

根据图 2-8，为了计算 Gamma（Γ），注意在 $2\Delta t$ 时刻有两个 Delta 值需要进行估计，具体有如下两种情形。

情形 1：当股票价格等于 $\left(S_0 u^2 + S_0\right)/2$，也就是在 $2\Delta t$ 时刻从上往下的第 1 个与第 2 个节点的股票价格平均值，对应的 Delta 表示如下：

$$\text{Delta}_1 = \frac{\varPi_{2,2} - \varPi_{2,1}}{S_0 u^2 - S_0} \qquad （式 2\text{-}13）$$

情形 2：当股票价格等于 $\left(S_0 + S_0 d^2\right)/2$，即在 $2\Delta t$ 时刻从上往下的第 2 个与第 3 个节点的股票价格平均值，对应的 Delta 表示如下：

$$\text{Delta}_2 = \frac{\varPi_{2,1} - \varPi_{2,0}}{S_0 - S_0 d^2} \qquad （式 2\text{-}14）$$

同时，股价变化金额是 $\left(S_0 u^2 + S_0\right)/2 - \left(S_0 + S_0 d^2\right)/2 = \left(S_0 u^2 - S_0 d^2\right)/2$，Delta 值的变化则是 $\text{Delta}_1 - \text{Delta}_2$，从而得到 Gamma 的表达式如下：

$$\Gamma = \frac{\text{Delta}_1 - \text{Delta}_2}{\dfrac{S_0 u^2 - S_0 d^2}{2}} = \frac{2(\text{Delta}_1 - \text{Delta}_2)}{S_0 u^2 - S_0 d^2} \qquad （式2\text{-}15）$$

运用 Python 撰写计算美式期权 Gamma 的代码时，依然参照 1.5.3 小节的矩阵运算思路，运用 $N+1$ 行、$N+1$ 列的期权价值矩阵并且取该矩阵第 3 列的非零元素，相关的矩阵如下：

$$\begin{pmatrix} \Pi & \Pi_{1,1} & \Pi_{2,2} & & \Pi_{N-1,N-1} & \Pi_{N,N} \\ 0 & \Pi_{1,0} & \Pi_{2,1} & \cdots & \Pi_{N-1,N-2} & \Pi_{N,N-1} \\ 0 & 0 & \Pi_{2,0} & & \Pi_{N-1,N-3} & \Pi_{N,N-2} \\ \vdots & \vdots & \vdots & & \vdots & \vdots \\ 0 & 0 & 0 & & \Pi_{N-1,0} & \Pi_{N,1} \\ 0 & 0 & 0 & \cdots & 0 & \Pi_{N,0} \end{pmatrix} \qquad （式2\text{-}16）$$

2. Python 的代码

下面，运用 Python 自定义计算美式期权 Gamma 的函数，并且按照看涨期权、看跌期权分别设定，同时参考 1.5.3 小节计算美式看涨期权、看跌期权价值的自定义函数 American_Call 和 American_Put 的相关代码。具体的代码如下：

```
In [36]: def Gamma_AmerCall(S,K,sigma,r,T,N):
    ...:     '''运用N步二叉树模型计算美式看涨期权Gamma的函数
    ...:     S: 基础资产价格；
    ...:     K: 行权价格；
    ...:     sigma: 基础资产的波动率；
    ...:     r: 连续复利的无风险利率；
    ...:     T: 合约期限（年）；
    ...:     N: 二叉树模型的步数'''
    ...:     t=T/N                             #计算每一步步长期限（年）
    ...:     u=np.exp(sigma*np.sqrt(t))        #计算基础资产价格上涨时的比例
    ...:     d=1/u                             #计算基础资产价格下跌时的比例
    ...:     p=(np.exp(r*t)-d)/(u-d)           #计算基础资产价格上涨的概率
    ...:     call_matrix=np.zeros((N+1,N+1))   #创建N+1行、N+1列的零元素数组用于后续存放每个节点的期权价值
    ...:     N_list=np.arange(0,N+1)           #创建从0到N的整数数列并存放于数组
    ...:     S_end=S*pow(u,N-N_list)*pow(d,N_list)   #计算到期时节点的基础资产价格（按照节点从上往下排序）
    ...:     call_matrix[:,-1]=np.maximum(S_end-K,0) #计算到期时节点的看涨期权价值（按照节点从上往下排序）
    ...:     i_list=list(range(0,N))           #创建从0到N-1的整数数列并且存放于列表
    ...:     i_list.sort(reverse=True)         #列表的元素由大到小重新排序（从N-1到0）
    ...:     for i in i_list:
    ...:         j_list=np.arange(i+1)         #创建从0到i的整数数列并且存放于数组
    ...:         Si=S*pow(u,i-j_list)*pow(d,j_list)  #计算在iΔt时刻各节点上的基础资产价格（按照节点从上往下排序）
    ...:         call_strike=np.maximum(Si-K,0)  #计算提前行权时期权收益
    ...:         call_nostrike=np.exp(-r*t)*(p*call_matrix[:i+1,i+1]+(1-p)*call_matrix[1:i+2,i+1]) #计算不提前行权时期权价值
    ...:         call_matrix[:i+1,i]=np.maximum(call_strike,call_nostrike) #取提前行权时期权收益与不提前行权时期权价值的最大值
    ...:     Delta1=(call_matrix[0,2]-call_matrix[1,2])/(S*pow(u,2)-S) #计算一个Delta
    ...:     Delta2=(call_matrix[1,2]-call_matrix[2,2])/(S-S*pow(d,2)) #计算另一个Delta
    ...:     Gamma=2*(Delta1-Delta2)/(S*pow(u,2)-S*pow(d,2)) #计算美式看涨期权Gamma
```

```
        ...:         return Gamma

In [37]: def Gamma_AmerPut(S,K,sigma,r,T,N):
        ...:         '''运用N步二叉树模型计算美式看跌期权Gamma的函数
        ...:         S: 基础资产价格；
        ...:         K: 行权价格；
        ...:         sigma: 基础资产的波动率；
        ...:         r: 连续复利的无风险利率；
        ...:         T: 合约期限（年）；
        ...:         N: 二叉树模型的步数'''
        ...:         t=T/N                              #计算每一步步长期限（年）
        ...:         u=np.exp(sigma*np.sqrt(t))          #计算基础资产价格上涨时的比例
        ...:         d=1/u                              #计算基础资产价格下跌时的比例
        ...:         p=(np.exp(r*t)-d)/(u-d)             #计算基础资产价格上涨的概率
        ...:         put_matrix=np.zeros((N+1,N+1))     #创建N+1行、N+1列的零元素数组用于后续存放每个节点的期权价值
        ...:         N_list=np.arange(0,N+1)            #创建从0到N的整数数列并存放于数组
        ...:         S_end=S*pow(u,N-N_list)*pow(d,N_list)   #计算到期时节点的基础资产价格（按照节点从上往下排序）
        ...:         put_matrix[:,-1]=np.maximum(K-S_end,0)  #计算到期时节点的看跌期权价值（按照节点从上往下排序）
        ...:         i_list=list(range(0,N))           #创建从0到N-1的整数数列并存放于列表
        ...:         i_list.sort(reverse=True)         #将列表的元素由大到小重新排序（从N-1到0）
        ...:         for i in i_list:
        ...:             j_list=np.arange(i+1)          #创建从0到i的整数数列并存放于数组
        ...:             Si=S*pow(u,i-j_list)*pow(d,j_list)  #计算在iΔt时刻各节点上的基础资产价格（按照节点
从上往下排序）
        ...:             put_strike=np.maximum(K-Si,0)  #计算提前行权时期权收益
        ...:             put_nostrike=np.exp(-r*t)*(p*put_matrix[:i+1,i+1]+(1-p)*put_matrix[1:i+2,i+1])
#计算不提前行权时期权价值
        ...:             put_matrix[:i+1,i]=np.maximum(put_strike,put_nostrike)  #取提前行权时期权收益与
不提前行权时期权价值的最大值
        ...:         Delta1=(put_matrix[0,2]-put_matrix[1,2])/(S*pow(u,2)-S)  #计算一个Delta
        ...:         Delta2=(put_matrix[1,2]-put_matrix[2,2])/(S-S*pow(d,2))  #计算另一个Delta
        ...:         Gamma=2*(Delta1-Delta2)/(S*pow(u,2)-S*pow(d,2))  #计算美式看跌期权Gamma
        ...:         return Gamma
```

在以上自定义的两个函数 Gamma_AmerCall 和 Gamma_AmerPut 中，输入基础资产价格、行权价格、波动率、无风险利率、期限以及步数等参数，可以得出美式看涨期权或美式看跌期权的 Gamma。下面通过一个示例进行演示。

3. 一个示例

【例2-11】 沿用例2-1的农业银行A股股票期权信息，但是期权类型调整为美式看涨期权、美式看跌期权，运用自定义函数 Gamma_AmerCall 和 Gamma_AmerPut 直接计算期权的 Gamma，并且设定二叉树模型的步数为200步。具体的代码如下：

```
In [38]: G1_AmerOpt=Gamma_AmerCall(S=S_ABC,K=K_ABC,sigma=Sigma_ABC,r=R_6M,T=T_ABC, N=step)
#美式看涨期权的Gamma（step在例2-6已设定）
        ...: G2_AmerOpt=Gamma_AmerPut(S=S_ABC,K=K_ABC,sigma=Sigma_ABC,r=R_6M,T=T_ABC, N=step)
#美式看跌期权的Gamma
        ...: print('农业银行A股美式看涨期权的Gamma',round(G1_AmerOpt,4))
        ...: print('农业银行A股美式看跌期权的Gamma',round(G2_AmerOpt,4))
农业银行A股美式看涨期权的Gamma 1.292
农业银行A股美式看跌期权的Gamma 1.4033
```

根据以上代码输出的结果，并结合例 2-7，可以得到如下结论：美式看涨期权的 Gamma（1.2920）与欧式期权的 Gamma 值（1.2897）是比较接近的，但是美式看跌期权的 Gamma 值（1.4033）则要显著高于欧式期权的。

2.3　期权的 Theta

期权的 Theta（Θ）定义为在其他条件不变时，期权价格变化与时间（期限）变化的比率，数学表达式如下：

$$\Theta = \frac{\partial \Pi}{\partial T} \qquad （式 2-17）$$

其中，T 表示合约期限。

Theta 有时也被称为期权的**时间损耗**（time decay）。在其他条件不变的情况下，不论是看涨期权还是看跌期权，通常距离合约到期日越远（期限越长），期权价值是越高的；距离到期日越近（期限越短），期权价值则是越低的。所以在期权领域流传着这样一句话："对期权的多头而言，时间流逝是敌人；对期权的空头而言，时间流逝是密友。"

下面讨论欧式期权的 Theta、基础资产价格、合约期限与期权 Theta 的关系，以及美式期权的 Theta。

2.3.1　欧式期权的 Theta

1. 数学表达式

对欧式期权而言，计算 Theta 的公式依然是通过 BSM 模型推导得出的，并且看涨期权与看跌期权是存在差异的。

对于欧式看涨期权的 Theta，计算公式如下：

$$\Theta_{\text{call}} = -\frac{S_0 N'(d_1)\sigma}{2\sqrt{T}} - rKe^{-rT}N(d_2) \qquad （式 2-18）$$

其中，

$$N'(d_1) = \frac{1}{\sqrt{2\pi}}e^{-d_1^2/2} \qquad （式 2-19）$$

$$d_1 = \frac{\ln(S_0/K) + (r + \sigma^2/2)T}{\sigma\sqrt{T}} \qquad （式 2-20）$$

$$d_2 = \frac{\ln(S_0/K) + (r - \sigma^2/2)T}{\sigma\sqrt{T}} = d_1 - \sigma\sqrt{T} \qquad （式 2-21）$$

因此，为了 Python 编程的便利，（式 2-18）经过整理可以得到如下等式：

$$\Theta_{\text{call}} = -\frac{S_0 \sigma e^{-d_1^2/2}}{2\sqrt{2\pi T}} - rKe^{-rT}N(d_2) \qquad （式 2-22）$$

对于欧式看跌期权，Theta 的计算公式则是如下：

$$\Theta_{\mathrm{put}} = -\frac{S_0 N'(d_1)\sigma}{2\sqrt{T}} + rKe^{-rT}N(-d_2) = \Theta_{\mathrm{call}} + rKe^{-rT} \qquad （式2-23）$$

通过（式2-23）可以清楚地看到，欧式看跌期权的 Theta 要大于欧式看涨期权的，并且两者之间的差额是 rKe^{-rT}。

2. Python 自定义函数

下面，通过 Python 自定义计算欧式期权 Theta 的函数，具体如下：

```
In [39]: def Theta_EurOpt(S,K,sigma,r,T,optype):
    ...:     '''计算欧式期权Theta的函数
    ...:     S: 基础资产价格；
    ...:     K: 行权价格；
    ...:     sigma: 基础资产的波动率；
    ...:     r: 连续复利的无风险利率；
    ...:     T: 合约期限（年）；
    ...:     optype: 期权类型，输入call表示看涨期权，输入其他表示看跌期权'''
    ...:     from numpy import exp,log,pi,sqrt      #从NumPy模块导入exp、log、pi和sqrt函数
    ...:     from scipy.stats import norm           #从SciPy的子模块stats导入norm
    ...:     d1=(log(S/K)+(r+pow(sigma,2)/2)*T)/(sigma*sqrt(T))      #计算参数d1
    ...:     d2=d1-sigma*sqrt(T)                    #计算参数d2
    ...:     A=-(S*sigma*exp(-pow(d1,2)/2))/(2*sqrt(2*pi*T))        #（式2-22）等号右边第1项
    ...:     B=-r*K*exp(-r*T)*norm.cdf(d2)          #（式2-22）等号右边第2项
    ...:     theta_call=A+B                         #看涨期权的Theta
    ...:     theta_put=theta_call+r*K*np.exp(-r*T)              #看跌期权的Theta
    ...:     if optype=='call':                     #针对欧式看涨期权
    ...:         theta=theta_call
    ...:     else:                                  #针对欧式看跌期权
    ...:         theta=theta_put
    ...:     return theta
```

在以上自定义函数 Theta_EurOpt 中，输入基础资产价格、行权价格、波动率、无风险利率、期限以及期权类型等参数，可以计算得到欧式期权的 Theta。

需要注意的是，在 BSM 模型中，期限是以年为单位的。但是在解释 Theta 的过程中，时间单位通常需要换算为天，因此 Theta 表示在其他变量不变的情况下，过了 1 天以后期权价格的变化。在金融实践中，可以计算"每日历天"的 Theta 或"每交易日"的 Theta。

"每日历天"的 Theta 是以日历天数衡量的 Theta，也就是（式2-22）或（式2-23）计算得出的 Theta 再除以 365。

"每交易日"的 Theta 是以交易日天数衡量的 Theta，1 年的交易日天数按交易惯例设定为 252 天，因此需要将（式2-22）或（式2-23）计算得出的 Theta 再除以 252。下面来看一个具体的示例。

3. 一个示例

【例2-12】 沿用例2-1的农业银行A股股票期权信息，直接运用自定义函数 Theta_EurOpt，计算欧式看涨、看跌期权的 Theta。具体的代码如下：

```
In [40]: day1=365              #1年的日历天数365天
    ...: day2=252              #1年的交易天数252天
```

```
In [41]: Th1_EurOpt=Theta_EurOpt(S=S_ABC,K=K_ABC,sigma=Sigma_ABC,r=R_6M,T=T_ABC, optype='call')
#欧式看涨期权的 Theta
   ...: Th2_EurOpt=Theta_EurOpt(S=S_ABC,K=K_ABC,sigma=Sigma_ABC,r=R_6M,T=T_ABC, optype='put')
#欧式看跌期权的 Theta

In [42]: print('农业银行A股欧式看涨期权Theta',round(Th1_EurOpt,6))
   ...: print('农业银行A股欧式看涨期权每日历天Theta',round(Th1_EurOpt/day1,6))
   ...: print('农业银行A股欧式看涨期权每交易日Theta',round(Th1_EurOpt/day2,6))
   ...: print('农业银行A股欧式看跌期权Theta',round(Th2_EurOpt,6))
   ...: print('农业银行A股欧式看跌期权每日历天Theta',round(Th2_EurOpt/day1,6))
   ...: print('农业银行A股欧式看跌期权每交易日Theta',round(Th2_EurOpt/day2,6))
农业银行A股欧式看涨期权Theta            -0.114201
农业银行A股欧式看涨期权每日历天Theta      -0.000313
农业银行A股欧式看涨期权每交易日Theta       -0.000453
农业银行A股欧式看跌期权Theta            -0.064727
农业银行A股欧式看跌期权每日历天Theta      -0.000177
农业银行A股欧式看跌期权每交易日Theta       -0.000257
```

从以上的代码输出结果可以清楚地看到，无论是看涨期权还是看跌期权，Theta 值均为负数。同时，就 Theta 的绝对值而言，看涨期权几乎是看跌期权的两倍，因此时间的流逝对看涨期权的影响要大于看跌期权。

2.3.2 基础资产价格、合约期限与期权 Theta 的关系

本小节依然运用两个示例并通过 Python 进行可视化考查基础资产价格与期权 Theta、合约期限与期权 Theta 这两组关系。

1. 基础资产价格与期权 Theta 的关系

【例 2-13】 沿用例 2-3 的信息，对农业银行 A 股股价的取值依然是在区间 [1.5,4.5] 的等差数列，其他的参数保持不变，运用 Python 将基础资产价格（股票价格）与期权 Theta 之间的对应关系可视化（见图 2-9）。具体的代码如下：

```
In [43]: Th1_list=Theta_EurOpt(S=S_list2,K=K_ABC,sigma=Sigma_ABC,r=R_6M,T=T_ABC, optype='call')
#不同股价的看涨期权 Theta
   ...: Th2_list=Theta_EurOpt(S=S_list2,K=K_ABC,sigma=Sigma_ABC,r=R_6M,T=T_ABC,  optype='put')
#不同股价的看跌期权 Theta

In [44]: plt.figure(figsize=(9,6))
   ...: plt.plot(S_list2,Th1_list,'b-',label='欧式看涨期权',lw=2)
   ...: plt.plot(S_list2,Th2_list,'r-',label='欧式看跌期权',lw=2)
   ...: plt.xlabel('股票价格（元）',fontsize=12)
   ...: plt.xticks(fontsize=12)
   ...: plt.ylabel('Theta',fontsize=12)
   ...: plt.yticks(fontsize=12)
   ...: plt.title('基础资产价格（股票价格）与期权 Theta 的关系',fontsize=12)
   ...: plt.legend(fontsize=12)
   ...: plt.grid()
   ...: plt.show()
```

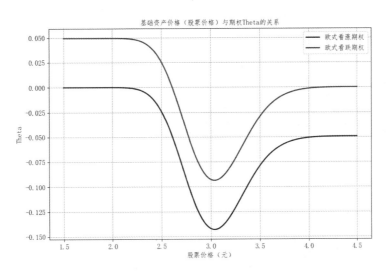

图 2-9　基础资产价格（股票价格）与期权 Theta 的关系

图 2-9 显示基础资产价格与欧式看涨、看跌期权 Theta 之间关系的曲线。通过图 2-9 可以得到如下 5 点结论：

第一，无论是欧式看涨期权还是欧式看跌期权，Theta 与基础资产价格之间关系的曲线形状是很相似的；

第二，当基础资产价格略高于行权价格（约 3 元/股），也就是处于略弱的实值期权时，无论是欧式看涨期权还是欧式看跌期权，Theta 的绝对值最大，这就意味着期权价格对时间的变化非常敏感；

第三，当基础资产价格大于行权价格时，Theta 为负数但是绝对值处于递减阶段时，欧式看涨期权的 Theta 趋近于某一个负值，欧式看跌期权的 Theta 则趋近于零；

第四，当基础资产价格小于行权价格时，对欧式看跌期权而言，随着基础资产价格不断下降并且小于约 2.6 元/股时，期权 Theta 将由负转正并趋近于某一个正值，而欧式看涨期权的 Theta 始终处于负值并且最终向零收敛；

第五，当基础资产价格很低（如小于约 2.2 元/股）或者很高（如大于约 4.0 元/股），期权 Theta 就会出现饱和现象。

2. 合约期限与期权 Theta 的关系

【例 2-14】　沿用例 2-4 的信息，也就是对看涨期权合约期限的取值仍是在区间 [0.1,5.0] 的等差数列，同时依然将看涨期权分为实值期权（对应股价 3.3 元/股）、平价期权和虚值期权（对应股价 2.7 元/股），其他参数保持不变。运用 Python 将合约期限与看涨期权 Theta 之间的对应关系可视化（见图 2-10）。具体的代码如下：

```
In [45]: Th_list1=Theta_EurOpt(S=S1,K=K_ABC,sigma=Sigma_ABC,r=R_6M,T=T_list,optype='call')
#实值看涨期权的 Theta
    ...: Th_list2=Theta_EurOpt(S=S2,K=K_ABC,sigma=Sigma_ABC,r=R_6M,T=T_list,optype='call')
#平价看涨期权的 Theta
    ...: Th_list3=Theta_EurOpt(S=S3,K=K_ABC,sigma=Sigma_ABC,r=R_6M,T=T_list,optype='call')
#虚值看涨期权的 Theta

In [46]: plt.figure(figsize=(9,6))
```

```
...: plt.plot(T_list,Th_list1,'b-',label='实值看涨期权',lw=2)
...: plt.plot(T_list,Th_list2,'r-',label='平价看涨期权',lw=2)
...: plt.plot(T_list,Th_list3,'g-',label='虚值看涨期权',lw=2)
...: plt.xlabel('期限（年）',fontsize=12)
...: plt.xticks(fontsize=12)
...: plt.ylabel('Theta',fontsize=12)
...: plt.yticks(fontsize=12)
...: plt.title('合约期限与期权Theta的关系',fontsize=12)
...: plt.legend(fontsize=12)
...: plt.grid()
...: plt.show()
```

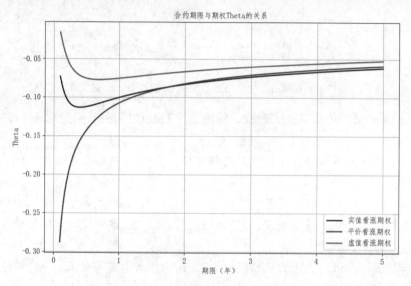

图 2-10　合约期限与期权 Theta 的关系

图 2-10 呈现了虚值、实值和平价看涨期权的 Theta 随合约期限变化的规律。图中有 3 条曲线，从上往下依次是虚值、实值以及平价看涨期权，并且可以归纳出 3 点结论。

一是当期限越短（即越临近到期日），平价看涨期权的 Theta 绝对值越大，并且与实值看涨期权、虚值看涨期权在 Theta 上的差异也是最大的。对此，可以这样来理解：因为当看涨期权是平价时，到期时行权的不确定性最大，所以平价看涨期权的价格对时间的敏感性就很高。

二是平价看涨期权的 Theta 随期限递增，相反，虚值看涨期权和实值看涨期权的 Theta 值在期限较短时随期限递减，在期限较长时则随期限递增。

三是当期限不断拉长时，实值看涨期权、平价看涨期权、虚值看涨期权的 Theta 将会不断趋近。

2.3.3　美式期权的 Theta

针对美式期权 Theta（Θ）的计算，与美式期权的 Delta 和 Gamma 很相似，均运用二叉树模型。

1. 计算思路

根据（式 2-17），运用差分，可以得到 Theta 的如下表达式：

$$\Theta = \frac{\Delta \Pi}{\Delta T} \qquad (式2-24)$$

下面，考查 N 步二叉树模型的前两步节点，具体见图2-11（与图2-8相同）。

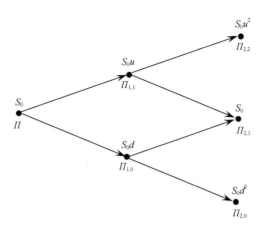

图2-11 N 步二叉树模型的前两步节点

（节点上方的数值表示基础资产价格，下方的数值表示期权价值）

由于在计算Theta时，假定除了时间变化，包括基础资产价格在内的其他变量都保持不变，因此，根据图2-11，在0时刻基础资产价格 S_0 对应的期权价值是 Π，在 $2\Delta t$ 时刻基础资产价格是 S_0 所对应的期权价值是 $\Pi_{2,1}$。美式期权Theta的计算公式可以写成：

$$\Theta = \frac{\Pi_{2,1} - \Pi}{2\Delta t} \qquad (式2-25)$$

运用Python编程计算美式期权Theta时，依然运用1.5.3小节所讨论的矩阵运算思路，即运用 $N+1$ 行、$N+1$ 列的期权价值矩阵并且取该矩阵第1行第1列、第2行第3列的元素，相关矩阵如下：

$$\begin{pmatrix} \Pi & \Pi_{1,1} & \Pi_{2,2} & & \Pi_{N-1,N-1} & \Pi_{N,N} \\ 0 & \Pi_{1,0} & \Pi_{2,1} & \cdots & \Pi_{N-1,N-2} & \Pi_{N,N-1} \\ 0 & 0 & \Pi_{2,0} & & \Pi_{N-1,N-3} & \Pi_{N,N-2} \\ \vdots & \vdots & \vdots & & \vdots & \vdots \\ 0 & 0 & 0 & \cdots & \Pi_{N-1,0} & \Pi_{N,1} \\ 0 & 0 & 0 & & 0 & \Pi_{N,0} \end{pmatrix} \qquad (式2-26)$$

2. Python的自定义函数

下面，运用Python自定义计算美式期权Theta的函数，并且按照看涨期权、看跌期权分别设定，同时参考1.5.3小节计算美式看涨期权、看跌期权价值的自定义函数 American_Call 和 American_Put 的相关代码。具体的代码如下：

```
In [47]: def Theta_AmerCall(S,K,sigma,r,T,N):
    ...:     '''运用N步二叉树模型计算美式看涨期权Theta的函数
    ...:     S: 基础资产价格;
    ...:     K: 行权价格;
    ...:     sigma: 基础资产的波动率;
```

```
   ...:        r: 连续复利的无风险利率;
   ...:        T: 合约期限 (年);
   ...:        N: 二叉树模型的步数'''
   ...:        t=T/N                              #计算每一步步长期限 (年)
   ...:        u=np.exp(sigma*np.sqrt(t))         #计算基础资产价格上涨时的比例
   ...:        d=1/u                              #计算基础资产价格下跌时的比例
   ...:        p=(np.exp(r*t)-d)/(u-d)            #计算基础资产价格上涨的概率
   ...:        call_matrix=np.zeros((N+1,N+1))    #创建N+1行、N+1列的零元素数组用于后续存放每个节点的期权价值
   ...:        N_list=np.arange(0,N+1)            #创建从0到N的整数数列并存放于数组
   ...:        S_end=S*pow(u,N-N_list)*pow(d,N_list)    #计算到期时节点的基础资产价格 (按照节点从上往下排序)
   ...:        call_matrix[:,-1]=np.maximum(S_end-K,0) #计算到期时节点的看涨期权价值 (按照节点从上往下排序)
   ...:        i_list=list(range(0,N))            #创建从0到N-1的整数数列并存放于列表
   ...:        i_list.sort(reverse=True)          #列表的元素由大到小重新排序 (从N-1到0)
   ...:        for i in i_list:
   ...:            j_list=np.arange(i+1)          #创建从0到i的整数数列并存放于数组
   ...:            Si=S*pow(u,i-j_list)*pow(d,j_list) #计算在iΔt时刻各节点上的基础资产价格 (按照节点从
上往下排序)
   ...:            call_strike=np.maximum(Si-K,0)  #计算提前行权时期权收益
   ...:
call_nostrike=np.exp(-r*t)*(p*call_matrix[:i+1,i+1]+(1-p)*call_matrix[1:i+2,i+1]) #计算不提前行
权时期权价值
   ...:            call_matrix[:i+1,i]=np.maximum(call_strike,call_nostrike)  #取提前行权时期权收
益与不提前行权时期权价值的最大值
   ...:        Theta=(call_matrix[1,2]-call_matrix[0,0])/(2*t)  #计算看涨期权Theta
   ...:        return Theta

In [48]: def Theta_AmerPut(S,K,sigma,r,T,N):
   ...:        '''运用N步二叉树模型计算美式看跌期权Theta的函数
   ...:        S: 基础资产价格;
   ...:        K: 行权价格;
   ...:        sigma: 基础资产的波动率;
   ...:        r: 连续复利的无风险利率;
   ...:        T: 合约期限 (年);
   ...:        N: 二叉树模型的步数'''
   ...:        t=T/N                              #计算每一步步长期限 (年)
   ...:        u=np.exp(sigma*np.sqrt(t))         #计算基础资产价格上涨时的比例
   ...:        d=1/u                              #计算基础资产价格下跌时的比例
   ...:        p=(np.exp(r*t)-d)/(u-d)            #计算基础资产价格上涨的概率
   ...:        put_matrix=np.zeros((N+1,N+1))     #创建N+1行、N+1列的零元素数组用于后续存放每个节点的期权价值
   ...:        N_list=np.arange(0,N+1)            #创建从0到N的整数数列并存放于数组
   ...:        S_end=S*pow(u,N-N_list)*pow(d,N_list)  #计算到期时节点的基础资产价格 (按照节点从上往下排序)
   ...:        put_matrix[:,-1]=np.maximum(K-S_end,0) #计算到期时节点的看跌期权价值 (按照节点从上往下排序)
   ...:        i_list=list(range(0,N))            #创建从0到N-1的整数数列并存放于列表
   ...:        i_list.sort(reverse=True)          #列表的元素由大到小重新排序 (从N-1到0)
   ...:        for i in i_list:
   ...:            j_list=np.arange(i+1)          #创建从0到i的整数数列并存放于数组
   ...:            Si=S*pow(u,i-j_list)*pow(d,j_list)   #计算在iΔt时刻各节点上的基础资产价格 (按照节点
从上往下排序)
   ...:            put_strike=np.maximum(K-Si,0)       #计算提前行权时期权收益
   ...:
put_nostrike=np.exp(-r*t)*(p*put_matrix[:i+1,i+1]+(1-p)*put_matrix[1:i+2,i+1]) #计算不提前行权时
期权价值
```

```
    ...:            put_matrix[:i+1,i]=np.maximum(put_strike,put_nostrike)  #取提前行权时期权收益与
不提前行权时期权价值的最大值
    ...:        Theta=(put_matrix[1,2]-put_matrix[0,0])/(2*t)  #计算看跌期权Theta
    ...:        return Theta
```

在以上自定义的两个函数 Theta_AmerCall 和 Theta_AmerPut 中，输入基础资产价格、行权价格、波动率、无风险利率、期限以及步数等参数，就可以得出美式看涨期权或美式看跌期权的 Theta。下面运用一个示例进行演示。

3. 一个示例

【例 2-15】 沿用例 2-1 的农业银行 A 股股票期权信息，但是期权类型调整为美式看涨期权、美式看跌期权，运用自定义函数 Theta_AmerCall 和 Theta_AmerPut 计算美式期权的 Theta，同时二叉树模型的步数是 200 步。具体的代码如下：

```
In [49]: Th1_AmerOpt=Theta_AmerCall(S=S_ABC,K=K_ABC,sigma=Sigma_ABC,r=R_6M,T=T_ABC,N=step)
#美式看涨期权的Theta
    ...: Th2_AmerOpt=Theta_AmerPut(S=S_ABC,K=K_ABC,sigma=Sigma_ABC,r=R_6M,T=T_ABC, N=step)
#美式看跌期权的Theta
    ...: print('农业银行A股美式看涨期权的Theta',round(Th1_AmerOpt,4))
    ...: print('农业银行A股美式看跌期权的Theta',round(Th2_AmerOpt,4))
农业银行A股美式看涨期权的Theta -0.1144
农业银行A股美式看跌期权的Theta -0.0722
```

用以上输出的结果对比例 2-12 的结果可以发现，美式看涨期权的 Theta（-0.1144）与欧式看涨期权的 Theta（-0.1142）很接近，但是欧式看跌期权的 Theta（-0.0647）从绝对值来看明显低于美式看跌期权的 Theta（-0.0722），这说明美式看跌期权价值相比欧式看跌期权对时间的流逝更加敏感。

2.4 期权的 Vega

本章到目前为止，都隐含着一个假设：期权基础资产收益率的波动率是常数。但是在实践中，波动率会随时间的变化而变化。

期权的 Vega（V）是指期权价格变化与波动率变化的比率，数学表达式可以写成：

$$V = \frac{\partial \Pi}{\partial \sigma} \qquad (\text{式 2-27})$$

其中，σ 表示基础资产的波动率。例如，当波动率增加 1%（比如从 10% 增加至 11%）时，期权价格会相应上升约 $0.01V$。如果一个期权的 Vega 绝对值很大，该期权的价格会对波动率的变化非常敏感。相反，当一个期权的 Vega 接近零时，波动率的变化对期权价格的影响会很小。

需要注意的是，虽然 Vega 是期权的希腊字母之一，但是在真正的希腊语中却没有发音为 Vega 的希腊字母。较可能的原因是波动率是用希腊字母 σ 表示的，因此便将 Vega 归入了期权的希腊字母之列。

下面讨论欧式期权的 Vega，基础资产价格、合约期限与期权 Vega 的关系，以及美式期权的 Vega。

2.4.1 欧式期权的 Vega

1. 数学表达式

根据 BSM 模型，可以推导得到欧式看涨期权和看跌期权的 Vega 具有相同的数学表达式，相关公式如下：

$$V = S_0 \sqrt{T} N'(d_1) \qquad （式 2\text{-}28）$$

其中，

$$N'(d_1) = \frac{1}{\sqrt{2\pi}} e^{-d_1^2/2} \qquad （式 2\text{-}29）$$

$$d_1 = \frac{\ln(S_0/K) + (r + \sigma^2/2)T}{\sigma\sqrt{T}} \qquad （式 2\text{-}30）$$

为了 Python 代码撰写的便利，将（式 2-28）进行整理以后得到 Vega 新的表达式如下：

$$V = \frac{S_0 \sqrt{T} e^{-d_1^2/2}}{\sqrt{2\pi}} \qquad （式 2\text{-}31）$$

通过（式 2-31）可以很清楚地看到，期权 Vega 始终大于零，因此，期权价格随波动率递增。

2. Python 自定义函数

通过 Python 自定义计算欧式期权 Vega 的函数，具体代码如下：

```
In [50]: def Vega_EurOpt(S,K,sigma,r,T):
    ...:     '''计算欧式期权Vega的函数
    ...:     S: 基础资产的价格；
    ...:     K: 行权价格；
    ...:     sigma: 基础资产的波动率；
    ...:     r: 连续复利的无风险利率；
    ...:     T: 合约期限（年）'''
    ...:     from numpy import exp,log,pi,sqrt  #从NumPy模块导入exp、log、pi和sqrt函数
    ...:     d1=(log(S/K)+(r+pow(sigma,2)/2)*T)/(sigma*sqrt(T))      #参数d1
    ...:     vega=S*sqrt(T)*exp(-pow(d1,2)/2)/sqrt(2*pi)            #期权Vega
    ...:     return vega
```

在以上自定义函数 Vega_EurOpt 中，输入基础资产价格、行权价格、波动率、无风险利率以及期限等参数，就可以快速计算出欧式期权的 Vega。下面，通过一个示例进行演示。

3. 一个示例

【例 2-16】 沿用例 2-1 的农业银行 A 股的股票期权信息，并运用自定义函数 Vega_EurOpt，计算欧式期权的 Vega 以及当波动率增加 1% 时期权价格的变动情况。具体的代码如下：

```
In [51]: V_EurOpt=Vega_EurOpt(S=S_ABC,K=K_ABC,sigma=Sigma_ABC,r=R_6M,T=T_ABC)  #欧式期权的Vega
    ...: print('农业银行A股欧式期权的Vega',round(V_EurOpt,4))
农业银行A股欧式期权的Vega 0.7184

In [52]: Sigma_chg=0.01                    #农业银行A股的波动率变化
```

```
In [53]: Opt_chg=V_EurOpt*Sigma_chg          #波动率增加1%导致期权价格的变动金额
   ...: print('波动率增加1%导致期权价格变动的金额（元）',round(Opt_chg,4))
波动率增加1%导致期权价格变动的金额（元） 0.0072
```

从以上的输出结果可以得到，在2022年9月1日欧式期权Vega等于0.7184，这意味着当波动率增加1%（由13.91%增加至14.91%），期权价格会相应上涨0.0072元/股。

2.4.2　基础资产价格、合约期限与期权Vega的关系

本小节依然运用两个示例并通过Python进行可视化，考查基础资产价格与期权Vega、合约期限与期权Vega这两组关系。

1. 基础资产价格与期权Vega的关系

【例2-17】　沿用例2-3的信息，对农业银行A股股价取值仍是在区间[1.5,4.5]的等差数列，其他的参数保持不变，运用Python将基础资产价格（股票价格）与期权Vega之间的对应关系可视化（见图2-12）。具体的代码如下：

```
In [54]: V_list=Vega_EurOpt(S=S_list2,K=K_ABC,sigma=Sigma_ABC,r=R_6M,T=T_ABC)  #不同股价的欧式期权Vega

In [55]: plt.figure(figsize=(9,6))
   ...: plt.plot(S_list2,V_list,'b-',lw=2)
   ...: plt.xlabel('股票价格（元）',fontsize=12)
   ...: plt.xticks(fontsize=12)
   ...: plt.ylabel('Vega',fontsize=12)
   ...: plt.yticks(fontsize=12)
   ...: plt.title('基础资产价格（股票价格）与期权Vega的关系',fontsize=12)
   ...: plt.grid()
   ...: plt.show()
```

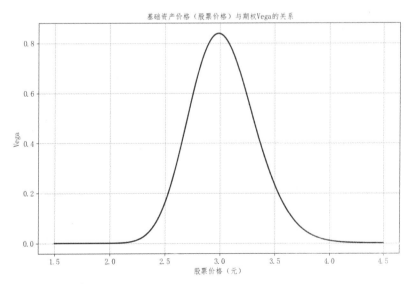

图2-12　基础资产价格（股票价格）与期权Vega的关系

图2-12描述了基础资产价格（股票价格）与期权Vega之间的关系，类似于正态分布，并

且与图2-6很相似。通过图2-12能够得出以下4个结论。

一是当基础资产价格非常接近于行权价格时，期权Vega达到最大值。

二是当基础资产价格小于行权价格（图中的行权价格左侧），期权Vega随基础资产价格递增。

三是当基础资产价格大于行权价格（图中的行权价格右侧），期权Vega随基础资产价格递减。

四是当基础资产价格很小（图中是小于约2.0元/股）或者很大（图中是大于约4.0元/股），期权的Vega会出现饱和现象，对基础资产价格变化很不敏感。

2. 合约期限与期权Vega的关系

【例2-18】沿用例2-4的信息，对看涨期权的期限取值是在区间[0.1,5.0]的等差数列，同时将看涨期权分为实值期权（对应股价3.3元/股）、平价期权和虚值期权（对应股价2.7元/股），其他参数保持不变。运用Python将期权的期限与看涨期权Theta之间的对应关系可视化（见图2-13）。具体的代码如下：

```
In [56]: V_list1=Vega_EurOpt(S=S1,K=K_ABC,sigma=Sigma_ABC,r=R_6M,T=T_list)    #实值看涨期权的Vega
   ...: V_list2=Vega_EurOpt(S=S2,K=K_ABC,sigma=Sigma_ABC,r=R_6M,T=T_list) #平价看涨期权的Vega
   ...: V_list3=Vega_EurOpt(S=S3,K=K_ABC,sigma=Sigma_ABC,r=R_6M,T=T_list) #虚值看涨期权的Vega

In [57]: plt.figure(figsize=(9,6))
   ...: plt.plot(T_list,V_list1,'b-',label='实值看涨期权',lw=2)
   ...: plt.plot(T_list,V_list2,'r-',label='平价看涨期权',lw=2)
   ...: plt.plot(T_list,V_list3,'g-',label='虚值看涨期权',lw=2)
   ...: plt.xlabel('期限（年）',fontsize=12)
   ...: plt.xticks(fontsize=12)
   ...: plt.ylabel('Vega',fontsize=12)
   ...: plt.yticks(fontsize=12)
   ...: plt.title('合约期限与期权Vega的关系',fontsize=12)
   ...: plt.legend(fontsize=12)
   ...: plt.grid()
   ...: plt.show()
```

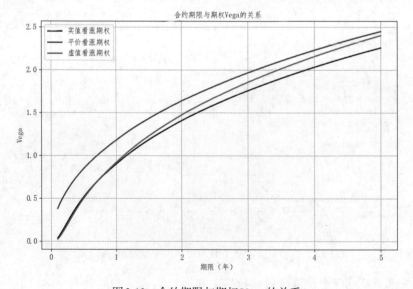

图2-13　合约期限与期权Vega的关系

图 2-13 的 3 条曲线从上往下依次是平价、虚值以及实值看涨期权。不难发现，无论看涨期权是平价、虚值还是实值，Vega 都随期限递增，因此，当波动率发生变化时，期限长的期权要比期限短的期权在价格上变化更大。

需要注意的是在本例中，在相同期限的条件下，平价看涨期权的 Vega 值要高于虚值看涨期权，虚值看涨期权的 Vega 在多数情况下大于实值看涨期权，然而这种排序关系并非恒定不变，会随着看涨期权实值和虚值程度的变化而发生改变，感兴趣的读者可以试一下。

2.4.3 美式期权的 Vega

虽然计算美式期权 Vega 依然是运用二叉树模型，但是在计算思路方面会与前面计算 Delta、Gamma 和 Theta 存在着一定的差异。

1. 计算思路

基于（式 2-27），可以通过对波动率做出微小调整而计算得出 Vega，因此，在美式期权 Vega 的计算过程中需要构建一个新的二叉树模型才能完成。具体而言，当基础资产的波动率 σ 变动 $\Delta\sigma$ 时，即新的波动率 $\tilde{\sigma} = \sigma + \Delta\sigma$，在保持其他变量和步长 Δt 不变的情况下，构造一个新的二叉树模型并对期权重新定价。

假定 Π 表示由原二叉树模型（基于原来的波动率 σ）计算得出的期权价值，$\tilde{\Pi}$ 表示由新的二叉树模型（基于新的波动率 $\tilde{\sigma}$）计算得出的期权价值，美式期权 Vega 的表达式就可以写成：

$$V = \frac{\tilde{\Pi} - \Pi}{\Delta\sigma} \tag{式 2-32}$$

针对 $\Delta\sigma$，通常设置为 $\Delta\sigma = 0.0001$，也就是一个基点的波动率变化。

2. Python 的代码

运用 Python 自定义计算美式期权 Vega 值的函数，并且按照看涨期权、看跌期权分别设定，同时参考 1.5.3 小节计算美式看涨期权、看跌期权价值的自定义函数 American_Call 和 American_Put 的相关代码。具体的代码如下：

```
In [58]: def Vega_AmerCall(S,K,sigma,r,T,N):
    ...:     '''运用N步二叉树模型计算美式看涨期权Vega的函数
    ...:     假定基础资产的波动率增加0.0001
    ...:     S: 基础资产价格；
    ...:     K: 行权价格；
    ...:     sigma: 基础资产的波动率；
    ...:     r: 连续复利的无风险利率；
    ...:     T: 合约期限（年）；
    ...:     N: 二叉树模型的步数'''
    ...:     def American_call(S,K,sigma,r,T,N):    #定义计算美式看涨期权价值的函数
    ...:         t=T/N                              #计算每一步步长期限（年）
    ...:         u=np.exp(sigma*np.sqrt(t))         #计算基础资产价格上涨时的比例
    ...:         d=1/u                              #计算基础资产价格下跌时的比例
    ...:         p=(np.exp(r*t)-d)/(u-d)            #计算基础资产价格上涨的概率
    ...:         call_matrix=np.zeros((N+1,N+1))    #创建N+1行、N+1列的零元素数组用于后续存放每个节点
的期权价值
```

```
    ...:         N_list=np.arange(0,N+1)                    #创建从0到N的整数数列并存放于数组
    ...:         S_end=S*pow(u,N-N_list)*pow(d,N_list)      #计算到期时节点的基础资产价格（按照节点从上
往下排序）
    ...:         call_matrix[:,-1]=np.maximum(S_end-K,0)    #计算到期时节点的看涨期权价值（按照节点从上
往下排序）
    ...:         i_list=list(range(0,N))                    #创建从0到N-1的整数数列并存放于列表
    ...:         i_list.sort(reverse=True)                  #列表的元素由大到小重新排序（从N-1到0）
    ...:         for i in i_list:
    ...:             j_list=np.arange(i+1)                  #创建从0到i的整数数列并存放于数组
    ...:             Si=S*pow(u,i-j_list)*pow(d,j_list)     #计算在iΔt时刻各节点上的基础资产价格（按照
节点从上往下排序）
    ...:             call_strike=np.maximum(Si-K,0)         #计算提前行权时期权收益
    ...:
call_nostrike=np.exp(-r*t)*(p*call_matrix[:i+1,i+1]+(1-p)*call_matrix[1:i+2,i+1])  #计算不提前行
权时期权价值
    ...:             call_matrix[:i+1,i]=np.maximum(call_strike,call_nostrike)  #取提前行权时期
权收益与不提前行权时期权价值的最大值
    ...:         value=call_matrix[0,0]                     #计算期权价值
    ...:         return value
    ...:     C1=American_call(S,K,sigma,r,T,N)              #原二叉树模型计算的期权价值
    ...:     C2=American_call(S,K,sigma+0.0001,r,T,N)       #新二叉树模型计算的期权价值
    ...:     vega=(C2-C1)/0.0001                            #美式看涨期权的Vega
    ...:     return vega

In [59]: def Vega_AmerPut(S,K,sigma,r,T,N):
    ...:     '''运用N步二叉树模型计算美式看跌期权Vega的函数
    ...:      假定基础资产的波动率增加0.0001
    ...:     S: 基础资产价格；
    ...:     K: 行权价格；
    ...:     sigma: 基础资产的年化波动率；
    ...:     r: 连续复利的无风险利率；
    ...:     T: 合约期限（年）；
    ...:     N: 二叉树模型的步数'''
    ...:     def American_put(S,K,sigma,r,T,N):             #定义计算美式看跌期权价值的函数
    ...:         t=T/N                                      #计算每一步步长期限（年）
    ...:         u=np.exp(sigma*np.sqrt(t))                 #计算基础资产价格上涨时的比例
    ...:         d=1/u                                      #计算基础资产价格下跌时的比例
    ...:         p=(np.exp(r*t)-d)/(u-d)                    #计算基础资产价格上涨的概率
    ...:         put_matrix=np.zeros((N+1,N+1))             #创建N+1行、N+1列的零元素数组用于后续存放每个节点
的期权价值
    ...:         N_list=np.arange(0,N+1)                    #创建从0到N的整数数列并存放于数组
    ...:         S_end=S*pow(u,N-N_list)*pow(d,N_list)      #计算到期时节点的基础资产价格（按照节点从上
往下排序）
    ...:         put_matrix[:,-1]=np.maximum(K-S_end,0)     #计算到期时节点的看跌期权价值（按照节点从上
往下排序）
    ...:         i_list=list(range(0,N))                    #创建从0到N-1的整数数列并存放于列表
    ...:         i_list.sort(reverse=True)                  #列表的元素由大到小重新排序（从N-1到0）
    ...:         for i in i_list:
    ...:             j_list=np.arange(i+1)                  #创建从0到i的整数数列并存放于数组
    ...:             Si=S*pow(u,i-j_list)*pow(d,j_list)     #计算在iΔt时刻各节点上的基础资产价格（按照
节点从上往下排序）
    ...:             put_strike=np.maximum(K-Si,0)          #计算提前行权时期权收益
    ...:             put_nostrike=np.exp(-r*t)*(p*put_matrix[:i+1,i+1]+(1-p)*put_matrix[1:i+2,i+1])
    #计算不提前行权时期权价值
    ...:             put_matrix[:i+1,i]=np.maximum(put_strike,put_nostrike)   #取提前行权时期权收
益与不提前行权时期权价值的最大值
```

```
      ...:           value=put_matrix[0,0]                #计算期权价值
      ...:           return value
      ...:       P1=American_put(S,K,sigma,r,T,N)          #原二叉树模型计算的期权价值
      ...:       P2=American_put(S,K,sigma+0.0001,r,T,N)   #新二叉树模型计算的期权价值
      ...:       vega=(P2-P1)/0.0001                       #美式看跌期权的Vega
      ...:       return vega
```

在以上自定义的两个函数 Vega_AmerCall 和 Vega_AmerPut 中，输入基础资产价格、行权价格、波动率、无风险利率、期限以及步数等参数，就可以得出美式看涨期权或美式看跌期权的Vega。下面通过一个示例进行演示。

3. 一个示例

【例2-19】 沿用例2-1的农业银行A股股票期权信息，但是期权类型调整为美式看涨期权、看跌期权，运用自定义函数 Vega_AmerCall 和 Vega_AmerPut 计算美式期权的Vega，二叉树模型的步数设为200步。具体的代码如下：

```
In [60]: V1_AmerOpt=Vega_AmerCall(S=S_ABC,K=K_ABC,sigma=Sigma_ABC,r=R_6M,T=T_ABC, N=step)
#美式看涨期权的Vega
   ...: V2_AmerOpt=Vega_AmerPut(S=S_ABC,K=K_ABC,sigma=Sigma_ABC,r=R_6M,T=T_ABC, N=step)
#美式看跌期权的Vega
   ...: print('农业银行A股美式看涨期权的Vega',round(V1_AmerOpt,4))
   ...: print('农业银行A股美式看跌期权的Vega',round(V2_AmerOpt,4))
农业银行A股美式看涨期权的Vega 0.7003
农业银行A股美式看跌期权的Vega 0.6672
```

基于以上的代码输出结果，同时结合例2-16可以发现，无论是美式看涨期权还是美式看跌期权，期权的Vega均低于欧式期权的Vega（0.7184）；相比之下，美式看跌期权的Vega更低一些，这意味着美式看跌期权对波动率的敏感性更低。

2.5　期权的 Rho

期权的Rho（ρ）表示期权价格变化与无风险利率变化的比率，表达式如下：

$$\text{Rho} = \frac{\partial \Pi}{\partial r} \qquad\qquad （式2-33）$$

其中，r 表示无风险利率。Rho用于衡量当其他变量保持不变时，期权价格对无风险利率变化的敏感程度，具体是当无风险利率变化1个基点（比如从1.6629%上升至1.6729%）将导致期权价格变化 $0.0001 \times \text{Rho}$。

下面探讨欧式期权的Rho，基础资产价格、合约期限与期权Rho的关系，以及美式期权的Rho。

2.5.1　欧式期权的 Rho

1. 数学表达式

通过BSM模型，推导出欧式看涨期权Rho的表达式如下：

$$\mathrm{Rho} = KTe^{-rT}N(d_2) > 0 \qquad\qquad （式2-34）$$

其中，

$$d_2 = \frac{\ln(S_0/K) + (r - \sigma^2/2)T}{\sigma\sqrt{T}} \qquad\qquad （式2-35）$$

对于欧式看跌期权，Rho 的表达式略有不同，具体如下：

$$\mathrm{Rho} = -KTe^{-rT}N(-d_2) < 0 \qquad\qquad （式2-36）$$

通过（式2-34）和（式2-36）可以判断出，欧式看涨期权的 Rho 值是正数，这说明当无风险利率上升时，欧式看涨期权价格将上涨；相比之下，欧式看跌期权的 Rho 值是负数，这意味着无风险利率上升将导致欧式看跌期权价格下跌。

2. Python 自定义函数

下面，通过 Python 自定义计算欧式期权 Rho 的函数，具体的代码如下：

```
In [61]: def Rho_EurOpt(S,K,sigma,r,T,optype):
    ...:     '''计算欧式期权Rho的函数
    ...:     S: 基础资产价格；
    ...:     K: 行权价格；
    ...:     sigma: 基础资产的波动率；
    ...:     r: 连续复利的无风险利率；
    ...:     T: 合约期限（年）；
    ...:     optype: 期权类型，输入call表示看涨期权，输入其他表示看跌期权'''
    ...:     from numpy import exp,log,sqrt        #从NumPy模块导入exp、log和sqrt函数
    ...:     from scipy.stats import norm          #从SciPy的子模块stats中导入norm
    ...:     d2=(log(S/K)+(r-pow(sigma,2)/2)*T)/(sigma*sqrt(T))   #参数d2
    ...:     if optype=='call':                    #针对欧式看涨期权
    ...:         rho=K*T*exp(-r*T)*norm.cdf(d2)     #期权Rho
    ...:     else:                                 #针对欧式看跌期权
    ...:         rho=-K*T*exp(-r*T)*norm.cdf(-d2)
    ...:     return rho
```

在以上自定义函数 Rho_EurOpt 中，输入基础资产价格、行权价格、波动率、无风险利率、期限以及期权类型等参数，就可以计算得到欧式期权的 Rho。下面，来看一个具体的示例。

3. 一个示例

【例2-20】 沿用例2-1的信息并运用自定义函数 Rho_EurOpt，计算农业银行A股股票欧式看涨期权、看跌期权的 Rho，以及当无风险利率上涨10个基点（0.1%）对期权价格的影响。具体的代码如下：

```
In [62]: Rh1_EurOpt=Rho_EurOpt(S=S_ABC,K=K_ABC,sigma=Sigma_ABC,r=R_6M,T=T_ABC, optype='call')
#看涨期权的Rho
    ...: Rh2_EurOpt=Rho_EurOpt(S=S_ABC,K=K_ABC,sigma=Sigma_ABC,r=R_6M,T=T_ABC, optype='put')
#看跌期权的Rho
    ...: print('农业银行A股欧式看涨期权的Rho',round(Rh1_EurOpt,4))
    ...: print('农业银行A股欧式看跌期权的Rho',round(Rh2_EurOpt,4))
农业银行A股欧式看涨期权的Rho  0.4292
农业银行A股欧式看跌期权的Rho -1.0584
```

```
In [63]: R_chg=0.001                          #无风险利率的变化

In [64]: Call_chg=Rh1_EurOpt*R_chg            #无风险利率的变化导致欧式看涨期权价格的变动额
   ...: Put_chg=Rh2_EurOpt*R_chg             #无风险利率的变化导致欧式看跌期权价格的变动额
   ...: print('无风险利率上涨10个基点导致欧式看涨期权价格变化（元）', round(Call_chg,4))
   ...: print('无风险利率上涨10个基点导致欧式看跌期权价格变化（元）', round(Put_chg,4))
无风险利率上涨10个基点导致欧式看涨期权价格变化（元） 0.0004
无风险利率上涨10个基点导致欧式看跌期权价格变化（元） -0.0011
```

从以上的Python代码输出结果可以看到，农业银行A股股票欧式看涨期权的Rho为正数，看跌期权的Rho是负数；就Rho的绝对值而言，看跌期权要明显大于看涨期权，因此，无风险利率变化对看跌期权的影响会更大。

2.5.2 基础资产价格、合约期限与期权Rho的关系

本小节依然运用两个示例并通过Python进行可视化考查基础资产价格与期权Rho、合约期限与期权Rho这两组关系。

1. 基础资产价格与期权Rho的关系

【例2-21】 沿用例2-3的信息，对农业银行A股股价取值依然是在区间[1.5,4.5]的等差数列，其他的参数保持不变，运用Python将基础资产价格（股票价格）与期权Rho之间的对应关系可视化（见图2-14）。具体的代码如下：

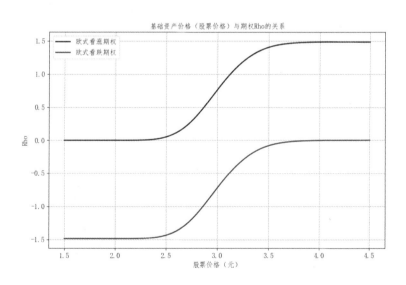

图2-14 基础资产价格（股票价格）与期权Rho的关系

```
In [65]: Rh1_list=Rho_EurOpt(S=S_list2,K=K_ABC,sigma=Sigma_ABC,r=R_6M,T=T_ABC, optype='call')
#不同股价的看涨期权Rho
   ...: Rh2_list=Rho_EurOpt(S=S_list2,K=K_ABC,sigma=Sigma_ABC,r=R_6M,T=T_ABC, optype='put')
#不同股价的看跌期权Rho

In [66]: plt.figure(figsize=(9,6))
   ...: plt.plot(S_list2,Rh1_list,'b-',label='欧式看涨期权',lw=2)
   ...: plt.plot(S_list2,Rh2_list,'r-',label='欧式看跌期权',lw=2)
```

```
    ...: plt.xlabel('股票价格（元）',fontsize=12)
    ...: plt.xticks(fontsize=12)
    ...: plt.ylabel('Rho',fontsize=12)
    ...: plt.yticks(fontsize=12)
    ...: plt.title('基础资产价格（股票价格）与期权Rho的关系',fontsize=12)
    ...: plt.legend(fontsize=12)
    ...: plt.grid()
    ...: plt.show()
```

图 2-14 显示了基础资产价格与期权 Rho 之间的关系，该图与图 2-2 比较相似。通过图 2-14 可以得出以下的几个结论：

第一，无论欧式看涨期权还是欧式看跌期权，Rho 都随基础资产价格递增；

第二，无论是欧式看涨期权还是欧式看跌期权，实值期权 Rho 的绝对值大于虚值期权因为对于看涨期权而言，实值期权 Rho 的取值是在行权价格左侧，虚值期权 Rho 的取值则在行权价格右侧，对于看跌期权，则恰好相反；

第三，当基础资产价格比较低（图中是低于约 2 元/股）或者比较高（图中是高于约 4 元/股），期权 Rho 就会出现饱和现象，对基础资产价格不再敏感了。

2. 合约期限与期权 Rho 的关系

【例 2-22】 沿用例 2-4 的信息，对看涨期权的期限仍然设定是在区间[0.1,5.0]的等差数列，同时依然将看涨期权分为实值期权（对应股价 3.3 元/股）、平价期权和虚值期权（对应股价 2.7 元/股），其他参数保持不变，运用 Python 将合约期限与看涨期权 Rho 值之间的对应关系可视化（见图 2-15，读者可通过配套彩图文件查看细节）。具体的代码如下：

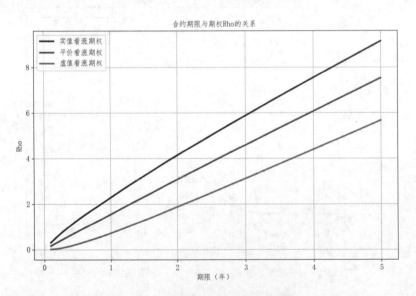

图 2-15 合约期限与期权 Rho 的关系

```
In [67]: Rh_list1=Rho_EurOpt(S=S1,K=K_ABC,sigma=Sigma_ABC,r=R_6M,T=T_list,optype='call')
#实值看涨期权的 Rho
    ...: Rh_list2=Rho_EurOpt(S=S2,K=K_ABC,sigma=Sigma_ABC,r=R_6M,T=T_list,optype='call')
#平价看涨期权的 Rho
    ...: Rh_list3=Rho_EurOpt(S=S3,K=K_ABC,sigma=Sigma_ABC,r=R_6M,T=T_list,optype='call')
```

```
#虚值看涨期权的Rho

In [68]: plt.figure(figsize=(9,6))
   ...: plt.plot(T_list,Rh_list1,'b-',label='实值看涨期权',lw=2.5)
   ...: plt.plot(T_list,Rh_list2,'r-',label='平价看涨期权',lw=2.5)
   ...: plt.plot(T_list,Rh_list3,'g-',label='虚值看涨期权',lw=2.5)
   ...: plt.xlabel('期限（年）',fontsize=12)
   ...: plt.xticks(fontsize=12)
   ...: plt.ylabel('Rho',fontsize=12)
   ...: plt.yticks(fontsize=12)
   ...: plt.title('合约期限与期权Rho的关系', fontsize=12)
   ...: plt.legend(fontsize=12)
   ...: plt.grid()
   ...: plt.show()
```

图 2-15 显示了实值、平价以及虚值看涨期权的 Rho 随合约期限变化的规律。图中有 3 条曲线，从上往下依次是实值、平价和虚值看涨期权。通过观察可以得出以下 3 个结论：

一是看涨期权 Rho 都随期限递增，越接近到期日，Rho 值越小，反之则越大；

二是在相同期限的条件下，实值看涨期权 Rho 大于平价看涨期权，平价看涨期权的 Rho 又大于虚值看涨期权；

三是随着期限的增加，实值、平价和虚值看涨期权在 Rho 上的差异将会逐步变大。

2.5.3 美式期权的Rho

计算美式期权的 Rho 与美式期权的 Vega 在计算思路上有相似之处，都是需要构建一个新的二叉树模型才能完成。

1. 计算思路

根据（式 2-33），Rho 的计算结果可以通过对无风险利率做出微小调整而得出，因此，计算美式期权 Rho 的过程需要构造一个新的二叉树模型。具体而言，当无风险利率变动 Δr 时，即新的无风险利率 $\tilde{r} = r + \Delta r$，在保持其他变量和步长 Δt 不变的情况下，重新构造一个新的二叉树模型并对期权进行重新定价。

假定，Π 及 $\tilde{\Pi}$ 分别是通过原二叉树模型（基于原来的无风险利率 r）、新二叉树模型（基于新的无风险利率 $\tilde{r}$）得出的期权价值，美式期权 Rho 的表达式可以写成：

$$\text{Rho} = \frac{\tilde{\Pi} - \Pi}{\Delta r} \qquad (\text{式}2\text{-}37)$$

此外，通常设置为 $\Delta r = 0.0001$，也就是无风险利率变化 1 个基点。

2. Python 的代码

下面，运用 Python 自定义计算美式期权 Rho 的函数，并且按照看涨期权、看跌期权分别设定，同时参考 1.5.3 小节计算美式看涨期权、看跌期权价值的自定义函数 American_Call 和 American_Put 的相关代码。具体的代码如下：

```
In [69]: def Rho_AmerCall(S,K,sigma,r,T,N):
   ...:      '''运用N步二叉树模型计算美式看涨期权Rho的函数
```

```
    ...:        假定无风险利率增加0.0001（1个基点）
    ...:     S: 基础资产价格;
    ...:     K: 行权价格;
    ...:     sigma: 基础资产的波动率;
    ...:     r: 连续复利的无风险利率;
    ...:     T: 合约期限（年）;
    ...:     N: 二叉树模型的步数'''
    ...:     def American_call(S,K,sigma,r,T,N):        #定义计算美式看涨期权价值的函数
    ...:         t=T/N                                  #计算每一步步长期限（年）
    ...:         u=np.exp(sigma*np.sqrt(t))             #计算基础资产价格上涨时的比例
    ...:         d=1/u                                  #计算基础资产价格下跌时的比例
    ...:         p=(np.exp(r*t)-d)/(u-d)                #计算基础资产价格上涨的概率
    ...:         call_matrix=np.zeros((N+1,N+1))        #创建N+1行、N+1列的零元素数组用于后续存放每个
节点的期权价值
    ...:         N_list=np.arange(0,N+1)                #创建从0到N的整数数列并存放于数组
    ...:         S_end=S*pow(u,N-N_list)*pow(d,N_list)  #计算到期时节点的基础资产价格（按照节点从上
往下排序）
    ...:         call_matrix[:,-1]=np.maximum(S_end-K,0) #计算到期时节点的看涨期权价值（按照节点从上
往下排序）
    ...:         i_list=list(range(0,N))                #创建从0到N-1的整数数列并存放于列表
    ...:         i_list.sort(reverse=True)              #列表的元素由大到小重新排序（从N-1到0）
    ...:         for i in i_list:
    ...:             j_list=np.arange(i+1)              #创建从0到i的整数数列并存放于数组
    ...:             Si=S*pow(u,i-j_list)*pow(d,j_list) #计算在iΔt时刻各节点上的基础资产价格（按照
节点从上往下排序）
    ...:             call_strike=np.maximum(Si-K,0)     #计算提前行权时期权收益
    ...:
call_nostrike=np.exp(-r*t)*(p*call_matrix[:i+1,i+1]+(1-p)*call_matrix[1:i+2,i+1]) #计算不提前行
权时期权价值
    ...:             call_matrix[:i+1,i]=np.maximum(call_strike,call_nostrike)  #取提前行权时
期权收益与不提前行权时期权价值的最大值
    ...:         value=call_matrix[0,0]                 #计算期权价值
    ...:         return value
    ...:     C1=American_call(S,K,sigma,r,T,N)          #原二叉树模型计算的期权价值
    ...:     C2=American_call(S,K,sigma,r+0.0001,T,N)   #新二叉树模型计算的期权价值
    ...:     rho=(C2-C1)/0.0001                         #计算美式看涨期权的Rho
    ...:     return rho

In [70]: def Rho_AmerPut(S,K,sigma,r,T,N):
    ...:     '''运用N步二叉树模型计算美式看跌期权Rho的函数
    ...:        假定无风险利率增加0.0001（1个基点）
    ...:     S: 基础资产价格;
    ...:     K: 行权价格;
    ...:     sigma: 基础资产的波动率;
    ...:     r: 连续复利的无风险利率;
    ...:     T: 合约期限（年）;
    ...:     N: 二叉树模型的步数'''
    ...:     def American_put(S,K,sigma,r,T,N):         #定义计算美式看跌期权价值的函数
    ...:         t=T/N                                  #计算每一步步长期限（年）
    ...:         u=np.exp(sigma*np.sqrt(t))             #计算基础资产价格上涨时的比例
    ...:         d=1/u                                  #计算基础资产价格下跌时的比例
    ...:         p=(np.exp(r*t)-d)/(u-d)                #计算基础资产价格上涨的概率
    ...:         put_matrix=np.zeros((N+1,N+1))         #创建N+1行、N+1列的零元素数组用于后续存放每个
```

```
节点的期权价值
    ...:        N_list=np.arange(0,N+1)                 #创建从0到N的整数数列并存放于数组
    ...:        S_end=S*pow(u,N-N_list)*pow(d,N_list)   #计算到期时节点的基础资产价格（按照节点从上
往下排序）
    ...:        put_matrix[:,-1]=np.maximum(K-S_end,0)  #计算到期时节点的看跌期权价值（按照节点从上
往下排序）
    ...:        i_list=list(range(0,N))                 #创建从0到N-1的整数数列并存放于列表
    ...:        i_list.sort(reverse=True)               #列表的元素由大到小重新排序（从N-1到0）
    ...:        for i in i_list:
    ...:            j_list=np.arange(i+1)               #创建从0到i的整数数列并存放于数组
    ...:            Si=S*pow(u,i-j_list)*pow(d,j_list)  #计算在iΔt时刻各节点上的基础资产价格（按照节
点从上往下排序）
    ...:            put_strike=np.maximum(K-Si,0)       #计算提前行权时期权收益
    ...:
put_nostrike=np.exp(-r*t)*(p*put_matrix[:i+1,i+1]+(1-p)*put_matrix[1:i+2,i+1]) #计算不提前行权时
期权价值
    ...:            put_matrix[:i+1,i]=np.maximum(put_strike,put_nostrike)   #取提前行权时期权收
益与不提前行权时期权价值的最大值
    ...:        value=put_matrix[0,0]                   #计算期权价值
    ...:        return value
    ...:    P1=American_put(S,K,sigma,r,T,N)            #原二叉树模型计算的期权价值
    ...:    P2=American_put(S,K,sigma,r+0.0001,T,N)     #新二叉树模型计算的期权价值
    ...:    rho-(P2-P1)/0.0001                          #计算美式看跌期权的Rho
    ...:    return rho
```

在以上自定义的两个函数 Rho_AmerCall 和 Rho_AmerPut 中，输入基础资产价格、行权价格、波动率、无风险利率、期限以及步数等参数，可以得出美式看涨期权或美式看跌期权的Rho。下面通过一个示例进行演示。

3. 一个示例

【例2-23】 沿用例2-1的农业银行A股股票期权信息，但是期权类型调整为美式看涨期权、看跌期权，运用自定义函数 Rho_AmerCall 和 Rho_AmerPut 计算美式期权的Rho，同时二叉树模型的步数设定为200步。具体的代码如下：

```
In [71]: Rh1_AmerOpt=Rho_AmerCall(S=S_ABC,K=K_ABC,sigma=Sigma_ABC,r=R_6M,T=T_ABC, N=step)
#美式看涨期权的Rho
    ...: Rh2_AmerOpt=Rho_AmerPut(S=S_ABC,K=K_ABC,sigma=Sigma_ABC,r=R_6M,T=T_ABC, N=step)
#美式看跌期权的Rho
    ...: print('农业银行A股美式看涨期权的Rho',round(Rh1_AmerOpt,4))
    ...: print('农业银行A股美式看跌期权的Rho',round(Rh2_AmerOpt,4))
农业银行A股美式看涨期权的Rho  0.429
农业银行A股美式看跌期权的Rho -0.676
```

用以上的代码输出结果对比例2-20的结果可以发现，美式看涨期权的Rho（0.4290）与欧式看涨期权的Rho（0.4292）非常接近；相比之下，欧式看跌期权Rho的绝对值（1.0584）显著高于美式看跌期权（0.6760），这说明相比欧式看跌期权，美式看跌期权对无风险利率变化的敏感性更低。

此处结合本章到目前为止的相关示例，通过一张表格整理出以农业银行A股股票作为基础资产的欧式与美式、看涨与看跌的期权希腊字母数值结果，详见表2-3。

表2-3 各种期权希腊字母的数值结果（仅考虑期权多头）

期权类型之一	期权类型之二	Delta	Gamma	Theta	Vega	Rho
欧式期权	看涨期权	0.3230	1.2897	−0.1142	0.7184	0.4292
	看跌期权	−0.6770	1.2897	−0.0647	0.7184	−1.0584
美式期权	看涨期权	0.3228	1.2920	−0.1144	0.7003	0.4290
	看跌期权	−0.7028	1.4033	−0.0722	0.6672	−0.6760

2.6 期权的隐含波动率

前面5节讨论了期权希腊字母之后，本节将聚焦期权的隐含波动率。在1.3节的BSM模型中，可以直接观察到的变量包括基础资产价格 S_0、行权价格 K、合约期限 T 以及无风险利率 r，唯一不能直接观察到的就是波动率 σ。当然，可以通过基础资产的历史价格估计出波动率，这样的波动率被称为**历史波动率**（historical volatility）。

但在实践中，通常会使用**隐含波动率**（implied volatility），该波动率是指通过观察到的欧式期权市场价格并且运用BSM模型反向求出的波动率。但随之而来的一个棘手问题是，针对用BSM模型计算欧式看涨期权的定价模型（式1-8）、欧式看跌期权的定价模型（式1-9），无法直接通过反解这些定价公式将 σ 表示为变量 c（或 p）、S_0、K、r、T 的函数，可行的替代办法是运用搜索算法求解出隐含的 σ 值，常用的搜索算法包括单步长搜索法、二分查找法以及牛顿迭代法。此外，波动率也会伴随着行权价格的变化而变化，这就引出了波动率微笑与波动率斜偏，如果再叠加期限的变量就能创建三维的波动率曲面。下面进行详细介绍。

2.6.1 测算隐含波动率的单步长搜索法

运用**单步长搜索法**计算期权的隐含波动率时，主要包含以下3个方面。

一是输入初始数值。具体就是输入一个根据经验判断的初始隐含波动率，该初始值是整个搜索运算的起点。

二是设定一个步长。比如设定一个数值等于0.0001的步长，当每次搜索得到的隐含波动率所对应的期权价格低于市场价格时，就需要将波动率数值加上该步长。相反，当每次搜索得到的隐含波动率所对应的期权价格高于市场价格时，波动率数值减去该步长。

三是控制搜索过程。具体是针对隐含波动率得到的期权价格与市场价格之间的差额设置一个可接受的临界值（比如0.0001），当两个期权价格的差额大于该临界值时，搜索运算会一直持续下去，直至两个期权价格的差额小于或等于该临界值时运算才终止。

1. Python自定义函数

通过Python自定义利用单步长搜索法计算欧式看涨、看跌期权隐含波动率的函数，在撰写代码时需要用到while循环语句。具体代码如下：

```
In [72]: def Impvol_Call_Search(C,S,K,r,T):
    ...:      '''运用BSM模型并借助单步长搜索法计算欧式看涨期权的隐含波动率
    ...:      C: 观察到的看涨期权市场价格；
```

```
...:           S: 基础资产价格;
...:           K: 行权价格;
...:           r: 连续复利的无风险利率;
...:           T: 合约期限 (年) '''
...:       from numpy import log,exp,sqrt          #从NumPy模块导入log、exp、sqrt函数
...:       from scipy.stats import norm            #从SciPy子模块stats中导入norm
...:       def call_BSM(S,K,sigma,r,T):            #定义用BSM模型计算欧式看涨期权价格的函数
...:           d1=(log(S/K)+(r+pow(sigma,2)/2)*T)/(sigma*sqrt(T))    #计算参数d1
...:           d2=d1-sigma*sqrt(T)                 #计算参数d2
...:           call=S*norm.cdf(d1)-K*exp(-r*T)*norm.cdf(d2)    #计算看涨期权价格
...:           return call
...:       sigma0=0.16                             #设置一个初始的波动率
...:       diff=C-call_BSM(S,K,sigma0,r,T)         #计算期权市场价格与BSM模型定价的差异值
...:       i=0.0001                                #设置一个步长
...:       while abs(diff)>0.0001:                 #运用while语句并且临界值设定为0.0001
...:           diff=C-call_BSM(S,K,sigma0,r,T)
...:           if diff>0:                          #当差异值大于零
...:               sigma0=sigma0+i                 #波动率加上一个步长
...:           else:                               #当差异值小于零
...:               sigma0=sigma0-i                 #波动率减去一个步长
...:       return sigma0

In [73]: def Impvol_Put_Search(P,S,K,r,T):
...:       '''运用BSM模型并借助单步长搜索法计算欧式看跌期权的隐含波动率
...:       代码与自定义函数Impvol_Call_Search有相似之处
...:       P: 观察到的看跌期权市场价格;
...:       S: 基础资产价格;
...:       K: 行权价格;
...:       r: 连续复利的无风险利率;
...:       T: 合约期限 (年) '''
...:       from numpy import log,exp,sqrt
...:       from scipy.stats import norm
...:       def put_BSM(S,K,sigma,r,T):             #定义用BSM模型计算欧式看跌期权价格的函数
...:           d1=(log(S/K)+(r+pow(sigma,2)/2)*T)/(sigma*sqrt(T))
...:           d2=d1-sigma*sqrt(T)
...:           put=K*exp(-r*T)*norm.cdf(-d2)-S*norm.cdf(-d1)    #计算看跌期权价格
...:           return put
...:       sigma0=0.16
...:       diff=P-put_BSM(S,K,sigma0,r,T)
...:       i=0.0001
...:       while abs(diff)>0.0001:
...:           diff=P-put_BSM(S,K,sigma0,r,T)
...:           if diff>0:
...:               sigma0=sigma0+i
...:           else:
...:               sigma0=sigma0-i
...:       return sigma0
```

在以上自定义函数Impvol_Call_Search或Impvol_Put_Search中，输入看涨（看跌）期权市场价格、基础资产价格、行权价格、无风险利率以及期限等参数，可以快速计算出期权的隐含波动率。下面就以沪深300ETF期权作为示例讨论如何测算得到隐含波动率。

2. 一个示例

【例2-24】 针对2022年10月12日在上海证券交易所交易的"300ETF购3月4000"期权合

约、"300ETF沽3月4000"期权合约，相关合约的要素以及市场价格（结算价）如表2-4所示。期权合约以沪深300ETF（代码510300）作为基础资产，当天沪深300ETF基金净值为3.8466元，无风险利率设定为6个月国债收益率并且当天报价为1.7052%（连续复利）。

表2-4 2022年10月11日两只沪深300ETF期权的合约要素信息

合约代码	合约名称	上市首日	到期日	行权价格（元）	结算价（元）	期权类型
10004424	300ETF购3月4000	2022-07-28	2023-03-22	4.0000	0.1463	欧式看涨期权
10004433	300ETF沽3月4000	2022-07-28	2023-03-22	4.0000	0.2798	欧式看跌期权

数据来源：上海证券交易所。

通过前面的自定义函数Impvol_Call_Search和Impvol_Put_Search，运用单步长搜索法计算这两只期权的隐含波动率。具体的代码如下：

```
In [74]: import datetime as dt              #导入datetime模块并缩写为dt

In [75]: T0=dt.datetime(2022,10,12)         #隐含波动率的计算日
   ...: T1=dt.datetime(2023,3,22)           #合约到期日
   ...: tenor=(T1-T0).days/365              #计算合约的剩余期限（年）

In [76]: C_Oct12=0.1463                     #300ETF购3月4000期权合约的价格
   ...: P_Oct12=0.2798                      #300ETF沽3月4000期权合约的价格
   ...: ETF_Oct12=3.8466                    #沪深300ETF的基金净值
   ...: R_Oct12=0.017052                    #无风险利率
   ...: Strike=4.0                          #行权价格

In [77]: Sigma1_call=Impvol_Call_Search(C=C_Oct12,S=ETF_Oct12,K=Strike,r=R_Oct12,T=tenor)
 #看涨期权的隐含波动率
   ...: print('300ETF购3月4000期权合约的隐含波动率（单步长搜索法）', round(Sigma1_call,4))
300ETF购3月4000期权合约的隐含波动率（单步长搜索法） 0.1953

In [78]: Sigma1_put=Impvol_Put_Search(P=P_Oct12,S=ETF_Oct12,K=Strike,r=R_Oct12,T=tenor)
 #看跌期权的隐含波动率
   ...: print('300ETF沽3月4000期权合约的隐含波动率（单步长搜索法）', round(Sigma1_put,4))
300ETF沽3月4000期权合约的隐含波动率（单步长搜索法） 0.2053
```

从以上输出的结果不难得到，在2022年10月12日，"300ETF购3月4000"期权合约的隐含波动率为19.53%，低于"300ETF沽3月4000"期权合约的隐含波动率20.53%，显然看跌期权的隐含波动率要略高于看涨期权，对此可以判断出期权多头更倾向于购买看跌期权，期权空头则更倾向于卖出看涨期权。

需要注意的是，对单步长搜索法而言，随着计算结果精度的提高，运算的步骤会大幅增加，因此该方法的运算效率会比较低。为了弥补单步长搜索法的缺陷，就可以运用二分查找法。

2.6.2 测算隐含波动率的二分查找法

二分查找法（binary search），也称**折半查找法**，是一个相对高效的迭代算法。下面通过一个简单的例子来说明这种方法。沿用例2-24的信息，针对"300ETF购3月4000"期权合约的

隐含波动率，初始猜测的波动率是16%，对应该波动率数值并通过BSM模型得到的欧式看涨期权价格是0.1111元，显然低于市场价格0.1463元。根据2.4节讨论的期权Vega，期权价格随波动率递增，因此隐含波动率应该会高于16%；假定第2次猜测的波动率是24%，对应的期权价格是0.1914元，这个结果高于0.1463元，则可以断定隐含波动率在16%至24%的区间中。接下来，取前两次波动率数值的均值，也就是波动率新的取值是20%，对应的期权价格为0.1511元，这个值略高于0.1463元，说明隐含波动率所处的区间范围收窄至16%与20%之间，取均值18%继续计算。每次迭代都使波动率所处的区间减半，最终可以计算出满足较高精确度的隐含波动率数值。

1. Python自定义函数

利用二分查找法并运用Python构建分别计算欧式看涨、看跌期权隐含波动率的自定义函数，具体的代码如下：

```
In [79]: def Impvol_Call_Binary(C,S,K,r,T):
    ...:     '''运用BSM模型并借助二分查找法计算欧式看涨期权隐含波动率的函数
    ...:     C: 观察到的看涨期权市场价格；
    ...:     S: 基础资产价格；
    ...:     K: 行权价格；
    ...:     r: 连续复利的无风险利率；
    ...:     T: 合约期限（年）'''
    ...:     from numpy import log,exp,sqrt
    ...:     from scipy.stats import norm
    ...:     def call_BSM(S,K,sigma,r,T):                    #定义BSM模型计算欧式看涨期权价格的函数
    ...:         d1=(log(S/K)+(r+pow(sigma,2)/2)*T)/(sigma*sqrt(T))
    ...:         d2=d1-sigma*sqrt(T)
    ...:         call=S*norm.cdf(d1)-K*exp(-r*T)*norm.cdf(d2)
    ...:         return call
    ...:     sigma_min=0.001                                 #初始的最小波动率
    ...:     sigma_max=1.000                                 #初始的最大波动率
    ...:     sigma_mid=(sigma_min+sigma_max)/2               #初始的平均波动率
    ...:     call_min=call_BSM(S,K,sigma_min,r,T)            #初始最小波动率对应的期权价格（期权价格初始下限）
    ...:     call_max=call_BSM(S,K,sigma_max,r,T)            #初始最大波动率对应的期权价格（期权价格初始上限）
    ...:     call_mid=call_BSM(S,K,sigma_mid,r,T)            #初始平均波动率对应的期权价格（期权价格初始均值）
    ...:     diff=C-call_mid                                 #期权市场价格与期权价格初始均值的差异值
    ...:     if C<call_min or C>call_max:                    #期权市场价格小于期权价格初始下限或大于初始上限
    ...:         print('运算出错')                            #报错
    ...:     while abs(diff)>1e-6:                           #当差异值的绝对数大于0.000001
    ...:         diff=C-call_BSM(S,K,sigma_mid,r,T)          #期权价格与平均波动率对应期权价格的差异值
    ...:         sigma_mid=(sigma_min+sigma_max)/2           #计算新的平均波动率
    ...:         call_mid=call_BSM(S,K,sigma_mid,r,T)        #新的平均波动率对应的期权新价格
    ...:         if C>call_mid:                              #当期权市场价格大于期权新价格
    ...:             sigma_min=sigma_mid                     #最小波动率赋值为新的平均波动率
    ...:         else:                                       #当期权市场价格小于期权新价格
    ...:             sigma_max=sigma_mid                     #最大波动率赋值为新的平均波动率
    ...:     return sigma_mid

In [80]: def Impvol_Put_Binary(P,S,K,r,T):
    ...:     '''运用BSM模型并借助二分查找法计算欧式看跌期权隐含波动率的函数
    ...:     代码与自定义函数Impvol_Call_Binary有相似之处
    ...:     P: 观察到的看跌期权市场价格；
```

```
    ...:         S: 基础资产价格;
    ...:         K: 行权价格;
    ...:         r: 连续复利的无风险利率;
    ...:         T: 合约期限(年)'''
    ...:     from numpy import log,exp,sqrt
    ...:     from scipy.stats import norm
    ...:     def put_BSM(S,K,sigma,r,T):              #定义BSM模型计算欧式看跌期权价格的函数
    ...:         d1=(log(S/K)+(r+pow(sigma,2)/2)*T)/(sigma*sqrt(T))
    ...:         d2=d1-sigma*sqrt(T)
    ...:         put=K*exp(-r*T)*norm.cdf(-d2)-S*norm.cdf(-d1)
    ...:         return put
    ...:     sigma_min=0.001
    ...:     sigma_max=1.000
    ...:     sigma_mid=(sigma_min+sigma_max)/2
    ...:     put_min=put_BSM(S,K,sigma_min,r,T)
    ...:     put_max=put_BSM(S,K,sigma_max,r,T)
    ...:     put_mid=put_BSM(S,K,sigma_mid,r,T)
    ...:     diff=P-put_mid
    ...:     if P<put_min or P>put_max:
    ...:         print('Error')
    ...:     while abs(diff)>1e-6:
    ...:         diff=P-put_BSM(S,K,sigma_mid,r,T)
    ...:         sigma_mid=(sigma_min+sigma_max)/2
    ...:         put_mid=put_BSM(S,K,sigma_mid,r,T)
    ...:         if P>put_mid:
    ...:             sigma_min=sigma_mid
    ...:         else:
    ...:             sigma_max=sigma_mid
    ...:     return sigma_mid
```

在以上自定义函数Impvol_Call_Binary或Impvol_Put_Binary中,输入看涨(看跌)期权市场价格、基础资产价格、行权价格、无风险利率以及期限等参数,可以运用二分查找法快速计算得出期权的隐含波动率。

2. 一个示例

【例2-25】 沿用例2-24的信息,运用自定义函数Impvol_Call_Binary和Impvol_Put_Binary,通过二分查找法依次计算"300ETF购3月4000"期权合约、"300ETF沽3月4000"期权合约的隐含波动率。具体的代码如下:

```
In [81]: Sigma2_call=Impvol_Call_Binary(C=C_Oct12,S=ETF_Oct12,K=Strike,r=R_Oct12,T=tenor)
#看涨期权的隐含波动率
    ...: print('300ETF购3月4000期权合约的隐含波动率(二分查找法)', round(Sigma2_call,4))
300ETF购3月4000期权合约的隐含波动率(二分查找法) 0.1953

In [82]: Sigma2_put=Impvol_Put_Binary(P=P_Oct12,S=ETF_Oct12,K=Strike,r=R_Oct12,T=tenor)
#看跌期权的隐含波动率
    ...: print('300ETF沽3月4000期权合约的隐含波动率(二分查找法)', round(Sigma2_put,4))
300ETF沽3月4000期权合约的隐含波动率(二分查找法) 0.2053
```

用以上的代码输出结果对比例2-24的结果,可以发现二分查找法计算得到的期权隐含波动率与单步长搜索法的结果是一致的。

2.6.3 测算隐含波动率的牛顿迭代法

牛顿迭代法（Newton's method），也称为**牛顿-拉弗森方法**（Newton-Raphson method），是测算期权隐含波动率比较高效的一种方法。

1. 基本思路与通用数学表达式

假定有一个函数 $f(x)$，同时存在一个 x^* 使得 $f(x^*)=0$ 成立，但是 $f(x)=0$ 不存在解析解。对此，可以采用如下的迭代方法测算 x^* 的近似值。

设 x_0 是迭代初始状态的 x 值，n 代表迭代次数，$x_1, x_2, \cdots, x_n$ 是每次迭代运算后的 x 值，并且不断逼近 x^*。针对第 i 次迭代运算，可以运用如下的公式：

$$x_{i+1} = x_i - \frac{f(x_i)}{f'(x_i)} \qquad （式2-38）$$

其中，$f'(x_i)$ 是 $f(x)$ 的导数并且是在 $x=x_i$ 处的取值，$i=1,2,\cdots,n$。

以上的迭代方法就是牛顿迭代法，它是艾萨克·牛顿（Isaac Newton）在17世纪提出的一种在实数域和复数域上近似求解方程的方法，最早出现在他的著作《流数法》（*Method of Fluxions*）中。

2. 测算隐含波动率的相关表达式

下面将牛顿迭代法运用于计算期权的隐含波动率。假定 $F(\sigma)$ 是一个期权价格对波动率 σ 的函数，F^* 是观察到的期权市场价格（一个常数），存在一个 σ^* 使得 $F(\sigma^*)=F^*$ 成立。为了能够运用牛顿迭代法，构造一个新的函数 $G(\sigma)$，并且有如下的表达式：

$$G(\sigma) = F(\sigma) - F^* \qquad （式2-39）$$

根据（式2-39），σ^* 可以使得 $G(\sigma^*)=0$ 成立。

此外，由于 F^* 是一个常数，因此 $G(\sigma)$ 的导数就等于 $F(\sigma)$ 的导数，即 $G'(\sigma)=F'(\sigma)$，$F(\sigma)$ 的导数 $F'(\sigma)$ 就是期权希腊字母 Vega，并且记作函数 $V(\sigma)$，即 $F'(\sigma)=V(\sigma)$。

与此同时，在 n 次迭代运算中，σ_0 是迭代初始状态的 σ，σ_i 代表第 i 次迭代后的 σ，$i=1,2,\cdots,n$。

结合（式2-38）和（式2-39），第 i 次迭代运算就有如下的表达式：

$$\sigma_{i+1} = \sigma_i - \frac{G(\sigma_i)}{G'(\sigma_i)} = \sigma_i - \frac{F(\sigma_i) - F^*}{V(\sigma_i)} \qquad （式2-40）$$

比如，在完成第1次迭代运算以后所得到的波动率 σ_1，就有如下的等式：

$$\sigma_1 = \sigma_0 - \frac{F(\sigma_0) - F^*}{V(\sigma_0)} \qquad （式2-41）$$

当完成第2次迭代运算以后所得到的波动率 σ_2，可以运用以下公式计算：

$$\sigma_2 = \sigma_1 - \frac{F(\sigma_1) - F^*}{V(\sigma_1)} \qquad （式2-42）$$

　　依此类推，最终在完成第 n 次迭代运算以后所得到的波动率 σ_n 就是对 σ^* 的近似值，也就是最终得到的隐含波动率。

　　此外，仔细观察（式 2-40）可以得出以下两个方面的结论。

　　一是迭代结果的收敛性。当 $\sigma_i > \sigma^*$ 时，由于 $F(\sigma)$ 是 σ 的增函数，因此 $F(\sigma_i) - F^* > 0$，同时 $V(\sigma_i) > 0$，最终 $\sigma_{i+1} < \sigma_i$，从而实现向 σ^* 的收敛；相反，当 $\sigma_i < \sigma^*$ 时，通过迭代可以得到 $\sigma_{i+1} > \sigma_i$，依然实现向 σ^* 的收敛。

　　二是收敛速度的差异性。当 σ_i 远离 σ^* 时，$F(\sigma_i) - F^*$ 的绝对值就比较大，此时迭代得到的 σ_{i+1} 可以快速地向 σ^* 收敛；相反，当 σ_i 接近 σ^* 时，$F(\sigma_i) - F^*$ 的绝对值就比较小，此时收敛速度就趋缓。

　　最后，参照单步长搜索法的思路，需要对牛顿迭代法设置一个临界值（比如 0.0001），即 σ_i 对应的期权价格与市场价格之间的差异如果小于该临界值，终止迭代运算，输出的波动率数值就是期权的隐含波动率。

3. Python 自定义函数

　　通过 Python 自定义运用牛顿迭代法计算欧式看涨、看跌期权隐含波动率的函数，具体的代码如下：

```
In [83]: def Impvol_Call_Newton(C,S,K,r,T):
    ...:      '''运用BSM模型并借助牛顿迭代法计算欧式看涨期权的隐含波动率
    ...:      C:观察到的看涨期权市场价格；
    ...:      S:基础资产价格；
    ...:      K:行权价格；
    ...:      r:连续复利的无风险利率；
    ...:      T:合约期限（年）'''
    ...:      from numpy import exp,log,pi,sqrt    #从NumPy模块导入exp、log、pi和sqrt函数
    ...:      from scipy.stats import norm         #从SciPy子模块stats中导入norm
    ...:      def call_BSM(S,K,sigma,r,T):         #定义用BSM模型计算欧式看涨期权价格的函数
    ...:          d1=(log(S/K)+(r+pow(sigma,2)/2)*T)/(sigma*sqrt(T))      #计算参数d1
    ...:          d2=d1-sigma*sqrt(T)                                     #计算参数d2
    ...:          call=S*norm.cdf(d1)-K*exp(-r*T)*norm.cdf(d2)            #计算看涨期权价格
    ...:          return call
    ...:      def Vega(S,K,sigma,r,T):             #定义计算欧式期权Vega的函数
    ...:          d1=(log(S/K)+(r+pow(sigma,2)/2)*T)/(sigma*sqrt(T))      #计算参数d1
    ...:          vega=S*sqrt(T)*exp(-pow(d1,2)/2)/sqrt(2*pi)             #计算期权Vega
    ...:          return vega
    ...:      sigma0=0.30                          #设置一个初始的波动率
    ...:      C0=call_BSM(S,K,sigma0,r,T)          #初始波动率带入BSM模型得出的期权初始价格
    ...:      diff=C-C0                            #期权市场价格与期权初始价格的差异值
    ...:      while abs(diff)>0.0001:              #运用while语句并且临界值设定为0.0001
    ...:          Ci=call_BSM(S,K,sigma0,r,T)      #每次迭代并通过BSM模型得出的期权价格
    ...:          Vi=Vega(S,K,sigma0,r,T)          #每次迭代计算得出的期权Vega
    ...:          sigma0=sigma0-(Ci-C)/Vi          #每次迭代更新的波动率
    ...:          diff=C-Ci                        #期权市场价格与每次迭代后期权价格的差异金额
    ...:      return sigma0

In [84]: def Impvol_Put_Newton(P,S,K,r,T):
    ...:      '''运用BSM模型并借助牛顿迭代法计算欧式看跌期权的隐含波动率
    ...:      代码与自定义函数Impvol_Call_Newton有相似之处
    ...:      P:观察到的看跌期权市场价格；
```

```
    ...:     S: 基础资产价格;
    ...:     K: 行权价格;
    ...:     r: 连续复利的无风险利率;
    ...:     T: 合约期限(年)'''
    ...: from numpy import exp,log,pi,sqrt
    ...: from scipy.stats import norm
    ...: def put_BSM(S,K,sigma,r,T):            #定义用BSM模型计算欧式看跌期权价格的函数
    ...:     d1=(log(S/K)+(r+pow(sigma,2)/2)*T)/(sigma*sqrt(T))
    ...:     d2=d1-sigma*sqrt(T)
    ...:     put=K*exp(-r*T)*norm.cdf(-d2)-S*norm.cdf(-d1)
    ...:     return put
    ...: def Vega(S,K,sigma,r,T):
    ...:     d1=(log(S/K)+(r+pow(sigma,2)/2)*T)/(sigma*sqrt(T))
    ...:     vega=S*sqrt(T)*exp(-pow(d1,2)/2)/sqrt(2*pi)
    ...:     return vega
    ...: sigma0=0.30
    ...: P0=put_BSM(S,K,sigma0,r,T)
    ...: diff=P-P0
    ...: while abs(diff)>0.0001:
    ...:     Pi=put_BSM(S,K,sigma0,r,T)
    ...:     Vi=Vega(S,K,sigma0,r,T)
    ...:     sigma0=sigma0-(Pi-P)/Vi
    ...:     diff=P-Pi
    ...: return sigma0
```

在以上自定义函数 Impvol_Call_Newton 或 Impvol_Put_Newton 中，输入看涨（看跌）期权价格、基础资产价格、行权价格、无风险利率以及期限等参数，就可以快速计算得到期权的隐含波动率。需要注意的是，在以上自定义函数的代码中，对初始波动率的赋值不能太小，否则可能导致代码无法正常运行。

4. 一个示例

【例2-26】 沿用例2-24的信息，通过自定义函数Impvol_Call_Newton和Impvol_Put_Newton，运用牛顿迭代法计算"300ETF购3月4000"期权合约、"300ETF沽3月4000"期权合约的隐含波动率。具体的代码如下：

```
In [85]: Sigma3_call=Impvol_Call_Newton(C=C_Oct12,S=ETF_Oct12,K=Strike,r=R_Oct12,T=tenor)
#看涨期权的隐含波动率
    ...: print('300ETF购3月4000期权合约的隐含波动率(牛顿迭代法)', round(Sigma3_call,4))
300ETF购3月4000期权合约的隐含波动率(牛顿迭代法) 0.1953

In [86]: Sigma3_put=Impvol_Put_Newton(P=P_Oct12,S=ETF_Oct12,K=Strike,r=R_Oct12,T=tenor)
#看跌期权的隐含波动率
    ...: print('300ETF沽3月4000期权合约的隐含波动率(牛顿迭代法)',round(Sigma3_put,4))
300ETF沽3月4000期权合约的隐含波动率(牛顿迭代法) 0.2053
```

用以上的输出结果对比例2-24、例2-25的结果，可以发现牛顿迭代法得出的期权隐含波动率与单步长搜索法、二分查找法的运算结果均相同。

5. 波动率指数

隐含波动率不断被制作成指数。比如，芝加哥期权交易所（CBOE）于1993年对外发布了隐含波动率的指数 VIX（volatility index），VIX 也被称为**恐惧指数或恐惧因子**（fear factor）。此

后，德国、法国、英国、瑞士、韩国等国家及我国香港、台湾地区也相继推出了波动率指数。经验表明，波动率指数不仅可以监测市场变化和投资者情绪，而且是投资者管理风险的重要工具。比如，在2008年美国金融危机中，波动率指数及时准确地为各国金融监管机构提供了掌握市场压力、监控市场情绪的指标，有效提升了监管能力与决策水平。

2016年11月28日，上海证券交易所正式发布了A股市场首只基于真实期权交易数据编制的波动率指数——上证50ETF波动率指数，该指数简称是"中国波指"，指数代码为000188。中国波指用于衡量上证50ETF未来30日的预期波动，但是该指数的数据于2018年2月14日开始暂停发布。

2.6.4　波动率微笑

有读者可能会问：在现实的期权交易中，交易员和分析师会简单采用BSM模型对期权进行定价吗？答案是会将该模型的定价结果作为参考，但真实运用的定价模型往往将考虑到波动率随着行权价格的变化而变化这一特殊情况。

波动率微笑（volatility smile）是一种描述期权隐含波动率与行权价格函数关系的图形，具体是指针对相同的到期日和基础资产但不同行权价格的期权，当行权价格偏离基础资产价格越远时，期权的隐含波动率就越大，形状类似于微笑曲线。下面通过一个具体示例刻画波动率微笑曲线。

【例2-27】　以深圳证券交易所挂牌交易的中证500ETF期权合约作为分析对象，具体是在2022年11月23日到期、不同行权价格的共计9只认沽（看跌）期权，详见表2-5。期权价格数据取自2022年9月30日，期权的基础资产（标的证券）是中证500ETF（代码159922）并且当天的基金净值是5.8274元，无风险利率是2个月国债收益率并且当天的报价是1.5136%（连续复利）。

表2-5　深圳证券交易所挂牌交易的中证500ETF期权合约信息
（结算价是2022年9月30日的价格）

合约代码	合约名称	行权价格（元）	结算价（元）	到期日	期权类型
90001318	中证500ETF沽11月5000	5.0000	0.0205		
90001319	中证500ETF沽11月5250	5.2500	0.0442		
90001320	中证500ETF沽11月5500	5.5000	0.0925		
90001321	中证500ETF沽11月5750	5.7500	0.1758		
90001322	中证500ETF沽11月6000	6.0000	0.3126	2022-11-23	欧式看跌期权
90001323	中证500ETF沽11月6250	6.2500	0.4947		
90001324	中证500ETF沽11月6500	6.5000	0.7154		
90001325	中证500ETF沽11月6750	6.7500	0.9544		
90001326	中证500ETF沽11月7000	7.0000	1.2010		

数据来源：深圳证券交易所。

下面，采用2.6.2小节的自定义函数Impvol_Put_Binary，运用二分查找法计算每只期权的隐含波动率并且进行可视化，具体编程分为两个步骤。

第1步：在Python中输入相关的变量，并计算每只500ETF认沽期权的隐含波动率。具体的代码如下：

```
In [87]: S_500ETF=5.8274              #2022年9月30日中证500ETF基金净值
    ...: R_2M=0.015136                #2022年9月30日2个月国债收益率

In [88]: T0=dt.datetime(2022,9,30)    #隐含波动率的计算日
    ...: T1=dt.datetime(2022,11,23)   #到期日
    ...: T_put=(T1-T0).days/365       #计算看跌期权的剩余期限（年）

In [89]: Put_list=np.array([0.0205,0.0442,0.0925,0.1758,0.3126,0.4947,0.7154,0.9544,1.201])
#看跌期权结算价
    ...: K_put=np.array([5,5.25,5.5,5.75,6,6.25,6.5,6.75,7])   #看跌期权的行权价格
    ...: N_put=len(Put_list)          #不同行权价格的看跌期权只数

In [90]: Sigma_Put=np.zeros_like(Put_list)   #创建存放看跌期权隐含波动率的初始数组

In [91]: for i in np.arange(N_put):   #运用for语句计算每只看跌期权的隐含波动率
    ...:     Sigma_Put[i]=Impvol_Put_Binary(P=Put_list[i],S=S_500ETF,K=K_put[i],r=R_2M, T=T_put)
#用二分查找法计算
```

第2步：将行权价格与隐含波动率的关系可视化（见图2-16），也就是绘制波动率微笑曲线。具体的代码如下：

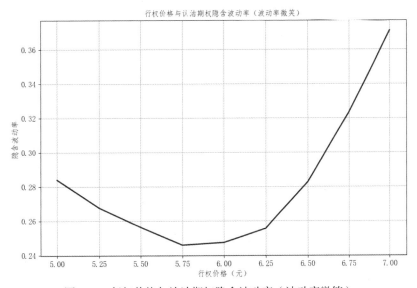

图2-16 行权价格与认沽期权隐含波动率（波动率微笑）

```
In [92]: plt.figure(figsize=(9,6))
    ...: plt.plot(K_put,Sigma_Put,'b-',lw=2)
    ...: plt.xlabel('行权价格（元）',fontsize=12)
    ...: plt.xticks(fontsize=12)
    ...: plt.ylabel('隐含波动率',fontsize=12)
    ...: plt.yticks(fontsize=12)
    ...: plt.title('行权价格与认沽期权隐含波动率（波动率微笑）',fontsize=12)
    ...: plt.grid()
    ...: plt.show()
```

图2-16显示了中证500ETF认沽期权的隐含波动率与行权价格之间的关系。从图中不难发

现，当行权价格越接近于基础资产价格5.8274元时，期权的隐含波动率越低；越远离基础资产价格，则隐含波动率越高，因此存在着比较明显的波动率微笑特征。

对于为什么会产生波动率微笑，存在着较多的理论研究，并且基于不同的研究视角给出了各种不同的解释，大体可以分为两类：第一类是从BSM模型固有的缺陷进行解释；第二类是从市场交易机制层面给出解释。表2-6梳理了解释波动率微笑存在的相关视角与理论。

表2-6 解释波动率微笑存在的相关视角与理论

解释的视角	相关理论
BSM模型的固有缺陷	资产价格非正态分布理论 资产价格跳跃过程理论 Gamma风险与Vega风险理论 基础资产价格预期理论
市场交易机制	期权市场溢价理论 基础资产和期权交易成本理论 交易成本不对称理论 报价机制和价格误差理论

2.6.5 波动率斜偏

在多数交易日，期权的隐含波动率曲线不是微笑型的，而是表现为**波动率斜偏**（volatility skew）。波动率斜偏可以进一步分为向上斜偏和向下斜偏两种。**向上斜偏**是指当期权的行权价格由小变大时，期权的隐含波动率也由小变大，即隐含波动率随行权价格递增；相反，**向下斜偏**则是指当期权的行权价格由小变大时，期权的隐含波动率由大变小，即隐含波动率随行权价格递减。下面，以50ETF期权作为示例讨论隐含波动率的向上斜偏。

【例2-28】 以上海证券交易所挂牌交易的50ETF期权合约作为分析对象，具体是在2022年12月28日到期、不同行权价格的共计9只认购（看涨）期权，详见表2-7。期权价格数据取自2022年10月31日，期权的基础资产（标的证券）是上证50ETF（代码510050）并且当天的基金净值等于2.3340元，无风险利率是2个月国债收益率并且在当天的报价是1.2871%。

表2-7 上海证券交易所挂牌交易的50ETF期权合约信息

（结算价是2022年10月31日的价格）

合约编码	合约简称	行权价格（元）	结算价（元）	到期日	期权类型
10004237	50ETF购12月2500	2.5000	0.0311		
10004238	50ETF购12月2550	2.5500	0.0225		
10004239	50ETF购12月2600	2.6000	0.0154		
10004240	50ETF购12月2650	2.6500	0.0109		
10004241	50ETF购12月2700	2.7000	0.0082	2022-12-28	欧式看涨期权
10004242	50ETF购12月2750	2.7500	0.0062		
10004243	50ETF购12月2800	2.8000	0.0053		
10004244	50ETF购12月2850	2.8500	0.0040		
10004245	50ETF购12月2900	2.9000	0.0034		

数据来源：上海证券交易所。

下面，运用2.6.3小节的自定义函数Impvol_Call_Newton，利用牛顿迭代法求出每只期权的隐含波动率并且可视化，具体编程分为两个步骤。

第1步：在Python中输入相关的变量，计算每只50ETF认购期权的隐含波动率。具体的代码如下：

```
In [93]: S_50ETF=2.3340              #2022年10月31日上证50ETF基金净值
    ...: R_2M=0.012871               #2022年10月31日2个月国债收益率

In [94]: T0=dt.datetime(2022,10,31)  #隐含波动率的计算日
    ...: T1=dt.datetime(2022,12,28)  #到期日
    ...: T_call=(T1-T0).days/365     #计算看涨期权的剩余期限（年）

In [95]: Call_list=np.array([0.0311,0.0225,0.0154,0.0109,0.0082,0.0062,0.0053,0.0040,0.0034])
#看涨期权结算价
    ...: K_call=np.array([2.5,2.55,2.6,2.65,2.7,2.75,2.8,2.85,2.9])   #期权的行权价格
    ...: N_call=len(Call_list)        #不同行权价格的看涨期权只数

In [96]: Sigma_Call=np.zeros_like(Call_list)  #构建存放看涨期权隐含波动率的初始数组

In [97]: for i in np.arange(N_call):          #运用for语句
    ...:        Sigma_Call[i]=Impvol_Call_Newton(C=Call_list[i],S=S_50ETF,K=K_call[i],r=R_2M,
T=T_call) #运用牛顿迭代法
```

第2步：将行权价格与隐含波动率的关系可视化（见图2-17），也就是绘制出一条向上斜偏的曲线。具体的代码如下：

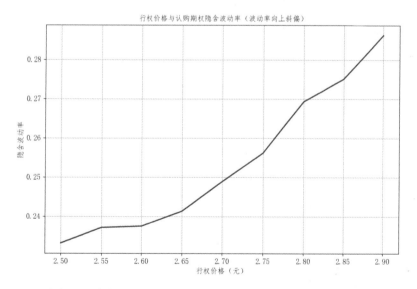

图2-17　行权价格与认购期权隐含波动率（波动率向上斜偏）

```
In [98]: plt.figure(figsize=(9,6))
    ...: plt.plot(K_call,Sigma_Call,'r-',lw=2)
    ...: plt.xlabel('行权价格（元）',fontsize=12)
    ...: plt.xticks(fontsize=12)
    ...: plt.ylabel('隐含波动率',fontsize=12)
    ...: plt.yticks(fontsize=12)
    ...: plt.title('行权价格与认购期权隐含波动率（波动率向上斜偏）',fontsize=12)
```

```
...: plt.grid()
...: plt.show()
```

图 2-17 显示了 50ETF 认购期权的隐含波动率与行权价格之间的关系，不难发现存在着比较明显的波动率向上斜偏特征。这张图还有另一个现实意义：对于行权价格较低的期权，也就是虚值程度较低的看涨期权，隐含波动率较低；相比之下，对于行权价格较高的期权，也就是虚值程度较高的看涨期权，隐含波动率则较高。

2.6.6 波动率曲面

前面提到的无论是波动率微笑还是波动率斜偏，仅仅考虑了行权价格。在实践中，交易员和分析师通常还会将期权的合约期限包括在内。同时考查行权价格与合约期限这两个因素如何影响隐含波动率并由此绘制出的三维图形，称为**波动率曲面**（volatility surface）。

由于波动率曲面是三维图形，通常而言，该图形的 x 轴代表期权的行权价格，y 轴表示合约期限，z 轴则是对应于期权的隐含波动率。有时也会将 x 轴的行权价格调整为行权价格与基础资产价格的比率（即 K/S）。下面就以沪深 300 股指期权作为示例具体讲解如何绘制波动率曲面。

【例 2-29】 以中国金融期货交易所挂牌交易的沪深 300 股指期权合约作为分析对象，具体挑选了在 2022 年 10 月 31 日处于存续期内不同行权价格、不同到期日的共计 36 只认购（看涨）期权。关于这些期权的行权价格、到期日以及隐含波动率等数据详见表 2-8。

表 2-8　不同行权价格与不同到期日的沪深 300 股指期权合约信息

合约代码	合约名称	行权价格（元）	到期日	隐含波动率（2022 年 10 月 31 日）
IO2211-C-3200	沪深 300 股指购 2022 年 11 月 3200	3200		28.58%
IO2211-C-3300	沪深 300 股指购 2022 年 11 月 3300	3300		27.69%
IO2211-C-3400	沪深 300 股指购 2022 年 11 月 3400	3400		25.81%
IO2211-C-3500	沪深 300 股指购 2022 年 11 月 3500	3500	2022-11-18	25.46%
IO2211-C-3600	沪深 300 股指购 2022 年 11 月 3600	3600		25.59%
IO2211-C-3700	沪深 300 股指购 2022 年 11 月 3700	3700		26.04%
IO2212-C-3200	沪深 300 股指购 2022 年 12 月 3200	3200		22.86%
IO2212-C-3300	沪深 300 股指购 2022 年 12 月 3300	3300		23.67%
IO2212-C-3400	沪深 300 股指购 2022 年 12 月 3400	3400		23.07%
IO2212-C-3500	沪深 300 股指购 2022 年 12 月 3500	3500	2022-12-16	23.17%
IO2212-C-3600	沪深 300 股指购 2022 年 12 月 3600	3600		23.40%
IO2212-C-3700	沪深 300 股指购 2022 年 12 月 3700	3700		23.36%
IO2301-C-3200	沪深 300 股指购 2023 年 1 月 3200	3200		21.70%
IO2301-C-3300	沪深 300 股指购 2023 年 1 月 3300	3300		21.84%
IO2301-C-3400	沪深 300 股指购 2023 年 1 月 3400	3400		22.03%
IO2301-C-3500	沪深 300 股指购 2023 年 1 月 3500	3500	2023-01-20	22.19%
IO2301-C-3600	沪深 300 股指购 2023 年 1 月 3600	3600		22.35%
IO2301-C-3700	沪深 300 股指购 2023 年 1 月 3700	3700		22.73%

续表

合约代码	合约名称	行权价格（元）	到期日	隐含波动率（2022年10月31日）
IO2303-C-3200	沪深300股指购2023年3月3200	3200		19.95%
IO2303-C-3300	沪深300股指购2023年3月3300	3300		20.69%
IO2303-C-3400	沪深300股指购2023年3月3400	3400	2023-03-17	21.38%
IO2303-C-3500	沪深300股指购2023年3月3500	3500		21.31%
IO2303-C-3600	沪深300股指购2023年3月3600	3600		21.56%
IO2303-C-3700	沪深300股指购2023年3月3700	3700		22.00%
IO2306-C-3200	沪深300股指购2023年6月3200	3200		18.84%
IO2306-C-3300	沪深300股指购2023年6月3300	3300		19.56%
IO2306-C-3400	沪深300股指购2023年6月3400	3400	2023-06-16	20.06%
IO2306-C-3500	沪深300股指购2023年6月3500	3500		20.60%
IO2306-C-3600	沪深300股指购2023年6月3600	3600		20.97%
IO2306-C-3700	沪深300股指购2023年6月3700	3700		21.31%
IO2309-C-3200	沪深300股指购2023年9月3200	3200		18.59%
IO2309-C-3300	沪深300股指购2023年9月3300	3300		19.45%
IO2309-C-3400	沪深300股指购2023年9月3400	3400	2023-09-15	19.94%
IO2309-C-3500	沪深300股指购2023年9月3500	3500		20.46%
IO2309-C-3600	沪深300股指购2023年9月3600	3600		21.06%
IO2309-C-3700	沪深300股指购2023年9月3700	3700		21.05%

数据来源：中国金融期货交易所。

下面，结合表2-8的信息并运用Python绘制波动率曲面，具体编程分为两个步骤。

第1步：在Python中依次输入行权价格、合约到期日以及隐含波动率等数据，并且以二维数组的结构存放相关数据。具体的代码如下：

```
In [99]: K_list=np.array([3200,3300,3400,3500,3600,3700])      #创建行权价格的数组

In [100]: K_list_new=K_list*np.ones((6,6))                     #转换为6行6列的二维数组

In [101]: T0=dt.datetime(2022,10,31)           #隐含波动率的计算日
     ...: T1=dt.datetime(2022,11,18)           #沪深300股指购2022年11月合约的到期日
     ...: T2=dt.datetime(2022,12,16)           #沪深300股指购2022年12月合约的到期日
     ...: T3=dt.datetime(2023,1,20)            #沪深300股指购2023年1月合约的到期日
     ...: T4=dt.datetime(2023,3,17)            #沪深300股指购2023年3月合约的到期日
     ...: T5=dt.datetime(2023,6,16)            #沪深300股指购2023年6月合约的到期日
     ...: T6=dt.datetime(2023,9,15)            #沪深300股指购2023年9月合约的到期日

In [102]: tenor_list=np.array([(T1-T0).days,(T2-T0).days,(T3-T0).days,(T4-T0).days,
     ...:          (T5-T0).days,(T6-T0).days])/365      #创建期权期限的数组

In [103]: tenor_list_new=tenor_list*np.ones((6,6))      #转换为6行6列的二维数组
     ...: tenor_list_new=tenor_list_new.T               #进行转置
```

```
In [104]: Sigma_list=np.array([[0.2858,0.2769,0.2581,0.2546,0.2559,0.2604],
     ...:                      [0.2286,0.2367,0.2307,0.2317,0.2340,0.2336],
     ...:                      [0.2170,0.2184,0.2203,0.2219,0.2235,0.2273],
     ...:                      [0.1995,0.2069,0.2138,0.2131,0.2156,0.2200],
     ...:                      [0.1884,0.1956,0.2006,0.2060,0.2097,0.2131],
     ...:                      [0.1859,0.1945,0.1994,0.2046,0.2106,0.2105]])  #创建隐含波动率的二维数组
```

第 2 步：绘制以 x 轴表示行权价格、y 轴表示期限、z 轴表示隐含波动率的波动率曲面（见图 2-18）。相关的代码如下：

```
In [105]: fig=plt.figure(figsize=(8,8))                          #创建一个图形对象
     ...: ax=fig.add_subplot(projection='3d')                    #创建一个三维坐标轴域的对象
     ...: ax.plot_surface(X=K_list_new,Y=tenor_list_new,Z=Sigma_list,rstride=1,
     ...:           cstride=1,cmap='rainbow')                     #创建曲面并且曲面颜色为彩虹色
     ...: ax.set_xlabel('行权价格',fontsize=12)
     ...: ax.set_ylabel('期限（年）',fontsize=12)
     ...: ax.set_zlabel('隐含波动率',fontsize=12)
     ...: ax.set_title('行权价格、期限与隐含波动率的三维关系图（波动率曲面）',fontsize=12)
     ...: plt.show()
```

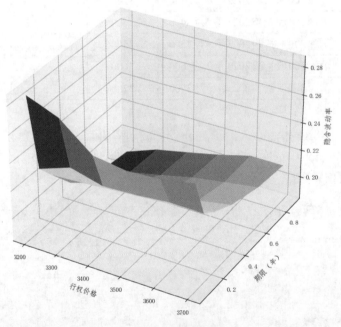

图 2-18 行权价格、期限与隐含波动率的三维关系图（波动率曲面）

从图 2-18 中可以比较明显地看到，期限短的期权隐含波动率高于期限长的期权隐含波动率，意味着隐含波动率随期限递减，这表明市场参与者预期未来的波动率将会有所收窄。

此外，2022 年 10 月 31 日沪深 300 股指收盘价是 3508.70 点，结合表 2-8 和图 2-18 可以得出：期限短的期权，隐含波动率呈现出一定的波动率微笑特征；期限长的期权则更多表现为波动率向上斜偏。

到这里，本章的内容就讨论完毕了，下一章将结合 Python 探讨如何运用期权构建交易策略。

2.7　本章小结

在开展期权交易时必须高度重视期权的风险，否则可能会带来无法预计的灾难性后果。本章结合29个示例，重点讨论了以下关于期权风险的知识点。

（1）**欧式期权的希腊字母**。欧式期权的希腊字母存在着解析表达式，欧式看涨期权与看跌期权的Delta之差等于1，欧式看涨期权的Gamma值、Vega值等于看跌期权，欧式看跌期权的Theta大于看涨期权，欧式看涨期权的Rho为正，而看跌期权的Rho为负。

（2）**美式期权的希腊字母**。计算美式期权的希腊字母需要借助二叉树模型才能完成，这一点与美式期权的定价是一脉相传的。在计算美式期权的Delta、Gamma和Theta时，仅需要考查N步二叉树模型的初始一步或两步即可，但是计算Vega和Rho则需要重构新的二叉树模型。

（3）**基础资产价格与希腊字母**。基础资产价格会影响希腊字母的取值，需要特别注意的是，当基础资产价格较小或者较大时，希腊字母会出现饱和现象，此时希腊字母对基础资产非常不敏感。

（4）**合约期限与希腊字母**。合约期限也是影响希腊字母取值的一个重要变量，在考查合约期限的影响时，一定要考虑期权是否为实值期权、平价期权或虚值期权，忽略这方面的考虑很可能会得出不完整甚至是错误的结论。

（5）**期权的隐含波动率**。可以运用单步长搜索法、二分查找法或牛顿迭代法计算期权的隐含波动率，牛顿迭代法的运算会更高效；仅考虑行权价格与隐含波动率的关系，会存在波动率微笑与波动率斜偏；当同时考虑行权价格、期限与隐含波动率的关系，就引出了波动率曲面。

2.8　拓展阅读

本章的内容参考了以下资料，建议感兴趣的读者拓展学习。

（1）约翰·C. 赫尔的《期权、期货及其他衍生产品（原书第10版）》是期权领域权威之作，该书的第19章和第20章就对期权希腊字母、隐含波动率等内容展开了详细的描述。

（2）刘逖主编的《期权工程：高级期权策略自修讲义》是一本适合自学的期权工程读物，由拥有实战经验并且在上海证券交易所产品创新中心担任期权讲师的多位业界人士编写。该书第3章讲解了期权希腊字母及其应用，第6章侧重于讨论波动率。

03

第 3 章

运用 Python 构建
期权交易策略

本章导读

　　在期权市场中，投资者通常会基于对资产价格走势的判断，运用期权与其他资产构造出不同的投资组合，比如期权与零息债券的组合、期权与基础资产的组合以及相同基础资产的两个或更多个期权组合等，从而实施多样的交易策略，满足不同的风险暴露，实现多元的盈利结构。恰恰是这一点，使得期权宛如魔法术，吸引着无数的投资者投身于期权市场去追逐淘金梦。本章就借助期权市场的案例和 Python 编程，讨论常见的 14 种期权交易策略。同时，为了便于分析，本章涉及的期权均为欧式期权，策略到期日通常与合约到期日保持一致。

　　本章的内容将涵盖以下几个主题。

✓ 介绍基础的保本票据合成策略，通过在理想环境和现实市场运用策略，深刻洞察策略的运作机理及收益状况。

✓ 探讨由单一期权与单一基础资产构造的交易策略，涵盖买入备兑看涨期权、卖出备兑看涨期权、买入保护看跌期权和卖出保护看跌期权等策略。

✓ 讨论期权的价差交易策略，包括牛市价差、熊市价差、盒式价差、蝶式价差以及日历价差等策略。

✓ 剖析期权的组合策略，涉及跨式策略、条式策略、带式策略以及宽跨式策略等。

3.1　保本票据的合成策略

　　在金融市场中，期权可以被用于合成**保本票据**（principal-protected notes，PPN），这种通过**合成策略**（synthetic strategy）而创设的产品对于厌恶风险的投资者具有很强的吸引力，因为保本票据的收益可以依赖于股价、股指或其他风险资产价格的表现，但是本金却没有损失的风险，所以既满足投资者保本的需要，又能够实现财富增值的目标。也就是说，可能发生的最糟糕情况是在票据存续期内，投资者无法获取基于初始投资的收益，这也是此类票据被冠以"保本"二字的原因所在。

　　本节首先通过一个基于理想环境的示例演示合成一份保本票据的策略逻辑，然后运用一个基于现实金融市场的示例剖析该合成策略的现实难度。

3.1.1 理想环境的策略运用

【例3-1】 A金融机构希望推出期限为1年、每张本金为100元的保本票据。假定金融市场上存在以下的金融资产：

（1）市场价格为96元、面值为100元并且在1年后到期的无风险零息债券；

（2）基础资产是Z股票、行权价格为5元/股、期限为1年的欧式看涨期权，并且假定期权的合约单位是1，也就是1张期权合约对应1股Z股票；

（3）Z股票的当前价格是4.8元/股，股票波动率为20%，该期权的市场报价是0.4元/股。

对此，A金融机构可以通过如下的投资组合合成出1份保本票据：

$$1张保本票据 = 1张无风险零息债券 + 10张欧式看涨期权多头头寸 \qquad （式3-1）$$

在该保本票据到期时，恰好也是无风险零息债券到期日和期权合约到期日，无风险零息债券的本金恰好可以用于支付保本票据的全部本金；同时如果Z股票价格高于期权的行权价格，期权收益就大于零，在不考虑交易费用的情况下，该保本票据可以给投资者带来额外的正收益；相反，Z股票价格低于或等于行权价格，则期权收益为零，每份保本票据也依然可以为投资者提供全部的本金。

运用Python为这个保本票据构建量化分析模型，并且将到期日Z股票价格的变化与保本票据收益率之间的关系进行可视化，相关编程分为以下两个步骤。

第1步：输入相关参数，并且计算构建1张保本票据需要购买的无风险零息债券数量和欧式看涨期权数量。具体代码如下：

```
In [1]: import numpy as np                                         #导入NumPy模块并且缩写为np
   ...: import pandas as pd                                        #导入pandas模块并且缩写为pd
   ...: import matplotlib.pyplot as plt                            #导入Matplotlib的子模块pyplot并且缩写为plt
   ...: from pylab import mpl                                      #从pylab导入子模块mpl
   ...: mpl.rcParams['font.sans-serif']=['FangSong']              #以仿宋字体显示中文
   ...: mpl.rcParams['axes.unicode_minus']=False                 #解决保存图像时负号显示为方块的问题
   ...: from pandas.plotting import register_matplotlib_converters #导入注册日期时间转换函数
   ...: register_matplotlib_converters()                          #注册日期时间转换函数


In [2]: par_ppn=100                       #保本票据的本金
   ...: par_bond=100                       #无风险零息债券面值
   ...: price_bond=96                      #无风险零息债券价格
   ...: price_call=0.4                     #看涨期权价格
   ...: K=5.0                              #行权价格


In [3]: N_bond=par_ppn/par_bond                                    #购买的无风险零息债券数量
   ...: N_call=(par_ppn-N_bond*price_bond)/price_call              #购买的看涨期权数量
   ...: print('构造1张保本票据需要购买的无风险零息债券数量（张）',N_bond)
   ...: print('构造1张保本票据需要购买的欧式看涨期权数量（张）',N_call)
构造1张保本票据需要购买的无风险零息债券数量（张） 1.0
构造1张保本票据需要购买的欧式看涨期权数量（张） 10.0
```

第2步：在保本票据到期日（期权到期日），Z股票的价格取值是在区间[3.0,7.0]的等差数列，计算对应的保本票据收益率，并且将Z股票价格与保本票据收益率的关系可视化（见图3-1）。具体的代码如下：

```
In [4]: Z_list=np.linspace(3,7,120)           #创建Z股票价格的等差数列并存放于数组
   ...: profit_call=np.maximum(Z_list-K,0)     #看涨期权的到期收益数组

In [5]: profit_ppn=N_bond*par_bond+N_call*profit_call-par_ppn  #保本票据到期的收益金额

In [6]: r_ppn=profit_ppn/par_ppn               #保本票据到期的收益率

In [7]: plt.figure(figsize=(9,6))
   ...: plt.plot(Z_list,r_ppn,'r-',lw=2)
   ...: plt.xlabel('Z股票价格（元）',fontsize=12)
   ...: plt.xticks(fontsize=12)
   ...: plt.ylabel('保本票据收益率',fontsize=12)
   ...: plt.yticks(fontsize=12)
   ...: plt.title('Z股票价格与保本票据收益率的关系',fontsize=12)
   ...: plt.grid()
   ...: plt.show()
```

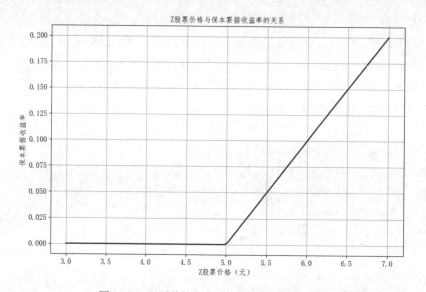

图3-1 Z股票价格与保本票据收益率的关系

从图3-1可以看到，保本票据的收益率与图1-3（看涨期权到期日多头的收益）比较相似。如果在保本票据到期时，当Z股票价格低于行权价格5元/股时，保本票据可以兑付全部本金，但投资者收益率是零。当Z股票价格高于行权价格5元/股时，保本票据不仅可以兑付本金，还可以带给投资者收益，并且收益率与股票价格呈线性关系。比如，Z股票价格达到6元/股时，保本票据收益率可以达到10%；Z股票价格达到7元/股时，保本票据收益率高达20%。

通过例3-1可以看到，在保本票据中，无风险零息债券发挥了安全垫作用，也就是用于支付保本票据的到期本金，期权则体现出收益增强功能。当然，例3-1关于合成保本票据的市场条件是十分完美的，可惜这些条件在现实市场中很难完全满足。

3.1.2 现实市场的策略运用

在现实金融市场中，由于存在着各种摩擦因素，寻找合适的无风险债券和期权合约绝不是一件容易的事情，因此现实中合成的保本票据往往无法提供期望中的高收益率。下面结合一个

基于真实金融市场的示例展开讲解。

【例3-2】　假定在2022年9月22日B金融机构推出本金为1亿元、期限为6个月（到期日2023年3月22日）的保本票据，要合成该保本票据依然需要两类金融产品。

一是高信用评级的债券。该金融机构选择债券到期日恰好等于保本票据到期日的"16云南债01"地方政府债券（代码1605067），2022年9月22日该债券的价格（全价）是102.1123元，票面利率是3.02%并且每年付息1次。

二是期权合约。选择在上海证券交易所交易的"300ETF购3月4000"合约，该期权的到期日是2022年3月22日，行权价格为4.0元，当天结算价为0.1963元，基础资产是沪深300ETF基金（代码510300）并且当天的基金净值是3.9325元，当天沪深300指数的收盘价是3869.34点，1张期权对应的基金份数是10000份。关于300ETF期权合约的详细信息可以参见表1-1。

表3-1整理了本例所涉及的债券和期权的相关要素信息。

表3-1　债券和期权的相关要素信息

债券要素信息		期权要素信息	
债券代码	1605067	合约代码	510300
债券简称	16云南债01	合约名称	300ETF购3月4000
债券发行人	云南省财政厅	行权价格	4.0元
债券到期日	2023年3月22日	合约结算价（2022年9月22日）	0.1963元
债券全价（2022年9月22日）	102.1123元	沪深300ETF基金净值（2022年9月22日）	3.9325元
债券票面利率	3.02%	沪深300指数收盘价（2022年9月22日）	3869.34点
票息支付频次	每年1次	合约到期日	2023年3月22日
每张债券本金	100元	每张合约单位	10000份沪深300ETF
交易单位	10张的整数倍	交易单位	1张的整数倍

数据来源：上海清算所、上海证券交易所。

下面，运用Python对该保本票据的合成策略构建模型，同时模拟票据到期日的沪深300指数变化与保本票据收益率之间的关系。为了更好地演示策略中的一些技术细节，具体的编程过程分为4个步骤。

第1步：输入债券和期权的相关要素信息。具体的代码如下：

```
In [8]: par_PPN=1e8          #保本票据的面值（1亿元）
   ...: par_YN=100           #16云南债01的债券面值（1张）
   ...: coupon=0.0302        #16云南债01的票面利率

In [9]: price_YN=102.1123    #2022年9月22日16云南债01的债券全价
   ...: price_call=0.1963    #2022年9月22日300ETF购3月4000合约的价格
   ...: price_300ETF=3.9325  #2022年9月22日沪深300ETF基金的净值
   ...: price_HS300=3869.34  #2022年9月22日沪深300指数的收盘价
   ...: K_300ETF=4.0         #行权价格

In [10]: M1=10               #债券的交易单位（10张）
   ...: M2=10000             #每张期权合约单位（10000份沪深300ETF基金）
```

第2步：计算需要购买的"16云南债01"债券和"300ETF购3月4000"期权合约的数量，注意，购买的"16云南债01"债券在到期日的本息能够完全覆盖保本票据的本金。此外，还要测算在保本票据到期日恰好等于行权价格的沪深300指数点位，为了简化分析，假定沪深300ETF基金净值与沪深300指数之间的跟踪偏离度是零[①]。具体的代码如下：

```
In [11]: from math import ceil                              #从math模块导入ceil函数

In [12]: cashflow_YN=par_YN*(1+coupon)                      #16云南债01到期日的本息和（1张）

In [13]: N1=M1*ceil(par_PPN/(M1*cashflow_YN))               #计算债券数量（10张的整数倍）
   ...: print('购买16云南债01的债券数量（张）',N1)
购买16云南债01的债券数量（张） 970690

In [14]: N2=(par_PPN-price_YN*N1)/(price_call*M2)    #计算期权合约数量
   ...: N2=int(N2)                                   #期权合约数量是整数（向下取整）
   ...: print('购买300ETF购3月4000期权合约数量（张）',N2)
购买300ETF购3月4000期权合约数量（张） 448

In [15]: cash=par_PPN-price_YN*N1-price_call*M2*N2 #未购买债券和期权的剩余现金
   ...: print('保本票据本金未用于购买债券和期权的剩余现金（元）',round(cash,2))
保本票据本金未用于购买债券和期权的剩余现金（元） 1187.51

In [16]: K_HS300=K_300ETF*price_HS300/price_300ETF  #对应行权价格的沪深300指数点位
   ...: print('对应行权价格的沪深300指数点位',round(K_HS300,2))
对应行权价格的沪深300指数点位 3935.76
```

根据以上的代码输出结果，在构建保本票据的合成策略中需要购买97.069万张"16云南债01"以及448张"300ETF购3月4000"期权合约，保本票据的1亿元本金中还剩余现金1187.51元。此外，"300ETF购3月4000"期权合约的行权价格4元对应沪深300指数3935.76点。

第3步：在保本票据初始日（2022年9月22日）至到期日（2023年3月22日），假定沪深300指数上涨5%、10%、20%和30%，分别计算到期日的保本票据收益率。具体的代码如下：

```
In [17]: R_HS300=np.array([0.05,0.1,0.2,0.3])                    #创建沪深300指数涨幅的数组

In [18]: profit_call=M2*N2*np.maximum(price_300ETF*(1+R_HS300)-K_300ETF,0)  #计算期权的到期收益

In [19]: profit_PPN=cashflow_YN*N1+cash+profit_call-par_PPN      #计算保本票据的收益金额

In [20]: R_PPN=profit_PPN/par_PPN                                #计算保本票据收益率
   ...: print('沪深300指数上涨5%对应的保本票据收益率',round(R_PPN[0],6))
   ...: print('沪深300指数上涨10%对应的保本票据收益率',round(R_PPN[1],6))
   ...: print('沪深300指数上涨20%对应的保本票据收益率',round(R_PPN[2],6))
   ...: print('沪深300指数上涨30%对应的保本票据收益率',round(R_PPN[-1],6))
沪深300指数上涨5%对应的保本票据收益率 0.005802
沪深300指数上涨10%对应的保本票据收益率 0.01461
沪深300指数上涨20%对应的保本票据收益率 0.032228
沪深300指数上涨30%对应的保本票据收益率 0.049846
```

从以上输出的结果可以看到，当沪深300指数上涨20%时，保本票据收益率仅仅略高于3%；当指数上涨30%时，保本票据收益率也不足5%。

---

① 本章后面的示例也会运用到该简化的分析条件，特此说明。

第4步：模拟保本票据到期日沪深300指数与保本票据收益率之间的关系并且进行可视化（见图3-2），其中，沪深300指数取值是在区间[2500,5500]的等差数列。具体的代码如下：

```
In [21]: HS300_list=np.linspace(2500,5500,500)         #设定沪深300指数的等差数列并存放于数组

In [22]: price_list=HS300_list*(price_300ETF/price_HS300)    #沪深300ETF基金净值数组

In [23]: profit1_list=M2*N2*np.maximum(price_list-K_300ETF,0)   #期权的收益金额数组

In [24]: profit2_list=cashflow_YN*N1+cash+profit1_list-par_PPN   #保本票据的收益金额数组

In [25]: R_list=profit2_list/par_PPN                    #保本票据收益率数组

In [26]: plt.figure(figsize=(9,6))
    ...: plt.plot(HS300_list,R_list,'r-',lw=2)
    ...: plt.xlabel('沪深300指数',fontsize=12)
    ...: plt.xticks(fontsize=12)
    ...: plt.ylabel('保本票据收益率',fontsize=12)
    ...: plt.yticks(fontsize=12)
    ...: plt.title('沪深300指数与保本票据收益率的关系',fontsize=12)
    ...: plt.grid()
    ...: plt.show()
```

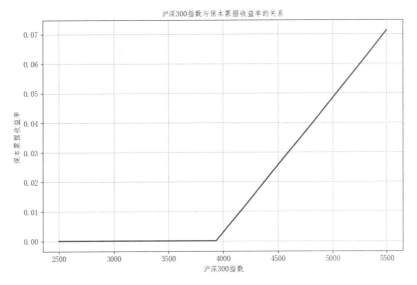

图3-2　沪深300指数与保本票据收益率的关系

从图3-2不难发现，由于现实金融市场中债券价格、期权价格以及交易规则等约束条件的限制，在实施保本票据的合成策略时，可用于配置期权的金额并非像理想环境下那样完美，期权的收益增强效应受到很大的制约，进而导致保本票据的潜在收益率相对较低。

3.2　单一期权与单一基础资产的策略

本节讨论由单一期权与单一基础资产构建的交易策略，这类策略有多种不同的形式，主要包括买入备兑看涨期权、卖出备兑看涨期权、买入保护看跌期权以及卖出保护看跌期权等4类，

下面逐一展开讲解。

3.2.1 买入备兑看涨期权

1. 定义与收益表达式

当投资组合由基础资产空头头寸与欧式看涨期权多头头寸组成，这类期权交易策略称为**买入备兑看涨期权**（long covered call）。该策略可以简单写成如下的式子：

$$买入备兑看涨期权 = 基础资产空头头寸 + 欧式看涨期权多头头寸 \qquad （式3-2）$$

在策略中，欧式看涨期权多头头寸用于对基础资产空头头寸进行保护，从而使投资者免遭基础资产价格急剧上涨所带来的损失。在合约到期日，买入备兑看涨期权的收益表达式详见表3-2。

表3-2 买入备兑看涨期权的到期收益

资产类型或策略	合约到期日的收益表达式	S_T 与 K 不同关系下的收益	
		$S_T > K$	$S_T \leqslant K$
基础资产空头头寸	$-(S_T - S_0)$ S_T 表示合约到期日的基础资产价格； S_0 表示策略构建日的基础资产价格	$-(S_T - S_0)$	$-(S_T - S_0)$
欧式看涨期权多头头寸	$\max(S_T - K, 0) - C$ K 表示行权价格； C 表示策略构建日的看涨期权价格	$S_T - K - C$	$-C$
买入备兑看涨期权	$\max(S_T - K, 0) - C - (S_T - S_0)$ $= S_0 - C - \min(K, S_T)$	$S_0 - K - C$	$S_0 - S_T - C$

通过表3-2可以看出，当 $S_T > K$ 时，买入备兑看涨期权的收益等于 $S_0 - K - C$；当 $S_T \leqslant K$ 时，该策略的收益等于 $S_0 - S_T - C$。下面以中证500ETF期权作为示例具体演示买入备兑看涨期权。

2. 一个示例

【例3-3】　C金融机构需要构建买入备兑看涨期权的交易策略，策略构建的日期是2022年11月1日，策略中运用的看涨期权是在深圳证券交易所上市的"中证500ETF购3月6000"期权合约（代码90001349），该合约于2022年9月19日上市、2023年3月22日到期并且行权价格为6.0元，1张期权合约的基础资产是10000份中证500ETF基金（代码159922）。

因此，C金融机构将运用10000份中证500ETF基金空头头寸和1张"中证500ETF购3月6000"期权合约多头头寸构建买入备兑看涨期权策略。在策略构建日，期权结算价是0.3195元，中证500ETF基金净值是6.0614元，中证500指数收盘价是5941.15点。

下面，运用Python对策略建模并分析在合约到期日中证500指数与该策略收益的关系，分为两个步骤。

第1步：在Python中输入相关参数并且构建策略模型，同时假定在合约到期日中证500指数的取值是在区间[4000,8000]的等差数列。具体的代码如下：

```
In [27]: C=0.3195                              #策略构建日（2022年11月1日）看涨期权价格
    ...: K=6.0                                  #行权价格
    ...: S0_ETF=6.0614                          #策略构建日中证500ETF基金净值
    ...: S0_index=5941.15                       #策略构建日中证500指数收盘价

In [28]: St_index=np.linspace(4000,8000,500)   #设定中证500指数的等差数列并存放于数组
    ...: St_ETF=S0_ETF*St_index/S0_index        #不同中证500指数对应的中证500ETF基金净值

In [29]: N_ETF=10000                            #中证500ETF头寸数量（在后面示例中会被多次调用）
    ...: N_opt=1                                 #中证500ETF期权头寸数量（在后面示例中会被多次调用）
    ...: M=10000                                 #1张期权对应10000份ETF基金（在后面示例中会被多次调用）

In [30]: ETF_short=-N_ETF*(St_ETF-S0_ETF)              #合约到期日中证500ETF空头头寸的收益

In [31]: Call_long=N_opt*M*(np.maximum(St_ETF-K,0)-C)  #合约到期日期权多头头寸的收益

In [32]: Covcall_long=ETF_short+Call_long              #合约到期日买入备兑看涨期权策略的收益
```

第2步：针对在合约到期日，将中证500指数与买入备兑看涨期权收益的关系进行可视化（见图3-3）。具体的代码如下：

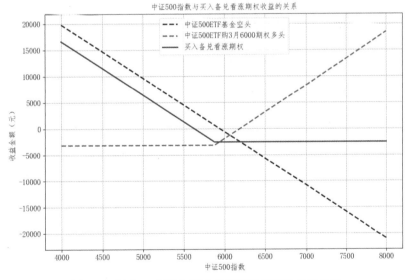

图3-3　中证500指数与买入备兑看涨期权收益的关系

```
In [33]: plt.figure(figsize=(9,6))
    ...: plt.plot(St_index,ETF_short,'b--',label='中证500ETF基金空头',lw=2)
    ...: plt.plot(St_index,Call_long,'g--',label='中证500ETF购3月6000期权多头',lw=2)
    ...: plt.plot(St_index,Covcall_long,'r-',label='买入备兑看涨期权',lw=2)
    ...: plt.xlabel('中证500指数',fontsize=12)
    ...: plt.xticks(fontsize=12)
    ...: plt.ylabel('收益金额（元）',fontsize=12)
    ...: plt.yticks(fontsize=12)
    ...: plt.title('中证500指数与买入备兑看涨期权收益的关系',fontsize=12)
    ...: plt.legend(fontsize=12,loc=9)          #图例放在中上位置
    ...: plt.grid()
    ...: plt.show()
```

从图3-3可以看到，买入备兑看涨期权策略的收益形态与看跌期权多头（见图1-4）颇为相似。对此可以运用在1.2.4小节介绍的看跌-看涨平价关系式，也就是以下等式进行解释：

$$p + S_0 = c + Ke^{-rT} \tag{式3-3}$$

（式3-3）可以改写：

$$c - S_0 = p - Ke^{-rT} \tag{式3-4}$$

针对（式3-4）说明如下：由欧式看涨期权多头头寸和基础资产空头头寸构成的投资组合，等价于由欧式看跌期权多头头寸和面值为 Ke^{-rT} 的零息债券空头头寸构成的投资组合。这就解释了买入备兑看涨期权策略的收益形态类似于看跌期权多头的原因。

3.2.2 卖出备兑看涨期权

1. 定义与收益表达式

当投资组合由基础资产多头头寸与欧式看涨期权空头头寸组成，这种交易策略称为**卖出备兑看涨期权**（short covered call），也称**承约备兑看涨期权**（writing covered call）。该策略可以写成如下的简单式子：

卖出备兑看涨期权 ＝ 基础资产多头头寸 ＋ 欧式看涨期权空头头寸 （式3-5）

在这一策略中，基础资产的多头用于保护欧式看涨期权的空头，从而使策略的投资者免遭由于基础资产价格急剧上涨所导致的损失，并且欧式看涨期权空头可以获取一定金额的期权费收入从而增加整个策略的收益。在欧式看涨期权的合约到期日，卖出备兑看涨期权的收益正好与买入备兑看涨期权相反，相关的收益表达式见表3-3。

表3-3 卖出备兑看涨期权的到期收益

资产类型或策略	合约到期日的收益表达式	S_T 与 K 不同关系下的收益	
		$S_T > K$	$S_T \leqslant K$
基础资产多头头寸	$S_T - S_0$	$S_T - S_0$	$S_T - S_0$
欧式看涨期权空头头寸	$C - \max(S_T - K, 0)$	$C - S_T + K$	C
卖出备兑看涨期权	$C - \max(S_T - K, 0) + (S_T - S_0)$ $= C - S_0 + \min(K, S_T)$	$K - S_0 + C$	$S_T - S_0 + C$

从表3-3可以看到，当 $S_T > K$ 时，卖出备兑看涨期权的收益等于 $K - S_0 + C$；而当 $S_T \leqslant K$ 时，该策略的收益等于 $S_T - S_0 + C$。下面，通过一个示例演示卖出备兑看涨期权。

2. 一个示例

【例3-4】 D金融机构需要在2022年11月3日构建卖出备兑看涨期权的交易策略，策略中运用的看涨期权是在深圳证券交易所上市的"中证500ETF购3月6250"期权合约（代码90001350），该合约于2022年9月19日上市、2023年3月22日到期并且行权价格为6.25元，1张期权合约的基础资产依然是10000份中证500ETF基金（代码159922）。

因此，D金融机构将运用10000份中证500ETF基金多头头寸和1张"中证500ETF购3月

"6250"期权合约空头头寸构建卖出备兑看涨期权的策略。在策略构建日，期权合约结算价是0.2203元，中证500ETF基金净值是6.1182元，中证500指数收盘价是5996.72点。

下面，运用Python对策略建模并分析在合约到期日中证500指数与该策略收益的关系，并且假定在合约到期日中证500指数的取值是在区间[4500,7500]的等差数列。同时，针对合约到期日，将中证500指数与卖出备兑看涨期权收益的关系进行可视化（见图3-4）。具体的代码如下：

```
In [34]: C=0.2203                              #策略构建日（2022年11月3日）看涨期权价格
    ...: K=6.25                                #行权价格
    ...: S0_ETF=6.1182                         #策略构建日中证500ETF基金净值
    ...: S0_index=5996.72                      #策略构建日中证500指数收盘价

In [35]: St_index=np.linspace(4500,7500,500)   #设定中证500指数的等差数列并存放于数组
    ...: St_ETF=S0_ETF*St_index/S0_index       #不同中证500指数对应的中证500ETF基金净值

In [36]: ETF_long=N_ETF*(St_ETF-S0_ETF)        #合约到期日中证500ETF多头头寸的收益

In [37]: Call_short=-N_opt*M*(np.maximum(St_ETF-K,0)-C)  #合约到期日期权空头头寸的收益

In [38]: Covcall_short=ETF_long+Call_short     #合约到期日卖出备兑看涨期权策略的收益

In [39]: plt.figure(figsize=(9,6))
    ...: plt.plot(St_index,ETF_long,'b--',label='中证500ETF基金多头',lw=2)
    ...: plt.plot(St_index,Call_short,'g--',label='中证500ETF购3月6250期权空头',lw=2)
    ...: plt.plot(St_index,Covcall_short,'r-',label='卖出备兑看涨期权',lw=2)
    ...: plt.xlabel('中证500指数',fontsize=12)
    ...: plt.xticks(fontsize=12)
    ...: plt.ylabel('收益金额（元）',fontsize=12)
    ...: plt.yticks(fontsize=12)
    ...: plt.title('中证500指数与卖出备兑看涨期权收益的关系',fontsize=12)
    ...: plt.legend(fontsize=12,loc=9)         #图例放在中上位置
    ...: plt.grid()
    ...: plt.show()
```

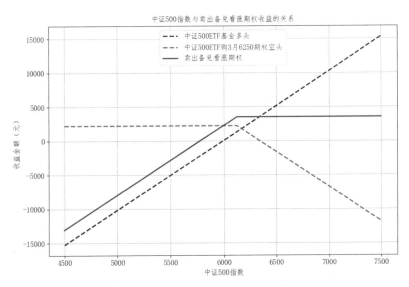

图3-4 中证500指数与卖出备兑看涨期权收益的关系

通过图3-4不难发现，卖出备兑看涨期权策略的收益形态与看跌期权空头（见图1-4）比较类似。在3.2.1小节就提到过，买入备兑看涨期权的收益形态类似于看跌期权多头，由于卖出备兑看涨期权的收益恰好与买入备兑看涨期权相反，因此卖出备兑看涨期权策略的收益形态就类似于看跌期权空头。

3.2.3 买入保护看跌期权

1. 定义与收益表达式

当投资组合由基础资产多头头寸与欧式看跌期权多头头寸组成，该交易策略称为**买入保护看跌期权**（long protective put）。该策略也可以简化为如下的式子：

$$买入保护看跌期权 = 基础资产多头头寸 + 欧式看跌期权多头头寸 \qquad （式3\text{-}6）$$

比如，当资本市场情绪高涨、股价虚高，投资者无法找到拥有足够安全边际的投资产品，但又不想清空自己的股票而错失股价可能继续上行带来的收益，就可以考虑运用该交易策略。在合约到期日，该策略的相关收益表达式见表3-4。

表3-4 买入保护看跌期权的到期收益

资产类型或策略	合约到期日的收益表达式	S_T 与 K 不同关系下的收益	
		$S_T > K$	$S_T \leqslant K$
基础资产多头头寸	$S_T - S_0$	$S_T - S_0$	$S_T - S_0$
欧式看跌期权多头头寸	$\max(K - S_T, 0) - P$ P 表示策略构建日的看跌期权价格	$-P$	$K - S_T - P$
买入保护看跌期权	$S_T - S_0 + \max(K - S_T, 0) - P$ $= \max(K, S_T) - S_0 - P$	$S_T - S_0 - P$	$K - S_0 - P$

从表3-4中可以看出，当 $S_T > K$ 时，买入保护看跌期权的收益等于 $S_T - S_0 - P$ ；而当 $S_T \leqslant K$ 时，该策略的收益则等于 $K - S_0 - P$ 。下面，通过一个示例演示买入保护看跌期权。

2. 一个示例

【例3-5】 E金融机构需要在2022年11月7日构建买入保护看跌期权策略，策略中运用的看跌期权是在深圳证券交易所上市的"中证500ETF沽6月6000"期权合约（代码90001502），该期权合约于2022年10月27日上市、2023年6月28日到期并且行权价格为6元，1张期权合约的基础资产依然是10000份中证500ETF基金（代码159922）。

因此，E金融机构将运用10000份中证500ETF基金多头头寸和1张"中证500ETF沽6月6000"期权合约多头头寸构建买入保护看跌期权的策略。在策略构建日，期权合约结算价是0.3446元，中证500ETF基金净值是6.2658元，中证500指数收盘价是6141.41点。

下面，运用Python对策略建模并分析在期权到期时中证500指数与该策略收益的关系，并且假定在期权到期日中证500指数的取值是在区间[4200,8200]的等差数列。同时，针对合约到期日，将中证500指数与买入保护看跌期权收益的关系进行可视化（见图3-5）。具体的代码如下：

```
In [40]: P=0.3446                                      #策略构建日（2022年11月7日）看跌期权价格
```

```
    ...: K=6                                    #行权价格
    ...: S0_ETF=6.2658                          #策略构建日中证500ETF基金净值
    ...: S0_index=6141.41                       #策略构建日中证500指数收盘价

In [41]: St_index=np.linspace(4200,8200,500)   #设定中证500指数的等差数列并存放于数组
    ...: St_ETF=S0_ETF*St_index/S0_index        #不同中证500指数对应的中证500ETF基金净值

In [42]: ETF_long=N_ETF*(St_ETF-S0_ETF)        #合约到期日中证500ETF多头头寸的收益

In [43]: Put_long=N_opt*M*(np.maximum(K-St_ETF,0)-P)  #合约到期日看跌期权多头头寸的收益

In [44]: Proput_long=ETF_long+Put_long         #合约到期日买入保护看跌期权策略的收益

In [45]: plt.figure(figsize=(9,6))
    ...: plt.plot(St_index,ETF_long,'b--',label='中证500ETF基金多头',lw=2)
    ...: plt.plot(St_index,Put_long,'g--',label='中证500ETF沽6月6000期权多头',lw=2)
    ...: plt.plot(St_index,Proput_long,'r-',label='买入保护看跌期权',lw=2)
    ...: plt.xlabel('中证500指数',fontsize=12)
    ...: plt.xticks(fontsize=12)
    ...: plt.ylabel('收益金额（元）',fontsize=12)
    ...: plt.yticks(fontsize=12)
    ...: plt.title('中证500指数与买入保护看跌期权收益的关系',fontsize=12)
    ...: plt.legend(fontsize=12,loc=9)          #图例放在中上位置
    ...: plt.grid()
    ...: plt.show()
```

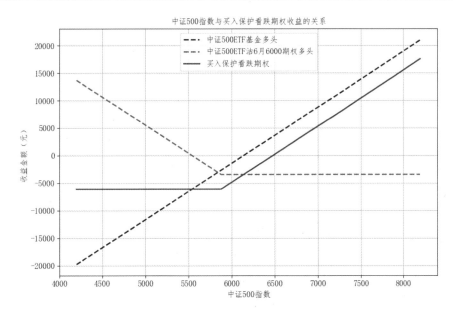

图3-5　中证500指数与买入保护看跌期权收益的关系

从图3-5可以看到，买入保护看跌期权策略的收益形态与看涨期权多头（图1-3）比较相似。对此依然可以通过1.2.4小节介绍的看跌-看涨平价关系式，也就是以下等式进行解释：

$$p + S_0 = c + K\mathrm{e}^{-rT} \qquad\qquad （式3\text{-}7）$$

（式3-7）表明，由欧式看跌期权的多头头寸和基础资产的多头头寸构成的投资组合，等价

于由欧式看涨期权的多头头寸与面值是Ke^{-rT}的零息债券多头头寸构成的投资组合。这就解释了为什么买入保护看跌期权策略的收益形态与看涨期权多头相似。

3.2.4　卖出保护看跌期权

1.　定义与收益表达式

当交易组合由基础资产空头头寸与欧式看跌期权空头头寸所组成，则该交易策略就是**卖出保护看跌期权**（short protective put），该策略也可以简化为如下的式子：

$$卖出保护看跌期权 = 基础资产空头头寸 + 欧式看跌期权空头头寸 \qquad （式3\text{-}8）$$

该交易策略的盈利形式与买入保护看跌期权策略的盈利形式正好相反。在合约到期日，策略的相关收益表达式见表3-5。

表3-5　卖出保护看跌期权的收益

资产类型或策略	期权到期日的收益表达式	S_T 与 K 不同关系下的收益	
		$S_T > K$	$S_T \leqslant K$
基础资产空头头寸	$-(S_T - S_0)$	$-(S_T - S_0)$	$-(S_T - S_0)$
欧式看跌期权空头头寸	$P - \max(K - S_T, 0)$	P	$P + S_T - K$
卖出保护看跌期权	$-(S_T - S_0) + P - \max(K - S_T, 0)$ $= P + S_0 - \max(K, S_T)$	$P + S_0 - S_T$	$P + S_0 - K$

从表3-5可以看到，当$S_T > K$时，卖出保护看跌期权的收益等于$P + S_0 - S_T$；而当$S_T \leqslant K$时，该策略的收益等于$P + S_0 - K$。下面，通过一个示例演示卖出保护看跌期权。

2.　一个示例

【例3-6】　F金融机构需要在2022年11月15日构建卖出保护看跌期权的交易策略，策略中运用的看跌期权是在深圳证券交易所上市的"中证500ETF沽6月6250"期权合约（代码90001503），该合约于2022年10月27日上市、2023年6月28日到期并且行权价格为6.25元，1张期权合约的基础资产是10000份中证500ETF基金（代码159922）。

因此，F金融机构将运用10000份中证500ETF基金空头头寸和1张"中证500ETF沽6月6250"期权合约空头头寸构建卖出保护看跌期权的策略。在策略构建日，期权合约结算价是0.3954元，中证500ETF基金净值是6.3628元，中证500指数收盘价是6236.38点。

下面，运用Python对策略建模并分析在合约到期日中证500指数与该策略收益的关系，并且假定在合约到期日中证500指数的取值是在区间[4500,8000]的等差数列。同时，针对合约到期日，将中证500指数与卖出保护看跌期权收益的关系进行可视化（见图3-6）。具体的代码如下：

```
In [46]: P=0.3954                #策略构建日（2022年11月15日）看跌期权价格
    ...: K=6.25                   #行权价格
    ...: S0_ETF=6.3628            #策略构建日中证500ETF基金净值
    ...: S0_index=6236.38         #策略构建日中证500指数收盘价
```

```
In [47]: St_index=np.linspace(4500,8000,500)    #合约到期日中证500指数的等差数列
    ...: St_ETF=S0_ETF*St_index/S0_index        #不同中证500指数对应的中证500ETF基金净值

In [48]: ETF_short=-N_ETF*(St_ETF-S0_ETF)       #合约到期日中证500ETF空头头寸的收益

In [49]: Put_short=-N_opt*M*(np.maximum(K-St_ETF,0)-P)  #合约到期日看跌期权空头头寸的收益

In [50]: Proput_short=ETF_short+Put_short       #合约到期日卖出保护看跌期权策略的收益

In [51]: plt.figure(figsize=(9,6))
    ...: plt.plot(St_index,ETF_short,'b--',label='中证500ETF基金空头',lw=2)
    ...: plt.plot(St_index,Put_short,'g--',label='中证500ETF沽6月6250期权空头',lw=2)
    ...: plt.plot(St_index,Proput_short,'r-',label='卖出保护看跌期权',lw=2)
    ...: plt.xlabel('中证500指数',fontsize=12)
    ...: plt.xticks(fontsize=12)
    ...: plt.ylabel('收益金额（元）',fontsize=12)
    ...: plt.yticks(fontsize=12)
    ...: plt.title('中证500指数与卖出保护看跌期权收益的关系',fontsize=12)
    ...: plt.legend(fontsize=12,loc=9)           #图例放在中上位置
    ...: plt.grid()
    ...: plt.show()
```

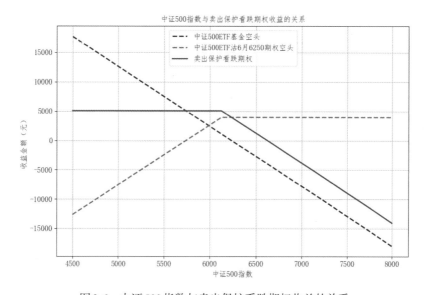

图3-6 中证500指数与卖出保护看跌期权收益的关系

从图3-6不难发现，卖出保护看跌期权策略的收益形态与看涨期权空头（见图1-3）比较相似。在3.2.3小节提到过，买入保护看跌期权策略的收益形态类似于看涨期权多头，同时卖出保护看跌期权策略的收益形态与买入保护看跌期权完全相反，因此卖出保护看跌期权策略的收益形态就类似于看涨期权空头。

3.2.5 策略的期间收益

前面讨论的是针对合约到期日基础资产价格变化与策略收益之间的关系。本小节讨论在策略构建日至合约到期日，基础资产价格和期权价格的变化将如何导致策略收益变动。下面借助

一个示例展开讨论。

【例3-7】 G金融机构构建策略的日期是2022年1月27日，策略运用的看涨期权、看跌期权分别是上海证券交易所上市的"50ETF购2022年9月2900"期权合约（代码10003976）与"50ETF沽2022年9月2900"期权合约（代码10003985），这两张期权合约均是2022年1月28日上市、同年9月28日到期、行权价格为2.9元，1张期权合约的基础资产是10000份上证50ETF基金（代码510050）。构建的策略以及每个策略包含的资产信息如表3-6所示。

表3-6 G金融机构的期权交易策略及相关资产信息

策略名称	投资组合涉及的金融资产
买入备兑看涨期权	10000份上证50ETF基金空头头寸，1张"50ETF购2022年9月2900"期权多头头寸
卖出备兑看涨期权	10000份上证50ETF基金多头头寸，1张"50ETF购2022年9月2900"期权空头头寸
买入保护看跌期权	10000份上证50ETF基金多头头寸，1张"50ETF沽2022年9月2900"期权多头头寸
卖出保护看跌期权	10000份上证50ETF基金空头头寸，1张"50ETF沽2022年9月2900"期权空头头寸

下面就运用Python分析策略的期间收益情况并且进行可视化，相关编程一共分两个步骤。

第1步：导入2022年1月27日至9月28日的认购（看涨）、认沽（看跌）期权结算价以及上证50ETF基金净值数据，并且计算4个策略的期间收益。具体的代码如下：

```
In [52]: price_list=pd.read_excel(io='C:/Desktop/50ETF期权结算价与上证50ETF基金净值数据.xlsx',
sheet_name='Sheet1',header=0,index_col=0)                      #导入数据

In [53]: price_list.index=pd.DatetimeIndex(price_list.index)   #将数据框的索引转为Datetime类型

In [54]: price_list.head()                                     #查看开头5行
Out[54]:
            50ETF购2022年9月2900   50ETF沽2022年9月2900   上证50ETF
日期
2022-01-27        0.3672              0.0844             3.104
2022-01-28        0.3031              0.1133             3.039
2022-02-07        0.3167              0.0906             3.099
2022-02-08        0.3213              0.0901             3.101
2022-02-09        0.3311              0.0826             3.124


In [55]: price_list.tail()                                     #查看末尾5行
Out[55]:
            50ETF购2022年9月2900   50ETF沽2022年9月2900   上证50ETF
日期
2022-09-22        0.0005              0.230              2.671
2022-09-23        0.0004              0.228              2.671
2022-09-26        0.0001              0.246              2.656
2022-09-27        0.0001              0.219              2.684
2022-09-28        0.0000              0.249              2.653


In [56]: C0=price_list['50ETF购2022年9月2900'].iloc[0]          #取策略构建日看涨期权的结算价
   ...: P0=price_list['50ETF沽2022年9月2900'].iloc[0]          #取策略构建日看跌期权的结算价
   ...: S0=price_list['上证50ETF'].iloc[0]                     #取策略构建日上证50ETF基金净值（基础资产价格）

In [57]: profit_call=N_opt*M*(price_list['50ETF购2022年9月2900']-C0) #1张看涨期权的期间收益
   ...: profit_put=N_opt*M*(price_list['50ETF沽2022年9月2900']-P0)   #1张看跌期权的期间收益
```

```
        ...: profit_ETF=N_ETF*(price_list['上证50ETF']-S0)    #10000份上证50ETF基金的期间收益

In [58]: profit1_covcall=-profit_ETF+profit_call         #买入备兑看涨期权的期间收益
        ...: profit2_covcall=-profit1_covcall             #卖出备兑看涨期权的期间收益
        ...: profit1_protput=profit_put+profit_ETF        #买入保护看跌期权的期间收益
        ...: profit2_protput=-profit1_protput             #卖出保护看跌期权的期间收益
```

第2步：将4个策略的期间收益通过2×1子图模式进行可视化（见图3-7）。具体的代码如下：

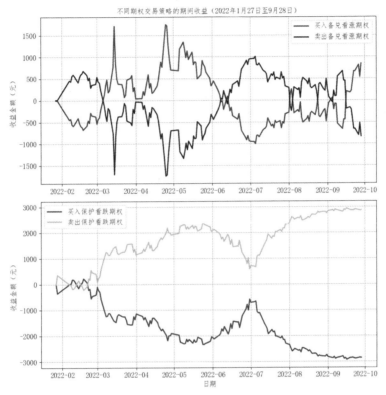

图3-7　不同期权交易策略的期间收益（2022年1月27日至9月28日）

```
In [59]: plt.figure(figsize=(9,9))
        ...: plt.subplot(2,1,1)
        ...: plt.plot(profit1_covcall,'r-',label='买入备兑看涨期权',lw=2)
        ...: plt.plot(profit2_covcall,'b-',label='卖出备兑看涨期权',lw=2)
        ...: plt.xticks(fontsize=12)
        ...: plt.yticks(fontsize=12)
        ...: plt.ylabel('收益金额（元）',fontsize=12)
        ...: plt.title('不同期权交易策略的期间收益（2022年1月27日至9月28日）',fontsize=12)
        ...: plt.legend(fontsize=12)
        ...: plt.grid()
        ...: plt.subplot(2,1,2)
        ...: plt.plot(profit1_protput,'m-',label='买入保护看跌期权',lw=2)
        ...: plt.plot(profit2_protput,'y-',label='卖出保护看跌期权',lw=2)
        ...: plt.xticks(fontsize=12)
        ...: plt.xlabel('日期',fontsize=12)
        ...: plt.yticks(fontsize=12)
```

```
...: plt.ylabel('收益金额（元）',fontsize=12)
...: plt.legend(fontsize=12)
...: plt.grid()
...: plt.show()
```

通过图 3-7 可以发现，在策略的存续期间内，无论是买入备兑看涨期权还是卖出备兑看涨期权，策略实现盈利的天数与发生亏损的天数大体相当，这意味着策略的择时对投资者而言显得更加重要。

相比之下，买入保护看跌期权的期间收益在绝大多数的交易日为负，卖出保护看跌期权的期间收益则基本上是正收益，在这种情形下，策略的方向性选择才是真正的核心。

3.3 价差交易策略

期权的**价差交易策略**（spread trading strategy）是指运用相同基础资产的两个或多个期权构建投资组合的交易策略，这里的**价差**（spread）多数情况是由于行权价格的不同而引起的期权合约价格之差，当然也可以是其他因素（比如合约期限的不同）而导致的期权合约价格差异。本节分析的价差交易策略包括牛市价差策略、熊市价差策略、盒式价差策略、蝶式价差策略以及日历价差策略等主流策略。

3.3.1 牛市价差策略

在期权价差交易策略中，常用的一种策略是**牛市价差策略**（bull spread strategy），该策略通常由 1 张较低行权价格的欧式看涨期权多头头寸，以及 1 张较高行权价格的欧式看涨期权空头头寸构成，这两个期权的基础资产和合约期限均相同。此外，牛市价差策略也可以由 1 张较低行权价格的欧式看跌期权多头头寸和 1 张较高行权价格的欧式看跌期权空头头寸构造而成。该策略可以简单地通过以下的式子表示：

$$牛市价差策略 = 较低行权价格的欧式看涨（看跌）期权多头头寸$$
$$+ 较高行权价格的欧式看涨（看跌）期权空头头寸 \qquad （式3-9）$$

一般而言，如果投资者认为未来基础资产价格将保持震荡上行或温和上涨的趋势，就可以采用牛市价差策略。

1. 收益表达式

表 3-7 整理了在合约到期日牛市价差策略的收益表达式，这里以欧式看涨期权为例。

表3-7 牛市价差策略的收益表达式（以欧式看涨期权为例）

资产或策略	合约到期日收益表达式	S_T 与 K 不同关系下的收益		
		$S_T > K_2$	$K_1 < S_T \leqslant K_2$	$S_T \leqslant K$
较低行权价格欧式看涨期权多头头寸	$\max(S_T - K_1, 0) - C_1$ K_1 代表较低的行权价格；C_1 表示较低行权价格的欧式看涨期权购买价格	$S_T - K_1 - C_1$	$S_T - K_1 - C_1$	$-C_1$

续表

资产或策略	合约到期日收益表达式	S_T 与 K 不同关系下的收益		
		$S_T > K_2$	$K_1 < S_T \leqslant K_2$	$S_T \leqslant K$
较高行权价格欧式看涨期权空头头寸	$C_2 - \max(S_T - K_2, 0)$ K_2 代表较高的行权价格； C_2 表示较高行权价格的欧式看涨期权购买价格	$C_2 - S_T + K_2$	C_2	C_2
牛市价差策略	$C_2 - C_1 + \max(S_T - K_1, 0)$ $-\max(S_T - K_2, 0)$	$C_2 - C_1 + K_2 - K_1$	$C_2 - C_1 + S_T - K_1$	$C_2 - C_1$

从表3-7可以看到，当 $S_T > K_2$ 时，牛市价差策略收益等于两个期权的价差与两个期权行权价格差额的合计数；当 $K_1 < S_T \leqslant K_2$ 时，策略收益等于两个期权的价差与较低行权价格期权到期日收益的合计数；当 $S_T \leqslant K_1$ 时，策略收益仅剩下两个期权的价差。

根据上面的分析可以看到，牛市价差策略限制了投资者的收益但同时也控制了损失的幅度。对于该策略可以这样理解：投资者拥有一个行权价格为 K_1 的看涨期权，同时通过卖出更高行权价格 $K_2(K_2 > K_1)$ 的期权而放弃了基础资产价格上升时的潜在盈利，作为对放弃潜在收益的补偿，投资者获得了一定的期权费收入。

此外，根据策略构建时所运用的期权类型，可以进一步细分牛市价差策略，具体如表3-8所示。

表3-8 不同成本与风险的牛市价差策略

序号	策略构建时的期权类型	策略成本	风险水平
1	两个期权均为虚值期权	低	高
2	较低行权价格的期权为实值期权，较高行权价格的期权为虚值期权	中	中
3	两个期权均为实值期权	高	低

下面通过看涨期权与看跌期权两个不同的示例具体演示如何构建牛市价差策略。

2. 看涨期权构建牛市价差策略的示例

【例3-8】 H金融机构于2022年11月2日通过在中国金融期货交易所交易的沪深300股指期权构建牛市价差策略，当天沪深300指数收盘价是3677.81点，策略运用的是"沪深300股指购2023年3月3400"期权合约和"沪深300股指购2023年3月4000"期权合约。这两张期权合约的信息如表3-9所示，关于沪深300股指期权合约的详细内容可以参见表1-2。

表3-9 在中国金融期货交易所挂牌交易的沪深300股指期权合约信息

合约代码	合约名称	行权价格	合约结算价 （2022年11月2日）	期权类型	到期日	合约乘数
IO2303-C-3400	沪深300股指购2023年3月3400	3400点	357.40点	欧式看涨期权	2023-03-17	每点100元
IO2303-C-4000	沪深300股指购2023年3月4000	4000点	77.80点			

数据来源：中国金融期货交易所。

H金融机构运用1张"沪深300股指购2023年3月3400"期权合约多头头寸和1张"沪深300股指购2023年3月4000"期权合约空头头寸构建牛市价差策略。

下面运用Python对策略建模，并分析当期权到期时沪深300指数与该策略收益的关系，具体编程分为2个步骤。

第1步：输入相关参数并构建策略模型。假定在合约到期日沪深300指数的取值是在区间[2500,5000]的等差数列，计算不同沪深300指数对应的策略到期收益。具体的代码如下：

```
In [60]: K1=3400                                      #较低的行权价格
    ...: K2=4000                                      #较高的行权价格
    ...: C1=357.4                                     #策略构建日（2022年11月2日）较低行权价格的看涨期权价格
    ...: C2=77.8                                      #策略构建日较高行权价格的看涨期权价格

In [61]: St=np.linspace(2500,5000,500)   #设定沪深300指数的等差数列并存放于数组

In [62]: n1=1                                         #较低行权价格的期权头寸数量（在后面示例中会被调用）
    ...: n2=1                                         #较高行权价格的期权头寸数量（在后面示例中会被调用）
    ...: m=100                                        #合约乘数是每点100元（在后面示例中会被调用）

In [63]: profit_longC1=n1*m*(np.maximum(St-K1,0)-C1)    #较低行权价格看涨期权多头头寸的到期收益
    ...: profit_shortC2=n2*m*(C2-np.maximum(St-K2,0))   #较高行权价格看涨期权空头头寸的到期收益

In [64]: bullspread_call=profit_longC1+profit_shortC2  #牛市价差策略的到期收益
```

第2步：对期权到期日的沪深300指数与策略到期收益的关系进行可视化（见图3-8）。具体的代码如下：

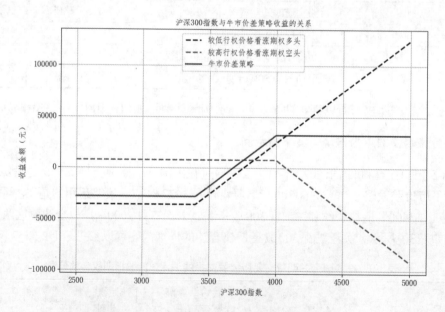

图3-8　沪深300指数与牛市价差策略收益的关系

```
In [65]: plt.figure(figsize=(9,6))
    ...: plt.plot(St,profit_longC1,'b--',label='较低行权价格看涨期权多头',lw=2)
    ...: plt.plot(St,profit_shortC2,'g--',label='较高行权价格看涨期权空头',lw=2)
    ...: plt.plot(St,bullspread_call,'r-',label='牛市价差策略',lw=2)
    ...: plt.xlabel('沪深300指数',fontsize=12)
```

```
...: plt.xticks(fontsize=12)
...: plt.ylabel('收益金额（元）',fontsize=12)
...: plt.yticks(fontsize=12)
...: plt.title('沪深300指数与牛市价差策略收益的关系',fontsize=12)
...: plt.legend(fontsize=12,loc=9)            #图例放在中上位置
...: plt.grid()
...: plt.show()
```

从图3-8可以看到，无论基础资产价格（沪深300指数）如何变化，牛市价差策略的最大收益和最大亏损都是固定的，并且可以发现策略收益的变动主要对应于沪深300指数处于3400点至4000点之间。

此外，在本小节开头部分提到牛市价差策略也能运用欧式看跌期权进行构造，下面就给出一个看跌期权的示例。

3. 看跌期权构建牛市价差策略的示例

【例3-9】 I金融机构在2022年11月4日运用看跌期权构造了一个牛市价差策略，当天沪深300指数收盘价是3767.17点，策略运用的是在中国金融期货交易所交易的"沪深300股指沽2023年6月3500"期权合约与"沪深300股指沽2023年6月4100"期权合约。这两张期权合约的信息如表3-10所示。

表3-10   在中国金融期货交易所交易的沪深300股指期权合约信息

合约代码	合约名称	行权价格	合约结算价（2022年11月4日）	期权类型	到期日	合约乘数
IO2306-P-3500	沪深300股指沽2023年6月3500	3500点	140.40点	欧式看跌期权	2023-06-16	每点100元
IO2306-P-4100	沪深300股指沽2023年6月4100	4100点	460.40点			

数据来源：中国金融期货交易所。

I金融机构运用1张"沪深300股指沽2023年6月3500"期权合约多头头寸和1张"沪深300股指沽2023年6月4100"期权合约空头头寸构建牛市价差策略。

下面，运用Python对策略建模，并分析在合约到期日沪深300指数与该策略收益的关系，假定在合约到期日沪深300指数的取值是在区间[2300,5300]的等差数列。同时，对合约到期日的沪深300指数与牛市价差策略收益的关系进行可视化（见图3-9）。具体的代码如下：

```
In [66]: K1=3500                #较低的行权价格
    ...: K2=4100                #较高的行权价格
    ...: P1=140.4               #策略构建日（2022年11月4日）较低行权价格的看跌期权价格
    ...: P2=460.4               #策略构建日较高行权价格的看跌期权价格

In [67]: St=np.linspace(2300,5300,500)                #设定沪深300指数的等差数列并存放于数组

In [68]: profit_longP1=n1*m*(np.maximum(K1-St,0)-P1)    #较低行权价看跌期权多头头寸的到期收益
    ...: profit_shortP2=n2*m*(P2-np.maximum(K2-St,0))    #较高行权价格看跌期权空头头寸的到期收益

In [69]: bullspread_put=profit_longP1+profit_shortP2    #牛市价差策略的到期收益

In [70]: plt.figure(figsize=(9,6))
```

```
...: plt.plot(St,profit_longP1,'b--',label='较低行权价格看跌期权多头',lw=2)
...: plt.plot(St,profit_shortP2,'g--',label='较高行权价格看跌期权空头',lw=2)
...: plt.plot(St,bullspread_put,'r-',label='牛市价差策略',lw=2)
...: plt.xlabel('沪深300指数',fontsize=12)
...: plt.xticks(fontsize=12)
...: plt.ylabel('收益金额（元）',fontsize=12)
...: plt.yticks(fontsize=12)
...: plt.title('沪深300指数与牛市价差策略收益的关系',fontsize=12)
...: plt.legend(fontsize=12,loc=9)                    #图例放在中上位置
...: plt.grid()
...: plt.show()
```

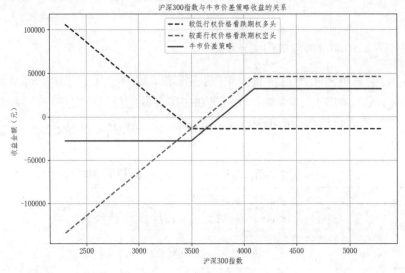

图3-9　沪深300指数与牛市价差策略收益的关系

从图3-9可以看到，用看跌期权构造的牛市价差策略在合约到期日的收益形态与用看涨期权构造的策略的收益形态（见图3-8）是十分相似的。区别在于，用看跌期权构造的牛市价差策略会给投资者在策略构建日带来一个正的现金流（忽略期权合约保证金的要求），这是因为较高行权价格的看跌期权价格会高于较低行权价格的看跌期权价格，比如在本例中，较高行权价格的期权价格为460.40点，约是较低行权价格的期权价格140.40点的3.28倍。

3.3.2　熊市价差策略

运用牛市价差策略的投资者预测基础资产价格将上升。与此相反，如果投资者预测基础资产价格未来将下跌，可以运用熊市价差策略。

熊市价差策略（bear spread strategy）能够由1张较高行权价格的欧式看跌期权多头头寸和1张较低行权价格的欧式看跌期权空头头寸进行构造，也可以由1张较高行权价格的欧式看涨期权多头头寸和1张较低行权价格的欧式看涨期权空头头寸组成。该策略可以用如下的简单式子表达：

$$熊市价差策略 = 较高行权价格的欧式看跌（看涨）期权多头头寸$$
$$+ 较低行权价格的欧式看跌（看涨）期权空头头寸 \qquad （式3-10）$$

注意，在熊市价差策略中，期权多头的行权价格高于期权空头的行权价格，这恰好与牛市

价差策略相反。

1. 收益表达式

表3-11归纳了在合约到期日熊市价差策略的收益表达式，并且以看跌期权为例。

表3-11 熊市价差策略的收益表达式（以看跌期权为例）

资产或策略	合约到期日的收益表达式	S_T 与 K 不同关系下的收益		
		$S_T > K_2$	$K_1 < S_T \leqslant K_2$	$S_T \leqslant K_1$
较低行权价格欧式看跌期权空头头寸	$P_1 - \max(K_1 - S_T, 0)$ P_1 表示较低行权价格的欧式看跌期权购买价格	P_1	P_1	$P_1 - K_1 + S_T$
较高行权价格欧式看跌期权多头头寸	$\max(K_2 - S_T, 0) - P_2$ P_2 表示较高行权价格的欧式看跌期权购买价格	$-P_2$	$K_2 - S_T - P_2$	$K_2 - S_T - P_2$
熊市价差策略	$P_1 - P_2 + \max(K_2 - S_T, 0)$ $-\max(K_1 - S_T, 0)$	$P_1 - P_2$	$P_1 - P_2 + K_2 - S_T$	$P_1 - P_2 + K_2 - K_1$

从表3-11可以看出，当 $S_T > K_2$ 时，熊市价差策略收益等于两个期权的价差；当 $K_1 < S_T \leqslant K_2$ 时，该策略收益等于两个期权的价差与较高行权价格期权到期收益的合计数；当 $S_T \leqslant K_1$ 时，该策略收益等于两个期权的价差与两个期权行权价格差额的合计数。下面，通过看跌期权与看涨期权的两个示例演示熊市价差策略。

2. 看跌期权构建熊市价差策略的示例

【例3-10】 J金融机构于2022年11月8日运用在中国金融期货交易所交易的沪深300股指期权构建熊市价差策略，当天沪深300指数收盘价是3749.33点，策略运用的是"沪深300股指沽2023年3月3600"期权合约和"沪深300股指沽2023年3月4200"期权合约。这两张期权合约的信息如表3-12所示。

表3-12 在中国金融期货交易所交易的沪深300股指期权合约信息

合约代码	合约名称	行权价格	合约结算价（2022年11月8日）	期权类型	到期日	合约乘数
IO2303-P-3600	沪深300股指沽2023年3月3600	3600点	107.80点	欧式看跌期权	2023-03-17	每点100元
IO2303-P-4200	沪深300股指沽2023年3月4200	4200点	466.20点			

数据来源：中国金融期货交易所。

J金融机构运用1张"沪深300股指沽2023年3月3600"期权合约空头头寸和1张"沪深300股指沽2023年3月4200"期权合约多头头寸来构建熊市价差策略。

下面运用Python对策略建模，并且分析在合约到期日沪深300指数与该策略收益的关系，同时假定在合约到期日沪深300指数的取值是在区间[2200,5200]的等差数列。同时，对合约到期日的沪深300指数与熊市价差策略收益的关系进行可视化（见图3-10）。具体的代码如下：

```
In [71]: K1=3600                        #较低的行权价格
   ...: K2=4200                        #较高的行权价格
   ...: P1=107.8                       #策略构建日(2022年11月8日)较低行权价格的看跌期权价格
   ...: P2=466.2                       #策略构建日较高行权价格的看跌期权价格

In [72]: St=np.linspace(2200,5200,500)                #设定沪深300指数的等差数列并存放于数组

In [73]: profit_shortP1=n1*m*(P1-np.maximum(K1-St,0))  #较低行权价格看跌期权空头头寸的到期收益
   ...: profit_longP2=n2*m*(np.maximum(K2-St,0)-P2)    #较高行权价格看跌期权多头头寸的到期收益

In [74]: bearspread_put=profit_shortP1+profit_longP2   #熊市价差策略的到期收益

In [75]: plt.figure(figsize=(9,6))
   ...: plt.plot(St,profit_shortP1,'b--',label='较低行权价格看跌期权空头',lw=2)
   ...: plt.plot(St,profit_longP2,'g--',label='较高行权价格看跌期权多头',lw=2)
   ...: plt.plot(St,bearspread_put,'r-',label='熊市价差策略',lw=2)
   ...: plt.xlabel('沪深300指数',fontsize=12)
   ...: plt.xticks(fontsize=12)
   ...: plt.ylabel('收益金额(元)',fontsize=12)
   ...: plt.yticks(fontsize=12)
   ...: plt.title('沪深300指数与熊市价差策略收益的关系',fontsize=12)
   ...: plt.legend(fontsize=12,loc=9)                  #图例放在中上位置
   ...: plt.grid()
   ...: plt.show()
```

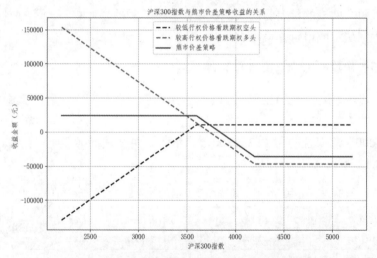

图3-10　沪深300指数与熊市价差策略收益的关系

从图3-10不难发现,在合约到期日,熊市价差策略的收益形态与牛市价差策略的(见图3-9)正好相反,也就是当基础资产价格下跌时,策略可以实现盈利,但是盈利有限;而当基础资产价格上涨时,策略会出现有限的亏损。由看跌期权构造的熊市价差策略在策略构建日会有现金流出,这是因为期权空头头寸的价格小于期权多头头寸的价格。

此外,本小节开头提到熊市价差策略可以由看涨期权构造,下面就通过具体示例进行讲解。

3. 看涨期权构建熊市价差策略的示例

【例3-11】 K金融机构在2022年11月11日运用看涨期权构建熊市价差策略,当天沪深300

指数收盘价是3788.44点，策略运用的是在中国金融期货交易所交易的"沪深300股指购2023年6月3500"期权合约和"沪深300股指购2023年6月4100"期权合约。这两张期权合约的信息如表3-13所示。

表3-13　在中国金融期货交易所交易的沪深300股指期权合约信息

合约代码	合约名称	行权价格	合约结算价（2022年11月11日）	期权类型	到期日	合约乘数
IO2306-C-3500	沪深300股指购2023年6月3500	3500点	426.20点	欧式看涨期权	2023-06-16	每点100元
IO2306-C-4100	沪深300股指购2023年6月4100	4100点	142.60点			

数据来源：中国金融期货交易所。

K金融机构运用1张"沪深300股指购2023年6月3500"期权合约空头头寸和1张"沪深300股指购2023年6月4100"期权合约多头头寸构建熊市价差策略。

下面运用Python对策略建模，并且分析在合约到期日沪深300指数与该策略收益的关系，同时假定在合约到期日沪深300指数的取值是在区间[2300,5300]的等差数列。同时，对合约到期日的沪深300指数与熊市价差策略收益的关系进行可视化（见图3-11）。具体的代码如下：

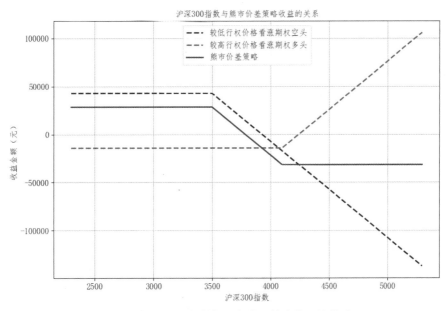

图3-11　沪深300指数与熊市价差策略收益的关系

```
In [76]: K1=3500          #较低的行权价格
    ...: K2=4100          #较高的行权价格
    ...: C1=426.2         #策略构建日（2022年11月11日）较低行权价格的看涨期权价格
    ...: C2=142.6         #策略构建日较高行权价格的看涨期权价格

In [77]: St=np.linspace(2300,5300,500)          #设定沪深300指数的等差数列并存放于数组

In [78]: profit_shortC1=n1*m*(C1-np.maximum(St-K1,0))          #较低行权价格看涨期权空头头寸的到期收益
    ...: profit_longC2=n2*m*(np.maximum(St-K2,0)-C2)           #较高行权价格看涨期权多头头寸的到期收益
```

```
In [79]: bearspread_call=profit_shortC1+profit_longC2    #熊市价差策略的到期收益

In [80]: plt.figure(figsize=(9,6))
    ...: plt.plot(St,profit_shortC1,'b--',label='较低行权价格看涨期权空头',lw=2)
    ...: plt.plot(St,profit_longC2,'g--',label='较高行权价格看涨期权多头',lw=2)
    ...: plt.plot(St,bearspread_call,'r-',label='熊市价差策略',lw=2)
    ...: plt.xlabel('沪深300指数',fontsize=12)
    ...: plt.xticks(fontsize=12)
    ...: plt.ylabel('收益金额（元）',fontsize=12)
    ...: plt.yticks(fontsize=12)
    ...: plt.title('沪深300指数与熊市价差策略收益的关系',fontsize=12)
    ...: plt.legend(fontsize=12,loc=9)                        #图例放在中上位置
    ...: plt.grid()
    ...: plt.show()
```

从图3-11不难发现，在合约到期日，由看涨期权所构造的熊市价差策略收益形态与用看跌期权构建的策略的收益形态（见图3-10）是很相似的。但是区别在于，运用看涨期权在策略构建日会有现金流入，这是因为较低行权价格的看涨期权价格会高于较高行权价格的看涨期权价格，比如在本例中，较低行权价格的期权价格为426.20点，约是较高行权价格期权价格142.60点的2.99倍，这与例3-9运用看跌期权构建牛市价差策略是很类似的。

3.3.3 盒式价差策略

盒式价差策略（box spread strategy），也称**箱式价差策略**，是由一个牛市价差策略与一个熊市价差策略叠加而成。其中，牛市价差策略是通过行权价格分别为 K_1 与 K_2 的欧式看涨期权所构造的，熊市价差策略是通过相应行权价格为 K_1 和 K_2 的欧式看跌期权所构造的，并且 $K_1 < K_2$。该策略可以表达为如下简单的式子：

盒式价差策略 = 牛市价差策略 + 熊市价差策略
 = 较低行权价格的欧式看涨期权多头头寸 + 较高行权价格的欧式看涨期权空头头寸
 + 较低行权价格的欧式看跌期权空头头寸 + 较高行权价格的欧式看跌期权多头头寸

（式3-11）

1. 收益表达式

表3-14归纳了在合约到期日，盒式价差策略的收益表达式。

表3-14 盒式价差策略的收益表达式

资产或策略	合约到期日收益表达式	S_T 与 K 不同关系下的收益		
		$S_T > K_2$	$K_1 < S_T \leqslant K_2$	$S_T \leqslant K_1$
较低行权价格欧式看涨期权多头头寸	$\max(S_T - K_1, 0) - C_1$	$S_T - K_1 - C_1$	$S_T - K_1 - C_1$	$-C_1$
较高行权价格欧式看涨期权空头头寸	$C_2 - \max(S_T - K_2, 0)$	$C_2 - S_T + K_2$	C_2	C_2
较低行权价格欧式看跌期权空头头寸	$P_1 - \max(K_1 - S_T, 0)$	P_1	P_1	$P_1 - K_1 + S_T$

续表

资产或策略	合约到期日收益表达式	S_T 与 K 不同关系下的收益		
		$S_T > K_2$	$K_1 < S_T \leqslant K_2$	$S_T \leqslant K_1$
较高行权价格欧式看跌期权多头头寸	$\max(K_2 - S_T, 0) - P_2$	$-P_2$	$K_2 - S_T - P_2$	$K_2 - S_T - P_2$
盒式价差策略	$C_2 - C_1 + P_1 - P_2 + K_2 - K_1$			

根据表3-14，盒式价差策略在期权到期日的收益恒等于 $C_2 - C_1 + P_1 - P_2 + K_2 - K_1$，因此该策略的现值就是 $(C_2 - C_1 + P_1 - P_2 + K_2 - K_1)\mathrm{e}^{-rT}$，其中 r 代表连续复利的无风险利率，T 代表合约的期限。

当盒式价差策略的市场价值与现值不一致时，市场将会产生套利机会，具体分以下的两种情形。

情形1：盒式价差策略的市场价值低于现值，套利者可以通过买入盒式价差策略来获取无风险收益。具体的套利交易如下：持有行权价格 K_1 看涨期权与行权价格 K_2 看跌期权的多头头寸，同时持有行权价格 K_2 看涨期权与行权价格 K_1 看跌期权的空头头寸。

情形2：盒式价差策略的市场价值高于现值，套利者可以采用卖出盒式价差策略来获取无风险收益。具体的套利交易如下：持有行权价格 K_2 看涨期权与行权价格 K_1 看跌期权的多头头寸，同时持有行权价格 K_1 看涨期权与行权价格 K_2 看跌期权的空头头寸。

需要注意的是，由于美式期权可以提前行权，因此盒式价差策略对美式期权不适用，仅仅适用于欧式期权。下面通过一个具体示例讲解如何运用牛市价差策略与熊市价差策略构造出盒式价差策略。

2. 一个示例

【例3-12】 L金融机构于2022年9月16日通过在中国金融期货交易所交易的沪深300股指期权构建盒式价差策略，当天沪深300指数收盘价是3932.68点，策略运用的是"沪深300股指购2023年6月3700""沪深300股指购2023年6月4500""沪深300股指沽2023年6月3700""沪深300股指沽2023年6月4500"期权合约。这4张期权合约的信息如表3-15所示。

表3-15 在中国金融期货交易所挂牌交易的沪深300股指期权合约信息

合约代码	合约名称	行权价格	合约结算价（2022年9月16日）	期权类型	到期日	合约乘数
IO2306-C-3700	沪深300股指购2023年6月3700	3700点	383.60点	欧式看涨期权	2023-6-16	每点100元
IO2306-C-4500	沪深300股指购2023年6月4500	4500点	81.80点			
IO2306-P-3700	沪深300股指沽2023年6月3700	3700点	175.20点	欧式看跌期权		
IO2306-P-4500	沪深300股指沽2023年6月4500	4500点	655.80点			

数据来源：中国金融期货交易所。

因此，L金融机构运用1张"沪深300股指购2023年6月3700"期权合约多头头寸、1张"沪深300股指购2023年6月4500"期权合约空头头寸、1张"沪深300股指沽2023年6月3700"期权合约空头头寸以及1张"沪深300股指沽2023年6月4500"期权合约多头头寸构建盒式价差策略。下面，运用Python对策略建模，相关编程一共分为两个步骤。

第1步：分析在合约到期日沪深300指数与该策略收益的关系。假定在合约到期日沪深300指数的取值是在区间[3000,5000]的等差数列。同时，对合约到期日的沪深300指数与盒式价差策略收益的关系进行可视化（见图3-12）。具体的代码如下：

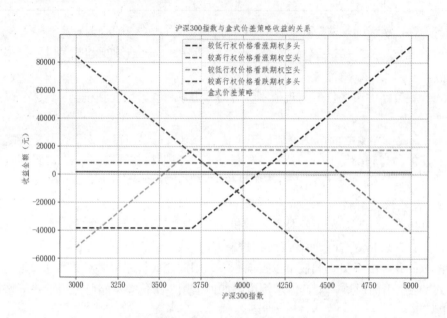

图3-12 沪深300指数与盒式价差策略收益的关系

```
In [81]: K1=3700          #较低的行权价格
   ...: K2=4500          #较高的行权价格
   ...: C1=383.6         #策略构建日（2022年9月16日）较低行权价格的看涨期权价格
   ...: C2=81.8          #策略构建日较高行权价格的看涨期权价格
   ...: P1=175.2         #策略构建日较低行权价格的看跌期权价格
   ...: P2=655.8         #策略构建日较高行权价格的看跌期权价格

In [82]: St=np.linspace(3000,5000,500)                #设定沪深300指数的等差数列并存放于数组

In [83]: profit_longC1=n1*m*(np.maximum(St-K1,0)-C1)   #较低行权价格看涨期权多头头寸的到期收益
   ...: profit_shortP1=n1*m*(P1-np.maximum(K1-St,0))   #较低行权价格看跌期权空头头寸的到期收益

In [84]: profit_shortC2=n2*m*(C2-np.maximum(St-K2,0))  #较高行权价格看涨期权空头头寸的到期收益
   ...: profit_longP2=n2*m*(np.maximum(K2-St,0)-P2)    #较高行权价格看跌期权多头头寸的到期收益

In [85]: boxspread=profit_longC1+profit_shortC2+profit_shortP1+profit_longP2 #盒式价差策略的
到期收益

In [86]: plt.figure(figsize=(9,6))
   ...: plt.plot(St,profit_longC1,'b--',label='较低行权价格看涨期权多头',lw=2)
   ...: plt.plot(St,profit_shortC2,'g-',label='较高行权价格看涨期权空头',lw=2)
   ...: plt.plot(St,profit_shortP1,'c--',label='较低行权价格看跌期权空头',lw=2)
   ...: plt.plot(St,profit_longP2,'m--',label='较高行权价格看跌期权多头',lw=2)
```

```
...: plt.plot(St,boxspread,'r-',label='盒式价差策略',lw=2)
...: plt.xlabel('沪深300指数',fontsize=12)
...: plt.xticks(fontsize=12)
...: plt.ylabel('收益金额（元）',fontsize=12)
...: plt.yticks(fontsize=12)
...: plt.title('沪深300指数与盒式价差策略收益的关系',fontsize=12)
...: plt.legend(fontsize=12,loc=9)                    #图例放在中上位置
...: plt.grid()
...: plt.show()
```

从图3-12不难发现，在合约到期日，无论基础资产价格（沪深300指数）如何变化，盒式价差策略的收益总是保持不变的。

第2步：计算该策略的到期收益在策略构建日的现值。以9个月国债收益率作为贴现利率并且在策略构建日的报价（连续复利）是1.7888%。具体的代码如下：

```
In [87]: import datetime as dt            #导入datetime模块

In [88]: t0=dt.datetime(2022,9,16)        #创建策略构建日的时间
    ...: t1=dt.datetime(2023,6,16)        #创建期权到期日的时间
    ...: tenor=(t1-t0).days/365           #计算合约期限（年）

In [89]: R_9M=0.017888                    #策略构建日的贴现利率

In [90]: PV_boxspread=boxspread[0]*np.exp(-R_9M*tenor) #策略构建日该策略的收益现值
    ...: print('盒式价差策略的到期收益在策略构建日的现值（元）',round(PV_boxspread,2))
盒式价差策略的到期收益在策略构建日的现值（元） 1736.61
```

根据以上的代码输出结果，可以看到在策略构建日该盒式价差策略收益现值为正，这意味着通过该策略能够实现一定的正收益。

3.3.4 蝶式价差策略

蝶式价差策略（butterfly spread strategy）由3种具有不同行权价格，但期限相同的期权组成。

常见的构造方式是，1张较低行权价格 K_1 的欧式看涨期权多头头寸、1张较高行权价格 K_3 的欧式看涨期权多头头寸，以及2张行权价格 K_2 的欧式看涨期权空头头寸，其中 K_2 是 K_1 与 K_3 的中间值，即 $K_2 = (K_1 + K_3) / 2$。一般而言，K_2 接近于基础资产的当前价格。

同时，蝶式价差策略也可以运用欧式看跌期权进行构造，构造的思路与欧式看涨期权的一致。

该策略用简单的表达式描述如下：

$$\begin{aligned}蝶式价差策略 =&1张较低行权价格的欧式看涨（看跌）期权多头头寸 +\\&1张较高行权价格的欧式看涨（看跌）期权多头头寸 + \quad （式3-12）\\&2张中间行权价格的欧式看涨（看跌）期权空头头寸\end{aligned}$$

蝶式价差策略比较适用于预期基础资产价格不会有太大波动并且要求期初投资成本较低的情形。

1. 收益表达式

表3-16归纳了在期权到期日蝶式价差策略的收益表达式，并且以欧式看涨期权为例。

表3-16　蝶式价差策略的收益表达式（以欧式看涨期权为例）

资产或策略	期权到期日收益表达式	S_T 与 K 不同关系下的收益			
		$S_T > K_3$	$K_2 < S_T \leqslant K_3$	$K_1 < S_T \leqslant K_2$	$S_T \leqslant K_1$
较低行权价格欧式看涨期权多头头寸	$\max(S_T - K_1, 0) - C_1$ K_1 表示较低的行权价格； C_1 表示较低行权价格欧式看涨期权购买价格	$S_T - K_1 - C_1$			$-C_1$
两张中间行权价格欧式看涨期权空头头寸	$2\left[C_2 - \max(S_T - K_2, 0)\right]$ K_2 表示中间的行权价格； C_2 表示中间行权价格欧式看涨期权购买价格	$2C_2 - 2(S_T - K_2)$		$2C_2$	
较高行权价格欧式看涨期权多头头寸	$\max(S_T - K_3, 0) - C_3$ K_3 表示较高的行权价格； C_3 表示较高行权价格欧式看涨期权购买价格	$S_T - K_3 - C_3$		$-C_3$	
蝶式价差策略	$2C_2 - C_1 - C_3 + \max(S_T - K_1, 0)$ $+ \max(S_T - K_3, 0)$ $- 2\max(S_T - K_2, 0)$	$2C_2 - C_1 - C_3$	$2C_2 - C_1 - C_3 +$ $2K_2 - K_1 - S_T$	$2C_2 - C_1 -$ $C_3 + S_T - K_1$	$2C_2 - C_1 - C_3$

根据表3-16可以得到，只有当 $K_1 < S_T \leqslant K_3$，该策略的收益才是浮动的，并且会受到基础资产价格 S_T 变化的影响；除此以外，蝶式价差策略的收益是一个常数。下面通过看涨期权与看跌期权两个示例具体讲解蝶式价差策略。

2. 看涨期权构建蝶式价差策略的示例

【例3-13】M金融机构于2022年10月25日运用在中国金融期货交易所交易的沪深300股指期权构建了蝶式价差策略，当天沪深300指数收盘价是3627.45点，策略运用的是"沪深300股指购2023年3月3300""沪深300股指购2023年3月3600""沪深300股指购2023年3月3900"期权合约。这3张期权合约的信息如表3-17所示。

表3-17　在中国金融期货交易所挂牌交易的沪深300股指期权合约信息

合约代码	合约名称	行权价格	合约结算价 （2022年10月25日）	期权类型	到期日	合约乘数
IO2303-C-3300	沪深300股指购 2023年3月3300	3300点	402.00点	欧式看涨期权	2023-03-17	每点100元
IO2303-C-3600	沪深300股指购 2023年3月3600	3600点	213.80点			
IO2303-C-3900	沪深300股指购 2023年3月3900	3900点	100.00点			

数据来源：中国金融期货交易所。

因此，运用1张"沪深300股指购2023年3月3300"期权合约多头头寸、1张"沪深300股指购2023年3月3900"期权合约多头头寸以及2张"沪深300股指购2023年3月3600"期权合约空头头寸来构建蝶式价差策略。

下面运用Python对策略建模，并分析在合约到期日沪深300指数与该策略收益的关系，同时假定在合约到期日沪深300指数的取值是在区间[2700,4500]的等差数列。同时，对合约到期日的沪深300指数与蝶式价差策略收益的关系进行可视化（见图3-13）。具体的代码如下：

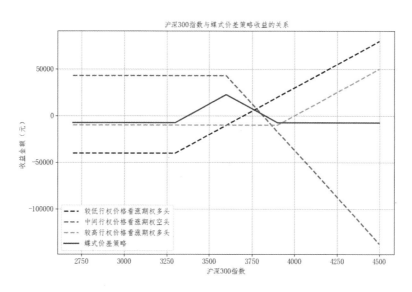

图3-13 沪深300指数与蝶式价差策略收益的关系

```
In [91]: K1=3300              #较低的行权价格
    ...: K2=3600              #中间的行权价格
    ...: K3=3900              #较高的行权价格
    ...: C1=402               #策略构建日（2022年10月25日）较低行权价格的看涨期权价格
    ...: C2=213.8             #策略构建日中间行权价格的看涨期权价格
    ...: C3=100               #策略构建日较高行权价格的看涨期权价格

In [92]: St=np.linspace(2700,4500,500)   #设定沪深300指数的等差数列并存放于数组

In [93]: N1=1                #较低行权价格的期权多头头寸数量
    ...: N2=2                #中间行权价格的期权空头头寸数量
    ...: N3=1                #较高行权价格的期权多头头寸数量

In [94]: profit_longC1=N1*m*(np.maximum(St-K1,0)-C1)        #较低行权价格看涨期权多头头寸的到期收益
    ...: profit_shortC2=N2*m*(C2-np.maximum(St-K2,0))       #中间行权价格看涨期权空头头寸的到期收益
    ...: profit_longC3=N3*m*(np.maximum(St-K3,0)-C3)        #较高行权价格看涨期权多头头寸的到期收益

In [95]: buttpread_call=profit_longC1+profit_shortC2+profit_longC3  #蝶式价差策略的到期收益

In [96]: plt.figure(figsize=(9,6))
    ...: plt.plot(St,profit_longC1,'b--',label='较低行权价格看涨期权多头',lw=2)
    ...: plt.plot(St,profit_shortC2,'g--',label='中间行权价格看涨期权空头',lw=2)
    ...: plt.plot(St,profit_longC3,'c--',label='较高行权价格看涨期权多头',lw=2)
    ...: plt.plot(St,buttpread_call,'r-',label='蝶式价差策略',lw=2)
    ...: plt.xlabel('沪深300指数',fontsize=12)
    ...: plt.xticks(fontsize=12)
```

```
...: plt.ylabel('收益金额（元）',fontsize=12)
...: plt.yticks(fontsize=12)
...: plt.title('沪深300指数与蝶式价差策略收益的关系',fontsize=12)
...: plt.legend(fontsize=12)
...: plt.grid()
...: plt.show()
```

从图 3-13 可以看到，蝶式价差策略的收益形态类似于三角形，并且实现盈利所对应的基础资产价格区间也比较狭窄。在本例中，通过图 3-13 可以判断出，在合约到期日沪深 300 指数大致处于 3400 点至 3800 点的区间时，策略的收益为正。

此外，在本小节开头提到可以运用看跌期权构建蝶式价差策略，下面运用看跌期权的示例进行演示。

3. 看跌期权构建蝶式价差策略的示例

【例 3-14】 N 金融机构在 2022 年 10 月 31 日运用看跌期权构建蝶式价差策略，当天沪深 300 指数收盘价是 3508.70 点，策略中运用的是在中国金融期货交易所交易的"沪深 300 股指沽 2023 年 6 月 3200""沪深 300 股指沽 2023 年 6 月 3500""沪深 300 股指沽 2023 年 6 月 3800"期权合约。这 3 张期权合约的信息如表 3-18 所示。

表 3-18 在中国金融期货交易所交易的沪深 300 股指期权合约信息

合约代码	合约名称	行权价格	期权价格（2022 年 10 月 31 日）	期权类型	到期日	合约乘数
IO2306-P-3200	沪深 300 股指沽 2023 年 6 月 3200	3200 点	131.60 点	欧式看跌期权	2023-06-16	每点 100 元
IO2306-P-3500	沪深 300 股指沽 2023 年 6 月 3500	3500 点	265.60 点			
IO2306-P-3800	沪深 300 股指沽 2023 年 6 月 3800	3800 点	451.80 点			

数据来源：中国金融期货交易所。

因此，运用 1 张"沪深 300 股指沽 2023 年 6 月 3200"期权合约多头头寸、1 张"沪深 300 股指沽 2023 年 6 月 3800"期权合约多头头寸以及 2 张"沪深 300 股指沽 2023 年 6 月 3500"期权合约空头头寸构建蝶式价差策略。

下面运用 Python 对策略建模，并分析在合约到期日沪深 300 指数与该策略收益的关系，同时假定在合约到期日沪深 300 指数的取值是在区间[2500,4500]的等差数列。同时，对合约到期日的沪深 300 指数与蝶式价差策略收益的关系进行可视化（见图 3-14）。具体的代码如下：

```
In [97]: K1=3200             #较低的期权行权价格
   ...: K2=3500             #中间的期权行权价格
   ...: K3=3800             #较高的期权行权价格
   ...: P1=131.6            #策略构建日（2022 年 10 月 31 日）较低行权价格的看跌期权价格
   ...: P2=265.6            #策略构建日中间行权价格的看跌期权价格
   ...: P3=451.8            #策略构建日较高行权价格的看跌期权价格

In [98]: St=np.linspace(2500,4500,500)              #设定沪深 300 指数的等差数列并存放于数组

In [99]: profit_longP1=N1*m*(np.maximum(K1-St,0)-P1)   #较低行权价格看跌期权多头头寸的到期收益
```

```
    ...: profit_shortP2=N2*m*(P2-np.maximum(K2-St,0))    #中间行权价格看跌期权空头头寸的到期收益
    ...: profit_longP3=N3*m*(np.maximum(K3-St,0)-P3)    #较高行权价格看跌期权多头头寸的到期收益

In [100]: buttpread_put=profit_longP1+profit_shortP2+profit_longP3    #蝶式价差策略的到期收益

In [101]: plt.figure(figsize=(9,6))
    ...: plt.plot(St,profit_longP1,'b--',label='较低行权价格看跌期权多头',lw=2)
    ...: plt.plot(St,profit_shortP2,'g--',label='中间行权价格看跌期权空头',lw=2)
    ...: plt.plot(St,profit_longP3,'c--',label='较高行权价格看跌期权多头',lw=2)
    ...: plt.plot(St,buttpread_put,'r-',label='蝶式价差策略',lw=2)
    ...: plt.xlabel('沪深300指数',fontsize=12)
    ...: plt.xticks(fontsize=12)
    ...: plt.ylabel('收益金额（元）',fontsize=12)
    ...: plt.yticks(fontsize=12)
    ...: plt.title('沪深300指数与蝶式价差策略的关系',fontsize=12)
    ...: plt.legend(fontsize=12)
    ...: plt.grid()
    ...: plt.show()
```

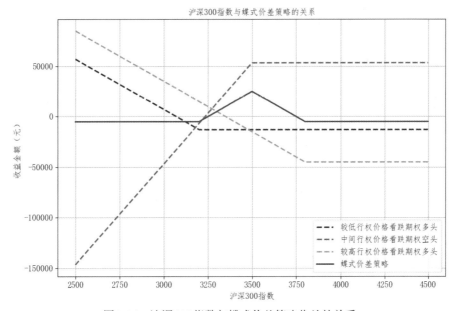

图3-14　沪深300指数与蝶式价差策略收益的关系

从图3-14可以发现，运用看跌期权构造的蝶式价差策略的收益形态与运用看涨期权构造的策略的收益形态（见图3-13）是非常相似的。

3.3.5　日历价差策略

前面讨论的价差策略都有一个共同的特点，就是构造策略的期权具有相同的合约到期日。采用具有相同的行权价格但是不同到期日的期权所构造的价差策略，称为**日历价差策略**（calendar spread strategy）。

日历价差策略通常可以通过1张到期日较近的欧式看涨期权空头头寸与1张相同行权价格、到期日较远的欧式看涨期权多头头寸构造得到。策略到期日通常与较近的期权到期日保持一致，由于到期日较远的期权依然处于存续状态，因此假定此时投资者对到期日较远的期权合

约进行平仓。

同样,日历价差策略也可以通过欧式看跌期权进行构造,并且构造思路与欧式看涨期权类似。

该策略可以通过如下的简单式子进行描述:

日历价差策略 = 到期日较近的欧式看涨(看跌)期权空头头寸

+ 到期日较远的欧式看涨(看跌)期权多头头寸　　　(式3-13)

1. 收益表达式

表3-19归纳了日历价差策略的到期收益表达式,并且以欧式看涨期权为例。

表3-19　日历价差策略的收益(以欧式看涨期权为例)

资产类型或策略	策略到期日的收益表达式	S_T 与 K 不同关系下的收益	
		$S_T > K$	$S_T \leq K$
到期日较近的欧式看涨期权空头头寸	$C_1 - \max(S_T - K, 0)$ C_1 表示到期日较近的看涨期权在策略构建日的价格; S_T 表示在策略到期日的基础资产价格	$C_1 - S_T + K$	C_1
到期日较远的欧式看涨期权多头头寸	$C_T - C_2$ C_2 表示到期日较远的看涨期权在策略构建日的价格; C_T 表示到期日较远的看涨期权在策略到期日的价格	$C_T - C_2$	$C_T - C_2$
日历价差策略	$C_1 + C_T - C_2 - \max(S_T - K, 0)$	$C_1 + C_T - C_2 - S_T + K$	$C_1 + C_T - C_2$

从表3-19可以看到,当 $S_T > K$ 时,日历价差策略的收益等于 $C_1 + C_T - C_2 - S_T + K$;当 $S_T \leq K$ 时,策略收益等于 $C_1 + C_T - C_2$ 。

此外,根据在策略构建日,选择的行权价格与基础资产价格的不同关系,可以将日历价差策略进一步细分为3个子策略,具体见表3-20。

表3-20　日历价差策略的子策略及特征

子策略名称	行权价格与基础资产价格的关系
中性日历价差策略 (neutral calendar spread strategy)	在策略构建日,选取的行权价格接近于基础资产的当前价格
牛市日历价差策略 (bullish calendar spread strategy)	在策略构建日,选取的行权价格显著高于基础资产的当前价格
熊市日历价差策略 (bearish calendar spread strategy)	在策略构建日,选取的行权价格显著低于基础资产的当前价格

下面,就通过两个示例分别讲解如何运用欧式看涨期权、欧式看跌期权构建日历价差策略。

2. 看涨期权构建日历价差策略的示例

【例3-15】　O金融机构于2022年9月16日运用在中国金融期货交易所挂牌交易的沪深

300股指期权构建日历价差策略，当天沪深300指数收盘价是3932.68点，策略中运用的是"沪深300股指购2022年12月4000"和"沪深300股指购2023年3月4000"期权合约。这两张合约的信息如表3-21所示。

表3-21 在中国金融期货交易所挂牌交易的沪深300股指期权合约信息

合约代码	合约名称	行权价格	合约结算价（2022年9月16日）	到期日	期权类型	合约乘数
IO2212-C-4000	沪深300股指购2022年12月4000	4000点	120.20点	2022-12-16	欧式看涨期权	每点100元
IO2303-C-4000	沪深300股指购2023年3月4000	4000点	180.00点	2023-03-17		

数据来源：中国金融期货交易所。

因此，运用1张"沪深300股指购2022年12月4000"期权合约空头头寸、1张"沪深300股指购2023年3月4000"期权合约多头头寸构建日历价差策略。

下面运用Python对策略建模，并分析在策略到期日2022年12月16日（即较近的合约到期日），沪深300指数与该策略收益的关系。具体的编程分为3个步骤。

第1步：输入以上的相关参数，同时设定在2022年12月16日沪深300指数的取值是在区间[3000,5000]的等差数列，计算"沪深300股指购2022年12月4000"期权合约空头头寸的收益情况。具体代码如下：

```
In [102]: K_call=4000                #行权价格
     ...: C1=120.2                   #策略构建日（2022年9月16日）较近到期日的看涨期权价格
     ...: C2=180                     #策略构建日较远到期日的看涨期权价格

In [103]: St=np.linspace(3000,5000,500)    #设定沪深300指数的等差数列并存放于数组

In [104]: n1=1                       #较近到期日的期权空头头寸数量
     ...: n2=1                       #较远到期日的期权多头头寸数量

In [105]: profit_shortC1=n1*m*(C1-np.maximum(St-K_call,0))   #较近到期日看涨期权空头头寸的到期收益
```

第2步：运用1.4.3小节的Python自定义函数BTM_Nstep，通过二叉树模型计算2022年12月16日"沪深300股指购2023年3月4000"的期权价值；其中，沪深300指数的波动率为20.88%，以3个月国债收益率作为无风险利率并且当天的报价是2.1057%（连续复利），二叉树模型的步数设定为100步。具体的代码如下：

```
In [106]: def BTM_Nstep(S,K,sigma,r,T,N,types):    #1.4.3小节的自定义函数
     ...:     '''N步二叉树模型计算欧式期权价值的函数
     ...:     S: 基础资产当前的价格；
     ...:     K: 期权的行权价格；
     ...:     sigma: 基础资产的波动率；
     ...:     r: 连续复利的无风险利率；
     ...:     T: 期权的期限（年）；
     ...:     N: 二叉树模型的步数；
     ...:     types: 期权类型，输入call表示欧式看涨期权，输入其他表示欧式看跌期权'''
     ...:     from math import factorial            #导入math模块的factorial函数（计算阶乘）
```

```
    ...:     from numpy import exp,maximum,sqrt #导入NumPy模块的exp、maximum和sqrt函数
    ...:     t=T/N                              #计算每一步步长期限（年）
    ...:     u=exp(sigma*sqrt(t))               #计算基础资产价格上涨时的比例
    ...:     d=1/u                              #计算基础资产价格下跌时的比例
    ...:     p=(exp(r*t)-d)/(u-d)               #计算基础资产价格上涨的概率
    ...:     N_list=range(0,N+1)                #创建从0到N的整数数列
    ...:     A=[]                               #创建一个空列表
    ...:     for j in N_list:
    ...:         C_Nj=maximum(S*pow(u,j)*pow(d,N-j)-K,0)   #计算合约到期时某节点的期权价值
    ...:         Num=factorial(N)/(factorial(j)*factorial(N-j))   #到达合约到期节点的路径数量
    ...:         A.append(Num*pow(p,j)*pow(1-p,N-j)*C_Nj)  #在列表尾部每次增加一个新元素
    ...:     call=exp(-r*T)*sum(A)              #计算看涨期权的初始价值（式1-62）
    ...:     put=call+K*np.exp(-r*T)-S          #计算看跌期权的初始价值（运用看跌-看涨平价关系式）
    ...:     if types=='call':                  #针对看涨期权
    ...:         value=call                     #期权价值等于看涨期权的价值
    ...:     else:                              #针对看跌期权
    ...:         value=put                      #期权价值等于看跌期权的价值
    ...:     return value

In [107]: t0=dt.datetime(2022,12,16)           #策略到期日
    ...: t1=dt.datetime(2023,3,17)             #较远的合约到期日
    ...: tenor=(t1-t0).days/365                #在策略到期日较远到期期权的剩余期限

In [108]: Sigma_HS300=0.2088                   #沪深300指数的波动率
    ...: R_3M=0.021057                         #策略到期日的无风险利率（3个月）
    ...: step=100                              #二叉树模型的步数

In [109]: Ct=np.ones_like(St)                  #创建存放较远到期日看涨期权价值的数组

In [110]: for i in range(len(Ct)):
    ...:     Ct[i]=BTM_Nstep(S=St[i],K=K_call,sigma=Sigma_HS300,r=R_3M,T=tenor,
    ...:                      N=step,types='call')   #计算较远到期看涨期权的价值

In [111]: profit_longC2=n2*m*(Ct-C2)           #在策略到期日较远到期的看涨期权多头头寸收益
```

第3步：测算日历价差策略的到期收益。将2022年12月16日沪深300指数与该策略到期收益的关系进行可视化（见图3-15）。具体的代码如下：

```
In [112]: calenspread_call=profit_shortC1+profit_longC2  #策略到期日日历价差策略的收益

In [113]: plt.figure(figsize=(9,6))
    ...: plt.plot(St,profit_shortC1,'b--',label='较近到期日的看涨期权空头',lw=2)
    ...: plt.plot(St,profit_longC2,'g--',label='较远到期日的看涨期权多头',lw=2)
    ...: plt.plot(St,calenspread_call,'r-',label='日历价差策略',lw=2)
    ...: plt.xlabel('沪深300指数',fontsize=12)
    ...: plt.xticks(fontsize=12)
    ...: plt.ylabel('收益金额（元）',fontsize=12)
    ...: plt.yticks(fontsize=12)
    ...: plt.title('沪深300指数与日历价差策略收益的关系',fontsize=12)
    ...: plt.legend(fontsize=12,loc=9)          #图例放在中上位置
    ...: plt.grid()
    ...: plt.show()
```

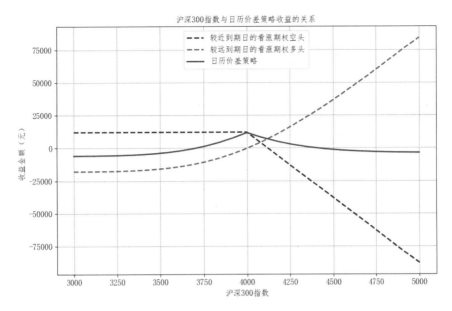

图 3-15 沪深 300 指数与日历价差策略收益的关系

从图 3-15 可以得出结论,在策略到期日,如果基础资产价格在行权价格附近,该策略可以产生一定的盈利;相反,如果基础资产价格远高于或者远低于行权价格,策略会使投资者蒙受一定的损失。

3. 看跌期权构建日历价差策略的示例

【例 3-16】 P 金融机构在 2022 年 9 月 30 日运用看跌期权构建蝶式价差策略,当天沪深 300 指数收盘价是 3804.89 点,策略中运用的是在中国金融期货交易所交易的"沪深 300 股指沽 2022 年 12 月 3800"和"沪深 300 股指沽 2023 年 6 月 3800"期权合约。这两张期权合约的信息如表 3-22 所示。

表 3-22 在中国金融期货交易所交易的沪深 300 股指期权合约信息

合约代码	合约名称	行权价格	合约结算价 (2022 年 9 月 30 日)	到期日	期权类型	合约乘数
IO2212-P-3800	沪深 300 股指沽 2022 年 12 月 3800	3800 点	131.40 点	2022-12-16	欧式看跌期权	每点 100 元
IO2306-P-3800	沪深 300 股指沽 2023 年 6 月 3800	3800 点	263.80 点	2023-6-16		

数据来源:中国金融期货交易所。

因此,运用 1 张"沪深 300 股指沽 2022 年 12 月 3800"期权合约空头头寸、1 张"沪深 300 股指沽 2023 年 6 月 3800"期权合约多头头寸构建日历价差策略,该策略实质是中性日历价差策略。

运用 Python 对策略建模,并分析在策略到期日 2022 年 12 月 16 日(较近的合约到期日),沪深 300 指数与该策略收益的关系(见图 3-16)。设定在 2022 年 12 月 16 日沪深 300 指数的取值是在区间 [2800,4800] 的等差数列,针对较远到期的"沪深 300 股指沽 2023 年 6 月 3800"期权价值的测算方法与例 3-15 相同,也是采用 100 步的二叉树模型,无风险利率采用的是 6 个月国债收益率并且当天报价为 2.1871%(连续复利)。具体代码如下:

```
In [114]: K_put=3800                #期权行权价格
     ...: P1=131.4                  #策略构建日（2022年9月30日）较近到期日的看跌期权价格
     ...: P2=263.8                  #策略构建日较远到期日的看跌期权价格
     ...: R_6M=0.021871             #策略到期日的无风险利率（6个月）

In [115]: T0=dt.datetime(2022,12,16)      #策略到期日
     ...: T1=dt.datetime(2023,6,16)       #较远的合约到期日
     ...: Tenor=(T1-T0).days/365          #在策略到期日较远到期的期权剩余期限

In [116]: St=np.linspace(2800,4800,500)   #设定沪深300指数的等差数列并存放于数组

In [117]: profit_shortP1=n1*m*(P1-np.maximum(K_put-St,0))    #较近到期日看跌期权空头头寸的到期收益

In [118]: Pt=np.ones_like(St)             #创建存放较远到期的看跌期权价值数组

In [119]: for i in range(len(Pt)):
     ...:     Pt[i]=BTM_Nstep(S=St[i],K=K_put,sigma=Sigma_HS300,r=R_6M,T=Tenor,
     ...:                     N=step,types='put')           #计算较远到期的看跌期权价值

In [120]: profit_longP2=n2*m*(Pt-P2)      #在策略到期日较远到期的看跌期权多头头寸收益

In [121]: calenspread_put=profit_shortP1+profit_longP2      #策略到期日日历价差策略收益

In [122]: plt.figure(figsize=(9,6))
     ...: plt.plot(St,profit_shortP1,'b--',label='较近到期日看跌期权空头',lw=2)
     ...: plt.plot(St,profit_longP2,'g--',label='较远到期日看跌期权多头',lw=2)
     ...: plt.plot(St,calenspread_put,'r-',label='日历价差策略',lw=2)
     ...: plt.xlabel('沪深300指数',fontsize=12)
     ...: plt.xticks(fontsize=12)
     ...: plt.ylabel('收益金额（元）',fontsize=12)
     ...: plt.yticks(fontsize=12)
     ...: plt.title('沪深300指数与日历价差策略收益的关系',fontsize=12)
     ...: plt.legend(fontsize=12,loc=9)                     #图例放在中上位置
     ...: plt.grid()
     ...: plt.show()
```

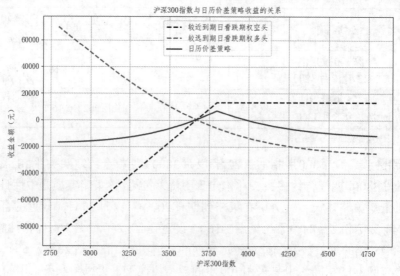

图3-16　沪深300指数与日历价差策略收益的关系

图 3-16 是运用看跌期权构造的日历价差策略收益形态，其与图 3-15 运用看涨期权构建的策略的收益形态是比较相似的。同时，对比这两幅图也可以发现，相比看涨期权，运用看跌期权构建的日历价差策略实现盈利所对应的沪深 300 指数点位区间有所收窄，这也意味着策略要实现正收益的难度提高了。

3.4 组合策略

组合策略（combination strategy）是指运用相同基础资产的看涨期权与看跌期权所构建的交易策略。这一节将主要讨论跨式策略、条式策略、带式策略以及宽跨式策略等比较常见的组合策略。

3.4.1 跨式策略

在期权市场上，一种很流行的组合策略是**跨式策略**（straddle strategy），也称为**鞍式策略**或者**马鞍式策略**，该策略可以进一步细分为底部跨式策略和顶部跨式策略。

1. 策略细分与收益表达式

底部跨式策略（bottom straddle strategy），也称为**买入跨式策略**，由相同行权价格、相同合约期限的 1 张欧式看涨期权多头头寸和 1 张欧式看跌期权多头头寸所构造。该策略可以写成如下的简单式子：

底部跨式策略 ＝ 欧式看涨期权多头头寸 ＋ 欧式看跌期权多头头寸 　（式 3-14）

当投资者认为基础资产价格将有大幅度变化但是又无法正确预测变化的方向时，可以采用这种策略。在合约到期日，该策略的相关收益表达式见表 3-23。

表 3-23　底部跨式策略的收益

资产或策略	合约到期日收益表达式	S_T 与 K 不同关系下的收益	
		$S_T > K$	$S_T \leqslant K$
欧式看涨期权多头头寸	$\max(S_T - K, 0) - C$	$S_T - K - C$	$-C$
欧式看跌期权多头头寸	$\max(K - S_T, 0) - P$	$-P$	$K - S_T - P$
底部跨式策略	$\max(S_T - K, 0) - C + \max(K - S_T, 0) - P$	$S_T - K - C - P$	$K - S_T - C - P$

从表 3-23 不难看出，当 $S_T > K$ 时，底部跨式策略的收益等于 $S_T - K - C - P$；而当 $S_T \leqslant K$ 时，底部跨式策略的收益则等于 $K - S_T - C - P$；此外，通过表 3-23 也可以推导出，当基础资产价格 $S_T = K + C + P$ 或 $S_T = K - C - P$ 时，策略恰好处于盈亏平衡状态。

相反，**顶部跨式策略**（top straddle strategy），也称为**卖出跨式策略**，该策略与底部跨式策略刚好相反，由相同行权价格、相同合约期限的 1 张欧式看涨期权空头头寸和 1 张欧式看跌期权空头头寸所构成，因此顶部跨式策略的收益情况与底部跨式策略完全相反。顶部跨式策略同样可以通过简单式子表达：

顶部跨式策略 ＝ 欧式看涨期权空头头寸 ＋ 欧式看跌期权空头头寸 　（式 3-15）

因此，可以从表 3-23 推导出，当 $S_T > K$ 时，顶部跨式策略的收益等于 $K + C + P - S_T$；当 $S_T \leq K$ 时，顶部跨式策略的收益则等于 $S_T + C + P - K$。

下面，通过两个示例分别演示底部跨式策略和顶部跨式策略。

2. 底部跨式策略的示例

【例 3-17】　　Q 金融机构于 2022 年 11 月 1 日通过在中国金融期货交易所交易的中证 1000 股指期权构建底部跨式策略，当天中证 1000 指数收盘价是 6439.82 点，策略中运用的是"中证 1000 股指购 2023 年 3 月 6400"和"中证 1000 股指沽 2023 年 3 月 6400"期权合约，合约的信息如表 3-24 所示，关于中证 1000 股指期权合约的详细内容可以参见表 1-2。

表 3-24　在中国金融期货交易所交易的中证 1000 股指期权合约信息

合约代码	合约名称	行权价格	合约结算价（2022 年 11 月 1 日）	期权类型	到期日	合约乘数
MO2303-C-6400	中证 1000 股指购 2023 年 3 月 6400	6400 点	322.00 点	欧式看涨期权	2023-03-17	每点 100 元
MO2303-P-6400	中证 1000 股指沽 2023 年 3 月 6400	6400 点	414.40 点	欧式看跌期权		

数据来源：中国金融期货交易所。

因此，运用 1 张"中证 1000 股指购 2023 年 3 月 6400"期权合约多头头寸、1 张"中证 1000 股指沽 2023 年 3 月 6400"期权合约多头头寸构建底部跨式策略。

下面运用 Python 对策略建模，并分析在合约到期日中证 1000 指数与该策略收益的关系，假定在合约到期日中证 1000 指数的取值是在区间 [5000,8000] 的等差数列。同时，对合约到期日的中证 1000 指数与底部跨式策略收益的关系进行可视化（见图 3-17）。具体的代码如下：

```
In [123]: K=6400                         #行权价格
    ...: C=322                           #策略构建日（2022 年 11 月 1 日）看涨期权价格
    ...: P=414.4                         #策略构建日看跌期权价格

In [124]: St=np.linspace(5000,8000,500)          #设定中证 1000 指数的等差数列并存放于数组

In [125]: n_C=1                          #看涨期权头寸数量
    ...: n_P=1                           #看跌期权头寸数量

In [126]: profit_longC=n_C*m*(np.maximum(St-K,0)-C)    #看涨期权多头头寸的到期收益
    ...: profit_longP=n_P*m*(np.maximum(K-St,0)-P)     #看跌期权多头头寸的到期收益

In [127]: straddle_bottom=profit_longC+profit_longP    #底部跨式策略的到期收益

In [128]: plt.figure(figsize=(9,6))
    ...: plt.plot(St,profit_longC,'b--',label='看涨期权多头',lw=2)
    ...: plt.plot(St,profit_longP,'g--',label='看跌期权多头',lw=2)
    ...: plt.plot(St,straddle_bottom,'r-',label='底部跨式策略',lw=2)
    ...: plt.xlabel('中证 1000 指数',fontsize=12)
    ...: plt.xticks(fontsize=12)
    ...: plt.ylabel('收益金额（元）',fontsize=12)
    ...: plt.yticks(fontsize=12)
```

```
...: plt.title('中证1000指数与底部跨式策略收益的关系',fontsize=12)
...: plt.legend(fontsize=12,loc=9)              #图例放在中上位置
...: plt.grid()
...: plt.show()
```

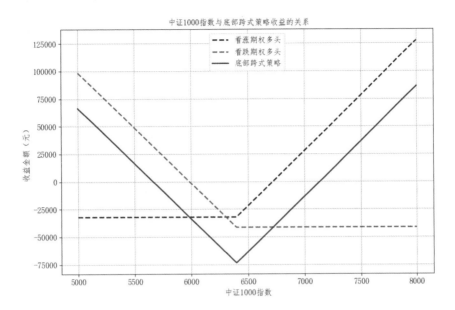

图3-17　中证1000指数与底部跨式策略收益的关系

从图3-17不难看出，底部跨式策略的亏损是有限的，但是潜在的收益则是无限的。然而投资者实施这个策略并实现盈利绝不是轻而易举的，在实施之前应当仔细考量所预测的基础资产价格变动是否已经体现在期权价格中。如果某投资者的预期与市场上其他投资者的预期一致，这种预期其实已经反映在期权价格中，底部跨式策略的初始投资成本就会大幅增加，从而导致策略的潜在盈利降低。为了能够使底部跨式策略成为一种有效的交易策略，投资者不仅要准确预测到基础资产价格会变动很大，并且这种预测尚未被市场大多数投资者预测到。

3. 顶部跨式策略的示例

【例3-18】　沿用例3-17的信息，假定Q金融机构还构建了顶部跨式策略，也就是运用1张"中证1000股指购2023年3月6400"期权合约空头头寸、1张"中证1000股指沽2023年3月6400"期权合约空头头寸构建策略。运用Python创建在合约到期日中证1000指数与顶部跨式策略收益的关系图，该关系图其实是图3-17的倒置（见图3-18）。具体的代码如下：

```
In [129]: profit_shortC=-profit_longC            #看涨期权空头头寸的到期收益
     ...: profit_shortP=-profit_longP            #看跌期权空头头寸的到期收益

In [130]: straddle_top=profit_shortC+profit_shortP    #顶部跨式策略的到期收益

In [131]: plt.figure(figsize=(9,6))
     ...: plt.plot(St,profit_shortC,'b--',label='看涨期权空头',lw=2)
     ...: plt.plot(St,profit_shortP,'g--',label='看跌期权空头',lw=2)
     ...: plt.plot(St,straddle_top,'r-',label='顶部跨式策略',lw=2)
     ...: plt.xlabel('中证1000指数',fontsize=12)
     ...: plt.xticks(fontsize=12)
```

```
...: plt.ylabel('收益金额（元）',fontsize=12)
...: plt.yticks(fontsize=12)
...: plt.title('中证1000指数与顶部跨式策略收益的关系',fontsize=12)
...: plt.legend(fontsize=12,loc=8)          #图例放在中下位置
...: plt.grid()
...: plt.show()
```

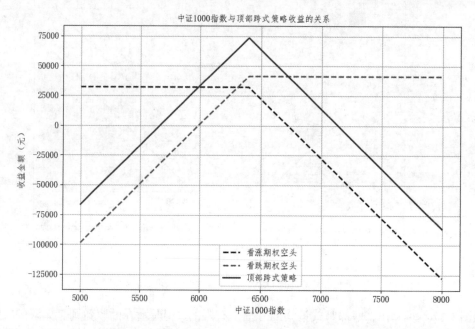

图3-18　中证1000指数与顶部跨式策略收益的关系

从图3-18中可以看到，如果在合约到期日，基础资产的价格接近于行权价格，投资者会有一定的收益，这是因为投资者在策略构建时获得了期权费收入。但是，需要警惕的是，一旦基础资产价格大幅变动将会导致该策略的巨额损失。1995年2月，英国历史悠久的巴林银行（Barings Bank）破产倒闭就与不当运用顶部跨式策略密切相关。

3.4.2　条式策略与带式策略

条式策略（strip strategy），也称**序列策略**，由相同行权价格、相同合约期限的1张欧式看涨期权多头头寸与2张欧式看跌期权多头头寸所构建。如果投资者认为基础资产价格会有大的变动，同时进一步预测基础资产价格下跌的可能性要高于上涨的可能性，就可以选择条式策略。

带式策略（strap strategy）由相同行权价格、相同合约期限的2张欧式看涨期权多头头寸和1张欧式看跌期权多头头寸所构造。如果投资者认为基础资产价格会有大的波动，但是基础资产价格上涨的可能性要高于下跌的可能性，带式策略就是一种理想的选择。

以上两个策略可以用简单的式子表达如下：

条式策略 = 1张欧式看涨期权多头头寸 + 2张欧式看跌期权多头头寸　　　（式3-16）

带式策略 = 2张欧式看涨期权多头头寸 + 1张欧式看跌期权多头头寸　　　（式3-17）

1. 收益表达式

在期权到期日，条式策略和带式策略的相关收益表达式见表3-25。

表3-25 条式策略与带式策略的收益

资产或策略	期权到期日收益表达式	S_T 与 K 不同关系下的收益	
		$S_T > K$	$S_T \leqslant K$
欧式看涨期权多头头寸	$\max(S_T - K, 0) - C$	$S_T - K - C$	$-C$
欧式看跌期权多头头寸	$\max(K - S_T, 0) - P$	$-P$	$K - S_T - P$
条式策略	$\max(S_T - K, 0) - C + 2\left[\max(K - S_T, 0) - P\right]$	$S_T - K - C - 2P$	$2(K - S_T - P) - C$
带式策略	$2\left[\max(S_T - K, 0) - C\right] + \max(K - S_T, 0) - P$	$2(S_T - K - C) - P$	$K - S_T - P - 2C$

从表3-25可以比较清楚地看到,当 $S_T > K$ 时,带式策略的收益将高于条式策略;当 $S_T \leqslant K$ 时,条式策略的收益会高于带式策略。下面,通过一个示例演示条式策略和带式策略。

2. 一个示例

【例3-19】 R金融机构于2022年11月9日通过在中国金融期货交易所交易的中证1000股指期权分别构建了条式策略和带式策略,当天中证1000指数收盘价是6676.01点,策略中运用的是"中证1000股指购2023年6月6600"和"中证1000股指沽2023年6月6600"期权合约。这两张期权合约的信息如表3-26所示。

表3-26 在中国金融期货交易所挂牌交易的中证1000股指期权合约信息

合约代码	合约名称	行权价格	期权价格(2022年11月9日)	期权类型	到期日	合约乘数
MO2306-C-6600	中证1000股指购2023年6月6600	6600点	383.20点	欧式看涨期权	2023-6-16	每点100元
MO2306-P-6600	中证1000股指沽2023年6月6600	6600点	529.40点	欧式看跌期权		

数据来源:中国金融期货交易所。

R金融机构运用1张"中证1000股指购2023年6月6600"期权合约多头头寸、2张"中证1000股指沽2023年6月6600"期权合约多头头寸构建条式策略;同时,又运用2张"中证1000股指购2023年6月6600"期权合约多头头寸、1张"中证1000股指沽2023年6月6600"期权合约多头头寸构建带式策略。

下面,运用Python对两个策略分别建模,并分析在合约到期日中证1000指数对策略收益的影响,同时假定在合约到期日中证1000指数的取值是在区间[5200,8200]的等差数列。相关的编程分为两个步骤。

第1步:依次计算出在合约到期日条式策略、带式策略的收益。具体代码如下:

```
In [132]: K=6600                        #行权价格
     ...: C=383.2                       #策略构建日(2022年11月9日)看涨期权价格
     ...: P=529.4                       #策略构建日看跌期权价格

In [133]: St=np.linspace(5200,8200,500) #设定中证1000指数的等差数列并存放于数组

In [134]: n1_C=1                        #1张看涨期权的多头头寸
```

```
         ...: n1_P=1                                        #1张看跌期权的多头头寸
         ...: n2_C=2                                        #2张看涨期权的多头头寸
         ...: n2_P=2                                        #2张看跌期权的多头头寸

In [135]: profit_long1C=n1_C*m*(np.maximum(St-K,0)-C)       #1张看涨期权多头头寸的到期收益
     ...: profit_long2P=n2_P*m*(np.maximum(K-St,0)-P)       #2张看跌期权多头头寸的到期收益
     ...: strip=profit_long1C+profit_long2P                 #条式策略的到期收益

In [136]: profit_long2C=n2_C*m*(np.maximum(St-K,0)-C)       #2张看涨期权多头头寸的到期收益
     ...: profit_long1P=n1_P*m*(np.maximum(K-St,0)-P)       #1张看跌期权多头头寸的到期收益
     ...: strap=profit_long2C+profit_long1P                 #带式策略的到期收益
```

第2步：运用2×1的子图模式绘制中证1000指数分别与条式策略、带式策略的收益关系（见图3-19）。具体代码如下：

```
In [137]: plt.figure(figsize=(10,6))
     ...: plt.subplot(1,2,1)                                #第1张子图绘制条式策略
     ...: plt.plot(St,profit_long1C,'b--',label='1张看涨期权多头',lw=2)
     ...: plt.plot(St,profit_long2P,'c--',label='2张看跌期权多头',lw=2)
     ...: plt.plot(St,strip,'r-',label='条式策略',lw=2)
     ...: plt.xticks(fontsize=12)
     ...: plt.xlabel('中证1000指数',fontsize=12)
     ...: plt.yticks(fontsize=12)
     ...: plt.ylabel('收益金额（元）',fontsize=12)
     ...: plt.title('中证1000指数与条式策略收益的关系',fontsize=12)
     ...: plt.legend(fontsize=12,loc=9)                      #图例放在中上位置
     ...: plt.grid()
     ...: plt.subplot(1,2,2)                                #第2张子图绘制带式策略
     ...: plt.plot(St,profit_long2C,'b--',label='2张看涨期权多头头寸',lw=2)
     ...: plt.plot(St,profit_long1P,'c--',label='1张看跌期权多头头寸',lw=2)
     ...: plt.plot(St,strap,'r-',label='带式策略',lw=2)
     ...: plt.xticks(fontsize=12)
     ...: plt.xlabel('中证1000指数',fontsize=12)
     ...: plt.yticks(fontsize=12)
     ...: plt.title('中证1000指数与带式策略收益的关系',fontsize=12)
     ...: plt.legend(fontsize=12,loc=9)
     ...: plt.grid()
     ...: plt.show()
```

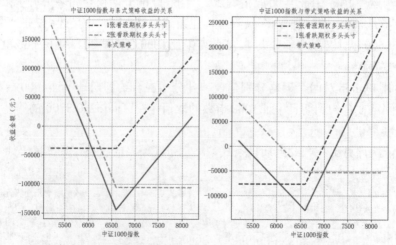

图3-19　中证100指数分别与条式策略收益和带式策略收益的关系

从图3-19可以看出，条式策略的收益对基础资产价格下跌更加敏感；相反，带式策略的收益对基础资产价格上涨的敏感性更强。

最后，需要注意的是，本小节讨论的条式策略和带式策略实质上均为买入策略，也就是买入条式策略和买入带式策略。如果投资者需要构建卖出条式策略或卖出带式策略，仅需将期权的多头头寸调整为空头头寸。

3.4.3 宽跨式策略

在期权市场上，还有一种比较流行的组合策略——**宽跨式策略**（strangle strategy），也称为**勒式策略**，该策略是跨式策略的延伸，同时也细分为买入宽跨式策略和卖出宽跨式策略两大类。

1. 策略细分与收益表达式

买入宽跨式策略，也称为**底部垂直组合策略**（bottom vertical combination strategy），在该交易策略中，投资者持有相同合约期限、不同行权价格的欧式看跌与看涨期权多头头寸，具体是1张较低行权价格（K_1）的欧式看跌期权多头头寸和1张较高行权价格（K_2）的欧式看涨期权多头头寸。该策略可以简单表示为如下的式子：

$$买入宽跨式策略 = 较低行权价格欧式看跌期权多头头寸$$
$$+ 较高行权价格欧式看涨期权多头头寸 \quad （式3\text{-}18）$$

该策略适用于投资者预期基础资产价格未来会存在很大的变动，但无法做出是上涨还是下跌的方向性判断。在期权到期日，策略的收益表达式见表3-27。

表3-27 买入宽跨式策略的收益

资产或策略	期权到期日收益表达式	S_T 与 K 不同关系下的收益		
		$S_T > K_2$	$K_1 < S_T \leqslant K_2$	$S_T \leqslant K_1$
较低行权价格欧式看跌期权多头头寸	$\max(K_1 - S_T, 0) - P$ K_1 表示较低行权价格； P 表示较低行权价格的欧式看跌期权购买价格	$-P$		$K_1 - S_T - P$
较高行权价格欧式看涨期权多头头寸	$\max(S_T - K_2, 0) - C$ K_2 表示较高行权价格； C 表示较高行权价格的欧式看涨期权购买价格	$S_T - K_2 - C$		$-C$
买入宽跨式策略	$-P - C + \max(K_1 - S_T, 0)$ $+ \max(S_T - K_2, 0)$	$S_T - K_2 - P - C$	$-P - C$	$K_1 - S_T - P - C$

从表3-27不难发现，买入宽跨式策略的最大亏损就是损失期权费（$-P - C$），而潜在的收益在理论上是无限的。此外，买入宽跨式策略的盈亏平衡临界值就是基础资产价格 $S_T = K_2 + P + C$ 和 $S_T = K_1 - P - C$。

卖出宽跨式策略，也称为**顶部垂直组合策略**（top vertical combination strategy），交易标的恰好与买入宽跨式策略相反，也就是投资者持有相同合约期限、不同行权价格的欧式看跌与看涨期权空头头寸，具体是 1 张较低行权价格（K_1）的欧式看跌期权空头头寸和 1 张较高行权价格（K_2）的欧式看涨期权空头头寸，因此该策略的收益与买入宽跨式策略完全相反。该策略也可以用式子简单表达如下：

$$\text{卖出宽跨式策略} = \text{较低行权价格欧式看跌期权空头头寸}$$
$$+ \text{较高行权价格欧式看涨期权空头头寸} \tag{式3-19}$$

如果投资者认为未来基础资产价格比较平稳，不会出现大的波动，则可以采用该交易策略。卖出宽跨式策略的风险很大，投资者最大的收益是有限的，但是潜在的损失却是无限的。根据表 3-27 可以推导出，卖出宽跨式策略的最高收益就是期权费收入 $P+C$，并且当基础资产价格高于 K_2+P+C 或者低于 K_1-P-C 时，投资者就会面临亏损。这两个临界值的计算公式将在后面讨论卖出宽跨式策略的一个真实案例（例 3-22）中用到。

下面，通过 3 个示例分别演示买入宽跨式策略和卖出宽跨式策略。

2. 买入宽跨式策略的示例

【**例 3-20**】 S 金融机构于 2022 年 11 月 18 日通过在中国金融期货交易所交易的中证 1000 股指期权构建买入宽跨式策略，当天中证 1000 指数收盘价是 6658.40 点，策略中运用的是"中证 1000 股指购 2023 年 9 月 7200"和"中证 1000 股指沽 2023 年 9 月 6200"期权合约。合约的信息如表 3-28 所示。

表 3-28　在中国金融期货交易所交易的中证 1000 股指期权合约信息

合约代码	合约名称	行权价格	合约结算价（2022 年 11 月 18 日）	期权类型	到期日	合约乘数
MO2309-C-7200	中证 1000 股指购 2023 年 9 月 7200	7200 点	247.40 点	欧式看涨期权	2023-9-15	每点 100 元
MO2309-P-6200	中证 1000 股指沽 2023 年 9 月 6200	6200 点	426.60 点	欧式看跌期权		

数据来源：中国金融期货交易所。

因此，运用 1 张"中证 1000 股指购 2023 年 9 月 7200"期权合约多头头寸、1 张"中证 1000 股指沽 2023 年 9 月 6200"期权合约多头头寸构建买入宽跨式策略。

下面运用 Python 对策略建模，分析在合约到期日中证 1000 指数对该策略收益的影响，在期权到期日中证 1000 指数的取值是在区间[5000,8500]的等差数列。同时，对合约到期日的中证 1000 指数与买入宽跨式策略收益的关系进行可视化（见图 3-20）。具体的代码如下：

```
In [138]: K1=6200                          #较低行权价格
    ...: K2=7200                           #较高行权价格
    ...: C=247.4                           #策略构建日（2022 年 11 月 18 日）看涨期权价格
    ...: P=426.6                           #策略构建日看跌期权价格

In [139]: St=np.linspace(5000,8500,500)    #设定中证 1000 指数的等差数列并存放于数组

In [140]: n_C=1                            #看涨期权头寸数量
```

```
    ...: n_P=1                                              #看跌期权头寸数量

In [141]: profit_longC=n_C*m*(np.maximum(St-K2,0)-C)        #看涨期权多头头寸的到期收益
    ...: profit_longP=n_P*m*(np.maximum(K1-St,0)-P)         #看跌期权多头头寸的到期收益

In [142]: strangle_long=profit_longC+profit_longP           #买入宽跨式策略的到期收益

In [143]: plt.figure(figsize=(9,6))
    ...: plt.plot(St,profit_longC,'b--',label='看涨期权多头头寸',lw=2)
    ...: plt.plot(St,profit_longP,'g--',label='看跌期权多头头寸',lw=2)
    ...: plt.plot(St,strangle_long,'r-',label='买入宽跨式策略',lw=2)
    ...: plt.xlabel('中证1000指数',fontsize=12)
    ...: plt.xticks(fontsize=12)
    ...: plt.ylabel('收益金额（元）',fontsize=12)
    ...: plt.yticks(fontsize=12)
    ...: plt.title('中证1000指数与买入宽跨式策略收益的关系',fontsize=12)
    ...: plt.legend(fontsize=12,loc=9)                       #图例放在中上位置
    ...: plt.grid()
    ...: plt.show()
```

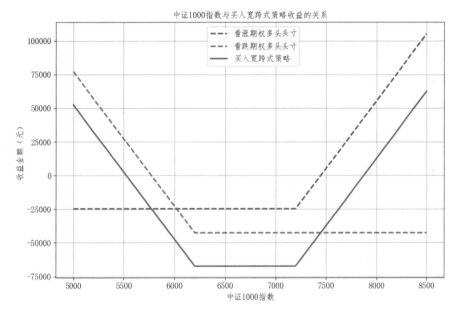

图3-20　中证1000指数与买入宽跨式策略收益的关系

　　从图3-20不难发现，在买入宽跨式策略中，只有在基础资产价格比较高或比较低的情况下才能实现盈利；当然，由于策略构建的成本相对会比较低，因此即使在基础资产价格产生不利变化的情况下，策略的损失也会比较有限。

　　此外，买入宽跨式策略的潜在最大亏损还可能与两个期权行权价格之间的差距有关。行权价格之间的差距越大，潜在的最大亏损往往会越小；相反，行权价格之间的差距越小，潜在的最大损失就越大。下面，就通过一个新的示例证明这一论断。

3. 买入宽跨式策略的新示例

【例3-21】　S金融机构在2022年11月18日还构建了一个新的买入宽跨式策略，策略中运

用的是在中国金融期货交易所交易的"中证 1000 股指购 2023 年 9 月 6800"和"中证 1000 股指
沽 2023 年 9 月 6400"期权合约。合约的信息如表 3-29 所示。

表 3-29　在中国金融期货交易所交易的中证 1000 股指期权合约信息

合约代码	合约名称	行权价格	合约结算价（2022 年 11 月 18 日）	期权类型	到期日	合约乘数
MO2309-C-6800	中证 1000 股指购 2023 年 9 月 6800	6800 点	366.20 点	欧式看涨期权	2023-9-15	每点 100 元
MO2309-P-6400	中证 1000 股指沽 2023 年 9 月 6400	6400 点	524.40 点	欧式看跌期权		

数据来源：中国金融期货交易所。

运用 1 张"中证 1000 股指购 2023 年 9 月 6800"期权合约多头头寸、1 张"中证 1000 股指沽
2023 年 9 月 6400"期权合约多头头寸构建新的买入宽跨式策略。需要注意的是，这两只期权的
行权价格仅仅相差 400 点，但是在例 3-20 中两只期权的行权价格相差 1000 点。

下面，运用 Python 对该新策略建模，并且分析在合约到期日中证 1000 指数与该新策略收
益的关系，为了便于对比，中证 1000 指数的取值依然是在区间 [5000,8500] 的等差数列。同时，
对到期日中证 1000 指数与新买入宽跨式策略收益的关系进行可视化（见图 3-21）。具体的代码
如下：

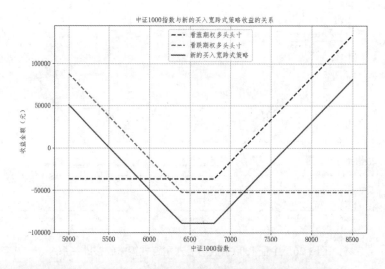

图 3-21　中证 1000 指数与新的买入宽跨式策略收益的关系

```
In [144]: K1=6400              #较低行权价格
   ...: K2=6800               #较高行权价格
   ...: C=366.2               #策略构建日（2022 年 11 月 18 日）看涨期权价格
   ...: P=524.4               #策略构建日看跌期权价格

In [145]: profit_longC=n_C*m*(np.maximum(St-K2,0)-C)    #看涨期权多头头寸的到期收益
   ...: profit_longP=n_P*m*(np.maximum(K1-St,0)-P)       #看跌期权多头头寸的到期收益

In [146]: strangle_long=profit_longC+profit_longP        #新构建的买入宽跨式策略到期收益

In [147]: plt.figure(figsize=(9,6))
```

```
...: plt.plot(St,profit_longC,'b--',label='看涨期权多头',lw=2)
...: plt.plot(St,profit_longP,'g--',label='看跌期权多头',lw=2)
...: plt.plot(St,strangle_long,'r-',label='新的买入宽跨式策略',lw=2)
...: plt.xlabel('中证1000指数',fontsize=12)
...: plt.ylabel('收益金额（元）',fontsize=12)
...: plt.xticks(fontsize=12)
...: plt.yticks(fontsize=12)
...: plt.title('中证1000指数与新的买入宽跨式策略收益的关系',fontsize=12)
...: plt.legend(fontsize=12,loc=9)                    #图例放在中上位置
...: plt.grid()
...: plt.show()
```

将图 3-21 与图 3-20 进行对比不难发现，在新策略中两个期权行权价格之间的差距缩小了，即从原先的差距为 1000 点（例 3-20）缩小至差距仅为 400 点（本例），却显著增加了潜在的最大损失。因此，在实施买入宽跨式策略时，要充分考虑行权价格之间差距这个重要的因素。

4. 卖出宽跨式策略的典型案例——英国联合里昂食品公司的巨亏事件

在全球的金融市场中，卖出宽跨式策略导致巨亏的经典案例是英国联合里昂食品公司的外汇期权巨亏事件。下面就揭开这段尘封已久的历史，并借助 Python 演绎一个个扣人心弦又惊心动魄的细节。

【例 3-22】 在 1991 年 3 月 17 日，英国联合里昂食品公司（Allied Lyons）突然对外宣布因参与外汇期权交易尤其是实施卖出宽跨式策略，导致了高达 1.5 亿英镑（约合 2.69 亿美元）的损失，从而使这家以生产袋泡茶及下午茶点心著称的公司陷入瘫痪。对这个案例的剖析分为 3 个部分。

（1）联合里昂食品公司的背景。

联合里昂食品公司最早的历史可以追溯至 1894 年的英国伦敦，当地的艺术家约瑟夫·里昂（Joseph Lyons）和他的兄弟合作通过开设一家茶馆踏上了创业之路。此后，他们逐步涉足高端餐饮以及生产茶叶、饼干和蛋糕等产品，并且将公司命名为里昂公司（J. Lyons & Co.）。此外，该公司也是将计算机引入商业领域的先驱者，在 1951 年至 1963 年间，公司生产并销售了一系列 LEO（Lyons Electronic Office）计算机，这是全球第一代办公计算机。

但是，从 20 世纪 60 年代开始公司经营不善，亏损不断加大，最终导致在 1978 年被联合啤酒（Allied Breweries）收购并成立了联合里昂食品公司。在 1986 年又收购了生产威士忌的海勒姆·沃克公司（Hiram Walker），海勒姆·沃克公司首席执行官哈奇（Hatch）成了联合里昂食品公司的财务总监。哈奇自认为擅长金融，主张公司不仅需要从事传统的食品生产，还需要从事更加激动人心的交易，例如参与外汇期权市场，通过汇率差赚钱，并且计划将公司财务部门打造成为一个利润中心。正是这位自命不凡的哈奇，亲手将公司送上了不归之路。

（2）公司开展外汇衍生产品交易的原因与策略选择。

联合里昂食品公司从事外汇衍生产品交易最直接的原因就是公司的业务需要。联合里昂食品公司虽然总部在英国伦敦，但当时大量的业务发生在美国。公司的财务报表以英镑作为本币进行结算和报告，因此会面临英镑兑美元的汇率风险。

举个简单的例子，公司从英国向美国出口 500 万瓶威士忌，假定每瓶 20 美元，总金额为 1 亿美元，并且采用应收账款的方式结算，账期是 90 天；公司将货物发出之日（也就是在财务报表中以英镑记入应收账款和销售收入之日）到 90 天以后收到美元货款的期间内，公司最担心的是

美元兑英镑贬值，贬值金额在财务报表中体现为汇兑损失。

对此，公司可以采用外汇远期或者外汇期货的方式对冲美元贬值的风险，但也无法享受到美元升值带来的好处。所以，公司财务总监哈奇认为应当运用外汇期权进行汇率风险的管理。通过外汇期权对冲美元贬值的风险，有以下两种方式：第1种是买入美元看跌期权（买入英镑看涨期权），即持有英镑看涨期权的多头头寸；第2种是卖出美元看涨期权（卖出英镑看跌期权），即持有英镑看跌期权的空头头寸。

公司财务总监哈奇最终选择卖出英镑看跌期权，理由是看重期权费的收入。公司的财务部门被作为一个利润中心，在盈利要求的压力下，通过卖出期权获得期权费收入是一种立竿见影的盈利模式。表3-30显示了公司1988年至1990年通过外汇期权交易获得的外汇收益。

表3-30　联合里昂食品公司外汇收益（1988年至1990年）

项目	1988年	1989年	1990年
公司外汇收益（英镑）	300万	500万	900万

1991年1月17日海湾战争爆发，在战争的初期，由于市场对战争的持续时间并不确定，因此，大量机构开始买入外汇期权进而对冲汇率风险，从而使得期权价格大幅攀升，卖出期权能够在短期内获得较高的期权费收入。与此同时，公司财务总监哈奇认为，既然战争已经打响了，原先对是否开战的不确定性就消除了，英镑兑美元汇率的波动率应该会变得平稳甚至下跌。基于这样的判断，公司实施卖出宽跨式策略。

（3）公司卖出宽跨式策略的交易与Python的演示。

当时，联合里昂食品公司实施的卖出宽跨式策略采用的是如下的典型交易：

一是卖出期限为3个月、行权价格为2美元/英镑、期权价格为0.0104美元/英镑的看涨期权；

二是卖出期限为3个月、行权价格为1.9美元/英镑、期权价格为0.0116美元/英镑的看跌期权。

同时，为了便于分析，假定上述的看涨期权与看跌期权的合约本金均为1亿英镑。

运用Python对策略建模，并分析汇率与策略收益的关系。具体编程分为3个步骤。

第1步：在Python中输入相关参数并且计算策略盈亏平衡的汇率临界值。具体的代码如下：

```
In [148]: K1=1.9            #较低行权价格
    ...: K2=2.0             #较高行权价格
    ...: C=0.0104           #看涨期权的价格
    ...: P=0.0116           #看跌期权的价格
    ...: N_C=1              #看涨期权头寸数量
    ...: N_P=1              #看跌期权头寸数量
    ...: par=1e8            #期权的合约本金（1亿英镑）

In [149]: V1=K1-P-C        #计算卖出宽跨式策略盈亏平衡的汇率临界值1
    ...: V2=K2+P+C         #计算卖出宽跨式策略盈亏平衡的汇率临界值2
    ...: print('卖出宽跨式策略盈亏平衡的汇率临界值1: ',round(V1,4))
    ...: print('卖出宽跨式策略盈亏平衡的汇率临界值2: ',round(V2,4))
卖出宽跨式策略盈亏平衡的汇率临界值1:  1.878
卖出宽跨式策略盈亏平衡的汇率临界值2:  2.022
```

通过第1步的分析可以看到，只有当汇率处于大于1.878美元/英镑同时小于2.022美元/英镑的狭小区间，卖出宽跨式策略才会有盈利，否则就面临亏损。

第2步：针对期权到期日汇率与策略收益的关系进行可视化（见图3-22），在期权合约到期日汇率的取值是在区间[1.6,2.3]的等差数列。具体的代码如下：

```
In [150]: St=np.linspace(1.6,2.3,100)                    #设定英镑兑美元汇率的等差数列并存放于数组

In [151]: profit_shortC=N_C*par*(C-np.maximum(St-K2,0))  #看涨期权空头头寸的到期收益
     ...: profit_shortP=N_P*par*(P-np.maximum(K1-St,0))   #看跌期权空头头寸的到期收益

In [152]: strangle_short=profit_shortC+profit_shortP     #卖出宽跨式策略的到期收益

In [153]: plt.figure(figsize=(9,6))
     ...: plt.plot(St,profit_shortC,'b--',label='英镑看涨期权空头头寸',lw=2)
     ...: plt.plot(St,profit_shortP,'g--',label='英镑看跌期权空头头寸',lw=2)
     ...: plt.plot(St,strangle_short,'r-',label='卖出宽跨式策略',lw=2)
     ...: plt.xlabel('英镑兑美元汇率',fontsize=12)
     ...: plt.xticks(fontsize=12)
     ...: plt.ylabel('收益金额（英镑）',fontsize=12)
     ...: plt.yticks(fontsize=12)
     ...: plt.title('汇率与卖出宽跨式策略收益的关系',fontsize=12)
     ...: plt.annotate(text='盈亏平衡的汇率临界值1', xy=(V1,0.0),xytext=(1.63,-0.01),
     ...:        arrowprops=dict(shrink=0.008), fontsize=12) #添加注释与箭头
     ...: plt.annotate(text='盈亏平衡的汇率临界值2', xy=(V2,0.0),xytext=(2.1,-0.01),
     ...:        arrowprops=dict(shrink=0.008), fontsize=12)
     ...: plt.legend(fontsize=12)
     ...: plt.grid()
     ...: plt.show()
```

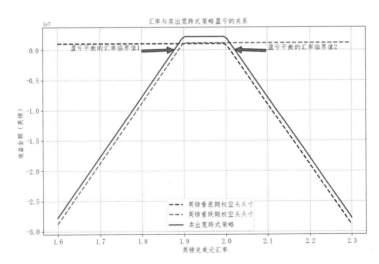

图3-22　汇率与卖出宽跨式策略收益的关系

从图3-22可以看到，联合里昂食品公司卖出宽跨式策略面临的汇率风险暴露非常大，一旦英镑兑美元汇率发生较大的波动，该策略就会面临亏损，甚至是巨额亏损。综上分析，联合里昂食品公司通过策略实现赚钱恐怕是小概率事件，赔钱才是大概率事件。

第3步：导入1991年英镑兑美元汇率的每日数据并且进行可视化分析（见图3-23）。具体的代码如下：

```
In [154]: USD_GBP=pd.read_excel(io='C:/Desktop/英镑兑美元的汇率（1991年）.xlsx', sheet_name=
'Sheet1',header=0,index_col=0) #导入汇率数据
```

```
In [155]: USD_GBP.index=pd.DatetimeIndex(USD_GBP.index)   #将数据框的索引转为Datetime类型

In [156]: plt.figure(figsize=(9,6))
    ...: plt.plot(USD_GBP,'b-',lw=2)
    ...: plt.xlabel('日期',fontsize=12)
    ...: plt.xticks(fontsize=12)
    ...: plt.ylabel('汇率',fontsize=12)
    ...: plt.yticks(fontsize=12)
    ...: plt.title('英镑兑美元每日汇率走势（1991年全年）',fontsize=12)
    ...: plt.annotate(text='1991年3月8日跌破策略盈亏平衡的汇率临界值',
    ...:              xy=('1991-03-08',1.87),xytext=('1991-04-30',1.88),fontsize=12,
    ...:              arrowprops=dict(shrink=0.01))   #添加注释与箭头
    ...: plt.grid()
    ...: plt.show()
```

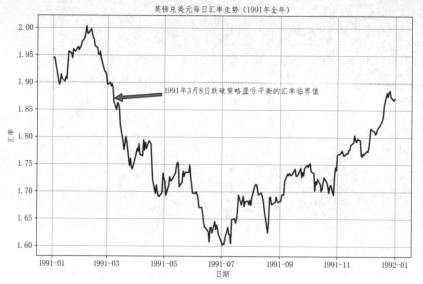

图3-23　英镑兑美元每日汇率走势（1991年全年）

观察图3-23可以发现，英镑兑美元汇率在1991年2月触及高点约2美元/英镑以后，就出现了断崖式的下跌，美元强势反弹，英镑节节败退，在3月8日英镑兑美元汇率跌破了公司卖出宽跨式策略盈亏平衡的汇率临界值，此后继续下行，导致公司亏损1.5亿英镑。而这一巨额亏损让公司陷入瘫痪，随后引发公司管理层的震荡，导致公司在1994年被佩德罗·多梅克公司（Pedro Domecq S.A.）收购。

到这里，关于期权交易策略的内容就讨论结束了，下一章将结合Python探讨奇异期权。

3.5　本章小结

期权能够吸引无数投资者的一个重要原因，就在于运用期权与其他资产或者不同期权合约可以构造出种类繁多的投资交易策略，从而实现不同的盈利结构和风险暴露。本章结合22个示例，讨论了如下常见的期权交易策略。

（1）保本票据的合成策略。保本票据可以通过买入高等级债券并持有期权多头头寸的方式进行合成,保本票据最大的优势是能够保证本金不受损失,当然所能获取的正收益也是有限的。

（2）**备兑看涨期权**。其包括买入备兑看涨期权与卖出备兑看涨期权的交易策略。买入备兑看涨期权通过基础资产空头头寸与欧式看涨期权多头头寸构建而成,卖出备兑看涨期权则恰好与买入备兑看涨期权相反;备兑看涨期权的收益形态类似于普通的欧式看跌期权。

（3）**保护看跌期权**。其包括买入保护看跌期权和卖出保护看跌期权的交易策略。买入保护看跌期权运用基础资产多头头寸与欧式看跌期权多头头寸构造而成,卖出保护看跌期权与买入保护看跌期权刚好相反;保护看跌期权的收益形态与普通的欧式看涨期权相类似。

（4）**价差交易策略**。其包括牛市价差、熊市价差、盒式价差、蝶式价差以及日历价差等策略。通常价差策略持有不同行权价格但相同期限的看涨（看跌）期权,或者持有不同期限但相同行权价格的看涨（看跌）期权,价差策略往往存在着收益的上限和下限。

（5）**组合策略**。其包括跨式策略、条式策略、带式策略以及宽跨式策略等。组合策略的一个显著特征是同时持有看涨期权与看跌期权,组合策略比较适用于预期基础资产价格存在较大波动但无法做出方向性判断（上涨或下跌）的情形。

3.6　拓展阅读

本章的内容参考了以下资料,建议感兴趣的读者拓展学习。

（1）《金融衍生工具与风险管理（第十版）》（作者唐·M.钱斯、罗伯特·布鲁克斯）。这是一本入门级的金融衍生产品教材,该书第6章、第7章对期权交易策略有比较系统的描述。

（2）上海证券交易所主编的《期权交易策略十讲》。这本书结合上证50ETF期权,循序渐进地讲解了期权交易的理论与运用,内容基本涵盖期权交易员需要掌握的各种知识点。该书的第三章讨论了期权的相关策略。

04

第4章

运用Python分析
奇异期权

本章导读

前面讨论的欧式期权和美式期权统称为**普通期权**（plain vanilla options），也称**香草期权**；在普通期权的基础上通过新增约束条件或者添加新的变量，就能够创设出复杂的期权合约，这类期权称为**奇异期权**（exotic options），亦称**特种期权**或**另类期权**。奇异期权可以说是全球金融市场中最具"魔幻色彩"的金融工具，每一款奇异期权合约就宛如《爱丽丝梦游仙境》（*Alice's Adventures in Wonderland*）中所描述的各类奇幻情景那样令人神往。奇异期权的核心和难点是期权的定价，因此本章将运用Python重点探讨奇异期权的定价问题。

本章的内容涵盖以下几个主题。

✓ 讨论缺口期权的概念、到期收益以及针对缺口看涨期权、缺口看跌期权的定价。
✓ 探讨选择人期权的概念、定价逻辑以及具体的定价表达式。
✓ 介绍回望期权的概念和类型，解析浮动回望期权与固定回望期权的定价。
✓ 讲解亚式期权的概念、分类、合约初始时刻的定价以及合约存续期间的定价。
✓ 讨论障碍期权的概念、类型以及特点，剖析不同类型障碍期权的定价。
✓ 探讨永续美式期权的概念和特征，解析永续美式看涨期权与永续美式看跌期权的定价。

4.1 缺口期权

缺口期权（gap options）是普通欧式期权的一种变形，是所有奇异期权中相对比较简单的一类合约。在缺口期权的合约到期日，计算期权收益并不是将基础资产价格与行权价格进行比较，而是将基础资产价格与另一个常数进行比较，该常数称为**缺口参数**（gap parameter），缺口期权也因此而得名。与普通欧式期权相类似，缺口期权也划分为缺口看涨期权与缺口看跌期权。下面具体分析缺口期权的定价以及实际应用。

4.1.1 缺口看涨期权及定价

1. 到期收益

缺口看涨期权类似于欧式看涨期权。首先，考查缺口看涨期权合约到期日的收益情况以及表达式。假定 S_T 代表在合约到期日的基础资产价格，K_1 代表缺口参数，K_2 代表行权价格，并且 K_1、K_2 均是常数。下面，分两种情形讨论期权的到期收益。

情形 1： 当基础资产价格 $S_T > K_2$ 时，期权收益是 $S_T - K_1$，也就是基础资产价格减去缺口参数。

情形 2： 当基础资产价格 $S_T \leqslant K_2$ 时，期权收益就等于 0。

下面，通过表4-1梳理缺口看涨期权与行权价格为 K_2 的普通欧式看涨期权在到期收益方面的差异。

表4-1　缺口看涨期权与普通欧式看涨期权的到期收益差异

情形顺序	基础资产价格与行权价格的关系	缺口看涨期权到期收益	普通欧式看涨期权到期收益	两者之间的差异（第3列减去第4列）
情形 1	$S_T > K_2$	$S_T - K_1$	$S_T - K_2$	$K_2 - K_1$
情形 2	$S_T \leqslant K_2$	0	0	0

从表4-1可以清楚地看到，当 $S_T > K_2$ 时，缺口看涨期权的到期收益比普通欧式看涨期权增加了 $K_2 - K_1$：如果行权价格高于缺口参数，即 $K_2 > K_1$，金额 $K_2 - K_1$ 为正；如果行权价格低于缺口参数，即 $K_2 < K_1$，金额 $K_2 - K_1$ 则为负。相反，当 $S_T \leqslant K_2$ 时，无论是缺口看涨期权还是普通欧式看涨期权，到期收益均为零。

此外，当行权价格等于缺口参数时，即 $K_2 = K_1$，缺口看涨期权就退化为普通欧式看涨期权。

2. 定价表达式

基于前面针对缺口看涨期权到期收益的讨论，缺口看涨期权的定价仅需将 BSM 模型（式1-8）稍加修改。沿用 BSM 模型的变量符号以及刚才讨论的缺口参数和行权价格的符号，缺口看涨期权价格 c_{gap} 的表达式如下：

$$c_{\mathrm{gap}} = S_0 N(d_1) - K_1 \mathrm{e}^{-rT} N(d_2) \qquad （式4-1）$$

其中，

$$d_1 = \frac{\ln(S_0 / K_2) + (r + \sigma^2 / 2)T}{\sigma\sqrt{T}} \qquad （式4-2）$$

$$d_2 = \frac{\ln(S_0 / K_2) + (r - \sigma^2 / 2)T}{\sigma\sqrt{T}} = d_1 - \sigma\sqrt{T} \qquad （式4-3）$$

需要注意的是，在（式4-2）和（式4-3）中，运用的是行权价格 K_2 而不是缺口参数 K_1，这一点与BSM模型是相同的。

下面将该缺口看涨期权的定价与普通欧式看涨期权定价进行比较。假定普通欧式看涨期权的行权价格还是用 K_2 表示并且运用BSM模型定价，该普通欧式看涨期权的价格 c 就可以表达如下：

$$c = S_0 N(d_1) - K_2 \mathrm{e}^{-rT} N(d_2) \qquad （式4-4）$$

（式4-4）中的参数 d_1 和 d_2 的表达式分别是（式4-2）和（式4-3）。

将（式4-1）减去（式4-4）就可以发现，缺口看涨期权的价格会比该普通欧式看涨期权高出 $(K_2 - K_1)\mathrm{e}^{-rT} N(d_2)$。针对该差额的表达式可以这样理解：缺口看涨期权到期行权的概率是 $N(d_2)$，在到期日期权被行权时缺口看涨期权的收益会比普通欧式看涨期权高出 $K_2 - K_1$，该到期收益的差额可以通过贴现因子 e^{-rT} 得到在定价日的现值。

4.1.2　缺口看跌期权及定价

1. 到期收益

缺口看跌期权类似于欧式看跌期权。同样，首先考查缺口看跌期权合约到期日的收益情况以及表达式。符号 S_T、K_1 以及 K_2 的含义均与前面讨论的缺口看涨期权含义保持一致。下面，分两种情形讨论期权到期的收益。

情形 1：当基础资产价格 $S_T < K_2$ 时，期权收益是 $K_1 - S_T$，也就是缺口参数减去基础资产价格。

情形 2：当基础资产价格 $S_T \geqslant K_2$ 时，期权收益等于 0。

下面，通过表 4-2 梳理缺口看跌期权与行权价格为 K_2 的普通欧式看跌期权在到期收益方面的差异。

表 4-2　缺口看跌期权与普通欧式看跌期权的到期收益差异

情形顺序	基础资产价格与行权价格的关系	缺口看跌期权到期收益	普通欧式看跌期权到期收益	两者之间的差异（第 3 列减去第 4 列）
情形 1	$S_T < K_2$	$K_1 - S_T$	$K_2 - S_T$	$K_1 - K_2$
情形 2	$S_T \geqslant K_2$	0	0	0

从表 4-2 可以清楚看到，当 $S_T < K_2$ 时，缺口看涨期权的到期收益比普通欧式看涨期权增加了 $K_1 - K_2$：如果 $K_2 > K_1$，该金额为负数；如果 $K_2 < K_1$，则该金额为正。相反，当 $S_T \geqslant K_2$ 时，缺口看跌期权与普通欧式看跌期权的到期收益均为零。

同样，如果行权价格等于缺口参数，即 $K_2 = K_1$，缺口看跌期权便退化为普通欧式看跌期权。

2. 定价表达式

与缺口看涨期权的定价相类似，缺口看跌期权的定价也是将 BSM 模型（式 1-9）稍加修改即可。缺口看跌期权的价格 p_{gap} 表达如下：

$$p_{\text{gap}} = K_1 e^{-rT} N(-d_2) - S_0 N(-d_1) \qquad （式 4-5）$$

其中，参数 d_1 和 d_2 的数学表达式依然分别是（式 4-2）和（式 4-3）。

此外，对于行权价格为 K_2 的普通欧式看跌期权，缺口看跌期权价格会比该普通欧式看跌期权高出 $(K_1 - K_2) e^{-rT} N(-d_2)$。

下面，通过表 4-3 梳理了缺口期权与欧式期权的定价以及定价差异。

表 4-3　缺口期权与欧式期权的定价比较

期权类型	定价公式	定价差异	参数 d_1 表达式	参数 d_2 表达式
缺口看涨期权（缺口参数 K_1）	$S_0 N(d_1) - K_1 e^{-rT} N(d_2)$	$(K_2 - K_1) e^{-rT} N(d_2)$	$\dfrac{\ln(S_0 / K_2) + \left(r + \sigma^2 / 2\right) T}{\sigma \sqrt{T}}$	$d_1 - \sigma \sqrt{T}$

续表

期权类型	定价公式	定价差异	参数 d_1 表达式	参数 d_2 表达式
普通欧式看涨期权（行权价格 K_2）	$S_0 N(d_1) - K_2 \mathrm{e}^{-rT} N(d_2)$	$(K_2 - K_1)\mathrm{e}^{-rT} N(d_2)$	$\dfrac{\ln(S_0/K_2) + (r + \sigma^2/2)T}{\sigma\sqrt{T}}$	$d_1 - \sigma\sqrt{T}$
缺口看跌期权（缺口参数 K_1）	$K_1 \mathrm{e}^{-rT} N(-d_2) - S_0 N(-d_1)$	$(K_1 - K_2)\mathrm{e}^{-rT} N(-d_2)$		
普通欧式看跌期权（行权价格 K_2）	$K_2 \mathrm{e}^{-rT} N(-d_2) - S_0 N(-d_1)$			

此外，需要注意的是，缺口看涨期权价格与缺口看跌期权的价格将不再满足1.2.4小节提到的看跌-看涨平价关系式。

4.1.3 具体的应用

1. Python自定义函数

为了便于对缺口期权的定价，通过Python自定义一个测算缺口期权价格的函数。具体的代码如下：

```
In [1]: import numpy as np                          #导入NumPy模块并且缩写为np
   ...: import pandas as pd                          #导入pandas模块并且缩写为pd
   ...: import matplotlib.pyplot as plt              #导入Matplotlib的子模块pyplot并且缩写为plt
   ...: from pylab import mpl                         #从pylab导入子模块mpl
   ...: mpl.rcParams['font.sans-serif']=['FangSong']  #以仿宋字体显示中文
   ...: mpl.rcParams['axes.unicode_minus']=False      #解决保存图像时负号显示为方块的问题
   ...: from pandas.plotting import register_matplotlib_converters  #导入注册日期时间转换函数
   ...: register_matplotlib_converters()              #注册日期时间转换函数

In [2]: def Value_GapOpt(S,K1,K2,sigma,r,T,opt):
   ...:     '''缺口期权定价的函数
   ...:     S: 基础资产价格;
   ...:     K1: 缺口参数;
   ...:     K2: 行权价格;
   ...:     sigma: 基础资产的波动率;
   ...:     r: 连续复利的无风险利率;
   ...:     T: 合约期限（年）;
   ...:     opt: 期权类型，输入call表示缺口看涨期权，输入其他表示缺口看跌期权'''
   ...:     from numpy import log,exp,sqrt            #从NumPy模块导入log、exp、sqrt函数
   ...:     from scipy.stats import norm             #从SciPy的子模块stats导入norm
   ...:     d1=(log(S/K2)+(r+pow(sigma,2)/2)*T)/(sigma*sqrt(T))  #计算参数d1
   ...:     d2=d1-sigma*sqrt(T)                       #计算参数d2
   ...:     if opt=='call':                           #针对缺口看涨期权
   ...:         value=S*norm.cdf(d1)-K1*exp(-r*T)*norm.cdf(d2)  #计算期权价格
   ...:     else:                                     #针对缺口看跌期权
   ...:         value=K1*exp(-r*T)*norm.cdf(-d2)-S*norm.cdf(-d1)
```

```
...:     return value
```

在以上自定义函数 Value_GapOpt 中,输入基础资产价格、缺口参数、行权价格、波动率、无风险利率、合约期限以及期权类型,可以快速计算出缺口期权价格。下面通过一个示例进行具体演示。

2. 一个示例

【例 4-1】 假定在 2022 年 5 月 16 日,上市了以邮储银行 A 股股票(代码 601658)作为基础资产的缺口看涨期权和缺口看跌期权,相关期权的参数如表 4-4 所示。

表 4-4 缺口期权的相关参数

期权类型	合约期限	缺口参数	行权价格	基础资产
缺口看涨期权	6 个月	5.30 元/股	5.40 元/股	邮储银行 A 股股票
缺口看跌期权	9 个月	5.70 元/股	5.60 元/股	

无风险利率是国债收益率,当天针对 6 个月的报价为 1.8409%(连续复利)、9 个月的报价为 1.9614%(连续复利)。此外,针对股票的波动率,我们运用 2020 年 1 月至 2022 年 5 月 16 日的日收盘价进行测算。

运用 Python 对该期权当天的价格展开分析,相关编程一共分为以下的 3 个步骤。

第 1 步:导入存放 2020 年 1 月至 2022 年 5 月 16 日邮储银行 A 股日收盘价的 Excel 文件,测算该股票收益率的年化波动率。相关的代码如下:

```
In [3]: price_list=pd.read_excel(io='C:/Desktop/邮储银行A股收盘价.xlsx',sheet_name='Sheet1',
header=0,index_col=0)                                          #导入数据

In [4]: R_list=np.log(price_list/price_list.shift(1))          #计算对数收益率

In [5]: sigma_PSBC=R_list.std()*np.sqrt(252)                   #计算波动率
   ...: sigma_PSBC=float(sigma_PSBC)                           #转换为浮点型数据类型
   ...: print('邮储银行A股的波动率',round(sigma_PSBC,4))
邮储银行A股的波动率 0.2605
```

通过以上的代码输出结果可以看到,邮储银行 A 股股票的波动率为 26.05%。

第 2 步:根据自定义函数 Value_GapOpt,测算 2022 年 5 月 16 日缺口看涨期权与缺口看跌期权的价格。相关的代码如下:

```
In [6]: price_May16=price_list.loc['2022-05-16']         #取2022年5月16日邮储银行A股价格
   ...: price_May16=float(price_May16)

In [7]: T_call=0.5                                       #缺口看涨期权的合约期限(年)
   ...: K1_call=5.3                                       #缺口看涨期权的缺口参数
   ...: K2_call=5.4                                       #缺口看涨期权的行权价格
   ...: R_6M=0.018409                                     #无风险利率(6个月)

In [8]: C_gap=Value_GapOpt(S=price_May16,K1=K1_call,K2=K2_call,sigma=sigma_PSBC,
   ...:                    r=R_6M,T=T_call,opt='call')    #缺口看涨期权价格
   ...: print('2022年5月16日缺口看涨期权价格(元)',round(C_gap,4))
2022年5月16日缺口看涨期权价格(元) 0.3826
```

```
In [9]: T_put=0.75                                      #缺口看跌期权的合约期限（年）
   ...: K1_put=5.7                                       #缺口看跌期权的缺口参数
   ...: K2_put=5.6                                       #缺口看跌期权的行权价格
   ...: R_9M=0.019614                                    #无风险利率（9个月）

In [10]: P_gap=Value_GapOpt(S=price_May16,K1=K1_put,K2=K2_put,sigma=sigma_PSBC,
    ...:                     r=R_9M,T=T_put,opt='put')   #缺口看跌期权价格
    ...: print('2022年5月16日缺口看跌期权价格（元）',round(P_gap,4))
2022年5月16日缺口看跌期权价格（元） 0.6915
```

通过以上的运算可以得到，在2022年5月16日，缺口看涨期权的价格是0.3826元/股，缺口看跌期权的价格是0.6915元/股。

第3步：由于缺口参数是影响缺口期权价格的一个重要变量，因此通过敏感性分析考查缺口参数对缺口期权价格的影响并且可视化（见图4-1），缺口参数取值为在区间[4,6.5]的等差数列，其他变量的取值保持不变。相关的代码如下：

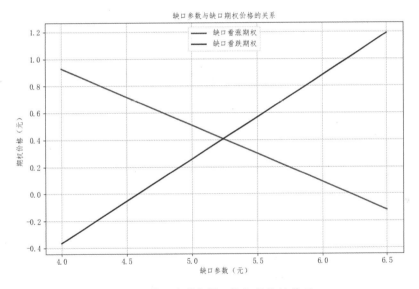

图4-1 缺口参数与缺口期权价格的关系

```
In [11]: K1_list=np.linspace(4,6.5,100)                 #设定缺口参数的等差数列并存放于数组

In [12]: Cgap_list=Value_GapOpt(S=price_May16,K1=K1_list,K2=K2_call,sigma=sigma_PSBC,
    ...:                     r=R_6M,T=T_call,opt='call')  #测算缺口看涨期权价格数组

In [13]: Pgap_list=Value_GapOpt(S=price_May16,K1=K1_list,K2=K2_put,sigma=sigma_PSBC,
    ...:                     r=R_9M,T=T_put,opt='put')     #测算缺口看跌期权价格数组

In [14]: plt.figure(figsize=(9,6))
    ...: plt.plot(K1_list,Cgap_list,'r-',label='缺口看涨期权',lw=2)
    ...: plt.plot(K1_list,Pgap_list,'b-',label='缺口看跌期权',lw=2)
    ...: plt.xticks(fontsize=12)
    ...: plt.xlabel('缺口参数（元）',fontsize=12)
    ...: plt.yticks(fontsize=12)
    ...: plt.ylabel('期权价格（元）',fontsize=12)
    ...: plt.title('缺口参数与缺口期权价格的关系',fontsize=12)
```

```
    ...: plt.legend(fontsize=12,loc=9)                    #图例放置在中上位置
    ...: plt.grid()
    ...: plt.show()
```

通过对图4-1的观察，可以得出以下的两个结论。

一是线性关系。缺口参数与缺口期权价格之间呈线性关系，其中，缺口看涨期权价格随缺口参数递减，缺口看跌期权价格则随缺口参数递增。

二是负的价格。在缺口期权中，期权价格存在负数的可能性。比如在图4-1中，当缺口参数小于约4.6元/股时，缺口看跌期权价格会变成负数；当缺口参数大于约6.2元/股时，缺口看涨期权价格也变为负数。

4.2 选择人期权

选择人期权（chooser option，CO），也称为**任选期权**（as-you-like-it option），期权的持有人（多头）在未来的某个交易日（选择日）可以选择所持有的期权是看涨期权或者是看跌期权。比如在选择日期权持有人认为看涨期权更加有利，就可以将该期权选择成为看涨期权；相反，如果在选择日认为看跌期权更加有利，期权持有人则可以将期权选择成为看跌期权。

按照期权是否可以提前行权，选择人期权可以分为**欧式选择人期权**与**美式选择人期权**。此外，无论是选择成为看涨期权还是选择成为看跌期权，这两类期权在行权价格、合约期限等方面均保持一致，该选择人期权就是**简单选择人期权**，否则就是**复杂选择人期权**。由于欧式简单选择人期权是选择人期权的主流合约品种，因此本节重点讨论欧式简单选择人期权。

4.2.1 期权的定价

由于在选择日以后，欧式简单选择人期权会变成普通欧式看涨期权或者普通欧式看跌期权，所以在选择日之后的期权定价可以参考普通欧式期权的定价思路。因此，这里将集中讨论在选择日之前的欧式简单选择人期权定价。

1. 定价逻辑

首先讨论欧式简单选择人期权的定价逻辑。假定期权的选择日设定为t_1，如果期权持有人将选择人期权选择成为看涨期权，c_1就代表看涨期权在t_1时刻的价格。如果期权持有人将选择人期权选择成为看跌期权，p_1就代表看跌期权在t_1时刻的价格。此外，无论是选择人期权还是选择看涨期权、看跌期权，合约到期日均为t_2。因此，选择人期权在t_1时刻的价格CO_1就可以表达如下：

$$CO_1 = \max(c_1, p_1) \qquad\qquad （式4-6）$$

由于前面提到过针对欧式简单选择人期权，看涨期权与看跌期权具有相同的行权价格、相同的期限，下面就运用1.2.4小节讨论的看跌–看涨平价关系式分析选择人期权的定价逻辑。

假定S_1代表期权的基础资产在t_1时刻的价格，K代表期权的行权价格，r是连续复利的无风险利率。根据看跌–看涨平价关系式（式1-2），可以得到如下的等式关系：

$$c_1 + Ke^{-r(t_2-t_1)} = p_1 + S_1 \qquad\qquad （式4-7）$$

经过调整以后，得到以下的式子：

$$p_1 = c_1 + Ke^{-r(t_2-t_1)} - S_1 \qquad （式4-8）$$

将（式4-8）代入（式4-6），就可以得到如下的表达式：

$$CO_1 = \max\left[c_1, c_1 + Ke^{-r(t_2-t_1)} - S_1\right] = c_1 + \max\left[0, Ke^{-r(t_2-t_1)} - S_1\right] \qquad （式4-9）$$

仔细观察（式4-9），就可以发现一份欧式简单选择人期权等价于由以下两份不同的普通欧式期权构成的一个投资组合。

期权1：行权价格为 K、到期日为 t_2 的一份欧式看涨期权。

期权2：行权价格为 $Ke^{-r(t_2-t_1)}$、到期日为 t_1 的一份欧式看跌期权。

注意，期权2的行权价格 $Ke^{-r(t_2-t_1)}$，实质上就是将到期日 t_2 的行权价格 K 按照无风险利率贴现至选择日 t_1 的现值。

2. 定价的数学表达式

基于前面的分析并且运用BSM模型，就可以得到在选择日之前的欧式简单选择人期权价格。

假定 T_1 代表期权定价日至选择日的期限，T_2 则代表期权定价日至到期日的期限，并且均以年为单位；S_0 代表期权定价日的基础资产价格，K 代表选择人期权的行权价格，σ 代表基础资产的波动率，r 是无风险利率。

针对行权价格为 K、期限为 T_2 的欧式看涨期权（期权1），根据BSM模型在定价日的期权价格 c 可以有如下表达式：

$$c = S_0 N(d_1) - Ke^{-rT_2} N(d_2) \qquad （式4-10）$$

其中，

$$d_1 = \frac{\ln(S_0/K) + (r + \sigma^2/2)T_2}{\sigma\sqrt{T_2}} \qquad （式4-11）$$

$$d_2 = d_1 - \sigma\sqrt{T_2} \qquad （式4-12）$$

同时，针对行权价格为 $Ke^{-r(T_2-T_1)}$、期限为 T_1 的欧式看跌期权（期权2），根据BSM模型在定价日的期权价格 p 有如下的公式：

$$\begin{aligned} p &= Ke^{-r(T_2-T_1)}e^{-rT_1} N(-\bar{d}_2) - S_0 N(-\bar{d}_1) \\ &= Ke^{-rT_2} N(-\bar{d}_2) - S_0 N(-\bar{d}_1) \end{aligned} \qquad （式4-13）$$

其中，

$$\begin{aligned} \bar{d}_1 &= \frac{\ln\left\{S_0/\left[Ke^{-r(T_2-T_1)}\right]\right\} + (r + \sigma^2/2)T_1}{\sigma\sqrt{T_1}} \\ &= \frac{\ln(S_0/K) + rT_2 + T_1\sigma^2/2}{\sigma\sqrt{T_1}} \end{aligned} \qquad （式4-14）$$

$$\bar{d}_2 = \bar{d}_1 - \sigma\sqrt{T_1} \qquad （式4-15）$$

最终，结合（式4-10）和（式4-15），可以得出在定价日欧式简单选择人期权价格 CO 的表达式如下：

$$CO = c + p = S_0 N(d_1) - Ke^{-rT_2} N(d_2) + Ke^{-rT_2} N(-\overline{d}_2) - S_0 N(-\overline{d}_1)$$
$$= S_0 \left[N(d_1) - N(-\overline{d}_1) \right] - Ke^{-rT_2} \left[N(d_2) - N(-\overline{d}_2) \right]$$

（式4-16）

其中，参数 d_1 和 d_2 分别对应（式4-11）和（式4-12），参数 $\overline{d}_1$ 和 $\overline{d}_2$ 依次对应（式4-14）和（式4-15）。

4.2.2　具体的应用

1．Python 自定义函数

为了能够快速计算欧式简单选择人期权的价格，下面通过 Python 自定义一个函数。具体的代码如下：

```
In [15]: def Value_Chooser(S,K,sigma,r,T1,T2):
    ...:     '''欧式简单选择人期权定价的函数，并且定价日早于选择日
    ...:     S：基础资产价格；
    ...:     K：行权价格；
    ...:     sigma：基础资产的波动率；
    ...:     r：连续复利的无风险利率；
    ...:     T1：定价日距离选择日的期限（年）；
    ...:     T2：定价日距离到期日的期限（年）'''
    ...:     from numpy import log,exp,sqrt            #从NumPy模块导入log、exp、sqrt函数
    ...:     from scipy.stats import norm             #从SciPy的子模块stats导入norm
    ...:     d1=(log(S/K)+(r+pow(sigma,2)/2)*T2)/(sigma*sqrt(T2))    #（式4-11）
    ...:     d2=d1-sigma*sqrt(T2)                                    #（式4-12）
    ...:     d1_=(log(S/K)+r*T2+T1*pow(sigma,2)/2)/(sigma*sqrt(T1))  #（式4-14）
    ...:     d2_=d1_-sigma*sqrt(T1)                                  #（式4-15）
    ...:     call=S*norm.cdf(d1)-K*exp(-r*T2)*norm.cdf(d2)           #看涨期权价格
    ...:     put=K*exp(-r*T2)*norm.cdf(-d2_)-S*norm.cdf(-d1_)        #看跌期权价格
    ...:     value=call+put                                         #选择人期权价格
    ...:     return value
```

在以上自定义函数 Value_Chooser 中，输入基础资产价格、行权价格、波动率、无风险利率以及期限等参数，就可以计算出欧式简单选择人期权的价格。下面通过一个示例进行具体演示。

2．一个示例

【例4-2】　假定在2022年5月16日，上市了以邮储银行A股股票（代码601658）作为基础资产的欧式简单选择人期权合约，该期权的期限为1年，行权价格为5.5元/股，将6个月后的2022年11月16日设定为选择日，在选择日期权合约多头拥有选择期权变成欧式看涨期权或者欧式看跌期权的权利。

邮储银行A股股票在2022年5月16日的收盘价为5.25元/股。此外，例4-1已经测算得到股票的波动率为26.05%。无风险利率是期限为1年的国债收益率并且当天报价为1.9970%（连续复利）。

运用 Python 对该期权当天的价格展开分析，相关编程分为以下3个步骤。

第1步：输入期权的相关参数，并且运用自定义函数 Value_Chooser 测算2022年5月16日

该选择人期权的价格。相关的代码如下：

```
In [16]: price_May16=5.25              #2022年5月16日邮储银行A股收盘价
    ...: K_PSBC=5.5                    #选择人期权的行权价格
    ...: Sigma_PSBC=0.2605             #邮储银行A股的波动率
    ...: tenor1=0.5                    #定价日距离选择日的期限（年）
    ...: tenor2=1.0                    #定价日距离到期日的期限（年）
    ...: R_1Y=0.01997                  #无风险利率（1年）

In [17]: Chooser_May16=Value_Chooser(S=price_May16,K=K_PSBC,sigma=Sigma_PSBC,r=R_1Y,
    ...:                     T1=tenor1,T2=tenor2)#计算选择人期权价格
    ...: print('2022年5月16日欧式简单选择人期权的价格（元）',round(Chooser_May16,4))
2022年5月16日欧式简单选择人期权的价格（元） 0.9487
```

通过以上的运算可以得到，在 2022 年 5 月 16 日该欧式简单选择人期权的价格等于 0.9487元/股。

第2步：考查选择日对期权价格的影响。由于选择人期权的特殊性，定价日距离选择日的期限是影响期权价格的一个重要变量，所以为了分析该变量对期权定价的影响，定价日距离选择日的期限取在[0.01,0.99]区间的等差数列，测算该选择人期权的价格变化并且可视化（见图4-2）。具体的代码如下：

```
In [18]: tenor1_list=np.linspace(0.01,0.99,100)    #对定价日至选择日的期限取等差数列并存放于数组

In [19]: Chooser_list1=Value_Chooser(S=price_May16,K=K_PSBC,sigma=Sigma_PSBC,r=R_1Y,
    ...:                     T1=tenor1_list,T2=tenor2)    #测算选择人期权价格

In [20]: plt.figure(figsize=(9,6))
    ...: plt.plot(tenor1_list,Chooser_list1,'r',lw=2)
    ...: plt.xticks(fontsize=12)
    ...: plt.xlabel('定价日距离选择日的期限（年）',fontsize=12)
    ...: plt.yticks(fontsize=12)
    ...: plt.ylabel('期权价格（元）',fontsize=12)
    ...: plt.title('定价日距离选择日的期限与欧式简单选择人期权价格的关系',fontsize=12)
    ...: plt.grid()
    ...: plt.show()
```

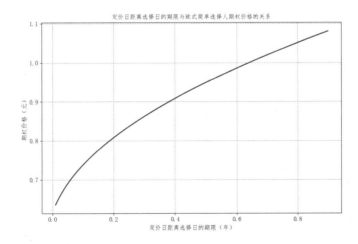

图4-2　定价日距离选择日的期限与欧式简单选择人期权价格的关系

通过图4-2可以清楚地看到，欧式简单选择人期权的价格随定价日距离选择日的期限（年）递增，也就是当定价日距离选择日越远，在其他变量保持不变的情况下，期权价格就越高。此外，两者之间呈现为一种非线性的关系。

第3步：欧式简单选择人期权与普通欧式期权的价格对比。假定欧式看涨期权和欧式看跌期权的基础资产、行权价格、合约期限以及无风险利率等变量，均与欧式简单选择人期权保持一致，同时，欧式简单选择人期权的选择日设定为2022年11月16日；将邮储银行A股在2022年5月16日的价格取在[4.0,7.0]区间的等差数列，依次测算普通欧式期权的价格以及欧式简单选择人期权的价格并且可视化（见图4-3）。具体的代码如下：

```
In [21]: price_list=np.linspace(4,7,200)          #邮储银行A股价格的等差数列

In [22]: def Option_BSM(S,K,sigma,r,T,opt):       #在1.3.1小节的自定义函数
    ...:     '''运用BSM模型计算欧式期权价格的函数
    ...:     S: 基础资产价格；
    ...:     K: 行权价格；
    ...:     sigma: 基础资产的波动率；
    ...:     r: 连续复利的无风险利率；
    ...:     T: 合约期限（年）；
    ...:     opt: 期权类型，输入call表示看涨期权，输入其他表示看跌期权'''
    ...:     from numpy import log,exp,sqrt         #从NumPy模块导入log、exp、sqrt函数
    ...:     from scipy.stats import norm          #从SciPy的子模块stats导入norm
    ...:     d1=(log(S/K)+(r+pow(sigma,2)/2)*T)/(sigma*sqrt(T))   #计算参数d1
    ...:     d2=d1-sigma*sqrt(T)                   #计算参数d2
    ...:     if opt=='call':                       #针对欧式看涨期权
    ...:         value=S*norm.cdf(d1)-K*exp(-r*T)*norm.cdf(d2)    #计算期权价格
    ...:     else:                                 #针对欧式看跌期权
    ...:         value=K*exp(-r*T)*norm.cdf(-d2)-S*norm.cdf(-d1)  #计算期权价格
    ...:     return value

In [23]: Chooser_list2=Value_Chooser(S=price_list,K=K_PSBC,sigma=Sigma_PSBC,r=R_1Y,
    ...:                         T1=tenor1,T2=tenor2)   #测算欧式简单选择人期权价格

In [24]: Call_list=Option_BSM(S=price_list,K=K_PSBC,sigma=Sigma_PSBC,r=R_1Y,T=tenor2,
    ...:                  opt='call')              #测算普通欧式看涨期权价格

In [25]: Put_list=Option_BSM(S=price_list,K=K_PSBC,sigma=Sigma_PSBC,r=R_1Y,T=tenor2,
    ...:                  opt='put')               #测算普通欧式看跌期权价格

In [26]: plt.figure(figsize=(9,6))
    ...: plt.plot(price_list,Chooser_list2,'b-',label='欧式简单选择人期权',lw=2)
    ...: plt.plot(price_list,Call_list,'r--',label='普通欧式看涨期权',lw=2)
    ...: plt.plot(price_list,Put_list,'m--',label='普通欧式看跌期权',lw=2)
    ...: plt.xticks(fontsize=12)
    ...: plt.xlabel('邮储银行A股股价（元）',fontsize=12)
    ...: plt.yticks(fontsize=12)
    ...: plt.ylabel('期权价格（元）',fontsize=12)
    ...: plt.title('基础资产价格与期权价格的关系',fontsize=12)
    ...: plt.legend(fontsize=12,loc=9)            #图例放置在中上位置
    ...: plt.grid()
    ...: plt.show()
```

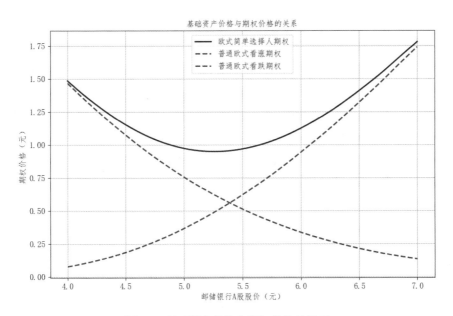

图4-3 基础资产价格与期权价格的关系

仔细观察图4-3,可以得出以下3个比较重要的结论。

一是期权价格的大小关系。欧式简单选择人期权的价格不仅高于普通欧式看涨期权,而且高于普通欧式看跌期权。

二是价格的微笑曲线形态。基础资产价格越靠近行权价格,欧式简单选择人期权的价格越低;基础资产价格越远离行权价格,期权的价格就越高。因此,欧式简单选择人期权的价格呈现出微笑曲线的形态。

三是期权价格的收敛特征。基础资产价格越低,欧式简单选择人期权的价格就会向普通欧式看跌期权收敛,预示着欧式简单选择人期权多头在选择日会更倾向于选择成为普通欧式看跌期权;相反,基础资产价格越高,欧式简单选择人期权的价格就会向普通欧式看涨期权收敛,预示着欧式简单选择人期权多头在选择日会更倾向于选择成为普通欧式看涨期权。

4.3 回望期权

低买高卖或许是无数投资者的终极梦想,但无奈的是未来充满着太多的不确定性。然而,站在今天回望过去就很容易找出金融资产价格出现的低位和高位。此刻或许有读者突发奇想,如果能够建造一台时光穿梭机,把自己带回过去就能在价格最低时买入并且在价格最高时卖出。这种在科幻小说才会出现的情节倒并非天方夜谭,因为在奇异期权的"宝藏"中,埋藏了一架"时间机器",这就是回望期权。

回望期权(lookback option)收益的计算依据基础资产在某个特定的期间所达到的最高价或最低价,这个特定期间就称为**回望期间**(lookback period),在回望期间内基础资产达到的最高价格或最低价格则被称为**回望价格**(lookback price),回望期间通常与期权的合约期间保持一致。

回望期权可以分为浮动回望期权与固定回望期权两大类,本节将讨论这两类回望期权。

4.3.1　浮动回望期权及定价

浮动回望期权与普通欧式期权一样，都具有合约到期日、基础资产等期权要素，唯一的区别在于浮动回望期权的行权价格被设定为回望期间的基础资产最低价或者最高价，因此在合约初始日无法确定一个固定的行权价格，这也正是该期权以"浮动"二字命名的原因所在；当然在合约到期日，行权价格就能够确定下来了。正因如此，浮动回望期权很少存在到期不行权的情形，因为浮动的行权价格大概率是优于合约到期时的基础资产价格的。

与普通欧式期权一样，浮动回望期权可以进一步划分为浮动回望看涨期权与浮动回望看跌期权。

1. 浮动回望看涨期权概述

浮动回望看涨期权（floating lookback call）允许期权持有人（多头）以合约存续期内基础资产所达到的最低价格买入基础资产。假定合约初始日是 0 时刻，到期日是 T 时刻，在合约存续期内基础资产的最低价格用 $S_{\min}$ 表示，在 T 时刻的基础资产价格用 S_T 表示，浮动回望看涨期权在合约到期日的收益等于 $S_T - S_{\min}$，也就是到期日的基础资产价格高于最低价格的差价部分。

举一个简单例子加以说明，一位投资者预期 A 公司股价在未来 6 个月会上涨，当前价格是 5 元/股，但是无法确定该股票当前价格是否处于最低位。考虑以下的两种情形。

情形 1： 投资者买入期限为 6 个月的普通欧式看涨期权，行权价格是 6 元/股。如果未来 6 个月股价从 5 元/股上涨至 10 元/股，在期权到期时投资者可以赚取股价高于行权价格的差额部分，即 $10 - 6 = 4$（元/股）。

情形 2： 投资者买入期限为 6 个月的浮动回望看涨期权，行权价格设定为未来 6 个月内的股票最低价格。假定未来 6 个月股价从 5 元/股先跌至 3 元/股，然后最终上涨至 10 元/股，在合约到期时投资者可以赚取 $10 - 3 = 7$（元/股）。相当于按照回望期间的股票最低价买入股票，在到期时按照股票市价卖出，显然投资者可以赚取更高的收益。

在"不能预知未来，又无法回到过去"的情况下，回望看涨期权却能够让投资者有机会捕捉到股票的最低价。

2. 浮动回望看跌期权概述

浮动回望看跌期权（floating lookback put）允许期权持有人以合约存续期内基础资产的最高价格卖出基础资产。假定合约初始日和到期日分别是 0 时刻与 T 时刻，在合约存续期内基础资产的最高价格用 $S_{\max}$ 表示，T 时刻的基础资产价格依然用 S_T 表示，浮动回望看跌期权在合约到期日的收益等于 $S_{\max} - S_T$，也就是基础资产最高价格高于到期日基础资产价格的差价部分。

同样举一个简单的例子进行说明，一位投资者预期 B 公司股价在未来 1 年要下跌，当前股价是 15 元/股，但是不能确定该股票当前价格是否处于最高位。考虑以下的两种情形。

情形 1： 投资者买入期限为 1 年的普通欧式看跌期权，行权价格是 13 元/股。如果未来 1 年股价从 15 元/股下跌至 10 元/股，在合约到期时投资者赚取行权价格高于股价的差价部分，即 $13 - 10 = 3$（元/股）。

情形2：投资者买入期限为1年的浮动回望看跌期权，行权价格设定为未来1年内的股票最高价格。假定在未来1年股价从15元/股先上涨至20元/股，然后再下跌至10元/股，在合约到期时投资者可以赚取 20 − 10 = 10（元/股）。相当于按照回望期间的股票最高价卖出，买入价则是依据合约到期时的股票市价，显然投资者可以捕捉到基础资产在回望期间的最高价，从而有机会赚取更多的收益。

此外，值得庆幸的是浮动回望期权的定价拥有解析表达式。鉴于定价公式的推导过程比较复杂，超出了本书讨论的范围，下面直接给出浮动回望看涨期权和浮动回望看跌期权的定价表达式[①]。

3. 浮动回望看涨期权定价的解析表达式

假定合约的初始日和到期日依然是0时刻与T时刻，定价日设定为τ时刻，S_τ代表在τ时刻的基础资产价格，$S_{\min}$代表从0时刻至τ时刻期间内基础资产价格的最小值；σ代表基础资产的波动率，r是无风险利率；此外，$T - \tau$代表期权的剩余期限并且以年为单位。

根据以上的变量设定，浮动回望看涨期权的价格c_{fl}有如下的表达式：

$$c_{\mathrm{fl}} = S_\tau \left[N(a_1) - \frac{\sigma^2}{2r} N(-a_1) \right] - S_{\min} e^{-r(T-\tau)} \left[N(a_2) - \frac{\sigma^2}{2r} e^b N(-a_3) \right] \quad （式4-17）$$

其中，

$$a_1 = \frac{\ln(S_\tau / S_{\min}) + (r + \sigma^2 / 2)(T - \tau)}{\sigma\sqrt{T - \tau}} \quad （式4-18）$$

$$a_2 = a_1 - \sigma\sqrt{T - \tau} \quad （式4-19）$$

$$a_3 = \frac{\ln(S_\tau / S_{\min}) + (-r + \sigma^2 / 2)(T - \tau)}{\sigma\sqrt{T - \tau}} \quad （式4-20）$$

$$b = \left(1 - \frac{2r}{\sigma^2}\right) \ln(S_\tau / S_{\min}) \quad （式4-21）$$

需要注意的是，如果计算浮动回望看涨期权在合约0时刻的价格，假定在0时刻的基础资产价格用S_0表示，只需要将（式4-17）至（式4-21）中的$S_{\min}$和S_τ均改为S_0。

对比普通欧式看涨期权定价的BSM模型，不难发现浮动回望看涨期权的定价表达式要复杂许多。

4. 浮动回望看跌期权定价的解析表达式

$S_{\max}$代表从0时刻至τ时刻期间内基础资产价格的最大值，其他标记符号S_τ、σ、r、τ以及T与浮动回望看涨期权保持一致。浮动回望看跌期权的价格p_{fl}有如下的表达式：

$$p_{\mathrm{fl}} = S_{\max} e^{-r(T-\tau)} \left[N(\bar{a}_1) - \frac{\sigma^2}{2r} e^{\bar{b}} N(-\bar{a}_3) \right] + S_\tau \left[\frac{\sigma^2}{2r} N(-\bar{a}_2) - N(\bar{a}_2) \right] \quad （式4-22）$$

其中，

---

① 关于浮动回望期权定价公式的推导过程，详见 B. Goldman, H. Sosin, and M. A. Gatto, *Path-Dependent Options: Buy at the Low, Sell at the High*, Journal of Finance, 34 (December 1979): 1111–1127.

$$\overline{a}_1 = \frac{\ln\left(S_{\max}/S_\tau\right) + \left(-r + \sigma^2/2\right)\left(T - \tau\right)}{\sigma\sqrt{T - \tau}} \qquad （式4-23）$$

$$\overline{a}_2 = \overline{a}_1 - \sigma\sqrt{T - \tau} \qquad （式4-24）$$

$$\overline{a}_3 = \frac{\ln\left(S_{\max}/S_\tau\right) + \left(r - \sigma^2/2\right)\left(T - \tau\right)}{\sigma\sqrt{T - \tau}} \qquad （式4-25）$$

$$\overline{b} = \left(\frac{2r}{\sigma^2} - 1\right)\ln\left(S_{\max}/S_\tau\right) \qquad （式4-26）$$

同样，如果需要计算浮动回望看跌期权在0时刻的价格，只需要将（式4-22）至（式4-26）中的 $S_{\max}$ 和 S_τ 均改为 S_0。

4.3.2　固定回望期权及定价

固定回望期权是另一类比较常见的回望期权，与浮动回望期权不同的是，固定回望期权拥有一个固定的行权价格 K，这也是该期权被冠以"固定"二字的原因之一。需要注意的是，与普通欧式期权不同的是，测算固定回望期权的收益是考虑合约存续期内的基础资产最高价或者最低价，而不是合约到期日的基础资产价格。与浮动回望期权相类似，固定回望期权也分为固定回望看涨期权与固定回望看跌期权两大类。

1. 固定回望看涨期权及定价逻辑

针对**固定回望看涨期权**（fixed lookback call），在合约到期日的期权收益表达式如下：

$$\max\left(S_{\max} - K, 0\right) \qquad （式4-27）$$

其中，$S_{\max}$ 的含义与浮动回望看跌期权保持一致，即合约存续期内基础资产价格的最大值，K 表示固定回望看涨期权的行权价格。

在分析固定回望看涨期权的定价时，可以参考1.2.4小节讨论普通欧式期权的看跌-看涨平价关系式的思路。

首先，定义 $S_{\max}^* = \max\left(S_{\max}, K\right)$。当 $S_{\max} \geqslant K$ 时，得到 $S_{\max}^* = S_{\max}$；相反，当 $S_{\max} < K$ 时，就有 $S_{\max}^* = K$。

同时，设计一份新的浮动回望看跌期权，该期权与一份固定回望看涨期权具有相同的合约期限和相同的基础资产，但是在合约有效期内的基础资产价格最大值 $S_{\max}$ 用 $S_{\max}^*$ 进行替代。

考虑以下两个投资组合。

A投资组合：一份固定回望看涨期权与一份本金为 K 的无风险零息债券，期权和债券的到期日相同。

B投资组合：一份新的浮动回望看跌期权与一份基础资产。

对 A 投资组合而言，在合约到期日也是债券到期日，投资组合的收益等于 $\max\left(S_{\max} - K, 0\right) + K = \max\left(S_{\max}, K\right)$。

对B投资组合而言，在合约到期日，投资组合的收益等于 $S_{\max}^* - S_T + S_T = S_{\max}^* = \max\left(S_{\max}, K\right)$，注意这里的 S_T 代表在合约到期日 T 时刻的基础资产价格。

以上的分析表明，两个投资组合在合约到期日的收益是完全等同的，考虑到A投资组合与B投资组合中的期权均不允许提前行权，根据无套利原则，在合约存续期内这两个投资组合也应该拥有相同的价值，因此A投资组合与B投资组合是等价的。这为下一步针对固定回望看涨期权的定价提供了依据。

2. 固定回望看涨期权的定价表达式

在定价日 τ 时刻，固定回望看涨期权的价格用 c_{fix} 表示，新的浮动回望看跌期权的价格用 p_{fl}^{*} 表示，基础资产价格用 S_{τ} 表示。

A投资组合在 τ 时刻的价值 V_A 有如下表达式：

$$V_A = c_{fix} + Ke^{-r(T-\tau)} \tag{式4-28}$$

B投资组合在 τ 时刻的价值 V_B 有如下表达式：

$$V_B = p_{fl}^{*} + S_{\tau} \tag{式4-29}$$

前面已经提到，A投资组合与B投资组合是完全等价的，因此结合（式4-28）和（式4-29）并且经过调整，可以得到以下的公式：

$$c_{fix} = p_{fl}^{*} + S_{\tau} - Ke^{-r(T-\tau)} \tag{式4-30}$$

然后，结合前面的浮动回望看跌期权定价公式（式4-22）至（式4-26），可以得出在 τ 时刻固定回望看涨期权价格的完整数学表达式，具体如下：

$$c_{fix} = S_{max}^{*}e^{-r(T-\tau)}\left[N(\bar{a}_1) - \frac{\sigma^2}{2r}e^{\bar{b}}N(-\bar{a}_3)\right] - Ke^{-r(T-\tau)} + S_{\tau}\left[\frac{\sigma^2}{2r}N(-\bar{a}_2) - N(\bar{a}_2) + 1\right] \tag{式4-31}$$

其中，

$$\bar{a}_1 = \frac{\ln\left(S_{max}^{*}/S_{\tau}\right) + \left(-r + \sigma^2/2\right)(T-\tau)}{\sigma\sqrt{T-\tau}} \tag{式4-32}$$

$$\bar{a}_2 = \bar{a}_1 - \sigma\sqrt{T-\tau} \tag{式4-33}$$

$$\bar{a}_3 = \frac{\ln\left(S_{max}^{*}/S_{\tau}\right) + \left(r - \sigma^2/2\right)(T-\tau)}{\sigma\sqrt{T-\tau}} \tag{式4-34}$$

$$\bar{b} = \left(\frac{2r}{\sigma^2} - 1\right)\ln\left(S_{max}^{*}/S_{\tau}\right) \tag{式4-35}$$

$$S_{max}^{*} = \max\left(S_{max}, K\right) \tag{式4-36}$$

3. 固定回望看跌期权的定价逻辑

针对**固定回望看跌期权**（fixed lookback put），在合约到期日的期权收益表达式如下：

$$\max\left(K - S_{min}, 0\right) \tag{式4-37}$$

其中，S_{min} 的含义与浮动回望看涨期权保持一致，即合约存续期内基础资产价格的最小值，K 表示固定回望看跌期权的行权价格。

在分析固定回望看跌期权的定价时，依然参考普通欧式期权的看跌-看涨平价关系式的思路，并且与前面讨论固定回望看涨期权的定价逻辑也是一脉相承的。

首先，定义 $S_{min}^{*} = \min\left(S_{min}, K\right)$。当 $S_{min} > K$ 时，得到 $S_{min}^{*} = K$；相反，当 $S_{min} \leqslant K$ 时，就有 $S_{min}^{*} = S_{min}$。

同时，设计一份新的浮动回望看涨期权，该期权与固定回望看跌期权具有相同的期限、相同的基础资产，但是在合约存续期内的基础资产价格最小值 $S_{\min}$ 用 $S_{\min}^*$ 替代。

考虑以下两个投资组合。

C投资组合： 一份新的浮动回望看涨期权与一份本金为 K 的无风险零息债券，期权和债券的到期日相同。

D投资组合： 一份固定回望看跌期权与一份基础资产。

对于C投资组合，在合约到期日投资组合的收益等于 $S_T - S_{\min}^* + K = S_T - \min(S_{\min} - K, 0) = S_T + \max(K - S_{\min}, 0)$。

对于D投资组合，在合约到期日投资组合的收益是 $\max(K - S_{\min}, 0) + S_T$。

以上的分析表明，C投资组合与D投资组合在合约到期日的收益是完全相同的，考虑这两个投资组合中的期权都无法提前行权，根据无套利原则，在合约存续期内这两个投资组合应该有相同的价值，最终得出这两个投资组合是等价的结论。这为下面讨论的固定回望看跌期权定价提供了基础。

4. 固定回望看跌期权的定价表达式

在定价日的 τ 时刻，固定回望看跌期权的价格用 p_{fix} 表示，新的浮动回望看涨期权的价格用 c_{fl}^* 表示，基础资产价格用 S_τ 表示。

C投资组合在 τ 时刻的价值 V_C 有以下表达式：

$$V_C = c_{\text{fl}}^* + Ke^{-r(T-\tau)} \qquad （式4-38）$$

D投资组合在 τ 时刻的价值 V_D 有以下表达式：

$$V_D = p_{\text{fix}} + S_\tau \qquad （式4-39）$$

由于C投资组合与D投资组合是等价的，结合（式4-38）和（式4-39）并且经过调整后得到如下公式：

$$p_{\text{fix}} = c_{\text{fl}}^* + Ke^{-r(T-\tau)} - S_\tau \qquad （式4-40）$$

同时，结合前面的浮动回望看涨期权定价公式（式4-17）至（式4-21），可以得到在 τ 时刻固定回望看跌期权价格的数学表达式，具体如下：

$$p_{\text{fix}} = S_\tau\left[N(a_1) - \frac{\sigma^2}{2r}N(-a_1) - 1\right] - S_{\min}^* e^{-r(T-\tau)}\left[N(a_2) - \frac{\sigma^2}{2r}e^b N(-a_3)\right] + Ke^{-r(T-\tau)} \qquad （式4-41）$$

其中，

$$a_1 = \frac{\ln(S_\tau / S_{\min}^*) + (r + \sigma^2/2)(T-\tau)}{\sigma\sqrt{T-\tau}} \qquad （式4-42）$$

$$a_2 = a_1 - \sigma\sqrt{T-\tau} \qquad （式4-43）$$

$$a_3 = \frac{\ln(S_\tau / S_{\min}^*) + (-r + \sigma^2/2)(T-\tau)}{\sigma\sqrt{T-\tau}} \qquad （式4-44）$$

$$b = \left(1 - \frac{2r}{\sigma^2}\right)\ln(S_\tau / S_{\min}^*) \qquad （式4-45）$$

$$S_{\min}^* = \min(S_{\min}, K) \qquad （式4-46）$$

4.3.3 具体的应用

1. 浮动回望期权定价的Python自定义函数

为了高效计算浮动回望期权的价格，通过Python自定义一个函数。具体的代码如下：

```
In [27]: def Value_Lookback_flt(S_list,sigma,r,tenor,typ):
    ...:     '''浮动回望期权定价的函数
    ...:     S_list: 合约初始日至定价日的基础资产价格时间序列，存放于序列或数据框；
    ...:     sigma: 基础资产的波动率；
    ...:     r: 连续复利的无风险利率；
    ...:     tenor: 合约期限（年）；
    ...:     typ: 看涨或看跌期权，输入call表示浮动回望看涨期权，输入其他表示浮动回望看跌期权'''
    ...:     from numpy import log,exp,sqrt        #从NumPy模块导入log、exp、sqrt函数
    ...:     from scipy.stats import norm          #从SciPy的子模块stats导入norm函数
    ...:     S_min=S_list.min()                    #取基础资产价格时间序列的最小值
    ...:     S_min=float(S_min)                    #转换为浮点型数据类型
    ...:     S_max=S_list.max()                    #取基础资产价格时间序列的最大值
    ...:     S_max=float(S_max)
    ...:     S_tou=S_list.iloc[-1]                 #取基础资产价格时间序列的最后一个元素
    ...:     S_tou=float(S_tou)
    ...:     if typ=='call':                       #针对浮动回望看涨期权
    ...:         a1=(log(S_tou/S_min)+(r+0.5*pow(sigma,2))*tenor)/(sigma*sqrt(tenor)) #（式4-18）
    ...:         a2=a1-sigma*sqrt(tenor)                                 #（式4-19）
    ...:         a3=(log(S_tou/S_min)+(-r+0.5*pow(sigma,2))*tenor)/(sigma*sqrt(tenor)) #（式4-20）
    ...:         b=(1-2*r/pow(sigma,2))*log(S_tou/S_min)                 #（式4-21）
    ...:         value1=S_tou*(norm.cdf(a1)-0.5*pow(sigma,2)*norm.cdf(-a1)/r)
    ...:                                                 #（式4-17）等号右边的第1项
    ...:         value2=S_min*exp(-r*tenor)*(norm.cdf(a2)-0.5*pow(sigma,2)*exp(b)*
norm.cdf(-a3)/r)                                        #（式4-17）等号右边的第2项
    ...:         value=value1-value2                     #计算浮动回望看涨期权的价格
    ...:     else:                                       #针对浮动回望看跌期权
    ...:         a1_=(log(S_max/S_tou)+(-r+0.5*pow(sigma,2))*tenor)/(sigma*sqrt(tenor)) #（式4-23）
    ...:         a2_=a1_-sigma*sqrt(tenor)                               #（式4-24）
    ...:         a3_=(log(S_max/S_tou)+(r-0.5*pow(sigma,2))*tenor)/(sigma*sqrt(tenor)) #（式4-25）
    ...:         b_=(2*r/pow(sigma,2)-1)*log(S_max/S_tou)                #（式4-26）
    ...:         value1=S_max*exp(-r*tenor)*(norm.cdf(a1_)-0.5*pow(sigma,2)*exp(b_)*
norm.cdf(-a3_)/r)                                       #（式4-22）等号右边的第1项
    ...:         value2=S_tou*(0.5*pow(sigma,2)*norm.cdf(-a2_)/r-norm.cdf(a2_))
    ...:                                                 #（式4-22）等号右边的第2项
    ...:         value=value1+value2                     #计算浮动回望看跌期权的价格
    ...:     return value
```

在以上的自定义函数Value_Lookback_flt中，只需要输入基础资产价格的期间数据、波动率、无风险利率、合约期限以及看涨或看跌期权类型等参数，就可以计算出浮动回望期权的价格。

2. 固定回望期权定价的Python自定义函数

与此同时，为了便于快速测算出固定回望期权的价格，也需要通过Python自定义一个函数。

具体的代码如下:

```
In [28]: def Value_Lookback_fix(S_list,K,sigma,r,tenor,typ):
    ...:     '''固定回望期权定价的函数
    ...:     S_list: 合约初始日至定价日的基础资产价格时间序列,存放于序列或数据框;
    ...:     K: 期权的行权价格;
    ...:     sigma: 基础资产的波动率;
    ...:     r: 连续复利的无风险利率;
    ...:     tenor: 合约期限(年);
    ...:     typ: 看涨或看跌期权,输入call表示固定回望看涨期权,输入其他表示固定回望看跌期权'''
    ...:     from numpy import log,exp,sqrt                #从NumPy模块导入log、exp、sqrt函数
    ...:     from numpy import minimum,maximum            #从NumPy模块导入minimum和maximum函数
    ...:     from scipy.stats import norm                 #从SciPy的子模块stats导入norm
    ...:     S_min=minimum(S_list.min(),K)                #取最小值(式4-46)
    ...:     S_min=float(S_min)                           #转换为浮点型数据类型
    ...:     S_max=maximum(S_list.max(),K)                #取最大值(式4-36)
    ...:     S_max=float(S_max)
    ...:     S_tou=S_list.iloc[-1]                        #取基础资产价格时间序列的最后一个元素
    ...:     S_tou=float(S_tou)
    ...:     if typ=='call':                              #针对固定回望看涨期权
    ...:         a1_=(log(S_max/S_tou)+(-r+0.5*pow(sigma,2))*tenor)/(sigma*sqrt(tenor)) #(式4-32)
    ...:         a2_=a1_-sigma*sqrt(tenor)                                    #(式4-33)
    ...:         a3_=(log(S_max/S_tou)+(r-0.5*pow(sigma,2))*tenor)/(sigma*sqrt(tenor)) #(式4-34)
    ...:         b_=(2*r/pow(sigma,2)-1)*log(S_max/S_tou)                     #(式4-35)
    ...:         value1=S_max*exp(-r*tenor)*(norm.cdf(a1_)-0.5*pow(sigma,2)*exp(b_)*
norm.cdf(-a3_)/r)                        #(式4-31)等号右边的第1项
    ...:         value2=K*exp(-r*tenor)                   #(式4-31)等号右边的第2项
    ...:         value3=S_tou*(0.5*pow(sigma,2)*norm.cdf(-a2_)/r-norm.cdf(a2_)+1)
    ...:                                                  #(式4-31)等号右边的第3项
    ...:         value=value1-value2+value3               #计算固定回望看涨期权的价格
    ...:     else:                                        #针对固定回望看跌期权
    ...:         a1=(log(S_tou/S_min)+(r+0.5*pow(sigma,2))*tenor)/(sigma*sqrt(tenor)) #(式4-42)
    ...:         a2=a1-sigma*sqrt(tenor)                                      #(式4-43)
    ...:         a3=(log(S_tou/S_min)+(-r+0.5*pow(sigma,2))*tenor)/(sigma*sqrt(tenor)) #(式4-44)
    ...:         b=(1-2*r/pow(sigma,2))*log(S_tou/S_min)                      #(式4-45)
    ...:         value1=S_tou*(norm.cdf(a1)-0.5*pow(sigma,2)*norm.cdf(-a1)/r-1)
    ...:                                                  #(式4-41)等号右边的第1项
    ...:         value2=S_min*exp(-r*tenor)*(norm.cdf(a2)-0.5*pow(sigma,2)*exp(b)*
norm.cdf(-a3)/r)   #(式4-41)等号右边的第2项
    ...:         value3=K*exp(-r*tenor)                   #(式4-41)等号右边的第3项
    ...:         value=value1-value2+value3               #计算固定回望看跌期权的价格
    ...:     return value
```

在以上的自定义函数Value_Lookback_fix中,只需要输入基础资产价格的期间数据、行权价格、波动率、无风险利率、合约期限以及看涨或看跌期权类型等参数,就可以快速测算出固定回望期权的价格。

下面结合一个示例具体演示如何通过Python编程实现对回望期权的定价。

3. 一个示例

【例4-3】 假定在2022年3月16日,上市了以邮储银行A股股票(证券代码601658)作为基础资产的回望期权,整个合约的期限为1年,到期日为2023年3月16日,并且包含了浮动回望

看涨期权、浮动回望看跌期权、固定回望看涨期权以及固定回望看跌期权共计4类期权类型。其中，固定回望看涨期权的行权价格为5.25元/股，固定回望看跌期权的行权价格为5.65元/股；股票的波动率为25.78%；无风险利率是国债收益率。

下面，依次测算2022年3月16日（上市首日）、6月16日以及9月16日这3个交易日的期权价格。为了便于理解，Python的编程一共分为3个步骤。

第1步：测算2022年3月16日的回望期权价格。运用自定义函数 Value_Lookback_flt 和 Value_Lookback_fix，当天期限为1年的国债收益率报价为2.1431%（连续复利）；为了后续编程的便利，导入存放2022年3月16日至9月16日邮储银行A股股价的Excel文件。具体的代码如下：

```
In [29]: price_list1=pd.read_excel(io='C:/Desktop/邮储银行A股收盘价（2022年3月16日至9月16
日）.xlsx',sheet_name='Sheet1',header=0,index_col=0)          #导入数据

In [30]: K_call=5.25                        #固定回望看涨权的行权价格
    ...: K_put=5.65                         #固定回望看跌权的行权价格
    ...: Sigma_PSBC=0.2578                   #邮储银行A股的波动率
    ...: T1=1                               #合约期限1年
    ...: R_1Y=0.021431                      #2022年3月16日无风险利率（1年）

In [31]: price_Mar16=price_list1.loc['2022-03-16'] #取2022年3月16日邮储银行A股收盘价

In [32]: V1_Mar16=Value_Lookback_flt(S_list=price_Mar16,sigma=Sigma_PSBC,r=R_1Y,
    ...:                          tenor=T1,typ='call')  #浮动回望看涨期权价格
    ...: print('2022年3月16日浮动回望看涨期权的价格（元）',round(V1_Mar16,4))
2022年3月16日浮动回望看涨期权的价格（元） 1.0043

In [33]: V2_Mar16=Value_Lookback_flt(S_list=price_Mar16,sigma=Sigma_PSBC,r=R_1Y,
    ...:                          tenor=T1,typ='put')   #浮动回望看跌期权价格
    ...: print('2022年3月16日浮动回望看跌期权的价格（元）',round(V2_Mar16,4))
2022年3月16日浮动回望看跌期权的价格（元） 1.0633

In [34]: V3_Mar16=Value_Lookback_fix(S_list=price_Mar16,K=K_call,sigma=Sigma_PSBC,
    ...:                          r=R_1Y,tenor=T1,typ='call') #固定回望看涨期权价格
    ...: print('2022年3月16日固定回望看涨期权的价格（元）',round(V3_Mar16,4))
2022年3月16日固定回望看涨期权的价格（元） 0.9959

In [35]: V4_Mar16=Value_Lookback_fix(S_list=price_Mar16,K=K_put,sigma=Sigma_PSBC,
    ...:                          r=R_1Y,tenor=T1,typ='put') #固定回望看跌期权价格
    ...: print('2022年3月16日固定回望看跌期权的价格（元）',round(V4_Mar16,4))
2022年3月16日固定回望看跌期权的价格（元） 1.4745
```

从以上的代码输出结果可以看到，无论是浮动回望期权还是固定回望期权，看跌期权的价格均高于看涨期权。

第2步：测算2022年6月16日的回望期权价格。当天9个月国债收益率的报价为1.9650%（连续复利），同时假定股票收益率的年化波动率依然是25.78%（下同）。具体的代码如下：

```
In [36]: price_list2=price_list1.loc['2022-03-16':'2022-06-16'] #取2022年3月16日至6月16日
邮储银行A股收盘价

In [37]: T2=0.75                       #合约期限9个月
    ...: R_9M=0.01965                   #2022年6月16日无风险利率（9个月）
```

```
In [38]: V1_Jun16=Value_Lookback_flt(S_list=price_list2,sigma=Sigma_PSBC,r=R_9M,
    ...:                          tenor=T2,typ='call') #浮动回望看涨期权价格
    ...: print('2022年6月16日浮动回望看涨期权的价格（元）',round(V1_Jun16,4))
2022年6月16日浮动回望看涨期权的价格（元） 0.9058

In [39]: V2_Jun16=Value_Lookback_flt(S_list=price_list2,sigma=Sigma_PSBC,r=R_9M,
    ...:                          tenor=T2,typ='put') #浮动回望看跌期权价格
    ...: print('2022年6月16日浮动回望看跌期权的价格（元）',round(V2_Jun16,4))
2022年6月16日浮动回望看跌期权的价格（元） 1.0447

In [40]: V3_Jun16=Value_Lookback_fix(S_list=price_list2,K=K_call,sigma=Sigma_PSBC,
    ...:                          r=R_9M,tenor=T2,typ='call') #固定回望看涨期权价格
    ...: print('2022年6月16日固定回望看涨期权的价格（元）',round(V3_Jun16,4))
2022年6月16日固定回望看涨期权的价格（元） 1.0815

In [41]: V4_Jun16=Value_Lookback_fix(S_list=price_list2,K=K_put,sigma=Sigma_PSBC,
    ...:                          r=R_9M,tenor=T2,typ='put') #固定回望看跌期权价格
    ...: print('2022年6月16日固定回望看跌期权的价格（元）',round(V4_Jun16,4))
2022年6月16日固定回望看跌期权的价格（元） 1.2631
```

根据代码的输出结果，在2022年6月16日，无论是浮动回望期权还是固定回望期权，看跌期权的价格依然高于看涨期权。而且，无论是看涨期权还是看跌期权，固定回望期权的价格均高于浮动回望期权。

第3步：测算2022年9月16日的回望期权价格。需要注意的是，当天6个月国债收益率的报价为1.7078%（连续复利）。具体的代码如下：

```
In [42]: T3=0.5                          #合约期限6个月
    ...: R_6M=0.017078                    #2022年9月16日无风险利率（6个月）

In [43]: V1_Sep16=Value_Lookback_flt(S_list=price_list1,sigma=Sigma_PSBC,r=R_6M,
    ...:                          tenor=T3,typ='call')          #浮动回望看涨期权价格
    ...: print('2022年9月16日浮动回望看涨期权的价格（元）',round(V1_Sep16,4))
2022年9月16日浮动回望看涨期权的价格（元） 0.6442

In [44]: V2_Sep16=Value_Lookback_flt(S_list=price_list1,sigma=Sigma_PSBC,r=R_6M,
    ...:                          tenor=T3,typ='put')           #浮动回望看跌期权价格
    ...: print('2022年9月16日浮动回望看跌期权的价格（元）',round(V2_Sep16,4))
2022年9月16日浮动回望看跌期权的价格（元） 1.2635

In [45]: V3_Sep16=Value_Lookback_fix(S_list=price_list1,K=K_call,sigma=Sigma_PSBC,
    ...:                          r=R_6M,tenor=T3,typ='call')    #固定回望看涨期权价格
    ...: print('2022年9月16日固定回望看涨期权的价格（元）',round(V3_Sep16,4))
2022年9月16日固定回望看涨期权的价格（元） 0.5781

In [46]: V4_Sep16=Value_Lookback_fix(S_list=price_list1,K=K_put,sigma=Sigma_PSBC,
    ...:                          r=R_6M,tenor=T3,typ='put')     #固定回望看跌期权价格
    ...: print('2022年9月16日固定回望看跌期权的价格（元）',round(V4_Sep16,4))
2022年9月16日固定回望看跌期权的价格（元） 1.7262
```

根据上述的代码输出结果，浮动回望看涨期权的价格高于固定回望看涨期权，而浮动回望看跌期权的价格则低于固定回望看跌期权。

表4-5整理了在3个不同交易日测算得到的不同类型回望期权的价格。

表4-5 在不同交易日测算得到的不同类型回望期权的价格 （单位：元/股）

期权类型	2022年3月16日的价格	2022年6月16日的价格	2022年9月16日的价格
浮动回望看涨期权	1.0043	0.9058	0.6442
浮动回望看跌期权	1.0633	1.0447	1.2635
固定回望看涨期权	0.9959	1.0815	0.5781
固定回望看跌期权	1.4745	1.2631	1.7262

通过表4-5可以看到，随着时间的推移，浮动回望看涨期权的价格不断下跌，浮动回望看跌期权与固定回望看跌期权的价格均先跌后涨，固定回望看涨期权的价格则先涨后跌。

4.4 亚式期权

在20世纪80年代，全球银行业正处于一个快速变革时期，1987年信孚银行（Bankers Trust）开发了针对原油平均价格进行结算的原油期权，由于这类期权最早在日本东京推出，因此被称为**亚式期权**（asian option）。亚式期权一经推出便引发金融市场的广泛关注，经过多年的发展，亚式期权成为交易最为活跃的奇异期权之一。

4.4.1 亚式期权的概况

亚式期权与普通期权的最大区别在于，在合约到期日确定期权收益时，不是采用基础资产当时的市场价格，而是运用合约存续期内基础资产价格的均值。

1. 亚式期权的分类

针对均值的计算存在两种方法，分别是算术平均与几何平均，因此亚式期权可以分为两种，一种是算术平均的亚式期权，另一种是几何平均的亚式期权，以算术平均的亚式期权最为常见。按照结算方式的不同，亚式期权又可以划分为平均价格期权与平均行权价格期权两大类。

平均价格期权（average price option）以合约存续期内基础资产的平均价格来代替普通欧式期权中到期日的基础资产价格，也称为**固定行权价格的亚式期权**。平均价格期权可以进一步划分为**平均价格看涨期权**（average price call）和**平均价格看跌期权**(average price put)。

平均行权价格期权（average strike option）以期权合约期内基础资产的平均价格作为行权价格，又称**浮动行权价格的亚式期权**。平均行权价格期权又可以划分为**平均行权价格看涨期权**（average strike call）和**平均行权价格看跌期权**（average strike put）。

表4-6整理了不同类型的亚式期权在期权合约到期日的期权收益情况，其中，平均价格期权的行权价格用 K 表示，合约存续期内的基础资产平均价格用 S_{ave} 表示，合约到期日的基础资产价格用 S_T 表示。

表4-6 不同类型的亚式期权到期收益表达式

亚式期权的类型之一	亚式期权的类型之二	到期收益的表达式
平均价格期权	平均价格看涨期权	$\max\left(0, S_{ave} - K\right)$
	平均价格看跌期权	$\max\left(0, K - S_{ave}\right)$

续表

亚式期权的类型之一	亚式期权的类型之二	到期收益的表达式
平均行权价格期权	平均行权价格看涨期权	$\max\left(0, S_T - S_{\text{ave}}\right)$
	平均行权价格看跌期权	$\max\left(0, S_{\text{ave}} - S_T\right)$

2．亚式期权的优势

相比普通的欧式期权，亚式期权拥有以下的 3 项优势。

一是成本更低。亚式期权的价格会比相同期限、相同基础资产以及相同行权价格的普通期权更便宜，这为企业参与套期保值节省了成本，详见例4-4。

二是不易操纵。相比基础资产价格在某个时点（比如合约到期日）的价格，人为操纵某个期间内平均价格的难度显然要大得多。由于亚式期权依赖于合约存续期内基础资产的平均价格，因此相比普通欧式期权，亚式期权可以有效避免基础资产在合约到期日剧烈波动所带来的风险，这在一定程度上规避了期权价格被人为操纵的风险。

三是精准套保。亚式期权与企业的生产过程或贸易过程中的现金流更加贴近。对此，举两个例子加以说明。第1个例子是对于加工型企业，由于受到库存容量的限制，原材料的采购不是一次性完成的，而是分批采购，因此企业更加关注一段时期原材料的平均价格，平均价格的波动才是企业面临的真正价格风险。第2个例子是针对生产型企业，企业产成品的销售也不是一次性完成的，而是分批分次进行，因此某个期间的产品均价会比固定某一天的价格更有实际意义。因此，在套期保值的精确性方面，亚式期权比普通欧式期权更高。

4.4.2　亚式期权的定价

由于在现实的亚式期权市场中，平均价格期权比平均行权价格期权更为普遍，因此，本小节讨论的亚式期权定价围绕平均价格期权展开，同时采用算术平均方法计算均值。

1．基础资产价格均值的分布

在对亚式期权定价时，首先需要解决的一个棘手问题是关于基础资产价格均值 S_{ave} 的分布。当假设基础资产价格满足对数正态分布，并且基础资产价格又服从几何布朗运动时，价格的算术平均值仅仅近似服从对数正态分布。

对此，一种比较流行的处理方法是用对数正态分布去拟合 S_{ave} 的一阶矩和二阶矩[①]，S_{ave} 的一阶矩就是 S_{ave} 的期望值，S_{ave} 的二阶矩就是 S_{ave} 平方的期望值。然后再借助**布莱克模型**（Black model）最终得到亚式期权的定价公式。关于布莱克模型会在5.3节进行详细讨论。

2．期权的初始定价

接着考查在合约初始时刻的期权价格，也就是期权的初始价格。假定 S_0 代表基础资产在合约初始时刻的价格，K 是行权价格，r 是无风险利率，σ 为基础资产的波动率，T 是合约期限并且单位是年。

---

① 感兴趣的读者可以阅读这篇论文，S. M. Turnbull and L. M. Wakeman. *A Quick Algorithm for Pricing European Average Options*. Journal of Financial and Quantitative Analysis, 26 (September 1991): 377-389.

同时，M_1 是基础资产价格均值 S_{ave} 在风险中性条件下的一阶矩，M_2 是 S_{ave} 在风险中性条件下的二阶矩，并且 S_{ave} 按连续而非离散的方式计算。M_1 和 M_2 的表达式分别如下：

$$M_1 = \frac{e^{rT}-1}{rT} S_0 \qquad\qquad （式4-47）$$

$$M_2 = \frac{2S_0^2 e^{(2r+\sigma^2)T}}{(r+\sigma^2)(2r+\sigma^2)T^2} + \frac{2S_0^2}{rT^2}\left(\frac{1}{2r+\sigma^2} - \frac{e^{rT}}{r+\sigma^2}\right) \qquad\qquad （式4-48）$$

需要注意的是，M_1 实质上就是在合约初始日测算得到的基础资产在合约到期日的远期价格。

结合（式4-47）和（式4-48），亚式看涨期权的初始价格 c_0 以及亚式看跌期权的初始价格 p_0 有如下的数学表达式：

$$c_0 = e^{-rT}\left[M_1 N(d_1) - K N(d_2)\right] \qquad\qquad （式4-49）$$

$$p_0 = e^{-rT}\left[K N(-d_2) - M_1 N(-d_1)\right] \qquad\qquad （式4-50）$$

其中，

$$d_1 = \frac{\ln(M_1/K) + \tilde{\sigma}^2 T/2}{\tilde{\sigma}\sqrt{T}} \qquad\qquad （式4-51）$$

$$d_2 = d_1 - \tilde{\sigma}\sqrt{T} \qquad\qquad （式4-52）$$

$$\tilde{\sigma} = \sqrt{\frac{1}{T}\ln\left(\frac{M_2}{M_1^2}\right)} \qquad\qquad （式4-53）$$

相比普通的欧式期权，亚式期权在合约初始日的定价显然要复杂一些。仔细观察以后可以发现，亚式期权的初始价格依然由基础资产价格、行权价格、无风险利率、波动率以及合约期限等5个变量决定。

讲到这里，细心的读者就会问，针对处于合约存续期内但是尚未到期的亚式期权，虽然为计算基础资产价格的均值已累积了部分期间数据，但还没有取得完整的期间数据，此时又该如何对亚式期权定价？这个问题的答案其实仅需要对前面的定价公式做一些修正即可得到，下面给出具体的修正细节。

3. 亚式期权在合约存续期的定价

假定亚式期权的合约初始时刻为0时刻，合约到期日为 T 时刻，合约定价日为 τ 时刻；因此，时间区间 $[0,\tau]$ 代表合约已经经过的期间，该期间内的基础资产价格均值用 S_a 表示，时间区间 $[\tau,T]$ 代表合约的剩余期间，$T-\tau$ 就代表合约的剩余期限。

（1）亚式看涨期权。

亚式看涨期权的到期收益 c_T 有如下的公式：

$$c_T = \max\left[\frac{\tau S_a + (T-\tau)S_{\text{ave}}^*}{T} - K, 0\right] \qquad\qquad （式4-54）$$

其中，S_{ave}^* 代表基础资产价格在合约剩余期间内的均值。（式4-54）经过整理以后可以得到如下式子：

$$c_T = \frac{T-\tau}{T}\max\left(S_{\text{ave}}^* - K^*, 0\right) \qquad （式4-55）$$

其中，

$$K^* = \frac{T}{T-\tau}K - \frac{\tau}{T-\tau}S_{\text{a}} \qquad （式4-56）$$

针对亚式看涨期权在合约存续期内 τ 时刻的价格 c_τ，需要区分 K^* 的两种情形。

情形1：当 $K^* > 0$。 可以采用与亚式期权初始价格类似的方式进行定价，需要在计算中，将原先的 K 替换为 K^*，将原先的 S_0 替换为 S_τ，这里的 S_τ 代表 τ 时刻的基础资产价格，并且最终结果还要乘 $\frac{T-\tau}{T}$。亚式看涨期权价格 c_τ 的具体表达式如下：

$$c_\tau = \frac{T-\tau}{T}e^{-r(T-\tau)}\left[M_1 N(d_1) - K^* N(d_2)\right] \qquad （式4-57）$$

其中，

$$d_1 = \frac{\ln\left(M_1 / K^*\right) + \tilde{\sigma}^2\left(T-\tau\right)/2}{\tilde{\sigma}\sqrt{T-\tau}} \qquad （式4-58）$$

$$d_2 = d_1 - \tilde{\sigma}\sqrt{T-\tau} \qquad （式4-59）$$

$$\tilde{\sigma} = \sqrt{\frac{1}{T-\tau}\ln\left(\frac{M_2}{M_1^2}\right)} \qquad （式4-60）$$

$$M_1 = \frac{e^{r(T-\tau)} - 1}{r(T-\tau)}S_\tau \qquad （式4-61）$$

$$M_2 = \frac{2S_\tau^2 e^{(2r+\sigma^2)(T-\tau)}}{\left(r+\sigma^2\right)\left(2r+\sigma^2\right)\left(T-\tau\right)^2} + \frac{2S_\tau^2}{r\left(T-\tau\right)^2}\left[\frac{1}{2r+\sigma^2} - \frac{e^{r(T-\tau)}}{r+\sigma^2}\right] \qquad （式4-62）$$

情形2：当 $K^* \leqslant 0$。 在此情形下，由于 $S_{\text{ave}}^* - K^* > 0$，因此 $\max\left(S_{\text{ave}}^* - K^*, 0\right) = S_{\text{ave}}^* - K^*$，这意味着亚式期权在到期时一定会被行权。所以，可以将亚式期权视同远期合约进行定价，亚式看涨期权价格 c_τ 的表达式如下：

$$c_\tau = \frac{T-\tau}{T}e^{-r(T-\tau)}\left(M_1 - K^*\right) \qquad （式4-63）$$

其中，M_1 的表达式与（式4-61）保持一致，这里的 M_1 实际上就是在 τ 时刻观察到的基础资产在合约到期日的远期价格。

（2）亚式看跌期权。

亚式看跌期权在合约存续期内定价的推导思路，与亚式看涨期权是一致的。

首先，亚式看跌期权的到期收益 p_T 的数学表达式如下：

$$p_T = \max\left[K - \frac{\tau S_{\text{a}} + (T-\tau)S_{\text{ave}}^*}{T}, 0\right]$$
$$= \frac{T-\tau}{T}\max\left(K^* - S_{\text{ave}}^*, 0\right) \qquad （式4-64）$$

其中，S_{ave}^* 代表基础资产价格在合约剩余期间内的均值，K^* 的表达式也是（式4-56）。

其次，针对亚式看跌期权在合约存续期内 τ 时刻的价格 p_τ，依然要区分 K^* 的两种情形。

情形1：当 $K^* > 0$。亚式看跌期权价格 p_τ 的表达式如下：

$$p_\tau = \frac{T-\tau}{T} e^{-r(T-\tau)} \left[K^* N(-d_2) - M_1 N(-d_1) \right] \qquad （式4-65）$$

其中，（式4-65）中的相关变量含义以及参数表达式与前面的亚式看涨期权保持一致。

情形2：当 $K^* \leqslant 0$。在此情形下，由于 $K^* - S^*_{ave} < 0$，因此 $\max\left(K^* - S^*_{ave}, 0\right) = 0$，所以亚式看跌期权价格 $p_\tau = 0$。对此的简单理解是，当看跌期权的行权价格（K^*）小于或等于零时，考虑到基础资产价格（S^*_{ave}）不可能变成负数或零，因而该期权必然不会被行权，对于不可能行权的期权，期权价格就等于零。

此外，将亚式期权在合约存续期间内的定价与合约初始时刻的定价进行比较，可以发现初始时刻的定价公式（式4-49）和（式4-50），实质上就是存续期间定价表达式（式4-57）和（式4-64）在参数 $\tau = 0$ 情况下的一个特例。

用表4-7整理出针对变量 K^* 不同的取值所对应的亚式期权定价表达式。

表4-7　K^* 取值与亚式期权定价表达式

期权类型	当 $K^* > 0$ 时的定价表达式	当 $K^* \leqslant 0$ 时的定价表达式
亚式看涨期权	$c_\tau = \dfrac{T-\tau}{T} e^{-r(T-\tau)} \left[M_1 N(d_1) - K^* N(d_2) \right]$	$c_\tau = \dfrac{T-\tau}{T} e^{-r(T-\tau)} \left(M_1 - K^* \right)$
亚式看跌期权	$p_\tau = \dfrac{T-\tau}{T} e^{-r(T-\tau)} \left[K^* N(-d_2) - M_1 N(-d_1) \right]$	$p_\tau = 0$

4.4.3 具体的应用

1. Python 自定义函数

为了高效开展亚式期权的定价，通过Python自定义一个函数，相关的代码如下：

```
In [47]: def Value_Asian(S_list,tou,T,K,sigma,r,typ):
    ...:     '''亚式期权定价的函数，这里的亚式期权特指平均价格期权
    ...:     S_list: 在合约已经过的期间内基础资产价格的时间序列，存放于序列或数据框；
    ...:     tou: 合约已经过的期限长度（年）；
    ...:     T: 合约的完整期限长度（年）；
    ...:     K: 行权价格；
    ...:     sigma: 基础资产收益率的年化波动率；
    ...:     r: 连续复利的无风险利率；
    ...:     typ: 看涨或看跌期权，输入call表示亚式看涨期权，输入其他表示亚式看跌期权'''
    ...:     from numpy import log,exp,sqrt        #从NumPy模块导入log、exp、sqrt函数
    ...:     from scipy.stats import norm          #从SciPy的子模块stats导入norm
    ...:     Sa=S_list.mean()                      #合约已经过的期间内基础资产价格的均值
    ...:     Sa=float(Sa)                          #转换为浮点型数据类型
    ...:     S_tou=S_list.iloc[-1]                 #取定价日的基础资产价格
    ...:     S_tou=float(S_tou)
    ...:     tenor=T-tou                           #合约的剩余期限
    ...:     K_new=T*K/tenor-tou*Sa/tenor          #参数K*（式4-56）
    ...:     M1=(exp(r*tenor)-1)*S_tou/(r*tenor)   #参数M1（式4-61）
    ...:     M2_A=2*pow(S_tou,2)*exp((2*r+sigma**2)*tenor)/((r+sigma**2)*(2*r+sigma**2)*(tenor**2))
```

```
                                               #（式4-62）等号右边的第1项
   ...:     M2_B=2*pow(S_tou,2)*(1/(2*r+sigma**2)-exp(r*tenor)/(r+sigma**2))/(r*pow(tenor,2))
                                               #（式4-62）等号右边的第2项
   ...:     M2=M2_A+M2_B                        #计算参数M2
   ...:     sigma_new=sqrt(log(M2/pow(M1,2))/tenor)  #新波动率参数（式4-60）
   ...:     d1=(log(M1/K_new)+pow(sigma_new,2)*tenor/2)/(sigma_new*sqrt(tenor))  #参数d1（式4-58）
   ...:     d2=d1-sigma_new*sqrt(tenor)         #参数d2（式4-59）
   ...:     if K_new>0:                         #针对K*大于零的情形
   ...:         if typ=='call':                 #针对亚式看涨期权
   ...:             value=tenor*exp(-r*tenor)*(M1*norm.cdf(d1)-K_new*norm.cdf(d2))/T
                                               #合约定价（式4-57）
   ...:         else:                           #针对亚式看跌期权
   ...:             value=tenor*exp(-r*tenor)*(K_new*norm.cdf(-d2)-M1*norm.cdf(-d1))/T
                                               #合约定价（式4-64）
   ...:     else:                               #针对K*小于或等于零的情形
   ...:         if typ=='call':                 #针对亚式看涨期权
   ...:             value=tenor*exp(-r*tenor)*(M1-K_new)/T  #合约定价（式4-63）
   ...:         else:                           #针对亚式看跌期权
   ...:             value=0
   ...:     return value
```

在以上自定义函数 Value_Asian 中，输入基础资产的期间价格数据、合约已经过的期限、合约的完整期限、行权价格、波动率、无风险利率以及期权类型等参数，就可以计算出亚式期权的价格。下面，通过一个示例具体演示亚式期权的定价。

2. 一个示例

【例4-4】 假定在2022年5月23日，上市了以平安银行股票（代码000001）作为基础资产的亚式期权，合约期限为1年，到期日为2023年5月23日，并且包含亚式看涨期权（平均价格看涨期权）、亚式看跌期权（平均价格看跌期权）两类期权类型。其中，看涨期权的行权价格为13.5元/股，看跌期权的行权价格为13元/股；股票的波动率为36.91%；无风险利率是国债收益率。

下面，测算2022年5月23日（上市首日）、8月23日以及11月23日这3个交易日的期权价格。Python的编程一共分为以下4个步骤。

第1步：测算2022年5月23日的亚式期权价格。运用自定义函数 Value_Asian，而当天期限为1年的国债收益率报价为1.9568%（连续复利）；此外，为了后续编程的便利，导入2022年5月23日至11月23日期间平安银行股票收盘价数据的Excel文件。具体的代码如下：

```
In [48]: price_PA=pd.read_excel(io='C:/Desktop/平安银行股票日收盘价（2022年5月23日至11月23
日）.xlsx',sheet_name='Sheet1',header=0,index_col=0)   #导入数据

In [49]: K_call=13.5                        #亚式看涨期权的行权价格
   ...: K_put=13                            #亚式看跌期权的行权价格
   ...: Sigma_PA=0.3691                     #平安银行股票的波动率
   ...: t1=0                                #在2022年5月23日合约已经过的期限（年）
   ...: tenor=1.0                           #合约的完整期限（年）
   ...: R_1Y=0.019568                       #2022年5月23日无风险利率（1年）

In [50]: price_May23=price_PA.loc['2022-05-23']   #取2022年5月23日平安银行股票收盘价
```

```
In [51]: V1_May23=Value_Asian(S_list=price_May23,tou=t1,T=tenor,K=K_call,
    ...:                       sigma=Sigma_PA,r=R_1Y,typ='call') #亚式看涨期权价格
    ...: print('2022年5月23日亚式看涨期权（平均价格看涨期权）的价格（元）', round(V1_May23,4))
2022年5月23日亚式看涨期权（平均价格看涨期权）的价格（元） 2.0541


In [52]: V2_May23=Value_Asian(S_list=price_May23,tou=t1,T=tenor,K=K_put,
    ...:                       sigma=Sigma_PA,r=R_1Y,typ='put') #亚式看跌期权价格
    ...: print('2022年5月23日亚式看跌期权（平均价格看跌期权）的价格（元）', round(V2_May23,4))
2022年5月23日亚式看跌期权（平均价格看跌期权）的价格（元） 0.4488
```

从以上的代码输出结果可以看到，在2022年5月23日合约上市首日，亚式看涨期权的价格明显高于亚式看跌期权。

第2步：测算2022年8月23日的亚式期权价格，当天9个月国债收益率的报价为1.6716%（连续复利），同时依然假定股票的波动率是36.91%（下同）。具体的代码如下：

```
In [53]: price_PA_new=price_PA.loc['2022-05-23':'2022-08-23'] #取2022年5月23日至8月23日期间
平安银行股价

In [54]: t2=0.25                    #2022年8月23日合约已经过的期限（年）
    ...: R_9M=0.016716              #2022年8月23日无风险利率（9个月）

In [55]: V1_Aug23=Value_Asian(S_list=price_PA_new,tou=t2,T=tenor,K=K_call,
    ...:                       sigma=Sigma_PA,r=R_9M,typ='call')  #亚式看涨期权价格
    ...: print('2022年8月23日亚式看涨期权（平均价格看涨期权）的价格（元）', round(V1_Aug23,4))
2022年8月23日亚式看涨期权（平均价格看涨期权）的价格（元） 0.3866


In [56]: V2_Aug23=Value_Asian(S_list=price_PA_new,tou=t2,T=tenor,K=K_put,
    ...:                       sigma=Sigma_PA,r=R_9M,typ='put')   #亚式看跌期权价格
    ...: print('2022年8月23日亚式看跌期权（平均价格看跌期权）的价格（元）', round(V2_Aug23,4))
2022年8月23日亚式看跌期权（平均价格看跌期权）的价格（元） 0.8417
```

从以上的代码输出结果能够看出，当期权合约经过3个月以后，在2022年8月23日亚式看跌期权的价格反超亚式看涨期权。

第3步：测算2022年11月23日的亚式期权价格，当天6个月国债收益率的报价为2.1003%（连续复利）。具体的代码如下：

```
In [57]: t3=0.5                     #在2022年11月23日合约已经过的期限（年）
    ...: R_6M=0.021003              #2022年11月23日无风险利率（6个月）

In [58]: V1_Nov23=Value_Asian(S_list=price_PA,tou=t3,T=tenor,K=K_call,
    ...:                       sigma=Sigma_PA,r=R_6M,typ='call')   #亚式看涨期权价格
    ...: print('2022年11月23日亚式看涨期权（平均价格看涨期权）的价格（元）', round(V1_Nov23,4))
2022年11月23日亚式看涨期权（平均价格看涨期权）的价格（元） 0.0529


In [59]: V2_Nov23=Value_Asian(S_list=price_PA,tou=t3,T=tenor,K=K_put,
    ...:                       sigma=Sigma_PA,r=R_6M,typ='put')    #亚式看跌期权价格
    ...: print('2022年11月23日亚式看跌期权（平均价格看跌期权）的价格（元）', round(V2_Nov23,4))
2022年11月23日亚式看跌期权（平均价格看跌期权）的价格（元） 0.8189
```

根据以上的代码输出结果可以看出，当合约经过6个月以后，亚式看跌期权的价格已远高于亚式看涨期权。

第4步：比较亚式期权与欧式期权的价格。假定2022年5月23日也上市了平安银行股票的欧式看涨期权和欧式看跌期权，该欧式期权的期限、行权价格与亚式期权保持一致，运用BSM模型测算该欧式期权在2022年5月23日（上市首日）、8月23日以及11月23日这3个交易日的价格。相关的代码如下：

```
In [60]: price_May23=float(price_May23)                    #转换为浮点型数据类型

In [61]: price_Aug23=price_PA.loc['2022-08-23']            #取2022年8月23日平安银行股价
   ...: price_Aug23=float(price_Aug23)

In [62]: price_Nov23=price_PA.loc['2022-11-23']            #取2022年11月23日平安银行股价
   ...: price_Nov23=float(price_Nov23)

In [63]: tenor1=1.0           #2022年5月23日欧式期权的合约剩余期限（年）
   ...: tenor2=0.75          #2022年8月23日欧式期权的合约剩余期限（年）
   ...: tenor3=0.5           #2022年11月23日欧式期权的合约剩余期限（年）

In [64]: V3_May23=Option_BSM(S=price_May23,K=K_call,sigma=Sigma_PA,r=R_1Y,T=tenor1,
   ...:                      opt='call') #2022年5月23日欧式看涨期权的价格
   ...: V4_May23=Option_BSM(S=price_May23,K=K_put,sigma=Sigma_PA,r=R_1Y,T=tenor1,
   ...:                      opt='put')  #2022年5月23日欧式看跌期权的价格
   ...: print('2022年5月23日欧式看涨期权的价格（元）',round(V3_May23,4))
   ...: print('2022年5月23日欧式看跌期权的价格（元）',round(V4_May23,4))
2022年5月23日欧式看涨期权的价格（元）2.9459
2022年5月23日欧式看跌期权的价格（元）1.143

In [65]: V3_Aug23=Option_BSM(S=price_Aug23,K=K_call,sigma=Sigma_PA,r=R_9M,T=tenor2,
   ...:                      opt='call')  #2022年8月23日欧式看涨期权的价格
   ...: V4_Aug23=Option_BSM(S=price_Aug23,K=K_put,sigma=Sigma_PA,r=R_9M,T=tenor2,
   ...:                      opt='put')   #2022年8月23日欧式看跌期权的价格
   ...: print('2022年8月23日欧式看涨期权的价格（元）',round(V3_Aug23,4))
   ...: print('2022年8月23日欧式看跌期权的价格（元）',round(V4_Aug23,4))
2022年8月23日欧式看涨期权的价格（元）1.181
2022年8月23日欧式看跌期权的价格（元）1.8597

In [66]: V3_Nov23=Option_BSM(S=price_Nov23,K=K_call,sigma=Sigma_PA,r=R_6M,T=tenor3,
   ...:                      opt='call')  #2022年11月23日欧式看涨期权的价格
   ...: V4_Nov23=Option_BSM(S=price_Nov23,K=K_put,sigma=Sigma_PA,r=R_6M,T=tenor3,
   ...:                      opt='put')   #2022年11月23日欧式看跌期权的价格
   ...: print('2022年11月23日欧式看涨期权的价格（元）',round(V3_Nov23,4))
   ...: print('2022年11月23日欧式看跌期权的价格（元）',round(V4_Nov23,4))
2022年11月23日欧式看涨期权的价格（元）0.6778
2022年11月23日欧式看跌期权的价格（元）1.8699
```

以上的代码中，涉及自定义函数Option_BSM已经在例4-2的第3步做了定义。为了便于比较，表4-8整理了本例涉及的亚式期权与欧式期权的价格。

表4-8　亚式期权与欧式期权在不同交易日的价格　　　　　　（单位：元/股）

期权类型之一	期权类型之二	2022年5月23日	2022年8月23日	2022年11月23日
看涨期权	亚式看涨期权 （平均价格看涨期权）	2.0541	0.3866	0.0529
	欧式看涨期权	2.9459	1.1810	0.6778

续表

期权类型之一	期权类型之二	2022年5月23日	2022年8月23日	2022年11月23日
看跌期权	亚式看跌期权（平均价格看跌期权）	0.4488	0.8417	0.8189
	欧式看跌期权	1.1430	1.8597	1.8699

通过表4-8可以比较清楚地看到，无论是看涨期权还是看跌期权，亚式期权的价格均低于欧式期权。因此，运用亚式期权开展针对基础资产的套期保值确实拥有较大的成本优势。

4.5　障碍期权

障碍期权（barrier option）与前面所讨论的奇异期权最大的不同在于期权的收益是依赖于基础资产的价格在某个特定期间内是否触及某个特定的临界值，该临界值称为**障碍**（barrier）。本节主要讨论障碍期权的类型、特点、定价并结合示例进行演示。

4.5.1　障碍期权的类型与特点

1. 障碍期权的分类

按照基础资产价格触及障碍以后期权是生效还是作废，障碍期权可以划分为敲入期权和敲出期权两大类。

敲入期权（knock-in option）在合约期限内，当基础资产价格触及事前约定的障碍时该期权才生效，即**敲入**（knock-in），该期权的到期收益与相应的普通欧式期权相同；如果在合约期限内，基础资产价格始终未能触及该障碍，则该期权就作废，合约到期日的价值就等于0。为了便于理解，举一个例子加以说明。假定有一个以X公司股票作为基础资产的敲入期权，合约期间为2022年3月1日至2023年3月1日，设定的障碍为6元/股，在2022年5月1日该公司股价首次触及了该障碍，在该交易日期权合约就正式生效并且直至合约到期日（2023年3月1日）是一个普通的欧式期权；相反，如果在2022年3月1日至2023年3月1日整个合约期间内，X公司股价始终未能触及6元/股的障碍，该期权在合约到期日就自动作废，期权价值等于0。

敲出期权（knock-out option）恰好与敲入期权相反，即在合约期限内，当基础资产价格触及一个特定的障碍水平时该期权就立刻作废，即**敲出**（Knock-out），期权价值就立刻归零；如果在合约期限内，基础资产价格始终未能触及障碍，该期权在合约到期日就是一个普通的欧式期权。例如，假设有一个以Y公司股票作为基础资产的敲出期权，合约期间为2022年6月1日至2023年6月1日，设定的障碍为8元/股，在2022年9月1日该公司股价格首次触及了该障碍，从该交易日起期权就作废了，期权价值等于0；相反，如果在2022年6月1日至2023年6月1日期间内，Y公司股价始终未能触及8元/股的障碍，则该期权在合约到期日就是一个普通的欧式期权。

此外，可以通过考查障碍与基础资产价格的相对位置关系，将障碍期权划分为向上期权与向下期权两类。在触及障碍之前，设定的障碍高于基础资产价格，这类障碍期权称为**向上期权**（up option）；如果障碍低于基础资产价格，这类障碍期权称为**向下期权**（down option）。

　　将以上两种分类进行组合，可以得到4类常见的看涨障碍期权，分别是**向上敲入看涨期权**（up-and-in call）、**向上敲出看涨期权**（up-and-out call）、**向下敲入看涨期权**（down-and-in call）以及**向下敲出看涨期权**（down-and-out call）。

　　按同样的逻辑可以得到4类常见的看跌障碍期权，分别是**向上敲入看跌期权**（up-and-in put）、**向上敲出看跌期权**（up-and-out put）、**向下敲入看跌期权**（down-and-in put）以及**向下敲出看跌期权**（down-and-out put）。

2. 障碍期权的特殊条款

　　伴随着障碍期权的市场需求日益广泛，金融工程师也在前述障碍期权的基础上创设出一些新颖的交易条款，从而衍生出更加复杂的障碍期权，举例如下。

　　双重障碍（double barrier）的交易条款。在合约条款中包含一个**上限障碍**与一个**下限障碍**，设定的上限障碍高于基础资产初始价格，下限障碍则低于基础资产初始价格，这样的障碍期权称为**双重障碍期权**，并且能够进一步细分为双重敲出期权与双重敲入期权。在**双重敲出期权**中，通常在合约期限内基础资产价格触及任何一个障碍（上限障碍或下限障碍），该期权立刻作废；在**双重敲入期权**中，基础资产价格只要触及其中任何一个障碍，期权就能生效。

　　多次触及障碍（repcatcd hitting of the barrier）的交易条款。该条款要求在合约期限内，只有当基础资产价格既触及上限障碍又触及下限障碍，期权才能生效或者作废。实际上，当某一个障碍被触及时，该期权合约就变成了一个普通的障碍期权，因此，多次触及障碍的期权可以视作一个设定较低障碍的向上期权与一个设定较高障碍的向下期权所构造的投资组合。

　　重设障碍（reset barrier）的交易条款。根据该条款，在合约期限内当基础资产价格触及初始的障碍时，该期权便立刻变成一个新的障碍期权，新的障碍期权所设定的障碍金额不同于初始的障碍金额。

　　折扣（rebate）的交易条款。这类条款明确要求，在合约期限内当基础资产价格触及障碍时，期权承约人（空头）需要向期权持有人（多头）退回部分期权费作为折扣。这类条款通常是针对敲出期权而设计的，退回的部分期权费实质上是对期权持有人损失的一种缓冲。

3.障碍期权的特点

　　通过以上关于障碍期权的介绍，可以看到障碍期权属于典型的**路径依赖型期权**（path dependence option），也就是期权的收益与价值受到基础资产价格在合约到期前所遵循路径的影响。

　　相比普通的欧式期权或美式期权，障碍期权拥有两个显著的特点。

　　一是价格便宜。在合约期间内，基础资产价格是否会触及障碍存在不确定性，这意味着在合约到期时期权作废存在一定的可能性，这就导致障碍期权会比普通期权便宜。

　　二是套期保值失败的风险。例如，假定一家企业认为某种原材料（基础资产）价格在未来一段时期会处于上升通道，但是最高的价格可能有限，这时企业可以持有一份向上敲出看涨期权的多头头寸进行套期保值。只要在合约期限内，基础资产价格未触及期权的障碍，企业不仅能够对冲基础资产价格上涨的风险，而且套期保值的成本显著低于普通期权。然而，如果在合约期限内基础资产价格不幸触及了期权的障碍，由于期权立即作废，所以企业的套期保值努力便会功亏一篑。因此，运用障碍期权开展套期保值，虽然成本会降低，但是套期保值结果的不确定性却会陡增。

4.5.2　障碍期权的定价

假定 t 时刻是期权的定价日，S_t 是基础资产在定价日的价格，S_0 表示基础资产在合约初始日的价格，K 是行权价格，H 是合约设定的障碍，r 是无风险利率，σ 为基础资产的波动率，T 是期权合约的剩余期限并且单位是年。下面，按照不同的障碍期权类型给出定价的数学表达式。需要注意的是，下面讨论的定价公式仅适用于基础资产价格尚未触及障碍情形下的障碍期权价格。

1．4组不同的等价关系

一份欧式期权的收益可以通过不同障碍期权构造的投资组合进行复制，由此构建的等价关系是解决障碍期权定价问题的一个核心思路，这里归纳出4组等价关系。

等价关系1：一份欧式看涨期权，等价于一份向下敲入看涨期权与一份设定相同障碍的向下敲出看涨期权所构建的投资组合，这里的期权均具有相同的基础资产、行权价格以及剩余期限（下同）。

假定 c 代表欧式看涨期权的价格，c_{di} 和 c_{do} 分别代表向下敲入看涨期权的价格和向下敲出看涨期权的价格，下标 di 代表 down-in，下标 do 代表 down-out。价格表达式如下：

$$c = c_{di} + c_{do} \qquad\text{（式4-66）}$$

等价关系2：一份欧式看涨期权，也可以等价于一份向上敲入看涨期权与一份设定相同障碍的向上敲出看涨期权所构建的投资组合。

假定 c_{ui} 和 c_{uo} 分别代表向上敲入看涨期权的价格和向上敲出看涨期权的价格，下标 ui 代表 up-in，下标 uo 代表 up-out。价格表达式如下：

$$c = c_{ui} + c_{uo} \qquad\text{（式4-67）}$$

等价关系3：一份欧式看跌期权，等价于一份向上敲入看跌期权与一份设定相同障碍的向上敲出看跌期权所构建的投资组合。

假定 p 代表欧式看跌期权的价格，p_{ui} 和 p_{uo} 分别代表向上敲入看跌期权的价格和向上敲出看跌期权的价格，则价格表达式如下：

$$p = p_{ui} + p_{uo} \qquad\text{（式4-68）}$$

等价关系4：一份欧式看跌期权，等价于一份向下敲入看跌期权与一份设定相同障碍的向下敲出看跌期权所构建的投资组合。

假定 p_{di} 和 p_{do} 分别代表向下敲入看跌期权的价格和向下敲出看跌期权的价格，则价格表达式如下：

$$p = p_{di} + p_{do} \qquad\text{（式4-69）}$$

此外，通过以上的4组等价关系，可以推导出障碍看涨期权的价格上限就是欧式看涨期权的价格，障碍看跌期权的价格上限也就是欧式看跌期权的价格。

2．向下看涨期权的定价

接着，考查向下看涨期权（$S_0 > H$），并且按照障碍与行权价格之间的大小关系分为两种情形。

情形1：当障碍小于或等于行权价格（$H \leq K$）。

对向下敲入看涨期权而言，期权价格 c_{di} 的解析表达式如下：

$$c_{di} = S_t \left(\frac{H}{S_t}\right)^{2L} N(x_1) - Ke^{-rT} \left(\frac{H}{S_t}\right)^{2L-2} N(x_2)$$ （式4-70）

其中，

$$L = \frac{r + \sigma^2/2}{\sigma^2}$$ （式4-71）

$$x_1 = \frac{\ln\left(\frac{H^2}{S_t K}\right)}{\sigma\sqrt{T}} + L\sigma\sqrt{T}$$ （式4-72）

$$x_2 = x_1 - \sigma\sqrt{T}$$ （式4-73）

同时，根据前面的等价关系1也就是（式4-66），可以得到向下敲出看涨期权价格 c_{do} 的表达式如下：

$$c_{do} = c - c_{di}$$ （式4-74）

情形2：当障碍大于行权价格（$H > K$）。

对向下敲出看涨期权而言，期权价格 c_{do} 的解析表达式如下：

$$c_{do} = S_t N(y_1) - Ke^{-rT} N(y_2) - S_t \left(\frac{H}{S_t}\right)^{2L} N(z_1) + Ke^{-rT} \left(\frac{H}{S_t}\right)^{2L-2} N(z_2)$$ （式4-75）

其中，

$$y_1 = \frac{\ln(S_t/H)}{\sigma\sqrt{T}} + L\sigma\sqrt{T}$$ （式4-76）

$$y_2 = y_1 - \sigma\sqrt{T}$$ （式4-77）

$$z_1 = \frac{\ln(H/S_t)}{\sigma\sqrt{T}} + L\sigma\sqrt{T}$$ （式4-78）

$$z_2 = z_1 - \sigma\sqrt{T}$$ （式4-79）

在参数 y_1 和 z_1 的表达式中，仅仅是第1项的分子存在差异。需要说明的是，以上公式涉及的参数 L 的表达式依然是（式4-71）。

同样，根据（式4-66），可以得到向下敲入看涨期权价格 c_{di} 的表达式如下：

$$c_{di} = c - c_{do}$$ （式4-80）

3. 向上看涨期权的定价

随后，考查向上看涨期权（$S_0 < H$），并且按照障碍与行权价格之间的大小关系分为两种情形。

情形1：当障碍小于或等于行权价格（$H \leq K$）。

这种情形下的定价公式就比较简单，向上敲出看涨期权价格 $c_{uo} = 0$，向上敲入看涨期权的价格就等于欧式看涨期权价格，即 $c_{ui} = c$。下面，需要简单解释一下相应的定价逻辑。

对看涨期权而言，在合约到期日只有当基础资产价格高于行权价格时，看涨期权才会有价值，否则期权价格就等于0。前面提到对于向上看涨期权，合约初始时刻的基础资产价格小于障碍，在情形1中障碍又小于行权价格，即 $S_0 < H \leqslant K$。因此，在合约到期日，如果基础资产价格高于行权价格，这就意味着基础资产价格必然已触及了障碍，对向上敲出看涨期权而言就意味着合约作废，对向上敲入看涨期权而言则意味着合约生效并且变成一个欧式看涨期权；相反，在合约到期日，如果基础资产价格小于或等于行权价格，看涨期权就变得毫无价值，因此无论基础资产价格是否触及障碍，向上敲出看涨期权和向上敲入看涨期权的价格均为0，欧式看涨期权的价格也等于0，这依然满足上述的定价表达式。

情形2：当障碍大于行权价格（$H > K$）。

对向上敲入看涨期权而言，期权价格 c_{ui} 的表达式如下：

$$c_{ui} = S_t N(y_1) - Ke^{-rT} N(y_2) - S_t \left(\frac{H}{S_t}\right)^{2L} \left[N(-x_1) - N(-z_1)\right]$$

$$+ Ke^{-rT} \left(\frac{H}{S_t}\right)^{2L-2} \left[N(-x_2) - N(-z_2)\right] \tag{式4-81}$$

其中，（式4-81）中相关变量的含义以及参数的表达式与前面讨论的向下看涨期权定价保持一致（下同）。

同时，根据（式4-67），可以得到向上敲出看涨期权价格 c_{uo} 的表达式如下：

$$c_{uo} = c - c_{ui} \tag{式4-82}$$

4. 向上看跌期权的定价

然后，考查向上看跌期权（$S_0 < H$），同样按照障碍与行权价格之间的大小关系分为两种情形。

情形1：当障碍小于或等于行权价格（$H \leqslant K$）。

对向上敲出看跌期权而言，期权价格 p_{uo} 有如下的解析表达式：

$$p_{uo} = -S_t N(-y_1) + Ke^{-rT} N(-y_2) + S_t \left(\frac{H}{S_t}\right)^{2L} N(-z_1) - Ke^{-rT} \left(\frac{H}{S_t}\right)^{2L-2} N(-z_2) \tag{式4-83}$$

同时，根据（式4-68），可以得到向上敲入看跌期权价格 p_{ui} 的表达式如下：

$$p_{ui} = p - p_{uo} \tag{式4-84}$$

情形2：当障碍大于行权价格（$H > K$）。

对向上敲入看跌期权而言，期权价格 p_{ui} 有如下的解析表达式：

$$p_{ui} = -S_t \left(\frac{H}{S_t}\right)^{2L} N(-x_1) + Ke^{-rT} \left(\frac{H}{S_t}\right)^{2L-2} N(-x_2) \tag{式4-85}$$

同时，根据（式4-68）可以得到向上敲出看跌期权价格 p_{uo} 的表达式如下：

$$p_{uo} = p - p_{ui} \tag{式4-86}$$

5. 向下看跌期权的定价

最后，考查向下看跌期权（$S_0 > H$），也按照障碍与行权价格之间的大小关系分为两种情形。

情形1：当障碍小于或等于行权价格（$H \leqslant K$）。

对向下敲入看跌期权而言，期权价格 p_{di} 的解析表达式如下：

$$p_{\mathrm{di}} = -S_t N(-y_1) + Ke^{-rT} N(-y_2) + S_t \left(\frac{H}{S_t}\right)^{2L} \left[N(x_1) - N(z_1)\right]$$

$$- Ke^{-rT} \left(\frac{H}{S_t}\right)^{2L-2} \left[N(x_2) - N(z_2)\right] \tag{式 4-87}$$

同时，根据（式 4-69），可以得到向下敲出看跌期权价格 p_{do} 的表达式如下：

$$p_{\mathrm{do}} = p - p_{\mathrm{di}} \tag{式 4-88}$$

情形 2：当障碍大于行权价格（$H > K$）。

这种情形下的定价公式比较简单，向下敲出看跌期权的价格 $p_{\mathrm{do}} = 0$，向下敲入看跌期权的价格等于普通看跌期权价格，即 $p_{\mathrm{di}} = p$。相应的定价逻辑与障碍小于或等于行权价格时的向上看涨期权比较类似，相关的解释如下。

对看跌期权而言，在合约到期日只有当基础资产价格小于行权价格时，看跌期权才有价值，否则期权价格就等于 0。对于向下看跌期权，合约初始时刻的基础资产价格高于障碍，并且情形 2 中障碍又高于行权价格，即 $K < H < S_0$。因此，在合约到期日，如果基础资产价格小于或等于行权价格，这就意味着基础资产价格必然已触及障碍，向下敲出看跌期权就作废，向下敲入看跌期权则生效并且是一份普通欧式看跌期权；相反，在合约到期日，如果基础资产价格大于行权价格，看跌期权变得一文不值，因此无论基础资产价格是否触及障碍，向下敲出看跌期权与向下敲入看跌期权的价格均是 0，普通欧式看跌期权的价格也是 0，依然满足以上的定价表达式。

6. 不同类型障碍期权定价的汇总

为了便于比较，表 4-9 整理了不同类型障碍期权的定价表达式并且也考虑到障碍与行权价格的大小关系。

表 4-9　不同类型障碍期权的定价表达式

期权类型	障碍与行权价格的大小关系	定价表达式
向下敲入看涨期权	$H \leqslant K$	$c_{\mathrm{di}} = S_t \left(\frac{H}{S_t}\right)^{2L} N(x_1) - Ke^{-rT} \left(\frac{H}{S_t}\right)^{2L-2} N(x_2)$
	$H > K$	$c_{\mathrm{di}} = c - c_{\mathrm{do}}$
向下敲出看涨期权	$H \leqslant K$	$c_{\mathrm{do}} = c - c_{\mathrm{di}}$
	$H > K$	$c_{\mathrm{do}} = S_t N(y_1) - Ke^{-rT} N(y_2) - S_t \left(\frac{H}{S_t}\right)^{2L} N(z_1) + Ke^{-rT} \left(\frac{H}{S_t}\right)^{2L-2} N(z_2)$
向上敲入看涨期权	$H \leqslant K$	$c_{\mathrm{ui}} = c$
	$H > K$	$c_{\mathrm{ui}} = S_t N(y_1) - Ke^{-rT} N(y_2) - S_t \left(\frac{H}{S_t}\right)^{2L} \left[N(-x_1) - N(-z_1)\right]$ $+ Ke^{-rT} \left(\frac{H}{S_t}\right)^{2L-2} \left[N(-x_2) - N(-z_2)\right]$
向上敲出看涨期权	$H \leqslant K$	$c_{\mathrm{uo}} = 0$
	$H > K$	$c_{\mathrm{uo}} = c - c_{\mathrm{ui}}$

续表

期权类型	障碍与行权价格的大小关系	定价表达式
向上敲入看跌期权	$H \leqslant K$	$p_{ui} = p - p_{uo}$
	$H > K$	$p_{ui} = -S_t \left(\dfrac{H}{S_t}\right)^{2L} N(-x_1) + Ke^{-rT} \left(\dfrac{H}{S_t}\right)^{2L-2} N(-x_2)$
向上敲出看跌期权	$H \leqslant K$	$p_{uo} = -S_t N(-y_1) + Ke^{-rT} N(-y_2) + S_t \left(\dfrac{H}{S_t}\right)^{2L} N(-z_1) - Ke^{-rT} \left(\dfrac{H}{S_t}\right)^{2L-2} N(-z_2)$
	$H > K$	$p_{uo} = p - p_{ui}$
向下敲入看跌期权	$H \leqslant K$	$p_{di} = -S_t N(-y_1) + Ke^{-rT} N(-y_2) + S_t \left(\dfrac{H}{S_t}\right)^{2L} \left[N(x_1) - N(z_1)\right]$ $-Ke^{-rT} \left(\dfrac{H}{S_t}\right)^{2L-2} \left[N(x_2) - N(z_2)\right]$
	$H > K$	$p_{di} = p$
向下敲出看跌期权	$H \leqslant K$	$p_{do} = p - p_{di}$
	$H > K$	$p_{do} = 0$

4.5.3 具体的应用

1. 针对障碍看涨期权定价的 Python 自定义函数

为了便于测算障碍看涨期权的价格，通过 Python 自定义一个函数。具体的代码如下：

```
In [67]: def Call_Barrier(S,K,H,sigma,r,T,type1,type2):
    ...:     '''障碍看涨期权定价的函数，并且基础资产价格尚未触及障碍
    ...:     S: 定价日的基础资产价格；
    ...:     K: 行权价格；
    ...:     H: 设定的障碍；
    ...:     sigma: 基础资产的波动率；
    ...:     r: 连续复利的无风险利率；
    ...:     T: 合约的剩余期限（年）；
    ...:     type1: 向上或向下，输入down表示向下看涨期权，输入其他表示向上看涨期权；
    ...:     type2: 敲入或敲出，输入in表示敲入，输入其他表示敲出'''
    ...:     from numpy import log,exp,sqrt              #从NumPy模块导入log、exp、sqrt函数
    ...:     from scipy.stats import norm               #从SciPy的子模块stats导入norm
    ...:     L=(r+pow(sigma,2)/2)/pow(sigma,2)          #参数L（式4-71）
    ...:     x1=log(pow(H,2)/(S*K))/(sigma*sqrt(T))+L*sigma*sqrt(T) #参数x1（式4-72）
    ...:     x2=x1-sigma*sqrt(T)                        #参数x2（式4-73）
    ...:     y1=log(S/H)/(sigma*sqrt(T))+L*sigma*sqrt(T) #参数y1（式4-76）
    ...:     y2=y1-sigma*sqrt(T)                        #参数y2（式4-77）
    ...:     z1=log(H/S)/(sigma*sqrt(T))+L*sigma*sqrt(T) #参数z1（式4-78）
    ...:     z2=z1-sigma*sqrt(T)                        #参数z2（式4-79）
    ...:     d1=(log(S/K)+(r+pow(sigma,2)/2)*T)/(sigma*sqrt(T))  #BSM模型的参数d1
    ...:     d2=d1-sigma*sqrt(T)                        #BSM模型的参数d2
```

```
    ...:        call_Eur=S*norm.cdf(d1)-K*exp(-r*T)*norm.cdf(d2)        #欧式看涨期权价格
    ...:        if type1=='down':                                        #针对向下看涨期权
    ...:            Cdi_1=S*pow(H/S,2*L)*norm.cdf(x1)             # (式4-70) 等号右边的第1项
    ...:            Cdi_2=K*exp(-r*T)*pow(H/S,2*L-2)*norm.cdf(x2)  # (式4-70) 等号右边的第2项
    ...:            Cdi=Cdi_1-Cdi_2                               # (式4-70)
    ...:            Cdo_1=S*norm.cdf(y1)-K*exp(-r*T)*norm.cdf(y2) # (式4-75) 等号右边的前两项
    ...:            Cdo_2=S*pow(H/S,2*L)*norm.cdf(z1)             # (式4-75) 等号右边的第3项
    ...:            Cdo_3=K*exp(-r*T)*pow(H/S,2*L-2)*norm.cdf(z1) # (式4-75) 等号右边的最后一项
    ...:            Cdo=Cdo_1-Cdo_2+Cdo_3                         # (式4-75)
    ...:            if type2=='in':                                      #针对向下敲入看涨期权
    ...:                if H<=K:                                          #障碍小于等于行权价格
    ...:                    value=Cdi
    ...:                else:                                             #障碍大于行权价格
    ...:                    value=call_Eur-Cdo
    ...:            else:                                                 #针对向下敲出看涨期权
    ...:                if H<=K:
    ...:                    value=call_Eur-Cdi
    ...:                else:
    ...:                    value=Cdo
    ...:        else:                                                     #针对向上看涨期权
    ...:            Cui_1=S*norm.cdf(y1)-K*exp(-r*T)*norm.cdf(y2)  # (式4-81) 等号右边的前两项
    ...:            Cui_2=S*pow(H/S,2*L)*(norm.cdf(-x1)-norm.cdf(-z1)) # (式4-81) 等号右边的第3项
    ...:            Cui_3=K*exp(-r*T)*pow(H/S,2*L-2)*(norm.cdf(-x2)-norm.cdf(-z2)) # (式4-81) 等
号右边的最后一项
    ...:            Cui=Cui_1-Cui_2+Cui_3                         # (式4-81)
    ...:            if type2=='in':                                      #针对向上敲入看涨期权
    ...:                if H<=K:
    ...:                    value=call_Eur
    ...:                else:
    ...:                    value=Cui
    ...:            else:                                                 #针对向上敲出看涨期权
    ...:                if H<=K:
    ...:                    value=0
    ...:                else:
    ...:                    value=call_Eur-Cui
    ...:        return value                                          #输出定价结果
```

在以上的自定义函数 Call_Barrier 中，输入基础资产价格、行权价格、障碍、波动率、无风险利率、合约剩余期限、障碍看涨期权的类型等参数，就可以迅速测算出在障碍被触及之前的障碍看涨期权价格。

在这里需要注意的是，当测算向上看涨期权的价格时，需要确保输入的基础资产价格小于障碍；相反，当计算向下看涨期权的价格时，输入的基础资产价格必须大于障碍。

2. 针对障碍看跌期权定价的 Python 自定义函数

为了方便测算障碍看跌期权的价格，依然通过 Python 自定义一个函数，部分代码与前面自定义函数 Call_Barrier 的代码相同。具体的代码如下：

```
In [68]: def Put_Barrier(S,K,H,sigma,r,T,type1,type2):
    ...:    '''障碍看跌期权定价的函数，并且基础资产价格尚未触及障碍
    ...:    S: 定价日的基础资产价格；
    ...:    K: 行权价格；
```

```
    ...:        H: 设定的障碍;
    ...:        sigma: 基础资产的波动率;
    ...:        r: 连续复利的无风险利率;
    ...:        T: 合约的剩余期限（年）;
    ...:        type1: 向上或向下，输入up表示向上看跌期权，输入其他表示向下看跌期权;
    ...:        type2: 敲入或敲出，输入in表示敲入，输入其他表示敲出'''
    ...:        from numpy import log,exp,sqrt
    ...:        from scipy.stats import norm
    ...:        L=(r+pow(sigma,2)/2)/pow(sigma,2)
    ...:        x1=log(pow(H,2)/(S*K))/(sigma*sqrt(T))+L*sigma*sqrt(T)
    ...:        x2=x1-sigma*sqrt(T)
    ...:        y1=log(S/H)/(sigma*sqrt(T))+L*sigma*sqrt(T)
    ...:        y2=y1-sigma*sqrt(T)
    ...:        z1=log(H/S)/(sigma*sqrt(T))+L*sigma*sqrt(T)
    ...:        z2=z1-sigma*sqrt(T)
    ...:        d1=(log(S/K)+(r+pow(sigma,2)/2)*T)/(sigma*sqrt(T))
    ...:        d2=d1-sigma*sqrt(T)
    ...:        put_Eur=K*exp(-r*T)*norm.cdf(-d2)-S*norm.cdf(-d1)          #欧式看跌期权价格
    ...:        if type1=='up':                                          #针对向上看跌期权
    ...:            Puo_1=-S*norm.cdf(-y1)+K*exp(-r*T)*norm.cdf(-y2)      #（式4-83）等号右边的前两项
    ...:            Puo_2=S*pow(H/S,2*L)*norm.cdf(-z1)                    #（式4-83）等号右边的第3项
    ...:            Puo_3=K*exp(-r*T)*pow(H/S,2*L-2)*norm.cdf(-z2)        #（式4-83）等号右边的最后一项
    ...:            Puo=Puo_1+Puo_2-Puo_3                                #（式4-83）
    ...:            Pui_1=-S*pow(H/S,2*L)*norm.cdf(-x1)                   #（式4-85）等号右边的第1项
    ...:            Pui_2=K*exp(-r*T)*pow(H/S,2*L-2)*norm.cdf(-x2)        #（式4-85）等号右边的第2项
    ...:            Pui=Pui_1+Pui_2                                      #（式4-85）
    ...:            if type2=='in':                                      #针对向上敲入看跌期权
    ...:                if H<=K:                                         #障碍小于等于行权价格
    ...:                    value=put_Eur-Puo
    ...:                else:                                            #障碍大于行权价格
    ...:                    value=Pui
    ...:            else:                                                #针对向上敲出看跌期权
    ...:                if H<=K:
    ...:                    value=Puo
    ...:                else:
    ...:                    value=put_Eur-Pui
    ...:        else:                                                    #针对向下看跌期权
    ...:            Pdi_1=-S*norm.cdf(-y1)+K*exp(-r*T)*norm.cdf(-y2)      #（式4-87）等号右边的前两项
    ...:            Pdi_2=S*pow(H/S,2*L)*(norm.cdf(x1)-norm.cdf(z1))      #（式4-87）等号右边的第3项
    ...:            Pdi_3=K*exp(-r*T)*pow(H/S,2*L-2)*(norm.cdf(x2)-norm.cdf(z2))  #（式4-87）等号
右边的最后一项
    ...:            Pdi=Pdi_1+Pdi_2-Pdi_3                                #（式4-87）
    ...:            if type2=='in':                                      #针对向下敲入看跌期权
    ...:                if H<=K:
    ...:                    value=Pdi
    ...:                else:
    ...:                    value=put_Eur
    ...:            else:                                                #针对向下敲出看跌期权
    ...:                if H<=K:
    ...:                    value=put_Eur-Pdi
    ...:                else:
    ...:                    value=0
    ...:        return value                                            #输出定价的结果
```

在以上的自定义函数 Put_Barrier 中，输入基础资产价格、行权价格、障碍、波动率、无风险收益率、合约剩余期限、障碍看跌期权的类型等参数，可以迅速测算得到在触及障碍之前的障碍看跌期权价格。

同样需要注意的是，如果测算向上看跌期权的价格，要确保输入的基础资产价格小于障碍；如果测算向下看跌期权的价格，输入的基础资产价格必须大于障碍。

3. 一个示例

【例4-5】 假定在2022年11月22日，上市了以平安银行股票（代码000001）作为基础资产的障碍期权合约，合约期限为6个月，当天的股票收盘价为11.82元/股，根据不同的障碍与行权价格共计有8只不同的障碍期权合约，具体见表4-10。

表4-10 8只不同类型障碍期权的相关合约要素

序号	期权类型	设定的障碍 （元/股）	行权价格 （元/股）
1	向上敲入看涨期权	13.00	12.80
2	向上敲入看跌期权	13.20	13.10
3	向上敲出看涨期权	13.50	12.60
4	向上敲出看跌期权	13.10	13.30
5	向下敲入看涨期权	10.80	11.00
6	向下敲入看跌期权	10.90	10.70
7	向下敲出看涨期权	10.60	10.50
8	向下敲出看跌期权	10.40	11.50

平安银行股票的波动率为35.35%，无风险利率是国债到期收益率并且当天的6个月报价为2.0422%（连续复利）。运用Python测算2022年11月22日（上市首日）这8只障碍期权的价格，Python的编程分为4个步骤。

第1步：结合自定义函数 Call_Barrier 和 Put_Barrier，分别测算2022年11月22日向上敲入看涨期权、向上敲入看跌期权的价格。相关的代码如下：

```
In [69]: price_Nov22=11.82              #2022年11月22日平安银行股价
    ...: tenor=0.5                      #合约期限（年）
    ...: Sigma_PA=0.3535                #平安银行股票的波动率
    ...: R_6M=0.020422                  #无风险利率（6个月）


In [70]: H_Cui=13                       #向上敲入看涨期权设定的障碍
    ...: K_Cui=12.8                     #向上敲入看涨期权的行权价格


In [71]: Value_Cui=Call_Barrier(S=price_Nov22,K=K_Cui,H=H_Cui,sigma=Sigma_PA,r=R_6M,
    ...:                 T=tenor,type1='up',type2='in')  #向上敲入看涨期权的价格
    ...: print('2022年11月22日向上敲入看涨期权的价格（元）',round(Value_Cui,4))
2022年11月22日向上敲入看涨期权的价格（元） 0.8393


In [72]: H_Pui=13.2                     #向上敲入看跌期权设定的障碍
    ...: K_Pui=13.1                     #向上敲入看跌期权的行权价格
```

```
In [73]: Value_Pui=Put_Barrier(S=price_Nov22,K=K_Pui,H=H_Pui,sigma=Sigma_PA,r=R_6M,
    ...:                        T=tenor,type1='up',type2='in') #向上敲入看跌期权的价格
2022年11月22日向上敲入看跌期权的价格（元）0.6193
```

通过以上的代码结果不难看到，在2022年11月22日向上敲入看涨期权的价格高于向上敲入看跌期权的价格。

第2步：分别测算2022年11月22日向上敲出看涨期权、向上敲出看跌期权的价格。相关代码如下：

```
In [74]: H_Cuo=13.5                       #向上敲出看涨期权设定的障碍
    ...: K_Cuo=12.6                       #向上敲出看涨期权的行权价格

In [75]: Value_Cuo=Call_Barrier(S=price_Nov22,K=K_Cuo,H=H_Cuo,sigma=Sigma_PA,r=R_6M,
    ...:                          T=tenor,type1='up',type2='out') #向上敲出看涨期权的价格
    ...: print('2022年11月22日向上敲出看涨期权的价格（元）',round(Value_Cuo,4))
2022年11月22日向上敲出看涨期权的价格（元）0.0039

In [76]: H_Puo=13.1                       #向上敲出看跌期权设定的障碍
    ...: K_Puo=13.3                       #向上敲出看跌期权的行权价格

In [77]: Value_Puo=Put_Barrier(S=price_Nov22,K=K_Puo,H=H_Puo,sigma=Sigma_PA,r=R_6M,
    ...:                         T=tenor,type1='up',type2='out')  #向上敲出看跌期权的价格
    ...: print('2022年11月22日向上敲出看跌期权的价格（元）',round(Value_Puo,4))
2022年11月22日向上敲出看跌期权的价格（元）1.2783
```

通过以上的代码结果可以看到，向上敲出看跌期权的价格远高于向上敲出看涨期权的价格。

第3步：依次测算2022年11月22日向下敲入看涨期权、向下敲入看跌期权的价格。相关的代码如下：

```
In [78]: H_Cdi=10.8                       #向下敲入看涨期权设定的障碍
    ...: K_Cdi=11                         #向下敲入看涨期权的行权价格

In [79]: Value_Cdi=Call_Barrier(S=price_Nov22,K=K_Cdi,H=H_Cdi,sigma=Sigma_PA,r=R_6M,
    ...:                          T=tenor,type1='down',type2='in') #向下敲入看涨期权的价格
    ...: print('2022年11月22日向下敲入看涨期权的价格（元）',round(Value_Cdi,4))
2022年11月22日向下敲入看涨期权的价格（元）0.6382

In [80]: H_Pdi=10.9                       #向下敲入看跌期权设定的障碍
    ...: K_Pdi=10.7                       #向下敲入看跌期权的行权价格

In [81]: Value_Pdi=Put_Barrier(S=price_Nov22,K=K_Pdi,H=H_Pdi,sigma=Sigma_PA,r=R_6M,
    ...:                         T=tenor,type1='down',type2='in') #向下敲入看跌期权的价格
    ...: print('2022年11月22日向下敲入看跌期权的价格（元）',round(Value_Pdi,4))
2022年11月22日向下敲入看跌期权的价格（元）0.6053
```

通过以上的代码结果可以看出，向下敲入看涨期权的价格与向下敲入看跌期权的价格比较接近。

第4步：依次测算2022年11月22日向下敲出看涨期权、向下敲出看跌期权的价格。相关

的代码如下:

```
In [82]: H_Cdo=10.6                    #向下敲出看涨期权设定的障碍
    ...: K_Cdo=10.5                    #向下敲出看涨期权的行权价格

In [83]: Value_Cdo=Call_Barrier(S=price_Nov22,K=K_Cdo,H=H_Cdo,sigma=Sigma_PA,r=R_6M,
    ...:                         T=tenor,type1='down',type2='out')  #向下敲出看涨期权的价格
    ...: print('2022年11月22日向下敲出看涨期权的价格（元）',round(Value_Cdo,4))
2022年11月22日向下敲出看涨期权的价格（元） 1.306

In [84]: H_Pdo=10.4                    #向下敲出看跌期权设定的障碍
    ...: K_Pdo=11.5                    #向下敲出看跌期权的行权价格

In [85]: Value_Pdo=Put_Barrier(S=price_Nov22,K=K_Pdo,H=H_Pdo,sigma=Sigma_PA,r=R_6M,
    ...:                        T=tenor,type1='down',type2='out')  #向下敲出看跌期权的价格
    ...: print('2022年11月22日向下敲出看跌期权的价格（元）',round(Value_Pdo,4))
2022年11月22日向下敲出看跌期权的价格（元） 0.0108
```

通过以上的代码结果能够发现，向下敲出看涨期权的价格要远远高于向下敲出看跌期权的价格。

为了便于不同类型障碍期权价格的比较，表4-11整理了这些期权在2022年11月22日的价格（表中的最后一列）。

表4-11　8只不同类型障碍期权在2022年11月22日的期权价格

序号	期权类型	设定的障碍（元/股）	行权价格（元/股）	期权价格（元/股）
1	向上敲入看涨期权	13.00	12.80	0.8393
2	向上敲入看跌期权	13.20	13.10	0.6193
3	向上敲出看涨期权	13.50	12.60	0.0039
4	向上敲出看跌期权	13.10	13.30	1.2783
5	向下敲入看涨期权	10.80	11.00	0.6382
6	向下敲入看跌期权	10.90	10.70	0.6053
7	向下敲出看涨期权	10.60	10.50	1.3060
8	向下敲出看跌期权	10.40	11.50	0.0108

4.6　永续美式期权

美式期权存在明确的合约到期日。然而，近年来全球期权市场上推出了无固定到期日的美式期权，简称**永续美式期权**（perpetual American option，PAO）。对永续美式期权而言，原先用于普通美式期权定价的二叉树模型就不再适用。如何对永续美式期权进行定价呢？本节将给出明确的答案。

4.6.1　永续美式看涨期权的定价

在前面讨论普通期权的时候，由于期限是固定的，并且针对较短期限的期权（比如6个月），

所以为了简化分析并没有讨论基础资产的期间收益问题。然而，当讨论永续衍生产品的时候，应当考虑基础资产的期间收益。

在讨论永续美式期权定价之前，需要引入在1.3.1小节讨论BSM模型时所提到的布莱克-斯科尔斯-默顿微分方程，并且增加基础资产的期间收益率 y 这一新的变量，具体的表达式如下：

$$\frac{\partial f}{\partial t} + (r - y)S\frac{\partial f}{\partial S} + \frac{1}{2}\frac{\partial^2 f}{\partial S^2}\sigma^2 S^2 = rf \tag{式4-89}$$

1. 特殊永续衍生产品的定价模型

首先，考虑一份特殊的永续衍生产品。基础资产价格 S 处于价格区间[0,H]，当基础资产价格第1次触及 H（即 $S=H$）时，该永续衍生产品的多头将收到固定金额 q 作为回报。

显然，在这个例子中，对于任何金额的基础资产价格 S，该衍生产品的价值 f 与时间 t 无关，因此 $\partial f / \partial t = 0$。此时，（式4-89）就简化为一个常微分方程，具体如下：

$$(r - y)S\frac{\partial f}{\partial S} + \frac{1}{2}\frac{\partial^2 f}{\partial S^2}\sigma^2 S^2 = rf \tag{式4-90}$$

当基础资产价格 $S \leqslant H$ 时，常微分方程（式4-90）存在以下两个边界条件。

边界条件1：当变量 $S = 0$ 时，$f = 0$；

边界条件2：当变量 $S = H$ 时，$f = q$。

下面对（式4-90）进行求解。假定存在一个函数：

$$f = q\left(\frac{S}{H}\right)^x \tag{式4-91}$$

可以验证（式4-91）完全满足（式4-90）的两个边界条件。

接着，需要求出（式4-91）中的参数 x，具体做法是将（式4-91）代入（式4-90）中，并且经过整理以后可以得到如下的等式：

$$\frac{1}{2}\sigma^2 x^2 + \left(r - y - \frac{1}{2}\sigma^2\right)x - r = 0 \tag{式4-92}$$

同时，设 $a = r - y - \frac{1}{2}\sigma^2$，则（式4-92）简化如下：

$$\frac{1}{2}\sigma^2 x^2 + ax - r = 0 \tag{式4-93}$$

根据（式4-93），可以得到当 $x > 0$ 的正数解，具体如下：

$$x = \frac{-a + \sqrt{a^2 + 2\sigma^2 r}}{\sigma^2} \tag{式4-94}$$

其中，$a = r - y - \frac{1}{2}\sigma^2$。

显然，（式4-91）能够满足（式4-90）以及两个边界条件，所以该永续衍生产品的价格函数可以通过（式4-91）表示，同时参数 x 的表达式就是（式4-94）。

2. 永续美式看涨期权的行权触发价格

基于上述的内容铺垫，接下来讨论永续美式看涨期权的定价。考虑一份行权价格为 K 的永续美式看涨期权，同时假定当基础资产价格 $S = H$ 时，期权的多头就会选择对期权行权，行权后的收益是 $H - K$ ，这里的 H 就是触发行权的基础资产价格（简称"行权触发价格"）。

根据（式4-91），该永续美式看涨期权的价值可以表示如下：

$$f = (H - K)\left(\frac{S}{H}\right)^x \tag{式4-95}$$

（式4-95）的核心是要找出一个最优的行权触发价格 H ，能够使期权价值 f 最大化，这对任何一位理性的期权持有人（多头）都是适用的。

运用求解最优值的方法，也就是对期权价值 f 求 H 的一阶导数并等于零，就可以得到最优的 H （用 H^* 表示），具体如下：

$$\max_H f \Rightarrow \frac{\mathrm{d}\left[(H - K)\left(\frac{S}{H}\right)^x\right]}{\mathrm{d}H} = 0 \tag{式4-96}$$

可以得到如下的结果：

$$H^* = \frac{x}{x - 1}K \tag{式4-97}$$

其中，参数 x 的表达式依然是（式4-94）。根据（式4-97）结合参数 x 的表达式可以发现，最优的行权触发价格是一个固定值，并且由行权价格、基础资产期间收益率、波动率以及无风险利率等变量共同决定。

3. 永续美式看涨期权的价值表达式

永续美式看涨期权的价值需要根据以下两种不同的情形而定。

情形1：当基础资产价格 $S < H^*$。将（式4-97）代入（式4-95），得到永续美式看涨期权的价值表达式如下：

$$f = \frac{K}{x - 1}\left(\frac{x - 1}{x}\frac{S}{K}\right)^x \tag{式4-98}$$

情形2：当基础资产价格 $S \geqslant H^*$。根据前面的假设条件，此时期权多头会立刻行权，从而得到永续美式看涨期权价值（收益）表达式：

$$f = S - K \tag{式4-99}$$

4.6.2 永续美式看跌期权的定价

永续美式看跌期权定价思路，与前面所讨论的永续美式看涨期权颇为相似，依然需要以（式4-90）作为基础。

1. 特殊永续衍生产品的定价模型

考虑一份新的特殊永续衍生产品。基础资产价格 S 处于价格区间 $[H, +\infty)$ ，当基础资产价格第1次触及 H （即 $S = H$ ）时，该永续衍生产品的多头将收到固定金额 q 作为回报。

因此，当基础资产价格 $S \geqslant H$ 时，（式4-90）存在以下两个边界条件。

边界条件1：当变量 $S \rightarrow +\infty$ 时，$f = 0$ ；

边界条件2：当变量 $S = H$ 时，$f = q$。

下面需要结合这两个边界条件对（式4-90）进行求解。假定存在一个函数：

$$f = q\left(\frac{S}{H}\right)^{-z} \tag{式4-100}$$

其中，$z > 0$。

可以通过简单的验证得到（式4-100）满足以上的两个边界条件。当 $S \to +\infty$ 时，可以推出 $\frac{S}{H} \to +\infty$，由于 z 是一个正数，因此 $\left(\frac{S}{H}\right)^{-z} \to 0$，此时 $f = 0$，满足边界条件1；当 $S = H$ 时，$f = q\left(\frac{S}{H}\right)^{-z} = q$，显然满足边界条件2。

将函数（式4-100）代入与（式4-90）并且进行整理以后，就得到如下等式：

$$\frac{1}{2}\sigma^2 z^2 - az - r = 0 \tag{式4-101}$$

其中，$a = r - y - \sigma^2/2$，这里关于参数 a 的表达式与前面讨论永续美式看涨期权是一致的。根据（式4-101），就可以得到 z 的正数解如下：

$$z = \frac{a + \sqrt{a^2 + 2\sigma^2 r}}{\sigma^2} \tag{式4-102}$$

显然，（式4-100）能够满足（式4-90）以及两个边界条件，所以该永续衍生产品的价格函数可以通过（式4-100）表达，同时参数 z 的表达式就是（式4-102）。此外，对比（式4-94）与（式4-102）可以发现，两个式子的差异仅仅存在于分子中第1项前面的符号。

2. 永续美式看跌期权的定价模型

根据上述内容，可以讨论永续美式看跌期权的定价。考虑一份行权价格为 K 的永续美式看跌期权，期权多头在 $S = H$ 时选择对期权行权，此时 $q = K - H$。结合（式4-100），该看跌期权的价值可以写成：

$$f = (K - H)\left(\frac{S}{H}\right)^{-z} \tag{式4-103}$$

同样，理性的期权多头会选择最优的 H 使得期权价值 f 达到最大化，表达式如下：

$$\max_H f \Rightarrow \frac{d\left[(K-H)\left(\frac{S}{H}\right)^{-z}\right]}{dH} = 0 \tag{式4-104}$$

可以得到的结果如下：

$$H^* = \frac{z}{z+1}K \tag{式4-105}$$

永续美式看跌期权的价值同样根据以下两种不同的情形而定。

情形1：当基础资产价格 $S > H^*$。将（式4-105）代入（式4-103）可以得到永续美式看跌期权的价格，表达式如下：

$$f = \frac{K}{z+1}\left(\frac{z+1}{z}\frac{S}{K}\right)^{-z} \tag{式4-106}$$

情形 2：当基础资产价格 $S \leq H^*$。根据前面的假设，期权多头此时会立刻行权，期权价值（收益）表达式如下：

$$f = K - S \tag{式 4-107}$$

4.6.3 具体的应用

1. Python 自定义函数

为了便于对永续美式期权定价，通过 Python 自定义一个函数，相关的代码如下：

```
In [86]: def Value_PAO(S,K,y,sigma,r,typ):
    ...:     '''永续美式期权定价的函数
    ...:     S: 基础资产的当前价格;
    ...:     K: 行权价格;
    ...:     y: 基础资产连续复利的期间收益率;
    ...:     sigma: 基础资产的波动率;
    ...:     r: 连续复利的无风险利率;
    ...:     typ: 期权类型，输入call表示永续美式看涨期权，输入其他表示永续美式看跌期权'''
    ...:     from numpy import sqrt                              #从NumPy模块导入sqrt函数
    ...:     a=r-y-0.5*pow(sigma,2)                              #参数a的表达式
    ...:     x=(-a+sqrt(pow(a,2)+2*r*pow(sigma,2)))/pow(a,2)    #参数x(式4-94)
    ...:     z=(a+sqrt(pow(a,2)+2*r*pow(sigma,2)))/pow(a,2)     #参数z(式4-102)
    ...:     if typ=='call':                                    #针对永续美式看涨期权
    ...:         H=x*K/(x-1)                                     #行权触发价格H(式4-97)
    ...:         if S<H:                                        #当基础资产价格小于H值
    ...:             f=pow((x-1)*S/(x*K),x)*K/(x-1)             #计算期权价值(式4-98)
    ...:         else:                                          #当基础资产价格大于或等于H值
    ...:             f=S-K                                      #计算期权价值(式4-99)
    ...:     else:                                              #针对永续美式看跌期权
    ...:         H=z*K/(z+1)                                     #行权触发价格H(式4-105)
    ...:         if S>H:                                        #当基础资产价格大于H值
    ...:             f=pow((z+1)*S/(z*K),-z)*K/(z+1)            #计算期权价值(式4-106)
    ...:         else:                                          #当基础资产价格小于或等于H值
    ...:             f=K-S                                      #计算期权价值(式4-107)
    ...:     return [f,H]                                        #输出包含期权价值和行权触发价格的列表
```

在以上的函数 Value_PAO 中，输入基础资产当前价格、行权价格、期间收益率、波动率、无风险利率以及期权类型等参数，就能够测算得出永续美式期权的价值以及行权触发价格。下面通过一个示例具体演示永续美式期权的定价。

2. 一个示例

【例 4-6】 假定在 2022 年 11 月 28 日，市场推出以招商银行 A 股股票（代码 600036）作为基础资产的永续美式期权，该期权不设具体的到期日，同时允许合约多头（持有人）在任何一个交易日对期权行权；该永续美式期权分为看涨与看跌两个类型，其中，永续美式看涨期权的行权价格设定为 33 元/股，永续美式看跌期权的行权价格设定为 30 元/股。

当天招商银行 A 股的收盘价是 31.96 元/股，股票的波动率是 33.17%。同时，将股票的股息收益率作为期权基础资产的期间收益率，招商银行 A 股的股息收益率是 4.17%。计算股息收益率运用以下公式：

$$股息收益率 = \frac{最近一期每股派息金额}{派息前一个交易日（股权登记日）股票收盘价}$$ （式4-108）

无风险利率采用期限为1年的国债到期收益率，并且当天的报价为2.0699%。

下面运用Python对该永续美式期权上市首日（2022年11月28日）的价格进行测算并分析，一共分为3个步骤。

第1步：输入相关的参数并且运用自定义函数Value_PAO，测算当天的永续美式看涨期权的价值以及触发行权价格。具体的代码如下：

```
In [87]: price_CMB=31.96              #2022年11月28日招商银行A股收盘价
   ...: K_call=33                     #永续美式看涨期权的行权价格
   ...: yield_CMB=0.0417              #招商银行A股的股息收益率
   ...: Sigma_CMB=0.3317             #招商银行A股的波动率
   ...: R_1Y=0.020699                 #无风险利率

In [88]: PAO_call=Value_PAO(S=price_CMB,K=K_call,y=yield_CMB,sigma=Sigma_CMB,r=R_1Y,
   ...:               typ='call')     #计算永续美式看涨期权价值与行权触发价格
   ...: print('2022年11月28日永续美式看涨期权价值（元）',round(PAO_call[0],4))
   ...: print('2022年11月28日永续美式看涨期权触发行权价格（元）',round(PAO_call[-1],4))
2022年11月28日永续美式看涨期权价值（元）          0.1499
2022年11月28日永续美式看涨期权触发行权价格（元）  34.1093
```

通过以上的代码输出结果，得到在2022年11月28日上市首日永续美式看涨期权的价值为0.1499元/股，触发期权行权的基础资产价格为34.1093元/股。

第2步：测算当天永续美式看跌期权的价值以及触发行权价格。具体的代码如下：

```
In [89]: K_put=30                     #永续美式看跌期权的行权价格

In [90]: PAO_put=Value_PAO(S=price_CMB,K=K_put,y=yield_CMB,sigma=Sigma_CMB,r=R_1Y,
   ...:               typ='put')      #计算永续美式看跌期权价值与行权触发价格
   ...: print('2022年11月28日永续美式看跌期权价值（元）',round(PAO_put[0],4))
   ...: print('2022年11月28日永续美式看跌期权触发行权价格（元）',round(PAO_put[-1],4))
2022年11月28日永续美式看跌期权价值（元）          1.691
2022年11月28日永续美式看跌期权触发行权价格（元）  24.4823
```

以上的代码输出结果表明，永续美式看跌期权价值为1.6910元/股，显然要高于看涨期权的价值；同时，触发行权的基础资产价格等于24.4823元/股，明显低于触发看涨期权行权的基础资产价格。

第3步：对股票价格对期权价值的影响开展敏感性分析。具体是对招商银行A股股价取在区间[28,38]的等差数列，其他变量的取值不变考查永续美式看涨期权、永续美式看跌期权的价值变化并且进行可视化（见图4-4）。相关的代码如下：

```
In [91]: price_list=np.linspace(28,38,200)         #设定股价的等差数列并存放于数组

In [92]: PAO_Clist=np.zeros_like(price_list)        #存放永续美式看涨期权价值的初始数组
   ...: PAO_Plist=np.zeros_like(price_list)        #存放永续美式看跌期权价值的初始数组

In [93]: N=len(price_list)                          #测算元素的个数

In [94]: for i in range(N):                         #运用for语句
   ...:     call=Value_PAO(S=price_list[i],K=K_call,y=yield_CMB,sigma=Sigma_CMB,
```

```
  ...:                    r=R_1Y,typ='call')           #永续美式看涨期权定价
  ...:         put=Value_PAO(S=price_list[i],K=K_put,y=yield_CMB,sigma=Sigma_CMB,
  ...:                    r=R_1Y,typ='put')            #永续美式看跌期权定价
  ...:         PAO_Clist[i]=call[0]                    #取永续美式看涨期权的价值
  ...:         PAO_Plist[i]=put[0]                     #取永续美式看跌期权的价值

In [95]: plt.figure(figsize=(9,6))
  ...: plt.plot(price_list,PAO_Clist,'r-',label='永续美式看涨期权',lw=2)
  ...: plt.plot(price_list,PAO_Plist,'b-',label='永续美式看跌期权',lw=2)
  ...: plt.xticks(fontsize=12)
  ...: plt.xlabel('招商银行A股价格（元）',fontsize=12)
  ...: plt.yticks(fontsize=12)
  ...: plt.ylabel('期权价值（元）',fontsize=12)
  ...: plt.title('招商银行A股（基础资产）价格与永续美式期权价值的关系',fontsize=12)
  ...: plt.legend(loc=9,fontsize=12)                   #图例放在中上位置
  ...: plt.grid()
  ...: plt.show()
```

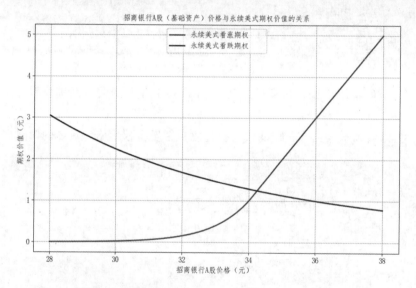

图4-4　招商银行A股（基础资产）价格与永续美式期权价值的关系

通过图4-4，可以得出以下几个结论。

一是永续美式看涨期权价值的规律。期权价值随基础资产价格递增；同时，当招商银行A股（基础资产）价格小于30元/股时，期权价值将趋于零。

二是永续美式看跌期权价值的规律。期权价值随基础资产价格递减；此外，即使当招商银行A股价格变得比较高（比如38元/股），期权依然具有一定的价值。

三是期权价值的敏感性。就整体而言，相比永续美式看跌期权，永续美式看涨期权价值对基础资产价格的变化更加敏感。

4.7　本章小结

奇异期权是最能够体现金融工程师们想象力与创造力的领域之一，但是奇异期权在本质上

是普通期权的变形。当然，相比普通期权，奇异期权的定价会更加复杂，涉及的数学公式也比较多，这是学习的难点。本章结合6个示例讨论了以下6种比较常见的奇异期权。

（1）**缺口期权**。缺口期权最大的特点在于引入了缺口参数，并且缺口参数在合约定价中发挥了重要的作用，这也是缺口期权与普通欧式期权的差异所在。

（2）**选择人期权**。选择人期权的特征在于期权多头可以在合约存续期内某个特定时点（选择日）选择持有的期权是看涨期权或者是看跌期权，因此在合约定价中需要同时考虑看涨期权、看跌期权以及选择日的影响。

（3）**回望期权**。在回望期权中，设定了一个回望价格，该价格通常是合约存续期内基础资产的最高价或最低价；此外，回望期权分为浮动回望期权和固定回望期权，这两类期权的定价存在着显著的差异。

（4）**亚式期权**。亚式期权的收益计算由基础资产在合约存续期内的平均价格确定；亚式期权分为平均价格期权和平均行权价格期权两类，本章侧重讨论平均价格期权的定价。

（5）**障碍期权**。障碍期权是奇异期权中难度最大、技术性最强的一类期权合约；按照基础资产价格触及障碍以后期权是生效还是作废，障碍期权分为敲入期权与敲出期权；按照障碍与基础资产初始价格的大小关系，障碍期权又分为向上期权与向下期权；本章讨论了8类不同的障碍期权及对应的定价。

（6）**永续美式期权**。永续美式期权顾名思义就是不存在合约到期日的美式期权。考虑到美式期权可以随时行权，因此在分析永续美式期权定价中，需要考虑行权触发价格这一重要变量。

4.8　拓展阅读

本章的内容参考了以下资料，建议感兴趣的读者拓展学习。

（1）《奇异期权与混合产品：构造、定价与交易的指南》（作者：穆罕默德·布祖巴、阿德尔·奥塞兰），该书是奇异期权领域一部具有影响力的著作，不仅讲解通俗易懂，而且对数学内容的处理也恰到好处。

（2）约翰·C. 赫尔的《期权、期货及其他衍生产品（原书第10版）》，书中第26章针对奇异期权以及定价做了一定的阐述。

05

第 5 章

运用 Python 分析期权延伸性应用

本章导读

　　期权的魅力不局限于前面探讨的奇异期权以及各种交易策略，还在于期权为整个金融市场播撒了无数创新的种子。比如，期权理论为风险管理提供了新的解决方案，期权与其他金融产品结合可创设出全新的产品，等等。具体而言，当期权定价理论与资本结构理论连通，创造出了更加敏捷地测度信用风险的模型——默顿模型；将期权与股票、债券相融合，诞生了可转换债券这一全新的债券品种；当期权与期货相结合，衍生出期货期权；将期权运用于利率市场，演变出利率期权。

　　借助 Python 并结合金融市场的示例，本章讨论了以下几个主题。

✓ 探讨通过可观察到的股票价格测度企业违约风险的默顿模型，包括模型的逻辑基础以及一些技术细节。

✓ 讨论可转换债券的要素、性质和市场发展历程，并且运用二叉树模型对可转换债券定价。

✓ 介绍期货期权的概念、类型与市场现状，剖析欧式期货期权定价的布莱克模型与美式期货期权定价的二叉树模型。

✓ 分析利率上限期权、利率下限期权、利率双限期权以及利率互换期权等不同利率期权合约的运作机制与定价模型。

5.1　测度企业的违约风险——默顿模型

　　评估企业信用风险通常会运用信用评级工具，然而信用评级的更新往往比较缓慢，在瞬息万变的金融市场中，信用评级存在一定的滞后性。此外，如果一家企业没有对外发行债券，就无法通过债券价格推算出在风险中性条件下的违约概率。有读者可能会提出这样的问题：在估计违约概率时，是否可以运用股票价格？这确实是一个很好的问题，问题的答案将在本节揭晓。

5.1.1 模型的引出

首先通过一个抽象并且简单的例子引出默顿模型。假设A股东投资了一家公司，初始投资额（E_0）为100元，同时公司向B债权人发行了面值（D）为100元、期限为1年的零息债券，由于零息债券是到期一次性偿还本金，因此债券发行时采用低于面值的价格发行（比如发行价格95元）。公司的初始企业价值（这里等同于公司总资产）是 $V_0 = E_0 + D_0$，其中 D_0 代表债券的发行价格。

现在考查1年后当债券到期时4种不同情形下，企业价值、债券价值以及股东权益价值的变化，具体见表5-1。在债券到期日，企业价值、债券价值与股东权益价值分别用 V_1、D_1 以及 E_1 表示。

表5-1　债券到期日企业价值、债券价值以及股东权益价值的情况　　　（单位：元）

不同情形	企业价值（V_1）	债券价值（D_1）	股东权益价值（E_1）
情形1	$V_1 = 300 > D$	$D_1 = D = 100.$	$E_1 = V_1 - D = 200$
情形2	$V_1 = 200 > D$	$D_1 = D = 100$	$E_1 = V_1 - D = 100$
情形3	$V_1 = 100 = D$	$D_1 = D = 100$	$E_1 = V_1 - D = 0$
情形4	$V_1 = 60 < D$	$D_1 = V_1 = 60$	$E_1 = 0$
表达式	$V_1 = E_1 + D_1$	$D_1 = D - \max(D - V_1, 0)$	$E_1 = \max(V_1 - D, 0)$

下面，针对表5-1的4种不同情形展开进一步说明。

情形1：公司经营业绩良好。 在1年后，企业价值 V_1 变为300元，因此，债券到期时就能顺利兑付，到期时的债券价值 D_1 等于面值100元，股东权益价值 E_1 就是 $V_1 - D = 200$（元），股东初始投资也获得了增值。在此情形下，对于债权人和股东，是一个双赢的结果。

情形2：公司勉强支撑度日。 在1年后，企业价值 V_1 变为200元，因此，债券到期时依然能顺利兑付，债券价值 D_1 等于面值100元，股东权益价值 E_1 则是 $V_1 - D = 100$（元），股东权益未发生变化。

情形3：公司发展不太理想。 在1年后，企业价值 V_1 仅剩下100元，债券到期时依然能全额兑付，到期时的债券价值 D_1 等于面值100元，但是股东权益价值 E_1 变为0，说明股东投资打了水漂。

情形4：公司资不抵债。 在1年后，企业价值 V_1 变为60元，由于股东按照其出资金额承担有限责任而不是无限连带责任，所以，股东权益价值 E_1 等于0，债券到期时的债券价值 D_1 就等于企业价值 V_1，也就是B债权人只能拿回60元。在这种情形下，对于债权人和股东是一个双输的结局。

因此，根据以上的4种具体情形，可以归纳出债券到期时企业价值的表达式 $V_1 = E_1 + D_1$，债券价值 $D_1 = D - \max(D - V_1, 0)$，股东权益价值 $E_1 = \max(V_1 - D, 0)$。

通过以上的例子，能够得出如下两个非常重要的结论。

结论1： 企业的股东权益（股票）等价于以企业价值作为基础资产、以债券面值作为行权价格的欧式看涨期权。

结论2： 企业债券等价于投资无风险债券，同时持有以企业价值作为基础资产、以企业债券面值作为行权价格的欧式看跌期权空头头寸。

以上的结论就是金融领域著名的**默顿模型**（Merton model）的逻辑基础。

5.1.2　模型的相关细节

接下就具体讨论默顿模型的数学表达式以及模型处理过程中的一些技巧。

1. 变量设定与表达式

为了便于分析和讨论，假设企业仅发行了零息债券作为债务，债券发行日（初始日）是 0 时刻，债券到期日是 T 时刻，同时定义以下的变量符号。

V_0：在 0 时刻（初始日）的企业价值。

V_T：在 T 时刻（债券到期日）的企业价值。

E_0：企业股票在 0 时刻的价值。

E_T：企业股票在 T 时刻的价值。

D：零息债券的本金。

σ_V：企业价值的波动率，并假设为常数。

σ_E：股票的波动率。

根据以上设定的符号，同时分两种情形展开讨论。

情形 1：在 T 时刻，当 $V_T < D$ 时。 企业会对自身发行的债券违约，此时企业股票的价值为 0。

情形 2：在 T 时刻，当 $V_T \geqslant D$ 时。 企业会偿还债券的全部本金，此时股票价值为 $V_T - D$。

因此，在默顿模型中，T 时刻企业的股票价值表达式如下：

$$E_T = \max(V_T - D, 0) \tag{式5-1}$$

依据 1.3 节讨论的 BSM 模型，可以推导出企业股票作为欧式看涨期权在 0 时刻的价值，相应的表达式如下：

$$E_0 = V_0 N(d_1) - De^{-rT} N(d_2) \tag{式5-2}$$

其中，

$$d_1 = \frac{\ln(V_0 / D) + (r + \sigma_V^2 / 2)T}{\sigma_V \sqrt{T}} \tag{式5-3}$$

$$d_2 = d_1 - \sigma_V \sqrt{T} = \frac{\ln(V_0 / D) + (r - \sigma_V^2 / 2)T}{\sigma_V \sqrt{T}} \tag{式5-4}$$

由于 $N(d_2)$ 代表在风险中性状态下期权到期时被行权的概率，所以在 T 时刻风险中性的企业不违约概率也是 $N(d_2)$，风险中性的企业违约概率则等于 $1 - N(d_2) = N(-d_2)$，这就是默顿模型的核心。

2. 模型的处理技巧

根据（式 5-4），为了计算违约概率 $N(-d_2)$，需要用到变量 V_0 与 σ_V，然而这两个变量都无法从金融市场直接观察到。针对上市公司，可以观察到 E_0，这意味着（式 5-2）给出了关于 V_0 与 σ_V 必须满足的一个等式。

然而，求解两个变量就需要运用两个方程式，（式5-2）只给出其中的一个，另一个方程式则运用**伊藤引理**（Ito's Lemma）[①]，并且该方程式具体如下[②]：

$$\sigma_E E_0 = N(d_1)\sigma_V V_0 \qquad\qquad （式5-5）$$

注意，可以通过股价历史数据或股票期权价格估计（式5-5）中的σ_E。

通过（式5-2）与（式5-5）可以求得V_0与σ_V，如果通过Python编程进行求解则会运用到SciPy子模块optimize中的fsolve函数。最终，便能顺利计算出风险中性的企业违约概率$N(-d_2)$。

下面，以首只违约债券——超日债作为示例并且结合Python演示如何通过股价测度企业的违约概率。

5.1.3 测度首只违约债券——超日债的违约概率

【例5-1】 2014年3月5日，深圳证券交易所的上市公司——上海超日太阳能科技股份有限公司（简称"超日太阳"，证券代码002506，现已更名为"协鑫集成"）对外发布公告称，由于出现了财务危机，公司发行的"11超日债"（债券代码112061）的第2期利息无法按时全额支付。因此，超日太阳成了债券市场首次发生实质性违约事件的债券发行人。

考虑到超日太阳的股票于2014年2月19日收盘后就被停牌直至同年4月8日才复牌，因此通过默顿模型计算出2月19日超日太阳的违约概率。当天的股票收盘价是2.59元/股，股票总市值是21.85亿元。

同时，公司2013年年度财务报告于2014年4月29日才对外发布，前一期的财务报告是2013年10月28日对外披露的2013年第三季度财务报表。根据该财务报表，截至2013年9月末公司负债合计数是63.90亿元。为了测算的便利性，假定公司负债的期限均为1年期。此外，无风险利率是期限为1年的国债到期收益率并且2014年2月19日对外报价是3.3925%（连续复利）。

通过默顿模型计算超日太阳的违约概率，Python的编程需要分以下4个步骤。

第1步：导入存放超日太阳股票停牌前18个月（2012年8月20日至2014年2月19日）日收盘价数据的Excel文件，计算该股票的波动率。具体代码如下：

```
In [1]: import numpy as np              #导入NumPy模块并且缩写为np
   ...: import pandas as pd             #导入pandas模块并且缩写为pd
   ...: import matplotlib.pyplot as plt #导入Matplotlib的子模块pyplot并且缩写为plt
   ...: from pylab import mpl           #从pylab导入子模块mpl
   ...: mpl.rcParams['font.sans-serif']=['FangSong']  #以仿宋字体显示中文
```

[①] 伊藤引理是由日本数学家伊藤清（Kiyoshi Ito）在1951年发现并提出的，在分析金融变量服从随机过程中有着重要的应用。下面对该引理做个简单的说明，假设变量x服从以下随机过程（伊藤过程）：

$$dx = a(x,t)dt + b(x,t)dz$$

其中，a、b均是x和t的函数，变量x的漂移率为a，方差率为b^2，dz是维纳过程。如果变量G也是x和t的一个函数，即$G(x,t)$，通过伊藤引理得到G服从以下的随机过程：

$$dG = \left(\frac{\partial G}{\partial x}a + \frac{\partial G}{\partial t} + \frac{1}{2}\frac{\partial^2 G}{\partial x^2}b^2\right)dt + \frac{\partial G}{\partial x}b\,dz$$

关于伊藤引理的详细介绍，可以阅读伊藤清的论文 K. Ito. On Stochastic Differential Equations. Memoirs of the American Mathematical Society,1951 (4): 1–51.

[②] 关于该表达式的具体推导过程，详见论文 R. Merton. *On the Pricing of Corporate Debt: The Risk Structure of Interest Rates*. Journal of Finance, 29 (1974): 449–470.

```
    ...: mpl.rcParams['axes.unicode_minus']=False      #解决保存图像时负号显示为方块的问题
    ...: from pandas.plotting import register_matplotlib_converters #导入注册日期时间转换函数
    ...: register_matplotlib_converters()                #注册日期时间转换函数

In [2]: price_Sun=pd.read_excel(io='C:/Desktop/超日太阳股票收盘价.xlsx',sheet_name='Sheet1',
header=0,index_col=0) #导入股价数据

In [3]: R_Sun=np.log(price_Sun/price_Sun.shift(1)) #计算股票的每日收益率

In [4]: sigma_Sun=np.sqrt(252)*np.std(R_Sun)        #计算股票的波动率
    ...: sigma_Sun=float(sigma_Sun)                   #转换为浮点型数据类型
    ...: print('超日太阳股票的波动率',round(sigma_Sun,4))
超日太阳股票的波动率 0.4238
```

通过以上的代码输出结果可以得到，超日太阳股票的波动率等于42.38%，属于比较高的波动率水平。

第2步：计算超日太阳在2014年2月19日的企业价值以及企业价值的波动率，即5.1.2小节提到的变量 V_0 与 σ_V。具体代码如下：

```
Tn [5]: equity=21.85          #2014年2月19日股票总市值（亿元）
    ...: debt=63.90            #2013年三季度末公司负债金额（亿元）
    ...: tenor=1               #债务期限（1年）
    ...: R_1Y=0.033925         #2014年2月19日无风险利率

In [6]: def f(x):             #自定义一个函数计算企业价值和企业价值波动率
    ...:     from numpy import exp,log,sqrt       #从NumPy模块导入exp、log、sqrt函数
    ...:     from scipy.stats import norm         #从SciPy的子模块stats中导入norm
    ...:     V,sigma_V=x                          #依次设定当前企业价值、企业价值波动率这两个变量
    ...:     d1=(log(V/debt)+(R_1Y+pow(sigma_V,2)/2)*tenor)/(sigma_V*sqrt(tenor)) #参数d1（式5-3）
    ...:     d2=d1-sigma_V*sqrt(tenor)                          #参数d2（式5-4）
    ...:     eq1=V*norm.cdf(d1)-debt*exp(-R_1Y*tenor)*norm.cdf(d2)-equity #运用（式5-2）并令其等于0
    ...:     eq2=sigma_Sun*equity-norm.cdf(d1)*sigma_V*V         #运用（式5-5）并令其等于0
    ...:     return [eq1,eq2]

In [7]: import scipy.optimize as sco                            #导入SciPy子模块optimize

In [8]: result=sco.fsolve(func=f,x0=[90,0.3])   #初始迭代值设定为企业价值90亿元和企业价值波动率30%
    ...: print('计算得到2014年2月19日超日太阳的企业价值（亿元）',round(result[0],4))
    ...: print('计算得到超日太阳企业价值的波动率',round(result[-1],4))
计算得到2014年2月19日超日太阳的企业价值（亿元） 83.6108
计算得到超日太阳企业价值的波动率                0.111
```

通过以上的迭代运算可以得出在2014年2月19日，超日太阳的企业价值为83.6108亿元，企业价值的波动率是11.10%并且远低于股票收益率的年化波动率。

第3步：自定义一个运用默顿模型计算企业违约概率的函数，并且通过该自定义函数计算出超日太阳在2014年2月19日的违约概率。具体代码如下：

```
In [9]: def PD_Merton(D,V,sigma,r,T):
    ...:     '''运用默顿模型计算企业违约概率的函数
    ...:     D: 债务本金（亿元）;
    ...:     V: 当前的企业价值（亿元）;
    ...:     sigma: 企业价值的波动率;
```

```
   ...:        r: 连续复利的无风险利率;
   ...:        T: 债务的期限'''
   ...:        from numpy import log,sqrt                    #从NumPy模块导入log、sqrt函数
   ...:        from scipy.stats import norm                  #从SciPy的子模块stats中导入norm
   ...:        d1=(log(V/D)+(r+pow(sigma,2)/2)*T)/(sigma*sqrt(T))    #参数d1
   ...:        d2=d1-sigma*sqrt(T)                           #参数d2
   ...:        PD=norm.cdf(-d2)                              #违约概率
   ...:        return PD

In [10]: PD_Sun=PD_Merton(D=debt,V=result[0],sigma=result[-1],r=R_1Y,T=tenor) #计算违约概率
   ...: print('2014年2月19日超日太阳的违约概率',round(PD_Sun,6))
2014年2月19日超日太阳的违约概率 0.00378
```

通过默顿模型测算出2014年2月19日超日太阳的违约概率为0.3780%。看到这一结果，读者也许会有疑问，这个违约概率并不高，似乎与想象中的结果大相径庭。因此，有必要对比一下2011年末超日太阳的违约概率。

第4步：通过默顿模型测算在2011年末超日太阳的违约概率。2011年12月30日（当年最后一个交易日）的股票收盘价是13.42元/股，股票总市值是70.75亿元，股票的波动率为46.54%；鉴于公司2011年财务报告于2012年4月26日才对外发布，截至2011年12月30日对外披露的最新财务报告是当年第三季度财务报表，该季度财务报表显示，截至2011年9月末公司负债合计数是28.02亿元。同样假定公司负债的期限均为1年期。此外，2011年12月30日期限为1年的国债到期收益率报价是2.7201%（连续复利）。具体代码如下：

```
In [11]: equity_new=70.75                #2011年12月30日股票总市值（亿元）
   ...: debt_new=28.02                    #2011年9月末负债金额（亿元）
   ...: R_new=0.027201                    #2011年12月30日无风险利率
   ...: sigma_new=0.4654                  #股票的波动率

In [12]: def g(x):                        #重新自定义一个函数用于计算企业价值和企业价值波动率
   ...:        from numpy import exp,log,sqrt
   ...:        from scipy.stats import norm
   ...:        V,sigma_V=x
   ...:        d1=(log(V/debt_new)+(R_new+pow(sigma_V,2)/2)*tenor)/(sigma_V*sqrt(tenor))
   ...:        d2=d1-sigma_V*sqrt(tenor)
   ...:        eq1=V*norm.cdf(d1)-debt_new*exp(-R_new*tenor)*norm.cdf(d2)-equity_new
   ...:        eq2=sigma_new*equity_new-norm.cdf(d1)*sigma_V*V
   ...:        return [eq1,eq2]

In [13]: result_new=sco.fsolve(func=g,x0=[100,0.5])  #设定初始迭代值分别是企业价值100亿元和企业
价值波动率50%
   ...: print('2011年12月30日超日太阳的企业价值（亿元）',round(result_new[0],4))
   ...: print('超日太阳企业价值的波动率',round(result_new[-1],4))
2011年12月30日超日太阳的企业价值（亿元） 98.0178
超日太阳企业价值的波动率                    0.3359

In [14]: PD_Sun_new=PD_Merton(D=debt_new,V=result_new[0],sigma=result_new[-1],r=R_new,T=tenor)
   ...: print('2011年12月30日超日太阳的违约概率',round(PD_Sun_new,6))
2011年12月30日超日太阳的违约概率 0.000136

In [15]: M=PD_Sun/PD_Sun_new    #计算倍数
   ...: print('2014年2月19日违约概率与2011年末违约概率的倍数',round(M,2))
2014年2月19日违约概率与2011年末违约概率的倍数 27.79
```

通过以上代码输出结果可以发现，在2011年末，超日太阳的企业价值为98.0178亿元，企业价值的波动率为33.59%，对应的违约概率是0.0136%，可以说数值是比较小的；从动态的角度而言，2014年2月19日违约概率约是2011年末的27.79倍，这说明在短短的两年多时间内违约风险增加的速度非常惊人。

根据以上的这个示例，读者可能会问：通过默顿模型计算得出的违约概率与企业实际的违约概率存在多大差距？针对这一问题的回答是，无论在风险中性世界还是现实世界，默顿模型能够对违约概率进行较好的排序，从而得出接近实际违约概率的结果。

比如，通过默顿模型得出A公司的违约概率高于B公司，B公司违约概率又高于C公司。通过某种数学的单调变换，可以将默顿模型估计得到的违约概率转换为A公司、B公司及C公司的现实违约概率的估计值。在实践中，穆迪公司旗下的全资子公司——穆迪KMV公司就是采用这一逻辑将默顿模型的违约概率转换为现实违约概率的。因此，只要默顿模型针对不同企业的风险中性违约概率与现实违约概率在排序上保持一致，通过对默顿模型的校准就可以得出较为精确的违约概率结果。

5.2　可转换债券

可转换债券（convertible bond，CB），也称为**可转换公司债券**，简称**可转债**，具体是指债券持有人有权在一定时期内按一定比例或价格将某债券转换成一定数量的另一种证券（通常是股票）的债券。本节具体讨论可转换债券的要素、性质、发展历程以及定价等核心问题。此外，为了便于更好地理解，本节以常见的可以转换为股票的可转换债券作为分析对象。

5.2.1　可转换债券的概况

1. 可转换债券的要素

可转换债券拥有若干项的核心要素，这些要素决定了可转换债券的收益与风险特征，具体的要素如下。

一是有效期限和转股期限。就可转换债券而言，**有效期限**的定义与普通债券期限类似，指债券从发行之日起至偿清本息之日止的存续期间；**转股期限**则是可转换债券所特有的，具体指可转换债券允许转换为普通股票的起始日至结束日的期间。大多数情况下，债券发行人都规定一个特定的转股期限。中国证监会在2023年2月17日发布的《上市公司证券发行注册办法》第六十二条就明确规定，自债券发行结束之日起6个月后方可转换为公司股票，转股期限由公司根据可转换公司债券的存续期限及公司财务状况确定。

二是票面利率。可转换债券的票面利率是指可转换债券作为一种债券时的票面利率，债券发行人会结合发行时的市场利率水平、债券信用评级和发行条款等因素综合确定，通常情况会低于普通公司债券的票面利率。

三是转股比例和转股价格。转股比例（conversion ratio）是指一定面值的可转换债券可以转换成普通股票的股数。比如，A股市场交易的"兴业转债"（债券代码113052）在2022年11月30日的转股比例为4.085，这表示债券持有人有权将面值100元的"兴业转债"转换为4.085股兴业银行A股股票（证券代码601166）。当然转股比例也有可能随着时间变化而发生调整，因此其是时间的函数。

转股价格是指可转换债券转换为每股股票所支付的对价，如"兴业转债"在2022年11月30日的转换价格是24.48元/股。同时，转股比例与转股价格之间存在如下的关系：

$$转股比例 = \frac{可转换债券面值100元}{转股价格}$$ （式5-6）

需要注意的是，在可转换债券的转股期限内，可能会涉及针对转股价格的修正，也就是由于配股、增发、送股、派息、分立及其他原因导致发行人股份发生变动，需要对转股价格做出必要调整。

四是赎回机制。可转换债券是可以赎回的，**赎回**是指发行人在完成发行的一段时间后，有权提前回购未到期的可转换债券。当债券被赎回时，债券持有人有权将债券立刻转换为股票，因此赎回也成为债券发行人要求债券持有人提前将债券转换为股票的一种外在约束机制。触发赎回的条件通常设定为当公司股票在一段时间内连续高于转换价格达到一定幅度时，发行人可按照事先约定的赎回价格回购发行在外尚未转股的可转换债券。依然以"兴业转债"为例，该可转换债券触发赎回的条件如下：在转股期限内，如果兴业银行A股股票连续30个交易日中至少有15个交易日的收盘价格不低于当期转股价格的130%（含130%），发行人有权按照债券面值加当期应计利息的价格赎回全部或部分未转股的可转换债券。

五是回售机制。可转换债券是可以回售的，**回售**是指可转换债券持有人按事先约定的价格将所持可转换债券卖给发行人的行为。触发回售的条件通常设定为公司股票在一段时间内连续低于转股价格达到某一幅度或者可转换债券募集资金运用发生变化等。依然以"兴业转债"为例，该可转换债券触发回售的条件如下：可转换债券募集资金的实施情况与募集说明书中的承诺相比出现变化，并且该变化被中国证监会认定为改变募集资金用途的，可转换债券持有人享有一次以面值加上当期应计利息的价格向发行人回售的权利。

比较赎回和回售就不难发现，赎回是由债券发行人主动发起的，回售则是由债券持有人（投资者）主动实施的。

2. 可转换债券的性质

可转换债券的性质可归纳为"三性"：债性、股性、可转换性。

一是债性。可转换债券首先是一种债券，属于固定收益类证券的范畴，具有事前确定的债券期限和票面利率，在转换成股票之前，为债券持有人提供稳定的利息收入以及还本保证。同时，在发行人的资产负债表上，尚未转股的可转换债券属于公司负债。因此，在对可转换债券定价时，信用风险是一个重要的风险因素，违约概率和违约回收率是重要的风险因子，忽略或低估信用风险则会高估可转换债券的价格。

二是股性。可转换债券为债券持有人提供了转换为股票从而成为公司股东的权利，这种权利具有期权的特征，也就是债券持有人可以行使权利，将可转换债券转换成股票，当然也可以放弃权利，持有债券至到期。因此，可转换债券包含了股票看涨期权的特点，债券持有人通过持有可转换债券可以获取股价上涨带来的收益，可转换债券也被视为股票期权的一种延伸。

三是可转换性。可转换性是可转换债券的重要标志，也是连通"债性"与"股性"的桥梁与纽带，债券持有人可以按约定的条件将债券转换成股票，并且转换的条款在债券发行时就已经明确约定。此外，债券转股票的权利（简称"转股权"）是可转换债券持有人独有的、普通债券持有人根本不具备的一种特殊选择权。

3. 可转换债券市场

自从 1843 年美国纽约伊利铁路公司（Erie Railroad Company）发行世界上首只可转换债券开始，经过了 100 多年的不断发展，目前在美国、欧盟、日本等成熟金融市场中，可转换债券已经成为不可或缺的重要组成部分，为提升公司竞争力、繁荣金融市场起到了积极的推动作用。

在 A 股市场，可转换债券经历了几十年的发展历程，可以划分为 3 个发展阶段——探索期、试点期和成熟期。

第 1 个阶段：可转换债券的探索期（1992 年至 1996 年）。

在 20 世纪 90 年代初，少数 A 股上市公司就开始尝试运用可转换债券解决自身的融资问题。1992 年 11 月，上市公司深圳市宝安企业(集团)股份有限公司（现已更名为"中国宝安集团股份有限公司"）发行"宝安转债"，这是 A 股市场首只可转换债券，但之后"宝安转债"转股失败，导致 A 股市场的可转换债券试点工作在短时期内陷于停滞。

1993 年 11 月，上市公司中国纺织机械股份有限公司（现已更名为"贵州中毅达股份有限公司"）尝试发行了 3500 万瑞士法郎的 B 股可转债，但由于公司业绩不佳以及 B 股整体走弱导致股票价格和转股价格相去甚远，直到债券到期日都没有一张债券成功转股，发行人只得偿还全部本息并承担了汇兑损失。

1995 年 6 月，上市公司中国南方玻璃股份有限公司（现已更名为"中国南玻集团股份有限公司"）另辟蹊径，尝试在海外市场——瑞士债券市场以私募方式发行 4500 万美元可转换债券，最终转股的比重达到 71.69%，剩余的债券由于股价下跌无法转股而只能回售。

发行可转换债券的早期试点从不同的角度、以不同的方式为可转换债券的运作积累了丰富的经验，为后续的大规模推广打下了基础。

第 2 个阶段：可转换债券的试点期（1997 年至 2005 年）。

1997 年 3 月，国务院颁布了《可转换公司债券管理暂行办法》，是可转换债券市场首部规范性文件，同年国务院决定在 500 家重点国有未上市公司开展可转换债券的试点工作，发行总规模暂定为 40 亿元。

1998 年两家试点国有未上市公司的可转换债券——"南化转债"和"丝绸转债"分别在上海证券交易所和深圳证券交易所上市，标志着 A 股市场的可转换债券发行正式拉开了序幕。

2001 年中国证监会接连颁布《上市公司发行可转换公司债券实施办法》《关于做好上市公司可转换公司债券发行工作的通知》等文件，连同 1997 年国务院颁布的《可转换公司债券管理暂行办法》，共同构成了可转换债券市场相对完备的监管制度体系，从政策层面保证了可转换债券合法的市场地位，也成为上市公司后续可转换债券发行热潮的助推器。

自 2001 年开始，市场出现了很大的改观，发行可转换债券的公司数量快速攀升，发行规模不断扩大。2002 年仅有 5 家公司发行，发行规模 41.5 亿元，到 2004 年就增加至 12 家，发行规模扩大至 209.03 亿元。

第 3 个阶段：可转换债券的成熟期（2006 年至今）。

2006 年 4 月《上市公司证券发行管理办法》颁布，同时《可转换公司债券管理暂行办法》《上市公司发行可转换公司债券实施办法》《关于做好上市公司可转换公司债券发行工作的通知》全部废止，可转换债券的发行规则与股票的发行规则合并为同一个文件；2008 年 10 月和 2020 年 2 月，《上市公司证券发行管理办法》经过 2 次修订，作为可转换债券市场总括性的规章一直沿用至 2023 年 2 月 16 日。

2023年2月17日，《上市公司证券发行注册管理办法》取代了原来的《上市公司证券发行管理办法》，这也标志着可转换债券发行进入了全面注册制的新阶段。

目前，A股市场的可转换债券在上海证券交易所、深圳证券交易所以及全国中小企业股份转让系统挂牌发行，未来北京证券交易所也将挂牌交易可转换债券。因此，关于可转换债券发行、业务流程等实施细则，相关证券交易场所负责制定并将动态完善。

这里整理了2010年至2022年每年年末A股市场可转换债券的数量和余额，并且运用Python进行可视化（见图5-1）。具体的代码如下：

```
In [16]: data_CB=pd.read_excel(io='C:/Desktop/可转换债券数量和余额.xlsx', sheet_name='Sheet1',
header=0,index_col=0)                              #导入可转换债券数据

In [17]: data_CB.plot(figsize=(10,6),kind='bar',subplots=True,layout=(1,2),grid=True,
    ...:           xlabel='年份',ylabel='只数')        #可视化
    ...: plt.subplot(1,2,2)                           #针对第2张子图
    ...: plt.ylabel('余额（亿元）',fontsize=10)        #修改纵坐标的标签
Out[17]:
```

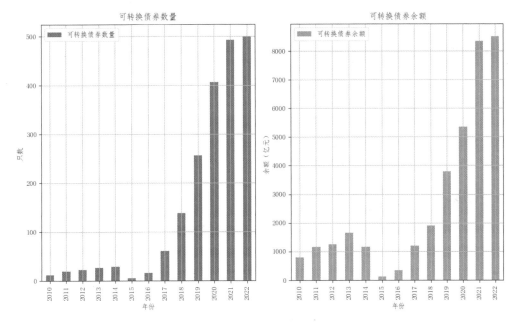

图5-1　2010年至2022年A股市场的可转换债券数量和余额

从图5-1可以看到，A股市场的可转换债券数量和存续规模虽然在2015年出现了历史最低值，但在2016年就出现了反弹，并且从2018年至2022年屡创历史新高。

5.2.2　可转换债券的定价

可转换债券的定价有多种方法，下面介绍在实践中被广泛运用的一种数值定价方法，该方法类似于第1章讨论的二叉树模型。

1. 关于定价的技术细节

假定本金为L、期限是T的一份可转换债券，可转换债券的转股比例设定为X，即一份可

转换债券可以转换为 X 股股票，股票初始价格是 S_0，σ 表示股票的波动率。为了便于分析，暂不考虑股票的期间收益（股息）以及债券的回售。具体定价过程分为两个步骤。

第 1 步：对可转换债券发行人的股票价格建模。

股票价格服从的随机过程将通过修正后的二叉树模型表示，将可转换债券的期限设定为二叉树模型的步数（N 步）。在每个步长为 Δt 的时间区间内，可转换债券发行人存在违约的概率，而根据 5.1 节的默顿模型，当发行人出现违约时股票价格就变为 0；可转换债券在发生违约时也会有一个违约回收率 R，因此违约发生时的债券价值就等于 LR。

同时，针对二叉树的每个节点，约定如下的参数：

（1）在时间区间 Δt 内，股票价格按比例 u 上涨，上涨概率为 P_u；

（2）在时间区间 Δt 内，股票价格按比例 d 下跌，下跌概率为 P_d；

（3）在时间区间 Δt 内，债券发生违约的概率为 PD。

在修正后的二叉树模型中，相关的参数表达式如下：

$$u = e^{\sqrt{(\sigma^2 - \lambda)\Delta t}} \qquad \text{（式 5-7）}$$

$$d = \frac{1}{u} \qquad \text{（式 5-8）}$$

$$P_u = \frac{e^{r\Delta t} - de^{-\lambda\Delta t}}{u - d} \qquad \text{（式 5-9）}$$

$$P_d = \frac{ue^{-\lambda\Delta t} - e^{r\Delta t}}{u - d} \qquad \text{（式 5-10）}$$

$$PD = 1 - P_u - P_d = 1 - e^{-\lambda\Delta t} \qquad \text{（式 5-11）}$$

其中，参数 λ 是连续复利的年化违约概率，r 是无风险利率；同时为了保证（式 5-7）有解，需要满足 $\sigma^2 > \lambda$，此外 $P_u + P_d + PD = 1$。

第 2 步：运用二叉树模型的原理对可转换债券定价。

采用逆向归纳法，从树形的最后一列节点从后往前计算。在这里，需要注意两点：第一，在债券可允许转换为股票的每个节点上，应当检验债券转换为股票是否为最优的决策；第二，在债券可允许被赎回的节点上，要检验债券发行人将债券赎回是否为最优的决策。

因此，假定在某个节点上债券既允许转换为股票又允许赎回，最优决策实质上就等价于在节点上对债券价值 V 取最大值。其表达式如下：

$$V = \max\left[\min(Q_1, Q_2), Q_3\right] \qquad \text{（式 5-12）}$$

其中，Q_1 代表通过逆向归纳法得到的在未到期节点上未被转换为股票也未被赎回的债券价值。如果在到期日的节点，Q_1 则代表债券到期日的本金和最后一期票面利息，Q_2 为债券赎回价格，Q_3 是转换成股票的价值。显然，这样就大大增加了可转换债券定价的复杂性。

下面，通过一个相对简单的示例具体讲解如何利用修正后的二叉树模型对可转换债券定价。

2. 一个示例

【例 5-2】 假定 A 公司对外发行了每张面值是 100 元、期限为 9 个月的零息可转换债券。在债券的存续期内，债券持有人允许将 1 份可转换债券转换为 2 股 A 公司的股票，同时 A 公司可以在债券存续期的任意时刻以 118 元的价格从持有人手中将债券赎回。A 公司股票的最初价格是50元/股，股票收益率的年化波动率是30%，同时股票不分配股息，公司连续复利的年化违约概率是1%，连续复利的无风险利率是2%。假定当违约发生时，债券回收率等于40%，也就是每张债券的违约回收价值为40元。

图 5-2 显示了用于对可转换债券定价的二叉树树形结构，其有 3 步，每一步步长 $\Delta t = \dfrac{0.75}{3} = 0.25$。

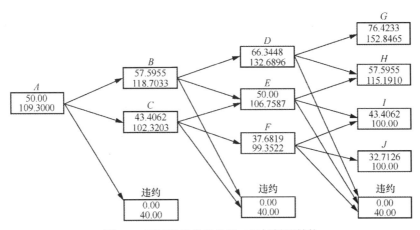

图5-2 可转换债券定价的二叉树树形结构

（每个节点方框内上方数字代表股票价格，下方数字代表可转换债券价值）

根据设定的相关变量，计算得到如下的相关参数（计算结果保留至小数点后4位，下同）：

$$u = \mathrm{e}^{\sqrt{(\sigma^2 - \lambda)\Delta t}} = \mathrm{e}^{\sqrt{(30\%^2 - 1\%)\times 0.25}} = 1.1519 \tag{式5-13}$$

$$d = 1/u = 0.8681 \tag{式5-14}$$

$$P_\mathrm{u} = \frac{\mathrm{e}^{r\Delta t} - d\mathrm{e}^{-\lambda\Delta t}}{u - d} = \frac{\mathrm{e}^{2\%\times 0.25} - 0.8681\mathrm{e}^{-1\%\times 0.25}}{1.1519 - 0.8681} = 0.4900 \tag{式5-15}$$

$$P_\mathrm{d} = \frac{u\mathrm{e}^{-\lambda\Delta t} - \mathrm{e}^{r\Delta t}}{u - d} = \frac{1.1519\mathrm{e}^{-1\%\times 0.25} - \mathrm{e}^{2\%\times 0.25}}{1.1519 - 0.8681} = 0.5075 \tag{式5-16}$$

同时，当 A 公司违约时，也就是在图 5-2 中最下方的节点，此时的违约概率 $PD = 1 - \mathrm{e}^{-1\%\times 0.25} = 0.0025$。在违约节点上，股票价格是0元，债券价值是40元。

结合上面的这些参数，采用逆向归纳法计算每个节点上的股票价格和可转换债券价值，一共分为4个步骤。

第1步：考查树形结构的最后一列节点。 也就是考察可转换债券的到期日，共有4个节点（不含债券违约的节点），具体如下。

在节点 G 上，股价等于 $S_0 u^3 = 76.4233$ 元，在该节点上债券将被转换为股票。这是因为转换后的价值是2股股票价值即 $Q_3 = 152.8465$ 元，如果不转换成股票，债券会被发行人以118元的赎回价格赎回（ $Q_2 = 118$ 元），显然转换为股票是最优选择；同时，零息债券到期时的本金是100元（ $Q_1 = 100$ 元）。根据（式5-12），债券价值就是转换为股票以后的价值152.8465元。

在节点 H 上，股价等于 $S_0 u^2 d = 57.5955$ 元，在该节点上债券也将被转换为股票。因为一旦不转换成股票，由于没有触及赎回价格118元，债券持有人只能取得债券本金100元（零息债券），因此转换为股票也是最优选择，债券价值就是115.1910元。

在节点 I 上，股价等于 $S_0ud^2 = 43.4062$ 元，在该节点上债券将不会被转为股票，同时也不可能被赎回，因此债券价值就是本金 100 元。

在节点 J 上，股价等于 $S_0d^3 = 32.7126$ 元，显然债券既不会被转为股票又不会被赎回，债券价值依然是本金 100 元。

第 2 步：考虑树形结构倒数第 2 列的 3 个节点（依然不含债券违约的节点），具体如下。

在节点 D 上，股价等于 $S_0u^2 = 66.3448$ 元，同时，针对可转换债券的价值，需要计算以下 3 个价值。

价值 1：未被转换为股票也未被赎回的债券价值 Q_1。 该价值等于最后一列节点 G、H 和违约节点上债券价值以概率为权重的期望值并且进行贴现，具体计算如下：

$$Q_1 = (0.4900 \times 152.8465 + 0.5075 \times 115.1910 + 0.0025 \times 40)e^{-0.25 \times 2\%} = 132.7890 \text{（元）} \quad \text{（式 5-17）}$$

价值 2：债券赎回价格 Q_2， 也就是 118 元。

价值 3：转换为股票的价值 Q_3， 也就是 2 股股票价值 $2S_0u^2 = 132.6896$ 元。

因此，根据（式 5-12），该节点债券的价值就等于 132.6896 元。

根据相同的计算逻辑，在节点 E 上，股价等于 $S_0ud = 50$ 元，转换为股票的价值 $Q_3 = 100$ 元；同时，未被转换为股票也未被赎回的债券价值 Q_1 等于通过最后一列节点 H、I 和违约节点上债券价值以概率为权重的期望值并贴现，可以计算得到 $Q_1 = 106.7587$ 元，而债券赎回价格 $Q_2 = 118$ 元。因此，该节点债券的价值等于 106.7587 元。

在节点 F 上，股价等于 $S_0d^2 = 37.6819$ 元，转换为股票的价值 $Q_3 = 75.3638$ 元；未被转换为股票也未被赎回的债券价值 Q_1 等于通过最后一列节点 I、J 和违约节点上债券价值以概率为权重的期望值并贴现，计算得到 $Q_1 = 99.3522$ 元，债券赎回价格 $Q_2 = 118$ 元。因此，该节点债券的价值等于 99.3522 元。

第 3 步：考虑树形结构第 2 列的 2 个节点（依然不含债券违约的节点），具体如下。

在节点 B 上，股价等于 $S_0u = 57.5955$ 元，转换为股票的价值 $Q_3 = 115.1910$ 元；未被转换为股票也未被赎回的债券价值 Q_1 等于通过倒数第 2 列节点 D、E 和违约节点上债券价值以概率为权重的期望值并贴现，计算得到 $Q_1 = 118.7033$ 元，债券赎回价格 $Q_2 = 118$ 元。因此，该节点债券的价值等于 118 元，这也就意味着债券会被赎回。

在节点 C 上，股价等于 $S_0d = 43.4062$ 元，转换为股票的价值 $Q_3 = 86.8123$ 元；未被转换为股票也未被赎回的债券价值 Q_1 等于通过倒数第 2 列节点 E、F 和违约节点上债券价值以概率为权重的期望值并贴现，计算得到 $Q_1 = 102.3203$ 元，债券赎回价格 $Q_2 = 118$ 元。因此，该节点债券的价值等于 102.3203 元。

第 4 步：考虑树形结构中第 1 列的节点 A。 在该节点上，股价就是初始股价 $S_0 = 50$ 元，转换为股票的价值 $Q_3 = 100$ 元；未被转换为股票也未被赎回的债券价值 Q_1 等于通过第 2 列节点 B、C 和违约节点上债券价值以概率为权重的期望值并贴现，可以计算出 $Q_1 = 109.3000$ 元，债券赎回价格 $Q_2 = 118$ 元。因此，可转换债券的初始价值就是 109.3000 元。

通过这个示例，不难发现针对可转换债券的定价会比 1.5 节讨论的美式期权定价更加复杂，考虑的因素也会更多。

---

3. 矩阵运算思路与 Python 自定义函数

为了便于 Python 代码的撰写以及提升代码运行的效率，参考 1.5.3 小节，采用矩阵运算处理可转换债券定价。

首先，将 N 步二叉树模型中每个节点的股票价格放置在 $N+1$ 行、$N+1$ 列的矩阵并且设为 $\mathbb{S}$，需要注意该矩阵是一个上三角矩阵。

$$\mathbb{S} = \begin{pmatrix} S_0 & S_0u & \cdots & S_0u^{N-1} & S_0u^N \\ 0 & S_0d & & S_0u^{N-2}d & S_0u^{N-1}d \\ \vdots & \vdots & & \vdots & \vdots \\ 0 & 0 & \cdots & S_0d^{N-1} & S_0ud^{N-1} \\ 0 & 0 & \cdots & 0 & S_0d^N \end{pmatrix} \qquad （式5-18）$$

在以上的股票价格矩阵 $\mathbb{S}$ 中，第1列的非零元素 S_0 代表可转换债券初始日（即0时刻）节点的股票价格，第2列的非零元素 S_0u 和 S_0d 代表在 Δt 时刻节点的股票价格，依此类推，最后一列的非零元素代表在债券到期 $N\Delta t$ 时刻（即 T 时刻）节点的股票价格。

其次，根据股票价格的矩阵，可以计算得到在可转换债券到期日的债券价值并且依然将其放置在 $N+1$ 行、$N+1$ 列矩阵的第 $N+1$ 列中，第1列至第 N 列的元素暂时设为零元素，该矩阵用 $\mathbb{C}$ 表示，具体如下：

$$\mathbb{C} = \begin{pmatrix} 0 & 0 & \cdots & 0 & \max[\min(Q_1,Q_2),\ XS_0u^N] \\ 0 & 0 & & 0 & \max[\min(Q_1,Q_2),\ XS_0u^{N-1}d] \\ \vdots & \vdots & & \vdots & \vdots \\ 0 & 0 & \cdots & 0 & \max[\min(Q_1,Q_2),\ XS_0ud^{N-1}] \\ 0 & 0 & \cdots & 0 & \max[\min(Q_1,Q_2),\ XS_0d^N] \end{pmatrix} \qquad （式5-19）$$

（式5-19）中的 X 代表1份可转换债券转换为股票的股数（转股比例）。然后，根据矩阵 $\mathbb{C}$ 第 $N+1$ 列元素并结合债券违约后的价值，可以得出矩阵 $\mathbb{C}$ 第 N 列的非零元素、第 $N-1$ 列的非零元素……第1列的非零元素，而该矩阵第1行、第1列的元素就是可转换债券的初始价值。

基于以上的矩阵运算思路，通过 Python 自定义一个可转换债券定价的函数。具体的代码如下：

```
In [18]: def Value_CB(S,sigma,X,Lambda,r,R,Q2,T,N):
    ...:     '''N步二叉树模型计算可转换债券（可转债）价值的函数，假定可转债是零息债券
    ...:     S: 股票的初始价格（当前价格）;
    ...:     sigma: 股票的波动率;
    ...:     X: 1份可转债转换为股票的股数（转股比例）;
    ...:     Lambda: 连续复利的年化违约概率;
    ...:     r: 连续复利的无风险利率;
    ...:     R: 可转债违约时的回收率;
    ...:     Q2: 可转债的赎回价格;
    ...:     T: 可转债的期限（年）;
    ...:     N: 二叉树模型的步数'''
    ...:     #为了更好地理解代码的逻辑，具体分为以下3个步骤
    ...:     #第1步是计算相关参数
    ...:     par=100                                      #可转债面值
    ...:     t=T/N                                        #每一步步长期限（年）
    ...:     u=np.exp(np.sqrt((pow(sigma,2)-Lambda)*t))   #股价上涨时的比例
    ...:     d=1/u                                        #股价下跌时的比例
    ...:     Pu=(np.exp(r*t)-d*np.exp(-Lambda*t))/(u-d)   #股价上涨的概率
```

```
   ...:        Pd=(u*np.exp(-Lambda*t)-np.exp(r*t))/(u-d)   #股价下跌的概率
   ...:        P_D=1-np.exp(-Lambda*t)                        #违约的概率
   ...:        V_D=par*R                                      #可转债违约时的价值;
   ...:        CB_matrix=np.zeros((N+1,N+1))   #N+1行、N+1列的零元素数组用于后续存放每个节点的可转债价值
   ...:        #第2步是计算可转债到期时节点的股价与债券价值
   ...:        N_list=np.arange(0,N+1)                        #创建从0到N的整数数列并存放于数组
   ...:        S_end=S*pow(u,N-N_list)*pow(d,N_list)   #可转债到期时节点的股价(按照节点从上往下排序)
   ...:        Q1=par                                         #可转债到期时的本金(不转股、不赎回)
   ...:        Q3=X*S_end                                     #可转债到期时转为股票的价值
   ...:        CB_matrix[:,-1]=np.maximum(np.minimum(Q1,Q2),Q3)  #可转债到期时节点的债券价值(按照节
点从上往下排序)
   ...:        #第3步是计算可转债非到期时节点的股价与债券价值
   ...:        i_list=list(range(0,N))                        #创建从0到N-1的整数数列并存放于列表
   ...:        i_list.sort(reverse=True)                      #将列表的元素由大到小排序(从N-1到0)
   ...:        for i in i_list:
   ...:            j_list=np.arange(i+1)                      #创建从0到i的整数数列并存放于数组
   ...:            Si=S*pow(u,i-j_list)*pow(d,j_list)   #在iΔt时刻节点的股价(按照节点从上往下排序)
   ...:            Q1=np.exp(-r*t)*(Pu*CB_matrix[:i+1,i+1]+Pd*CB_matrix[1:i+2,i+1]+P_D*V_D)  #计
算在iΔt时刻节点不转股且不赎回的债券价值
   ...:            Q3=X*Si                                    #在iΔt时刻节点转为股票的价值
   ...:            CB_matrix[:i+1,i]=np.maximum(np.minimum(Q1,Q2),Q3)   #在iΔt时刻节点的可转债价值
   ...:        V0=CB_matrix[0,0]                              #可转债的初始价值
   ...:        return V0
```

　　通过以上自定义函数Value_CB,只需要输入股票当前价格、股票的波动率、转股比例、连续复利的违约概率、无风险利率、债券违约时的回收率、债券的赎回价格、债券期限以及二叉树模型步数等参数,就可以迅速计算出可转换债券的价值。

4. 针对示例的Python编程

　　将自定义函数Value_CB运用于例5-2直接测算可转换债券的初始价值,除了示例中的3步二叉树模型,还需要将二叉树模型的步数增加至100步和300步,从而更精确地计算可转换债券价值。具体的代码如下:

```
In [19]: tenor=9/12         #可转换债券的期限(年)
   ...: S0=50               #股票的初始价格
   ...: sigma_A=0.3         #股票收益率的年化波动率
   ...: share=2             #每份可转换债券转换为股票的数量(转股比例)
   ...: Lambda_A=0.01       #连续复利的违约概率
   ...: rate=0.02           #连续复利的无风险利率
   ...: R_A=0.4             #违约回收率
   ...: Q2_A=118            #可转换债券的赎回价格
   ...: N1=3                #二叉树模型的步数

In [20]: V1_CB=Value_CB(S=S0,sigma=sigma_A,X=share,Lambda=Lambda_A,r=rate,R=R_A,
   ...:               Q2=Q2_A,T=tenor,N=N1)   #债券的初始价值(3步二叉树模型)
   ...: print('运用3步二叉树模型计算可转换债券初始价值(元)',round(V1_CB,4))
运用3步二叉树模型计算可转换债券初始价值(元) 109.3

In [21]: N2=100             #二叉树模型的步数调整为100步
```

```
In [22]: V2_CB=Value_CB(S=S0,sigma=sigma_A,X=share,Lambda=Lambda_A,r=rate,R=R_A,
   ...:                 Q2=Q2_A,T=tenor,N=N2)          #债券的初始价值（100步二叉树模型）
   ...: print('运用100步二叉树模型计算可转换债券初始价值（元）',round(V2_CB,4))
运用100步二叉树模型计算可转换债券初始价值（元） 107.954

In [23]: N3=300                                        #二叉树模型的步数调整为300步

In [24]: V3_CB=Value_CB(S=S0,sigma=sigma_A,X=share,Lambda=Lambda_A,r=rate,R=R_A,
   ...:                 Q2=Q2_A,T=tenor,N=N3)          #债券的初始价值（300步二叉树模型）
   ...: print('运用300步二叉树模型计算可转换债券初始价值（元）',round(V3_CB,4))
运用300步二叉树模型计算可转换债券初始价值（元） 107.9334
```

通过自定义函数并且步数设定为3步，计算得到可转换债券价值的金额与前面通过4个步骤手动计算得到的结果是完全一致的。当然，在步数较少的情况下，计算得到的可转换债券价值是不够精确的，而将二叉树模型的步数增加至100步和300步时，得到的可转换债券价值略高于107.93元。

5.3 期货期权

到目前为止，本书所讨论的期权合约的基础资产均是现货资产，因此这类期权合约也称为**现货期权**（options on spot）。本节将讨论基础资产是期货的期权合约，此类期权就是期货期权。

5.3.1 期货期权的概况

1. 定义和类型

期货期权（futures options）提供给期权多头在将来某一时刻以事先约定的期货价格持有期货合约头寸的权利。期货期权分为看涨期货期权与看跌期货期权。

看涨期货期权给期权多头在将来某时刻以事先约定的期货价格持有标的期货合约多头头寸的权利；当看涨期货期权被行权时，期权多头就获得标的期货合约的多头头寸以及金额等于行权时最新期货结算价减去行权价格的现金。

看跌期货期权给期权多头在将来某时刻以事先约定的期货价格持有标的期货合约空头头寸的权利；当看跌期货期权被行权时，期权多头就获得标的期货合约的空头头寸以及金额等于行权价格减去行权时最新期货结算价的现金。

期货期权按照行权方式可以划分为欧式期货期权与美式期货期权，并且大多数期货期权属于美式期权，也就是期权多头在合约存续期内允许提前行权。

2. 选择期货期权的理由

相比于现货期权，投资者偏好于期货期权往往基于以下的5个原因。

原因1：交易的便利性。一是商品期货的交易往往比直接交易商品本身更容易。例如，在市场上，对生猪期货进行交易比对生猪本身进行交易要更便捷。二是对期货期权的行权通常不会触发对期货基础资产（现货）的交割，因为在多数情形下期货合约将在期货合约到期日之前被平仓。

原因 2：更强的流动性。在大多数情形下，期货合约的流动性远高于现货资产。

原因 3：价格的可获得性。由于期货合约交易很活跃，因此更容易获得期货的价格，而获取现货资产的公允价格有时则比较困难。

原因 4：交易场所的一致性。通常而言，期货期权与标的期货合约往往会在同一个交易所挂牌交易，这给以套期保值、套利或投机为交易动机的市场参与者带来了便利，也提升了市场的有效性。

原因 5：交易费用的低廉性。在许多情况下，期货期权的交易费用会比现货期权低。

3. 期货期权市场

美国商品期货交易委员会（Commodity Futures Trading Commission，CFTC）在 1982 年批准了期货期权的试点交易，并在 1987 年永久性批准了这类期权交易。从那时起，期货期权日益受到投资者的青睐。

2017 年 3 月 31 日大连商品交易所成功推出，我国首个商品期权也是首个期货期权合约——豆粕期权，此后各期货交易所陆续推出了白糖期权、玉米期权、棉花期权、沪铜期权、橡胶期权等等期货期权合约。截至 2022 年 12 月末，挂牌交易的期货期权合约品种共计 28 个，并且以美式期权为主。表 5-2 整理了已经挂牌的期货期权合约信息。

表5-2　截至2022年12月末已挂牌交易的期货期权合约情况

上市交易所	合约名称	标的期货合约 （基础资产）	期权类型	首批合约上市日
大连商品交易所	豆粕期权	豆粕期货	美式期权	2017 年 3 月 31 日
	玉米期权	玉米期货	美式期权	2019 年 1 月 28 日
	铁矿石期权	铁矿石期货	美式期权	2019 年 12 月 9 日
	液化石油气期权	液化石油气期货	美式期权	2020 年 3 月 30 日
	聚乙烯期权	聚乙烯期货	美式期权	2020 年 7 月 6 日
	聚氯乙烯期权	聚氯乙烯期货	美式期权	2020 年 7 月 6 日
	聚丙烯期权	聚丙烯期货	美式期权	2020 年 7 月 6 日
	棕榈油期权	棕榈油期货	美式期权	2021 年 6 月 18 日
	黄大豆 1 号期权	黄大豆 1 号期货	美式期权	2022 年 8 月 8 日
	黄大豆 2 号期权	黄大豆 2 号期货	美式期权	2022 年 8 月 8 日
	豆油期权	豆油期货	美式期权	2022 年 8 月 8 日
郑州商品交易所	白糖期权	白糖期货	美式期权	2017 年 4 月 19 日
	棉花期权	棉花期货	美式期权	2019 年 1 月 28 日
	甲醇期权	甲醇期货	美式期权	2019 年 12 月 16 日
	PTA 期权	PTA 期货	美式期权	2019 年 12 月 16 日
	菜籽粕期权	菜籽粕期货	美式期权	2020 年 1 月 16 日
	动力煤期权	动力煤期货	美式期权	2020 年 6 月 30 日
	菜籽油期权	菜籽油期货	美式期权	2022 年 8 月 26 日
	花生期权	花生期货	美式期权	2022 年 8 月 26 日

续表

上市交易所	合约名称	标的期货合约 （基础资产）	期权类型	首批合约上市日
上海期货交易所	铜期权	铜期货	欧式期权 美式期权	2018年9月21日
	天然橡胶期权	天然橡胶期货	美式期权	2019年1月28日
	黄金期权	黄金期货	欧式期权 美式期权	2019年12月19日
	铝期权	铝期货	美式期权	2020年8月10日
	锌期权	锌期货	美式期权	2020年8月10日
	原油期权	原油期货	美式期权	2021年6月21日
	螺纹钢期权	螺纹钢期货	美式期权	2022年12月26日
	白银期权	白银期货	美式期权	2022年12月26日
广州期货交易所	工业硅期权	工业硅期货	美式期权	2022年12月23日

注1：表中的期权上市的交易所与期权基础资产（标的期货合约）上市的交易所是相同的。

注2：2020年8月3日，上海期货交易所对铜期权合约、黄金期权合约进行了修订，针对以2021年11月16日之前挂牌的期货合约作为标的的期货合约的期权，行权方式采用欧式，因此属于欧式期权；以2021年11月16日之后新挂牌期货合约作为标的的期货合约的期权，行权方式则更变为美式，属于美式期权。

数据来源：大连商品交易所、郑州商品交易所、上海期货交易所、广州期货交易所。

下面以大连商品交易所挂牌交易的豆粕期权合约作为例子，展示期货期权的主要合约要素信息，详见表5-3。

表5-3　大连商品交易所挂牌交易的豆粕期权合约要素信息

合约要素	要素的具体说明
合约标的 （基础资产）	在大连商品交易所挂牌交易的豆粕期货合约
合约单位	10吨
合约类型	美式看涨期权，美式看跌期权
交易单位	1手豆粕期货合约
报价单位	元/吨
最小变动价位	0.5元/吨
涨跌停板幅度	与豆粕期货合约涨跌停板幅度相同
合约月份	与上市标的期货合约相同，即1、3、5、7、8、9、11、12月
交易时间	每周一至周五9:00—11:30、13:30—15:00及交易所规定的其他时间
最后交易日	标的期货合约交割月前一个月的第五个交易日
到期日	同最后交易日
行权价格	行权价格≤2000元/吨，行权价格间距为25元/吨； 2000元/吨＜行权价格≤5000元/吨，行权价格间距为50元/吨； 行权价格＞5000元/吨，行权价格间距为100元/吨
行权方式	买方（多头）可在期权到期日前任一交易日的交易时间以及到期日15:30之前提交行权申请

续表

合约要素	要素的具体说明
交易代码	看涨期权：M-合约月份-C-行权价格
	看跌期权：M-合约月份-P-行权价格

数据来源：大连商品交易所。

5.3.2 欧式期货期权的定价——布莱克模型

费希尔·布莱克（Fischer Black）在1976年开创性地提出了计算欧式期货期权的定价模型，金融领域称为**布莱克模型**（Black model），这个模型与1.3节讨论的BSM模型有些相似之处。下面就详细讨论布莱克模型。

1. 模型的技术细节

假定 F_0 表示当前的期货价格，K 是期权的行权价格，r 是无风险利率，σ 为期货的波动率，T 是期权的合约期限并且单位是年，$N(\cdot)$ 表示标准正态分布的累积概率分布函数。

同时，假设在风险中性状态下，标的期货合约价格 F 遵循如下的随机过程：

$$dF = \sigma F dx \qquad （式5-20）$$

其中，dx 代表维纳过程，并且（式5-20）也表明期货价格的漂移率等于0。

如果 c 代表欧式看涨期货期权价格，p 代表欧式看跌期货期权价格，布莱克模型的表达式如下：

$$c = e^{-rT}\left[F_0 N(d_1) - KN(d_2)\right] \qquad （式5-21）$$

$$p = e^{-rT}\left[KN(-d_2) - F_0 N(-d_1)\right] \qquad （式5-22）$$

其中，

$$d_1 = \frac{\ln(F_0/K) + \sigma^2 T/2}{\sigma\sqrt{T}} \qquad （式5-23）$$

$$d_2 = \frac{\ln(F_0/K) - \sigma^2 T/2}{\sigma\sqrt{T}} = d_1 - \sigma\sqrt{T} \qquad （式5-24）$$

需要注意的是，在现实的金融市场即使在对欧式现货期权定价时，与BSM模型相比，一些交易员也可能更偏好于采用布莱克模型。理由是当现货期权的基础资产（比如黄金）存在期间收益或者便利收益时，利用布莱克模型就无须考虑期间收益或者便利收益，因为连续交易的期货价格已经包含了这些变量信息。

此外，布莱克模型在亚式期权定价以及本章后文将讨论的利率期权定价方面均发挥重要的作用。

2. Python的自定义函数

通过Python自定义一个运用布莱克模型计算欧式期货期权价格的函数，具体的代码如下：

```
In [25]: def Black_Model(F,K,sigma,r,T,typ):
    ...:     '''运用布莱克模型对欧式期货期权定价的函数
    ...:     F: 标的期货合约的当前价格;
    ...:     K: 期货期权的行权价格;
    ...:     sigma: 期货的波动率;
    ...:     r: 连续复利的无风险利率;
    ...:     T: 期货期权的合约期限 (年);
```

```
     ...:    typ: 期货期权类型, 输入call表示看涨期货期权, 输入其他表示看跌期货期权'''
     ...:    from numpy import exp,log,sqrt          #从NumPy模块导入exp、log、sqrt函数
     ...:    from scipy.stats import norm            #从SciPy的子模块stats中导入norm
     ...:    d1=(log(F/K)+pow(sigma,2)*T/2)/(sigma*sqrt(T))    #参数d1 (式5-23)
     ...:    d2=d1-sigma*sqrt(T)                      #参数d2 (式5-24)
     ...:    if typ=='call':                          #针对看涨期货期权
     ...:        price=exp(-r*T)*(F*norm.cdf(d1)-K*norm.cdf(d2))    #期货期权价格
     ...:    else:                                    #针对看跌期货期权
     ...:        price=exp(-r*T)*(K*norm.cdf(-d2)-F*norm.cdf(-d1))
     ...:    return price
```

通过以上自定义函数 Black_Model，只需要输入期货合约当前价格、行权价格、波动率、无风险利率、合约期限以及期权类型等参数，可以计算出欧式期货期权的价格。下面通过一个示例进行具体演示。

3. 一个示例

【例5-3】　2022年7月26日B期货公司希望通过布莱克模型，计算在上海期货交易所交易的"黄金2210购360""黄金2210沽400"这两个期货期权合约的价格。关于合约的要素信息详见表5-4。

表5-4　上海期货交易所挂牌交易的两个黄金期货期权合约要素

合约名称	合约代码	行权价格	期权类型	上市首日	到期日	标的期货合约
黄金2210购360	AU2210C360	360元/克	欧式看涨期货期权	2022年3月1日	2022年9月26日	黄金2210期货合约
黄金2210沽400	AU2210P400	400元/克	欧式看跌期货期权			

数据来源：上海期货交易所。

这两个期货期权的标的期货合约均是"黄金2210期货合约"（代码AU2210），该期货合约挂牌首日是2021年9月16日、最后交易日是2022年10月17日。

2022年7月26日期货合约的结算价是375.76元/克，期货合约的波动率通过2021年9月16日（期货合约挂牌首日）至2022年7月26日期货合约日结算价计算，无风险利率则运用2个月国债到期收益率并且2022年7月26日报价是1.3892%（连续复利）。下面就通过Python计算黄金期货期权价格，具体编程分为两个步骤。

第1步：导入存放黄金2210期货合约结算价数据的Excel文件，计算期货波动率。具体的代码如下：

```
In [26]: price_AU2210=pd.read_excel(io='C:/Desktop/黄金2210期货合约结算价.xlsx', sheet_name=
'Sheet1',header=0,index_col=0)                         #导入黄金期货结算价的数据

In [27]: R_AU2210=np.log(price_AU2210/price_AU2210.shift(1))    #期货合约每日收益率

In [28]: Sigma_AU2210=np.sqrt(252)*np.std(R_AU2210)    #期货合约的波动率
   ...: Sigma_AU2210=float(Sigma_AU2210)               #转换为浮点型数据类型
   ...: print('黄金2210期货合约的波动率',round(Sigma_AU2210,4))
黄金2210期货合约的波动率 0.1106
```

通过以上的计算，可以得到黄金2210期货合约的波动率是11.06%。

第2步：运用自定义函数Black_Model，分别计算"黄金2210购360"和"黄金2210沽400"这两个期货期权合约的价格。具体的代码如下：

```
In [29]: import datetime as dt              #导入datetime模块

In [30]: t0=dt.datetime(2022,7,26)          #期货期权定价日
    ...: t1=dt.datetime(2022,9,26)          #期货期权到期日
    ...: tenor=(t1-t0).days/365             #期货期权合约的剩余期限（年）

In [31]: K_call=360                         #欧式看涨期货期权的行权价格
    ...: K_put=400                          #欧式看跌期货期权的行权价格
    ...: R_2M=0.013892                      #2022年7月26日的无风险利率
    ...: F_Jul26=375.76                     #2022年7月26日期货结算价

In [32]: call_AU2210=Black_Model(F=F_Jul26,K=K_call,sigma=Sigma_AU2210,r=R_2M,T=tenor,
    ...:                         typ='call')     #欧式看涨期货期权价格
    ...: print('2022年7月26日黄金2210购360合约的价格（元/克）',round(call_AU2210,4))
2022年7月26日黄金2210购360合约的价格（元/克） 17.2812

In [33]: put_AU2210=Black_Model(F=F_Jul26,K=K_put,sigma=Sigma_AU2210,r=R_2M,T=tenor,
    ...:                        typ='put')       #欧式看跌期货期权价格
    ...: print('2022年7月26日黄金2210沽400合约的价格（元/克）',round(put_AU2210,4))
2022年7月26日黄金2210沽400合约的价格（元/克） 24.8699
```

通过布莱克模型计算得出2022年7月26日两个期货期权的价格分别是17.2812元/克和24.8699元/克。这两个期货期权当日在上海期货交易所交易的收盘价分别是19.44元/克和25.92元/克，比较接近于模型计算的结果。

5.3.3 美式期货期权的定价——二叉树模型

对美式期货期权而言，布莱克模型将不再适用，此时需要运用二叉树模型进行定价，并且以简单的一步二叉树模型作为分析起点，然后拓展至 N 步二叉树模型。

1. 一步二叉树模型

假定在0时刻，F_0 是期货的初始价格，f 是期限为 T 的期货期权初始价值。从0时刻至期权到期日 T 时刻，期货价格上涨到 $F_0 u$ 的概率为 p，下跌至 $F_0 d$ 的概率为 $1-p$，其中，u 表示期货价格上涨时的比例并且 $u>1$，d 表示期货价格下跌时的比例并且 $d<1$。在 T 时刻，期货价格上涨对应的期权价值（收益）为 f_u，期货价格下跌对应的期权价值为 f_d。图5-3描述了一步二叉树树形结构。

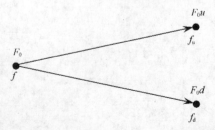

图5-3 期货期权的一步二叉树树形结构
（节点上方的数值表示期货价格，下方的数值表示期权价值）

参考1.4.1小节的做法，构建的无风险投资组合包括1份期货期权空头头寸和 h 份标的期货多头头寸，同时假定期货合约的初始保证金比例为 k。

在0时刻，该无风险投资组合的价值 V_0 有如下的表达式：

$$V_0 = hkF_0 - f \tag{式5-25}$$

（式5-25）中的 hkF_0 表示持有 h 份标的期货多头头寸需要存放的初始保证金金额，同时假定期货合约初始保证金可以按照连续复利的无风险利率 r 获取利息收益。

接下来就考查期权到期日，分以下两种情形。

情形1：当期货价格上涨至 $F_0 u$。 投资组合价值 V_T 的表达式如下：

$$V_T = hkF_0 e^{rT} + h(F_0 u - F_0) - f_u \tag{式5-26}$$

情形2：当期货价格下跌至 $F_0 d$。 投资组合价值 V_T 的表达式就变为：

$$V_T = hkF_0 e^{rT} + h(F_0 d - F_0) - f_d \tag{式5-27}$$

根据无套利原理，（式5-26）和（式5-27）是等价的，经过整理就可以得到以下的等式：

$$h = \frac{f_u - f_d}{F_0 u - F_0 d} \tag{式5-28}$$

由于投资组合是无风险的，运用（式5-26）可以计算得到0时刻该投资组合价值 V_0 的一个新表达式，具体如下：

$$V_0 = V_T e^{-rT} = hkF_0 + e^{-rT}\left[h(F_0 u - F_0) - f_u\right] \tag{式5-29}$$

结合（式5-25）和（式5-29），得到如下等式：

$$-f = e^{-rT}\left[h(F_0 u - F_0) - f_u\right] \tag{式5-30}$$

将（式5-28）代入（式5-30）并且经过整理，就可以最终得到以下的等式：

$$f = e^{-rT}\left[pf_u + (1-p)f_d\right] \tag{式5-31}$$

其中，

$$p = \frac{1-d}{u-d} \tag{式5-32}$$

$$1 - p = \frac{u-1}{u-d} \tag{式5-33}$$

（式5-32）和（式5-33）分别给出在风险中性状态下，标的期货价格上涨的概率 p 和下跌的概率 $1-p$。

2. N 步二叉树模型

运用 N 步二叉树模型对美式期货期权定价的技术细节与1.5.2小节讨论的普通美式期权定价是一脉相承的。

假定期限为 T、行权价格为 K 的美式期货期权，并将期限划分成 N 个长度均为 $\Delta t = T / N$ 的时间区间。在每一步的步长 Δt 时间区间内，标的期货价格上涨的比例参数 $u = e^{\sigma\sqrt{\Delta t}}$，下跌的比例参数 $d = 1 / u$，其中 σ 是期货的波动率；期货价格上涨、下跌的概率由（式5-32）和（式5-33）分别表示。

在 $i\Delta t$ 时刻的第 j 个节点标记为 (i,j) 节点，其中 $i=0,1,\ldots,N$ ，$j=0,1,\ldots,i$ 。在期货期权合约初始日 $(0,0)$ 节点，标的期货价格为 F_0 。

同样，在 $i\Delta t$ 时刻，树形最下方的节点为 $(i,0)$ ，次下方的节点为 $(i,1)$ ，依此类推，最上方的节点为 (i,i) 。基础资产在 (i,j) 节点的价格等于 $F_0 u^j d^{i-j}$ 。

下面，令 $V_{i,j}$ 代表在 (i,j) 节点的期货期权价值。如果是看涨期货期权，在期权到期日 T 时刻，各节点期权价值可以表示如下：

$$V_{N,j} = \max\left(F_0 u^j d^{N-j} - K,\ 0 \right)$$ （式5-34）

如果是看跌期货期权，在期权到期日各节点期权价值表示如下：

$$V_{N,j} = \max\left(K - F_0 u^j d^{N-j},\ 0 \right)$$ （式5-35）

其中，（式5-34）和（式5-35）的 $j=0,1,\ldots,N$ 。

针对除期权到期日以外的节点 (i,j) ，其中 $i=0,1,\ldots,N-1$ ，$j=0,1,\ldots,i$ ，节点的期权价值应当是以下两种情形计算得到数值的最大值。

情形1：期权没有被提前行权。 期权价值等于 $\mathrm{e}^{-r\Delta t}\left[pV_{i+1,j+1} + (1-p)V_{i+1,j} \right]$ 。

情形2：期权被提前行权。 根据不同的期权类型得到期权行权后的收益，表达式有所不同：①针对看涨期权，收益等于 $F_0 u^j d^{i-j} - K$ ；②针对看跌期权，收益则是 $K - F_0 u^j d^{i-j}$ 。

综合以上两种情形，对美式看涨期权而言，在该节点上的价值表达式如下：

$$V_{i,j} = \max\left\{ \mathrm{e}^{-r\Delta t}\left[pV_{i+1,j+1} + (1-p)V_{i+1,j} \right],\ F_0 u^j d^{i-j} - K \right\}$$ （式5-36）

对看涨看跌期权而言，在该节点上的价值表达式如下：

$$V_{i,j} = \max\left\{ \mathrm{e}^{-r\Delta t}\left[pV_{i+1,j+1} + (1-p)V_{i+1,j} \right],\ K - F_0 u^j d^{i-j} \right\}$$ （式5-37）

运用递归算法，最终得到在 $(0,0)$ 节点的期权价值 $V_{0,0}$ 就是期货期权的初始价值。

3. Python 自定义函数

在运用Python自定义计算美式期货期权价值的函数时，参考1.5节关于普通美式期权定价的矩阵运算思路以及Python代码的撰写规则，此外将美式期货期权按照看涨、看跌的期权类型分别进行自定义。

运用 N 步二叉树模型计算美式看涨期货期权价值的自定义函数，具体的代码如下：

```
In [34]: def FutCall_Amer(F,K,sigma,r,T,N):
    ...:     '''N步二叉树模型对美式看涨期货期权定价的函数
    ...:     F: 标的期货合约的当前价格;
    ...:     K: 期货期权的行权价格;
    ...:     sigma: 标的期货的波动率;
    ...:     r: 连续复利的无风险利率;
    ...:     T: 期货期权的期限（年）;
    ...:     N: 二叉树模型的步数'''
    ...:     t=T/N                              #每一步步长期限（年）
    ...:     u=np.exp(sigma*np.sqrt(t))         #标的期货价格上涨时的比例
    ...:     d=1/u                              #标的期货价格下跌时的比例
    ...:     p=(1-d)/(u-d)                      #标的期货价格上涨的概率
    ...:     call_matrix=np.zeros((N+1,N+1))    #N+1行、N+1列的零元素数组用于存放每个节点的期货期权价值
    ...:     N_list=np.arange(0,N+1)            #创建从0到N的整数数列并存放于数组
```

```
   ...:         F_end=F*pow(u,N-N_list)*pow(d,N_list)  #期权到期时节点标的期货价格（按节点从上往下排序）
   ...:         call_matrix[:,-1]=np.maximum(F_end-K,0) #期权到期时节点的看涨期权价值（按节点从上往下排序）
   ...:         i_list=list(range(0,N))                 #创建从0到N-1的整数数列并存放于列表
   ...:         i_list.sort(reverse=True)               #将列表的元素由大到小重新排序（从N-1到0）
   ...:         for i in i_list:
   ...:             j_list=np.arange(i+1)               #创建从0到i的整数数列并存放于数组
   ...:             Fi=F*pow(u,i-j_list)*pow(d,j_list)  #在iΔt时刻各节点上的标的期货价格（按节点从上往
下排序）
   ...:             call_strike=np.maximum(Fi-K,0)      #提前行权的期货期权收益
   ...:             call_nostrike=np.exp(-r*t)*(p*call_matrix[:i+1,i+1]+(1-p)*call_matrix[1:i+2,i+1])
#不提前行权的期货期权价值
   ...:             call_matrix[:i+1,i]=np.maximum(call_strike,call_nostrike)  #取最大值
   ...:         call_begin=call_matrix[0,0]             #美式看涨期货期权初始价值
   ...:         return call_begin
```

运用 N 步二叉树模型计算美式看跌期货期权价值的自定义函数，具体的代码如下：

```
In [35]: def FutPut_Amer(F,K,sigma,r,T,N):
   ...:     '''N步二叉树模型对美式看跌期货期权定价的函数
   ...:     F: 标的期货合约的当前价格;
   ...:     K: 期货期权的行权价格;
   ...:     sigma: 标的期货的波动率;
   ...:     r: 连续复利的无风险利率;
   ...:     T: 期货期权的期限（年）;
   ...:     N: 二叉树模型的步数'''
   ...:     t=T/N                                   #每一步步长期限（年）
   ...:     u=np.exp(sigma*np.sqrt(t))              #标的期货价格上涨时的比例
   ...:     d=1/u                                   #标的期货价格下跌时的比例
   ...:     p=(1-d)/(u-d)                           #标的期货价格上涨的概率
   ...:     put_matrix=np.zeros((N+1,N+1))          #N+1行、N+1列的零元素数组用于存放每个节点的期货期权价值
   ...:     N_list=np.arange(0,N+1)                 #创建从0到N的整数数列并存放于数组
   ...:     F_end=F*pow(u,N-N_list)*pow(d,N_list)   #期权到期节点的期货价格（按节点从上往下排序）
   ...:     put_matrix[:,-1]=np.maximum(K-F_end,0)  #期权到期时节点的看跌期权价值（按节点从上往下排序）
   ...:     i_list=list(range(0,N))                 #创建从0到N-1的整数数列并存放于列表
   ...:     i_list.sort(reverse=True)               #将列表的元素由大到小重新排序（从N-1到0）
   ...:     for i in i_list:
   ...:         j_list=np.arange(i+1)               #创建从0到i的整数数列并存放于数组
   ...:         Fi=F*pow(u,i-j_list)*pow(d,j_list)  #在iΔt时刻各节点标的期货价格（按节点从上往下排序）
   ...:         put_strike=np.maximum(K-Fi,0)       #提前行权的期货期权收益
   ...:         put_nostrike=np.exp(-r*t)*(p*put_matrix[:i+1,i+1]+(1-p)*put_matrix[1:i+2,i+1])
#不提前行权的期货期权价值
   ...:         put_matrix[:i+1,i]=np.maximum(put_strike,put_nostrike)  #取最大值
   ...:     put_begin=put_matrix[0,0]               #美式看跌期货期权初始价值
   ...:     return put_begin
```

在以上自定义的函数 FutCall_Amer 和 FutPut_Amer 中，输入标的期货合约的当前价格、期货期权的行权价格、波动率、无风险利率、期限以及步数等参数，就可以分别求出美式看涨、看跌期货期权的价值。下面通过一个示例具体演示美式期货期权的定价。

4. 一个示例

【例5-4】 2022年11月7日C公司希望计算在大连商品交易所挂牌交易的"豆粕2303购

3800"期权合约、"豆粕2303沽4200"期权合约的价值，关于合约的要素信息详见表5-5。

表5-5 大连商品交易所交易的两个豆粕期权合约要素

合约名称	合约代码	行权价格	期权类型	上市首日	到期日	标的期货合约
豆粕2303购3800	M2303-C-3800	3800元/吨	美式看涨期货期权	2022-03-16	2023-02-07	豆粕2303期货合约
豆粕2303沽4200	M2303-P-4200	4200元/吨	美式看跌期货期权	2022-03-24		

数据来源：大连商品交易所。

这两个期货期权的标的期货均是"豆粕2303期货合约"（代码M2303），该期货合约挂牌首日是2022年3月15日、到期日是2023年3月14日。

2022年11月7日期货合约的结算价是4027元/吨，期货合约的波动率通过2022年3月15日（期货合约挂牌首日）至2022年11月7日的期货合约日结算价计算；无风险利率是3个月国债到期收益率并且2022年11月7日的报价是1.68%。下面运用Python测算这两个期货期权的价值，具体编程分为以下2步。

第1步：导入存放豆粕2303期货合约日结算价数据的Excel文件，并且计算期货合约的波动率。具体代码如下：

```
In [36]: price_M2303=pd.read_excel(io='C:/Desktop/豆粕2303期货合约结算价.xlsx', sheet_name=
'Sheet1',header=0,index_col=0)                          #导入豆粕期货结算价数据

In [37]: R_M2303=np.log(price_M2303/price_M2303.shift(1))     #期货合约每日收益率

In [38]: Sigma_M2303=np.sqrt(252)*np.std(R_M2303)             #期货合约的波动率
   ...: Sigma_M2303=float(Sigma_M2303)                        #转换为浮点型数据类型
   ...: print('豆粕2303期货合约的波动率',round(Sigma_M2303,4))
豆粕2303期货合约的波动率 0.1876
```

从以上的Python代码输出结果可以看到，豆粕2303期货合约的波动率等于18.76%。

第2步：运用Python自定义函数FutCall_Amer和FutPut_Amer，并且将二叉树模型的步数设为100步，分别计算"豆粕2303购3800""豆粕2303沽4200"这两个期货期权合约的价值。具体的代码如下：

```
In [39]: t0=dt.datetime(2022,11,7)                  #定价日
   ...: t1=dt.datetime(2023,2,7)                     #到期日
   ...: tenor=(t1-t0).days/365                       #合约的剩余期限（年）

In [40]: K_call=3800                                 #美式看涨期货期权的行权价格
   ...: K_put=4200                                    #美式看跌期货期权的行权价格
   ...: R_3M=0.0168                                   #2022年11月7日无风险利率
   ...: price_Nov7=4027                               #2022年11月7日豆粕期货结算价
   ...: step=100                                      #二叉树模型的步数

In [41]: call_M2303=FutCall_Amer(F=price_Nov7,K=K_call,sigma=Sigma_M2303,r=R_3M,
   ...:                      T=tenor,N=step)          #计算美式看涨期货期权的价值
   ...: print('2022年11月7日豆粕2303购3800合约的价值（元）',round(call_M2303,4))
2022年11月7日豆粕2303购3800合约的价值（元） 286.4261
```

```
In [42]: put_M2303=FutPut_Amer(F=price_Nov7,K=K_put,sigma=Sigma_M2303,r=R_3M,
    ...:                         T=tenor,N=step)    #计算美式看跌期货期权的价值
    ...: print('2022年11月7日豆粕2303沽4200合约的价值（元）',round(put_M2303,4))
2022年11月7日豆粕2303沽4200合约的价值（元）255.4295
```

通过以上的计算可以得出，在2022年11月7日这两个豆粕期货期权的价值分别为286.4261元/吨和255.4295元/吨。这两个期货期权当天在大连商品交易所交易的收盘价分别是328元/吨和290元/吨，可知市场的交易价格高于二叉树模型得到的期权价值。

5.4 利率期权

除了远期利率协议、利率互换以及国债期货等利率衍生产品，本节将讨论另一种很重要并且运用广泛的利率衍生产品——利率期权。

5.4.1 利率期权的类型

利率期权，简而言之就是收益与利率挂钩的期权合约，包括利率上限期权、利率下限期权、利率双限期权以及利率互换期权等。

利率上限期权（interest rate cap），类似于看涨期权，多头（买方）向空头（卖方）支付期权费后获得如下的权利：在未来一个或多个计息期，当浮动利率（参考利率）高于约定的固定利率（行权利率），多头可以行权，空头需要支付浮动利率高于约定固定利率的利差。利率上限期权适用于希望规避利率上升风险同时又能受益于当前较低利率市场环境的投资者。

利率下限期权（interest rate floor），类似于看跌期权，多头向空头支付期权费后取得以下的权利：在未来一个或多个计息期，当浮动利率低于约定的固定利率，多头可以行权，空头需要支付约定固定利率高于浮动利率的利差。利率下限期权适用于希望规避利率下降风险同时又能享受当前较高利率的投资者。

利率双限期权，也称**领式期权**（collar option）或者**下限-上限协议**（floor-ceiling agreement），是利率上限期权与利率下限期权的组合，类似于3.4节介绍的期权组合策略。如果投资者希望将利率控制在某一个区间以内，利率双限期权便是一个理想的选择。

利率互换期权（swap option），其可简称swaption，是以利率互换作为基础资产的期权合约。具体而言，利率互换期权赋予多头在未来某一时刻按照约定的互换利率获得一份利率互换合约的权利。

为了更好发挥利率衍生产品对实体经济的支持作用，进一步满足市场主体针对利率风险管理的需求，同时完善利率风险定价机制，经中国人民银行批复同意，全国银行间同业拆借中心于2020年3月23日起试运行利率期权，合约类型包括利率上限期权、利率下限期权以及利率互换期权，参考利率是1年期贷款市场报价利率（LPR 1Y）与5年期以上贷款市场报价利率（LPR 5Y），期权类型为欧式期权；2021年3月29日又新增了1天、7天存款类金融机构间的回购定盘利率（FDR001、FDR007）作为参考利率。在期权到期日，如果多头行使期权，利率互换期权采用实物交割方式，利率上限期权、利率下限期权则采用现金交割方式（即由期权空头向多头支付期权收益）。

5.4.2 利率上限期权

为了能够更好地理解利率上限期权，首先引入一种被称为**浮动利率票据**（floating rate note）的金融工具。

1. 浮动利率票据

假定在浮动利率票据中，支付的利率需要定期被重置为浮动利率 Shibor，两次利率重置日之间的间隔期限称为**票期**（tenor）。比如 2022 年 6 月 1 日是利率重置日，同年的 9 月 1 日是下一个利率重置日，则票期就等于 3 个月。

这里以 3 个月票期作为例子，在浮动利率票据中，从 0 时刻开始计算的最初 3 个月（即第 1 个票期）的利率就被设定为在 0 时刻的 Shibor 利率报价；随后，从第 4 个月初开始计算的第 2 个票期所对应的利率等于第 4 个月初的 Shibor 利率报价；依此类推。这一利率确定方式与利率互换比较类似。

利率上限期权可以用于保证浮动利率票据中的浮动利率不会超过某个利率水平，这一利率水平被称为**上限利率**（cap rate），也就是利率上限期权的行权价格。下面讨论一个简单的示例。

【**例 5-5**】 假定一份本金为 1 亿元、票期为 3 个月、期限为 5 年的浮动利率票据，该票据的浮动利率设定为 3 个月 Shibor；同时，一份利率上限期权的合约期限也是 5 年，上限利率（期权的行权价格）设定为 1.5%。注意，由于票期为 3 个月，该上限利率将每 3 个月复利一次。因而，运用利率上限期权可以保证浮动利率票据中的利率不会高于 1.5%。

假设 2022 年 9 月 9 日是该浮动利率票据的某一个利率重置日，当天 3 个月 Shibor 利率报价为 1.6%，浮动利率票据在 3 个月后（2022 年 12 月 9 日）需支付的利息如下：

$$3/12 \times 1.6\% \times 1 亿元 = 40 万元 \qquad （式 5\text{-}38）$$

如果按照 1.5% 的上限利率计算本金 1 亿元、期限 3 个月的利息，则相关结果如下：

$$3/12 \times 1.5\% \times 1 亿元 = 37.5 万元 \qquad （式 5\text{-}39）$$

因此，利率上限期权提供的收益就是 40 万元–37.5 万元=2.5 万元。

在这里需要强调的是，利率上限期权的收益不是发生在观察到 Shibor 利率报价的重置日（2022 年 9 月 9 日），而是发生在 2022 年 12 月 9 日，这反映了利率的观察时点与利率清算交割时点之间存在时间差，这也与利率互换相类似。

继续讨论这个示例，在利率上限期权合约期限内的每一个利率重置日，确定收益需要分为两种情形。

情形 1：观察到的 Shibor ≤ 1.5%，在 3 个月以后利率上限期权的收益等于 0；

情形 2：观察到的 Shibor > 1.5%，在 3 个月以后利率上限期权的收益计算如下：

$$3/12 \times (\text{Shibor} - 1.5\%) \times 1 亿元 \qquad （式 5\text{-}40）$$

需要注意的是，在达成利率上限期权合约时，通常不考虑 0 时刻所观察到的浮动利率，这意味着即使在 0 时刻观察到的浮动利率高于上限利率，在第 1 个利率重置日（比如在 0.25 年末）是不支付期权收益的，这是因为该浮动利率已经不存在不确定性。

沿用例 5-5，由于利率上限期权的期限是 5 年，因此总共有 19 个利率重置日，也就是在 0.25 年末、0.5 年末、0.75 年末……4.75 年末；同时又有对应的 19 个期权收益支付日，分别在 0.5 年末、0.75 年末、1.00 年末……5.00 年末。

2. 利率上限期权的剖析

考虑一个期限为 T 的利率上限期权，合约本金为 L，上限利率（行权价格）为 R_k；利率上限期权的利率重置日分别为 $t_1, t_2, \cdots, t_N$，利率上限期权的收益支付日分别为 $t_2, t_3, \cdots, t_{N+1}$，并且 $t_{N+1} = T$；R_i 表示在 t_i 时刻观察到的从 t_i 到 t_{i+1} 期间的浮动利率（比如 Shibor），其中 $i = 1, 2, \cdots, N$；同时定义 $\tau_i = t_{i+1} - t_i$，相当于浮动利率票据的票期。利率上限期权在 t_{i+1} 的收益就等于：

$$L\tau_i \max\left(R_i - R_k, 0\right) \tag{式5-41}$$

此外，上限利率 R_k 与浮动利率 R_i 的复利频次均等于利率重置的频次，比如每 3 个月重置一次利率，则复利频次就是每季度复利一次。

仔细观察（式 5-41）不难发现，利率上限期权的每期收益等价于在 t_i 时刻观察到的以浮动利率作为基础资产、期权收益发生在 t_{i+1} 时刻的欧式看涨期权的收益。因此，一份利率上限期权实质上就等价于 N 个相似的欧式看涨期权所构造的投资组合。在该投资组合中，浮动利率的重置日分别是 $t_1, t_2, \cdots, t_N$，对应的期权合约收益日分别为 $t_2, t_3, \cdots, t_{N+1}$。构成利率上限期权的 N 个欧式看涨期权称为**利率上限单元**（caplet）。

3. 利率上限期权的定价公式

参考 5.3.2 小节的布莱克模型（式 5-21），利率上限单元在 0 时刻的价值 *caplet* 可以表达如下：

$$caplet = L\tau_i \mathrm{e}^{-Rt_{i+1}}\left[F_i N\left(d_1\right) - R_k N\left(d_2\right)\right] \tag{式5-42}$$

其中，

$$d_1 = \frac{\ln\left(F_i / R_k\right) + \sigma_i^2 t_i / 2}{\sigma_i \sqrt{t_i}} \tag{式5-43}$$

$$d_2 = \frac{\ln\left(F_i / R_k\right) - \sigma_i^2 t_i / 2}{\sigma_i \sqrt{t_i}} = d_1 - \sigma_i \sqrt{t_i} \tag{式5-44}$$

其中，$\mathrm{e}^{-Rt_{i+1}}$ 表示连续复利的无风险利率 R 的贴现因子，反映利率上限单元的收益发生在 t_{i+1} 时刻，而不是发生在 t_i 时刻；F_i 代表在 0 时刻观察到的从 t_i 至 t_{i+1} 期间的远期利率[①]。σ_i 是 F_i 的波动率，该波动率实质是远期利率每日百分比变化的年化波动率。结合前面讨论的内容，所有利率上限单元价值之和等于利率上限期权的价值。

4. Python 自定义函数

由于计算利率上限期权价值的关键是计算利率上限单位的价值，这里通过 Python 自定义一个计算利率上限单元价值的函数。具体的代码如下：

```
In [43]: def Caplet(L,R,F,Rk,sigma,t1,t2):
   ...:     '''利率上限单元定价的函数
   ...:     L: 利率上限单元的本金，也就是利率上限期权的本金；
```

---

① 假定 R_i 和 R_{i+1} 分别对应期限 t_i 和 t_{i+1} 的零息利率并且是连续复利，其中 $t_i < t_{i+1}$ 并且期限单位是年，从 t_i 至 t_{i+1} 期间的远期利率 F_i 有如下的等式关系：

$$F_i = R_{i+1} + \left(R_{i+1} - R_i\right) t_i / \left(t_{i+1} - t_i\right)$$

```
    ...:     R: 连续复利的无风险利率；
    ...:     F: 0时刻观察到的从ti至ti+1期间的远期利率；
    ...:     Rk: 上限利率（行权价格）；
    ...:     sigma: 远期利率的波动率；
    ...:     t1: 从0时刻到ti时刻的期限（年）；
    ...:     t2: 从0时刻到ti+1时刻的期限（年）'''
    ...:     from numpy import exp,log,sqrt        #从NumPy模块导入exp、log和sqrt函数
    ...:     from scipy.stats import norm          #从SciPy的子模块stats中导入norm
    ...:     d1=(log(F/Rk)+0.5*pow(sigma,2)*t1)/(sigma*sqrt(t1))        #参数d1（式5-43）
    ...:     d2=d1-sigma*sqrt(t1)                  #参数d2（式5-44）
    ...:     tau=t2-t1                             #计算从ti至ti+1期间的期限
    ...:     value=L*tau*exp(-R*t2)*(F*norm.cdf(d1)-Rk*norm.cdf(d2))   #利率上限单元价值
    ...:     return value
```

在以上自定义函数 Caplet 中，输入利率上限期权本金、无风险利率、远期利率、上限利率、远期利率的年化波动率以及相关期限等参数，就可以计算出利率上限单元的价值，最终计算得到利率上限期权的价值。下面，通过一个示例具体演示利率上限期权的定价。

5. 一个示例

【例5-6】　假定 D 企业在 2022 年 12 月 1 日从 E 银行借入了一笔本金为 1 亿元、期限为 1 年的浮动利率贷款，浮动利率设定为 3 个月 Shibor，按季度支付利息，付息日分别是 2023 年 3 月 1 日、6 月 1 日、9 月 1 日和 12 月 1 日，贷款发生日（2022 年 12 月 1 日）的 3 个月 Shibor 利率报价是 2.1970%。

D 企业的财务部门担心未来 Shibor 利率出现上涨从而增加企业的贷款利息支出，因此在 2022 年 12 月 1 日购买了期限为 1 年、上限利率设定为 2.3%、本金也是 1 亿元的利率上限期权。利率上限期权的 Shibor 利率重置日与收益支付日见表 5-6。

表5-6　利率上限期权的利率重置日与收益支付日

日期类型	具体日期		
利率重置日	2023年3月1日	2023年6月1日	2023年9月1日
收益支付日	2023年6月1日	2023年9月1日	2023年12月1日

同时，以国债到期收益率作为无风险利率用于贴现。表 5-7 整理了 2022 年 12 月 1 日相关利率的数据并且复利频次均是连续复利。

表5-7　2022年12月1日不同期限的国债到期收益率

利率名称	6个月	9个月	1年	复利频次
国债到期收益率	2.0940%	2.1073%	2.1456%	连续复利

数据来源：中国债券信息网。

下面需要计算 2022 年 12 月 1 日该利率上限期权的价值，这里暂不考虑实际天数的计息惯例，Python 的编程需要分为以下 3 个步骤。

第 1 步：导入 2021 年 1 月 4 日（当年首个交易日）至 2022 年 12 月 1 日期间的 3 个月、6 个月、9 个月和 1 年 Shibor 的每日数据，用于计算相关远期利率的波动率。同时为了便于计算远期利率，需要通过 Python 自定义一个计算远期利率的函数。具体代码如下：

```
In [44]: Shibor_list=pd.read_excel(io='C:/Desktop/Shibor 数据.xlsx', sheet_name='Sheet1',
header=0, index_col=0)  #导入 Shibor 数据

In [45]: Shibor_list.columns                    #查看列名
Out[45]: Index(['Shibor(3M)', 'Shibor(6M)', 'Shibor(9M)', 'Shibor(1Y)'], dtype='object')


In [46]: def FIR(R1,R2,t1,t2):
    ...:     '''计算远期利率的函数
    ...:     R1: 期限为 t1 的零息利率;
    ...:     R2: 期限为 t2 的零息利率;
    ...:     t1: 对应于零息利率 R1 的期限（年）;
    ...:     t2: 对应于零息利率 R2 的期限（年）'''
    ...:     R_forward=R2+(R2-R1)*t1/(t2-t1)    #计算远期利率
    ...:     return R_forward


In [47]: FR1_list=FIR(R1=Shibor_list['Shibor(3M)'],R2=Shibor_list['Shibor(6M)'],t1=3/12,t2=6/12)
#3 个月后的远期 3 个月 Shibor
    ...: FR2_list=FIR(R1=Shibor_list['Shibor(6M)'],R2=Shibor_list['Shibor(9M)'],t1=6/12,t2=9/12)
#6 个月后的远期 3 个月 Shibor
    ...: FR3_list=FIR(R1=Shibor_list['Shibor(9M)'],R2=Shibor_list['Shibor(1Y)'],t1=9/12,t2=12/12)
#9 个月后的远期 3 个月 Shibor


In [48]: R_FR1=np.log(FR1_list/FR1_list.shift(1))    #3 个月后远期 3 个月 Shibor 的涨跌幅（日收益率）
    ...: R_FR2=np.log(FR2_list/FR2_list.shift(1))    #6 个月后远期 3 个月 Shibor 的涨跌幅（日收益率）
    ...: R_FR3=np.log(FR3_list/FR3_list.shift(1))    #9 个月后远期 3 个月 Shibor 的涨跌幅（日收益率）

In [49]: Sigma_FR1=np.sqrt(252)*R_FR1.std()          #3 个月后远期 3 个月 Shibor 的波动率
    ...: Sigma_FR2=np.sqrt(252)*R_FR2.std()          #6 个月后远期 3 个月 Shibor 的波动率
    ...: Sigma_FR3=np.sqrt(252)*R_FR3.std()          #9 个月后远期 3 个月 Shibor 的波动率
    ...: print('3 个月后的远期 3 个月 Shibor 的波动率',round(Sigma_FR1,6))
    ...: print('6 个月后的远期 3 个月 Shibor 的波动率',round(Sigma_FR2,6))
    ...: print('9 个月后的远期 3 个月 Shibor 的波动率',round(Sigma_FR3,6))
3 个月后的远期 3 个月 Shibor 的波动率 0.09421
6 个月后的远期 3 个月 Shibor 的波动率 0.086947
9 个月后的远期 3 个月 Shibor 的波动率 0.098585
```

从以上的代码输出结果可以看到，3 个月后、6 个月后以及 9 个月后的远期 3 个月 Shibor 的波动率分别是 9.4210%、8.6947% 和 9.8585%。

第 2 步：运用前面的自定义函数 Caplet，计算构成利率上限期权的每一个利率上限单元的价值。具体的代码如下：

```
In [50]: FR1_Dec1=FR1_list[-1]        #2022 年 12 月 1 日的 3 个月后远期 3 个月 Shibor
    ...: FR2_Dec1=FR2_list[-1]        #2022 年 12 月 1 日的 6 个月后远期 3 个月 Shibor
    ...: FR3_Dec1=FR3_list[-1]        #2022 年 12 月 1 日的 9 个月后远期 3 个月 Shibor

In [51]: R_6M=0.020940               #2022 年 12 月 1 日无风险利率（6 个月）
    ...: R_9M=0.021073               #2022 年 12 月 1 日无风险利率（9 个月）
    ...: R_1Y=0.021456               #2022 年 12 月 1 日无风险利率（1 年）

In [52]: par=1e8                     #利率上限期权的合约本金
    ...: cap_rate=0.023              #上限利率
```

```
In [53]: caplet1=Caplet(L=par,R=R_6M,F=FR1_Dec1,Rk=cap_rate,sigma=Sigma_FR1,t1=3/12, t2=6/12)
#计算第1个利率上限单元价值
    ...: print('利率重置日2023年3月1日、收益支付日6月1日的利率上限单元价值（元）',round(caplet1,2))
利率重置日2023年3月1日、收益支付日6月1日的利率上限单元价值（元） 31437.03

In [54]: caplet2=Caplet(L=par,R=R_9M,F=FR2_Dec1,Rk=cap_rate,sigma=Sigma_FR2,t1=6/12, t2=9/12)
#计算第2个利率上限单元价值
    ...: print('利率重置日2023年6月1日、收益支付日9月1日的利率上限单元价值（元）',round(caplet2,2))
利率重置日2023年6月1日、收益支付日9月1日的利率上限单元价值（元） 49329.49

In [55]: caplet3=Caplet(L=par,R=R_1Y,F=FR3_Dec1,Rk=cap_rate,sigma=Sigma_FR3,t1=9/12,t2=1)
#计算第3个利率上限单元价值
    ...: print('利率重置日2023年9月1日、收益支付日12月1日的利率上限单元价值（元）',round(caplet3,2))
利率重置日2023年9月1日、收益支付日12月1日的利率上限单元价值（元） 91379.05
```

从以上的代码输出结果可以看到，在本例中，利率重置日越远，利率上限单元的价值越高。

第 3 步：将 3 个利率上限单元的价值加总就可以求出利率上限期权的价值。具体的代码如下：

```
In [56]: cap=caplet1+caplet2+caplet3              #计算利率上限期权的价值
    ...: print('2022年12月1日利率上限期权的价值（元）',round(cap,2))
2022年12月1日利率上限期权的价值（元） 172145.58
```

最终计算得到在2022年12月1日，该利率上限期权的价值约等于17.21万元。

5.4.3 利率下限期权与利率双限期权

介绍完利率上限期权，本小节接着探讨利率下限期权以及利率双限期权。需要注意的是，关于利率上限期权的一些分析思路也适用于利率下限期权。

1. 利率下限期权的定价

利率下限期权可以用于保证5.4.2小节提到的浮动利率票据的浮动利率不会低于某个利率水平，这一利率水平称为**下限利率**（floor rate），也就是利率下限期权的行权价格。这是因为当浮动利率低于下限利率时，利率下限期权可以提供收益。

沿用前面介绍利率上限期权的数学符号。考虑一个期限为 T 的利率下限期权，合约本金为 L，下限利率（行权价格）为 R_k。利率下限期权的利率重置日分别为 $t_1, t_2, \cdots, t_N$，利率下限期权的收益支付日分别为 $t_2, t_3, \cdots, t_{N+1}$，并且 $t_{N+1} = T$；R_i 表示在 t_i 时刻观察到的从 t_i 到 t_{i+1} 期间的浮动利率，期间长度 $\tau_i = t_{i+1} - t_i$，其中 $i = 1, 2, \cdots, N$。

利率下限期权在 t_{i+1} 时刻的收益表达式如下：

$$L\tau_i \max\left(R_k - R_i, 0\right) \tag{式 5-45}$$

与利率上限期权相类似，利率下限期权等价于在 t_i 时刻观察到的以浮动利率作为基础资产、期权收益发生在 t_{i+1} 时刻的 N 个欧式看跌期权构造的投资组合。利率下限期权中的每个欧式看跌期权被称为**利率下限单元**（floorlet）。

同样参考布莱克模型，可以得到利率下限单元在0时刻的价值 *Floorlet* 用如下式子表达：

$$Floorlet = L\tau_i \mathrm{e}^{-Rt_{i+1}}\left[R_k N(-d_2) - F_i N(-d_1)\right] \tag{式 5-46}$$

其中，参数 d_1 和 d_2 的表达式依然分别是（式5-43）和（式5-44）。

2. Python自定义函数

同样，计算利率下限期权价值的关键是测算出每一个利率下限单元的价值，这里就通过Python自定义计算利率下限单元价值的函数。具体的代码如下：

```
In [57]: def Floorlet(L,R,F,Rk,sigma,t1,t2):
    ...:     '''利率下限单元定价的函数
    ...:     L: 利率下限单元的本金，也就利率下限期权的本金；
    ...:     R: 连续复利的无风险利率；
    ...:     F: 0时刻观察到的从ti至ti+1期间的远期利率；
    ...:     Rk: 下限利率（行权价格）；
    ...:     sigma: 远期利率的波动率；
    ...:     t1: 从0时刻到ti的期限（年）；
    ...:     t2: 从0时刻到ti+1的期限（年）'''
    ...:     from numpy import exp,log,sqrt          #从NumPy模块导入exp、log和sqrt函数
    ...:     from scipy.stats import norm            #从SciPy的子模块stats中导入norm
    ...:     d1=(log(F/Rk)+pow(sigma,2)*t1/2)/(sigma*sqrt(t1))#参数d1（式5-43）
    ...:     d2=d1-sigma*sqrt(t1)                    #参数d2（式5-44）
    ...:     tau=t2-t1                               #计算从ti至ti+1期间的期限长度
    ...:     value=L*tau*exp(-R*t2)*(Rk*norm.cdf(-d2)-F*norm.cdf(-d1))  #利率下限单元价值
    ...:     return value
```

在以上自定义函数 Floorlet 中，输入利率下限期权本金、无风险利率、远期利率、下限利率、远期利率的年化波动率以及相关期限的参数，可以求出利率下限单元的价值，从而最终计算得出利率下限期权的价值。下面，通过一个示例进行讲解。

3. 针对利率下限期权的示例

【例5-7】 假定F投资者在2022年12月1日从G银行购买了本金为1亿元、期限为1年的浮动利率理财产品，浮动利率是3个月Shibor，按季度支付利息，付息日分别是2023年3月1日、6月1日、9月1日和12月1日。

该投资者因为担心未来Shibor可能出现下行而影响投资收益，所以在购买理财产品的当天又买入一份期限为1年、下限利率设定为2.5%、本金也是1亿元的利率下限期权，该利率下限期权的利率重置日与收益支付日详见表5-8。

表5-8 利率下限期权的利率重置日与收益支付日

日期类型	具体日期		
利率重置日	2023年3月1日	2023年6月1日	2023年9月1日
收益支付日	2023年6月1日	2023年9月1日	2023年12月1日

注：上表的内容与表5-6保持一致。

本例中的其余信息与数据均沿用例5-6。运用自定义函数 Floorlet，计算2022年12月1日利率下限单元以及利率下限期权的价值。具体的代码如下：

```
In [58]: floor_rate=0.025    #下限利率

In [59]: floorlet1=Floorlet(L=par,R=R_6M,F=FR1_Dec1,Rk=floor_rate,sigma=Sigma_FR1,t1=3/12,
```

```
t2=6/12) #计算第1个利率下限单元的价值
    ...:print('利率重置日2023年3月1日、收益支付日6月1日的利率下限单元价值(元)',round(floorlet1,2))
利率重置日2023年3月1日、收益支付日6月1日的利率下限单元价值(元) 24138.53

In [60]: floorlet2=Floorlet(L=par,R=R_9M,F=FR2_Dec1,Rk=floor_rate,sigma=Sigma_FR2,t1=6/12,
t2=9/12) #计算第2个利率下限单元的价值
    ...:print('利率重置日2023年6月1日、收益支付日9月1日的利率下限单元价值(元)',round(floorlet2,2))
利率重置日2023年6月1日、收益支付日9月1日的利率下限单元价值(元) 15818.51

In [61]: floorlet3=Floorlet(L=par,R=R_1Y,F=FR3_Dec1,Rk=floor_rate,sigma=Sigma_FR3,t1=9/12,
t2=1)   #计算第3个利率下限单元的价值
    ...: print('利率重置日 2023 年 9 月 1 日、收益支付日 12 月 1 日的利率下限单元价值（元）
',round(floorlet3,2))
利率重置日2023年9月1日、收益支付日12月1日的利率下限单元价值（元） 6827.98

In [62]: floor=floorlet1+floorlet2+floorlet3    #计算利率下限期权的价值
    ...: print('2022年12月1日利率下限期权的价值（元）',round(floor,2))
2022年12月1日利率下限期权的价值（元） 46785.02
```

通过以上的代码输出结果可以看到，在本例中，利率重置日越远，利率下限单元的价值越低，最终计算出在2022年12月1日利率下限期权的价值约等于4.68万元。

4. 利率双限期权及相关示例

在5.4.1小节的开头已经提到，利率双限期权是利率上限期权与利率下限期权的组合。具体而言，利率双限期权的多头和空头的构造如下：

利率双限期权多头 = 利率上限期权多头头寸 + 利率下限期权空头头寸 　　（式5-47）
利率双限期权空头 = 利率上限期权空头头寸 + 利率下限期权多头头寸 　　（式5-48）

利率双限期权的创设是为了确保与浮动利率挂钩的金融资产在支付浮动利率时能够处于上限利率和下限利率的区间内。

在构造利率双限期权时，通常会使利率上限期权的价值接近利率下限期权的价值，尽可能降低利率双限期权的初始交易成本（期权费用），从而实现既能防范利率风险又能控制交易成本的目标。下面，通过一个示例展开讲解。

【例5-8】　假定H银行在2022年12月1日担心3个月Shibor在未来1年会出现比较大的波动，同时又无法明确判断出具体的变化方向。为了减少利率波动对银行经营业绩的影响，该银行在当天持有了一份利率双限期权的多头头寸，期权本金为10亿元，上限利率设定为3.0%、下限利率设定为2.2%，并且利率双限期权的利率重置日与收益支付日详见表5-9。

表5-9　利率双限期权的利率重置日与收益支付日

日期类型	具体日期		
利率重置日	2023年3月1日	2023年6月1日	2023年9月1日
收益支付日	2023年6月1日	2023年9月1日	2023年12月1日

注：上表的内容与表5-6保持一致。

本例中的其余信息与数据沿用例5-6，运用Python编程测算利率双限期权的价值，并展开敏感性分析。具体编程分为以下3个步骤。

第1步：利用自定义函数Caplet、Floorlet计算利率上限单元、利率下限单元的价值。具体的代码如下：

```
In [63]: par_new=1e9                                    #利率双限期权的本金
    ...: R_cap=0.030                                    #上限利率
    ...: R_floor=0.022                                  #下限利率


In [64]: caplet1_new=Caplet(L=par_new,R=R_6M,F=FR1_Dec1,Rk=R_cap,sigma=Sigma_FR1,
    ...:                 t1=3/12,t2=6/12)    #计算第1个利率上限单元的价值
    ...: caplet2_new=Caplet(L=par_new,R=R_9M,F=FR2_Dec1,Rk=R_cap,sigma=Sigma_FR2,
    ...:                 t1=6/12,t2=9/12)    #计算第2个利率上限单元的价值
    ...: caplet3_new=Caplet(L=par_new,R=R_1Y,F=FR3_Dec1,Rk=R_cap,sigma=Sigma_FR3,
    ...:                 t1=9/12,t2=1)       #计算第3个利率上限单元的价值


In [65]: floorlet1_new=Floorlet(L=par_new,R=R_6M,F=FR1_Dec1,Rk=R_floor,sigma=Sigma_FR1,
    ...:                   t1=3/12,t2=6/12)  #计算第1个利率下限单元的价值
    ...: floorlet2_new=Floorlet(L=par_new,R=R_9M,F=FR2_Dec1,Rk=R_floor,sigma=Sigma_FR2,
    ...:                   t1=6/12,t2=9/12)  #计算第2个利率下限单元的价值
    ...: floorlet3_new=Floorlet(L=par_new,R=R_1Y,F=FR3_Dec1,Rk=R_floor,sigma=Sigma_FR3,
    ...:                   t1=9/12,t2=1)     #计算第3个利率下限单元的价值
```

第2步：计算利率上限期权和利率下限期权的价值，然后测算出利率双限期权的价值。具体的代码如下：

```
In [66]: cap_new=caplet1_new+caplet2_new+caplet3_new            #利率上限期权价值
    ...: print('2022年12月1日利率双限期权中的利率上限期权价值（元）',round(cap_new,2))
2022年12月1日利率双限期权中的利率上限期权价值（元） 23550.74


In [67]: floor_new=floorlet1_new+floorlet2_new+floorlet3_new    #利率下限期权价值
    ...: print('2022年12月1日利率双限期权中的利率下限期权价值（元）',round(floor_new,2))
2022年12月1日利率双限期权中的利率下限期权价值（元） 6928.42


In [68]: collar_long=cap_new-floor_new                           #利率双限期权多头头寸的价值
    ...: print('2022年12月1日利率双限期权多头头寸的价值（元）',round(collar_long,2))
2022年12月1日利率双限期权多头头寸的价值（元） 16622.31
```

通过以上的代码输出结果可以得到，在该利率双限期权中，利率上限期权的价值高于利率下限期权，最终H银行需要支付约1.66万元期权费才能获得该利率双限期权。当然相比本金10亿元而言，期权费是比较低廉的。

第3步：考查上限利率与下限利率之间的利差对利率双限期权价值的影响。上限利率与下限利率之间的利差设定为在区间[0,1.5%]的等差数列，同时以前面设定的下限利率2.2%为基准计算上限利率，在其他变量取值保持不变的前提下，分析不同金额的利差对利率双限期权价值的影响并且可视化（见图5-4）。相关的代码如下：

```
In [69]: Rgap_list=np.linspace(0,0.015,100)      #设定上限利率与下限利率之间的利差


In [70]: Rcap_list=R_floor+Rgap_list             #计算不同的上限利率


In [71]: caplet1_list=Caplet(L=par_new,R=R_6M,F=FR1_Dec1,Rk=Rcap_list,sigma=Sigma_FR1,
    ...:                 t1=3/12,t2=6/12)         #计算第1个利率上限单元的价值
    ...: caplet2_list=Caplet(L=par_new,R=R_9M,F=FR2_Dec1,Rk=Rcap_list,sigma=Sigma_FR2,
    ...:                 t1=6/12,t2=9/12)         #计算第2个利率上限单元的价值
    ...: caplet3_list=Caplet(L=par_new,R=R_1Y,F=FR3_Dec1,Rk=Rcap_list,sigma=Sigma_FR3,
```

```
    ...:                    t1=9/12,t2=1)          #计算第3个利率上限单元的价值

In [72]: cap_list=caplet1_list+caplet2_list+caplet3_list    #计算利率上限期权的价值

In [73]: collar_list=cap_list-floor_new          #计算利率双限期权的价值

In [74]: plt.figure(figsize=(9,6))
    ...: plt.plot(Rgap_list,collar_list,'r-',lw=2)
    ...: plt.xticks(fontsize=12)
    ...: plt.xlabel('上限利率与下限利率的利差',fontsize=12)
    ...: plt.yticks(fontsize=12)
    ...: plt.ylabel('利率双限期权价值（元）',fontsize=12)
    ...: plt.title('利差与利率双限期权价值的关系',fontsize=12)
    ...: plt.grid()
    ...: plt.show()
```

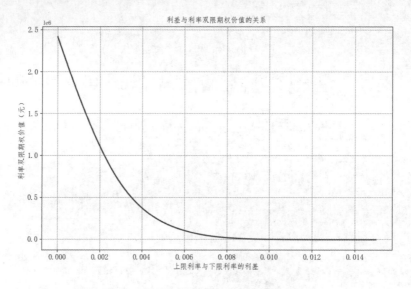

图5-4   利差与利率双限期权价值的关系

从图5-4可以明显看到，利率双限期权价值随上限利率与下限利率的利差递减。当上限利率等于下限利率时（即利差等于0），利率双限期权的价值达到最大值；当利差超过1%时，利率双限期权价值就趋近于0。因此，在运用利率双限期权管理利率风险时，需要充分考虑上限利率与下限利率之间的利差。

5.4.4 利率互换期权

相比前面讨论的利率上限、下限以及双限期权，利率互换期权会更加复杂，为此首先通过一个简单的示例具体说明利率互换期权的运作机理，然后讨论定价的细节问题。

1. 一个简单的示例

【例5-9】   假定J公司在2022年6月1日预测在6个月以后（即12月1日）将从银行获得一笔期限为3年的浮动利率贷款，浮动利率设定为3个月Shibor并且每季度支付贷款利息，2022年6月1日当天的3个月Shibor利率报价是1.9980%。公司担心Shibor的波动给公司的财务费用核

算带来不便，因此希望通过利率互换将浮动利率转为固定利率，从而将浮动利率贷款转换为固定利率贷款。

对J公司而言，一种可行的方式就是在2022年6月1日买入一份期限为6个月的利率互换期权，该期权赋予期权多头（J公司）这样的一个权利：在6个月后有权购买一份收取浮动利息、支付固定利息并且期限是3年的利率互换期权，其中，浮动利息按照3个月Shibor计算，固定利息则按照固定利率（互换利率）2.6%计算。一旦在期权合约到期日（2022年12月1日）该期权被行权，则J公司拥有的利率互换期权的合约初始日是2022年12月1日，到期日是2025年12月1日。

如果在2022年12月1日，3年期的互换利率报价低于2.6%，比如仅为2.4%，J公司将不行使利率互换期权，而会选择直接在市场上购入利率互换期权。

相反，如果在2022年12月1日，3年期的互换利率报价高于2.6%，比如高达2.8%，J公司将通过行使该利率互换期权来获得利率互换期权，因为该互换合约约定的固定利率2.6%要低于当时市场上的互换利率报价2.8%。

根据以上的例子可知，利率互换期权给企业未来的融资利率成本提供了相应的对冲工具，使企业避免由于借入资金的利率上涨而承担额外的财务费用。

此外，利率互换期权通常属于欧式期权，接下来要讨论的定价将仅限于欧式利率互换期权。

2. 利率互换期权定价——针对期权多头支付固定利息

考虑一份利率互换期权，期权多头（买方）有权在 t 年后持有一份期限为 n 年的利率互换期权，如果期权被行权则在利率互换中支付固定利息并收取浮动利息，固定利率（互换利率）用 s_k 表示；利率互换合约的本金为 L，每年利息交换频次（复利频次）为 m 次。为了简化分析，不考虑计息天数惯例的因素，因此每一笔固定利息的金额均为 $s_k L / m$。

假设以利率互换期权的合约0时刻为起点，在期权被行权的情形下，利率互换的每期利息交换日依次为 $T_1, T_2, \cdots, T_{mn}$，其中 $T_i = t + i / m$ 并且以年为单位，$i = 1, 2, \cdots, mn$。

同时，假定在 t 时刻（利率互换期权到期日），期限是 n 年的互换利率报价是 s_t。将固定利率 s_k 的利率互换期权与固定利率 s_t 的利率互换期权就现金流进行比较，得到利率互换期权的收益由 mn 笔相同金额的现金流组成，每笔现金流的金额 cashflow 有如下表达式：

$$cashflow = \frac{L}{m} \max\left(s_t - s_k,\ 0\right) \qquad （式5-49）$$

以上的每笔现金流实质上就是一份行权价格为 s_k、标的变量为 s_t、本金是 $\dfrac{L}{m}$ 的欧式看涨期权的到期收益。

参考5.3.2小节的布莱克模型，针对有权支付固定利息、收取浮动利息的利率互换期权价值 swaption 有如下的表达式：

$$swaption = \sum_{i=1}^{mn} e^{-R_i T_i} \frac{L}{m} \left[s_f N(d_1) - s_k N(d_2)\right] \qquad （式5-50）$$

其中，

$$d_1 = \frac{\ln\left(s_f / s_k\right) + \sigma^2 t / 2}{\sigma \sqrt{t}} \qquad （式5-51）$$

$$d_2 = \frac{\ln\left(s_f / s_k\right) - \sigma^2 t / 2}{\sigma\sqrt{t}} = d_1 - \sigma\sqrt{t} \qquad (\text{式} 5\text{-}52)$$

在（式5-50）至（式5-52）中，R_i 是期限为 T_i 的连续复利的无风险利率，s_f 是在利率互换期权合约初始日（0时刻）测算的远期互换利率，σ 是远期互换利率的波动率。需要注意的是，远期互换利率 s_f 的表达式如下[①]：

$$s_f = \frac{\left(1 + s_0 / m\right)^{-mt} - \left(1 + s_{mn} / m\right)^{-m(t+n)}}{\sum_{i=1}^{mn} \left(T_i - T_{i-1}\right)\left(1 + s_i / m\right)^{-(mt+i)}} \qquad (\text{式} 5\text{-}53)$$

在（式5-53）中，s_0 代表在0时刻观察到的期限为 t 的互换利率，同理，s_i 表示在0时刻观察到的期限为 T_i 的互换利率，s_{mn} 表示期限为 $T_{mn} = t + n$ 的互换利率，而 $T_0 = t$；此外，互换利率的复利频次是每年 m 次。

根据前面提到的 $T_i = t + i / m$，可以得出 $T_i - T_{i-1} = 1 / m$，因此，（式5-53）可以简化如下：

$$s_f = \frac{\left(1 + s_0 / m\right)^{-mt} - \left(1 + s_{mn} / m\right)^{-m(t+n)}}{(1 / m) \times \sum_{i=1}^{mn} \left(1 + s_i / m\right)^{-(mt+i)}} \qquad (\text{式} 5\text{-}54)$$

3. 利率互换期权定价——针对期权多头收取固定利息

如果利率互换期权的多头在期权行权后的利率互换合约中，收取固定利息并且同时支付浮动利息，在这样新的合约条款下，利率互换期权的收益由 mn 笔金额相同的现金流组成，但是每笔现金流的金额则调整如下：

$$cashflow = \frac{L}{m}\max\left(s_k - s_t, 0\right) \qquad (\text{式} 5\text{-}55)$$

显然，（式5-55）表明每笔现金流实质上是行权价格为 s_k、标的变量为 s_t、本金是 $\frac{L}{m}$ 的欧式看跌期权到期收益。

参考布莱克模型，针对有权收取固定利息并同时支付浮动利息的利率互换期权价值 $swaption$ 有以下的表达式：

$$swaption = \sum_{i=1}^{mn} e^{-R_i T_i} \frac{L}{m}\left[s_k N(-d_2) - s_f N(-d_1)\right] \qquad (\text{式} 5\text{-}56)$$

（式5-56）中的参数 d_1、d_2 以及 s_f 依次对应（式5-51）、（式5-52）以及（式5-54）。

4. Python自定义函数

运用Python自定义一个计算利率互换期权价值的函数，具体的代码如下：

```
In [75]: def Swaption(L,Sf,Sk,m,sigma,t,n,R_list,direction):
    ...:     '''利率互换期权定价的函数
    ...:     L: 利率互换期权合约的本金;
    ...:     Sf: 远期互换利率;
    ...:     Sk: 利率互换合约的固定利率;
```

[①] 该表达式的推导过程会涉及随机过程的鞅（martingale）以及等价鞅测度（equivalent martingale measure），相关内容已经超出了本书探讨的范围，感兴趣的读者可以参见约翰·C.赫尔（John C. Hull）的《期权、期货及其他衍生产品（原书第10版）》第28章。

```
  ...:    m: 每年利率支付频次（复利频次）;
  ...:    sigma: 远期互换利率的波动率;
  ...:    t: 期权的合约期限（年）;
  ...:    n: 利率互换的合约期限（年）;
  ...:    R_list: 期权定价日距离利率互换每期利息交换日的期限Ti对应的无风险利率（连续复利），以数组等结构输入;
  ...:    direction: 期权多头是否在利率互换中支付固定利息，输入pay代表支付固定利息，输入其他表示收取固定利息'''
  ...:    from numpy import arange,exp,log,sqrt    #从NumPy模块导入arange、exp、log和sqrt函数
  ...:    from scipy.stats import norm            #从SciPy的子模块stats中导入norm
  ...:    d1=(log(Sf/Sk)+pow(sigma,2)*t/2)/(sigma*sqrt(t))    #参数d1（式5-51）
  ...:    d2=d1-sigma*sqrt(t)                     #参数d2（式5-52）
  ...:    T_list=t+arange(1,m*n+1)/m              #期权定价日距离利率互换每期利息交换日的期限数组
  ...:    if direction=='pay':                    #期权多头在利率互换中支付固定利息
  ...:        value=np.sum(exp(-R_list*T_list)*L*(Sf*norm.cdf(d1)-Sk*norm.cdf(d2))/m)
#计算期权价值
  ...:    else:                                   #期权多头在利率互换中收取固定利息
  ...:        value=np.sum(exp(-R_list*T_list)*L*(Sk*norm.cdf(-d2)-Sf*norm.cdf(-d1))/m)
  ...:    return value
```

在以上的自定义函数Swaption中，输入利率互换期权合约本金、远期互换利率、利率互换的固定利率、每年利率支付频次、远期互换利率的年化波动率、期权期限、利率互换期限、无风险利率以及是否支付固定利息等参数，就可以快速得出利率互换期权的价值。

同时，由于远期互换利率通常无法直接从市场上观察得到，而是需要根据（式5-54）计算得出，为了提高运算效率，通过Python自定义一个计算远期互换利率的函数。具体的代码如下：

```
In [76]: def Forward_Swaprate(S_list,t,n,m):
  ...:    '''计算远期互换利率的函数
  ...:    S_list: 在期权合约初始日观察到的不同期限的互换利率，以数组等数据结构输入;
  ...:    t: 期权的合约期限（年）;
  ...:    n: 利率互换的合约期限（年）;
  ...:    m: 每年利率支付频次（复利频次）'''
  ...:    t_list=m*t+np.arange(1,m*n+1)                        #考虑复利频次后的期限数组
  ...:    A=pow(1+S_list[0]/m,-m*t)-pow(1+S_list[-1]/m,-m*(t+n))    #（式5-54）的分子
  ...:    B=(1/m)*np.sum(pow(1+S_list[1:]/m,-t_list))          #（式5-54）的分母
  ...:    value=A/B                                            #计算远期互换利率
  ...:    return value
```

在以上的自定义函数Forward_Swaprate中，输入不同期限的互换利率、期权的合约期限、利率互换的合约期限以及每年利率支付频次等参数，可以计算出远期互换利率。

下面通过一个具体示例讲解如何针对利率互换期权进行定价。

5. 一个示例

【例5-10】 假定K公司在2022年9月1日预测在6个月以后（即2023年3月1日）将从银行获得一笔期限为6个月、本金是1亿元的固定利率贷款，并且每季度支付贷款利息。通过广泛调研与分析，公司认为在未来12个月内，3个月Shibor有较大的概率处于下降通道中，当然也不能排除反转上行的可能性。

因此，公司在2022年9月1日买入一份本金为1亿元、期限为6个月的利率互换期权，该期权赋予K公司有权在6个月后购买一份收取固定利息、支付浮动利息并且期限是6个月的利率互换期权，其中，互换利率设定为2.5%，浮动利息则按照3个月Shibor计算。

一旦期权在合约到期日（2023年3月1日）被行权，利率互换期权的合约初始日是2023年3月1日、到期日是2023年9月1日；利率互换期权的利率支付频次是按季复利。表5-10梳理了该利率互换期权的关键日期。

表5-10　利率互换期权的关键日期

日期类型	具体日期
期权的合约初始日	2022年9月1日
期权的合约到期日/利率互换的合约初始日	2023年3月1日
利率互换的第1期利息交换日	2023年6月1日
利率互换的第2期利息交换日/利率互换的合约到期日	2023年9月1日

同时，以3个月Shibor/互换零息利率曲线计算远期互换利率并且将其作为无风险利率用于贴现，复利频次是按季复利。表5-11整理了2022年9月1日相关利率的数据。

表5-11　2022年9月1日不同期限的3个月Shibor/互换零息利率数据

利率类型	6个月	9个月	1年	复利频次
3个月Shibor/互换零息利率	1.7900%	1.9125%	2.0488%	按季复利

数据来源：中国货币网。

此外，在计算远期互换利率的波动率时，需要运用2021年1月4日（当年首个交易日）至2022年9月1日期间期限分别是6个月、9个月以及1年的3个月Shibor/互换零息利率的每日数据。

下面通过Python的编程测算2022年9月1日该利率互换期权的价值，并且开展针对利率互换期权价值的敏感性分析。具体编程分为以下3个步骤。

第1步：计算2022年9月1日的远期互换利率以及远期互换利率的波动率，并且可视化（见图5-5）。具体的代码如下：

```
In [77]: swaprate_list=pd.read_excel(io='C:/Desktop/Shibor 互换利率数据.xlsx', sheet_name=
'Sheet1',header=0,index_col=0)                    #导入Shibor互换利率数据

In [78]: swaprate_list.columns       #查看列名
Out[78]: Index(['Shibor互换利率(6个月)', 'Shibor互换利率(9个月)', 'Shibor互换利率(1年)'], dtype=
'object')

In [79]: swaprate_list.index        #查看索引
Out[79]:
DatetimeIndex(['2021-01-04', '2021-01-05', '2021-01-06', '2021-01-07',
           '2021-01-08', '2021-01-11', '2021-01-12', '2021-01-13',
           '2021-01-14', '2021-01-15',
           ...
           '2022-08-19', '2022-08-22', '2022-08-23', '2022-08-24',
           '2022-08-25', '2022-08-26', '2022-08-29', '2022-08-30',
           '2022-08-31', '2022-09-01'],
          dtype='datetime64[ns]', name='日期', length=417, freq=None)

In [80]: T_swaption=0.5           #利率互换期权的合约期限（年）
   ...: T_swap=0.5               #利率互换的合约期限（年）
```

```
      ...: freq=4                                #每年复利频次（按季复利）

In [81]: N_day=len(swaprate_list.index)    #计算交易日的天数

In [82]: forward_list=np.zeros(N_day)          #创建存放远期互换利率的初始数组

In [83]: for i in range(N_day): #用for语句计算2021年1月4日至2022年9月1日期间的每日远期互换利率
      ...:     forward_list[i]=Forward_Swaprate(S_list=swaprate_list.iloc[i],t=T_swaption,
      ...:                          n=T_swap,m=freq)        #计算远期互换利率

In [84]: forward_list=pd.DataFrame(data=forward_list,index=swaprate_list.index,
      ...:                          columns=['远期互换利率'])        #转换为数据框

In [85]: forward_list.plot(figsize=(9,6),grid=True,title='远期互换利率的走势图',
      ...:                  xlabel='日期',ylabel='利率')        #可视化
Out[85]:
```

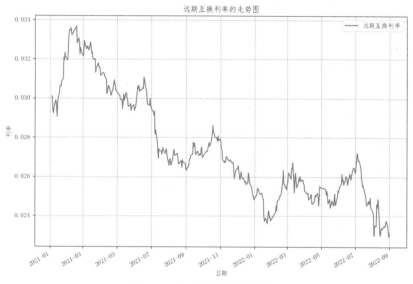

图 5-5　远期互换利率的走势图

　　从图 5-5 可以看到，在 2021 年 1 月 4 日至 2022 年 9 月 1 日期间，远期互换利率整体处于下降通道中，从最高的接近 3.4% 下跌至不足 2.4%。

```
In [86]: R_forward=np.log(forward_list/forward_list.shift(1))  #计算远期互换利率的每日百分比变化
      ...: Sigma_forward=np.sqrt(252)*R_forward.std()          #计算远期互换利率的波动率
      ...: Sigma_forward=float(Sigma_forward)                  #转换为浮点型数据
      ...: print('计算得出远期互换利率的波动率',round(Sigma_forward,6))
计算得出远期互换利率的波动率 0.186847

In [87]: forward_Sep1=float(forward_list.iloc[-1])            #2022年9月1日的远期互换利率
      ...: print('2022年9月1日远期互换利率',round(forward_Sep1,6))
2022年9月1日远期互换利率 0.023073
```

　　通过以上的代码输出结果可以得到，2022 年 9 月 1 日的远期互换利率等于 2.3073%，波动率达到 18.6847%。

第 2 步:将每季复利的无风险利率转换为连续复利的无风险利率①,并且最终计算出利率互换期权的价值。具体的代码如下:

```
In [88]: par=1e8                                          #利率互换期权的名义本金
    ...: R_fixed=0.025                                    #利率互换合约的固定利率(互换利率)

In [89]: R_norisk=np.array(swaprate_list.iloc[-1])        #用数组存放2022年9月1日无风险利率

In [90]: def Rc(Rm,m):
    ...:     '''通过已知的复利频次及对应的利率,计算等价的连续复利利率的函数
    ...:     Rm: 复利频次m的利率;
    ...:     m: 复利频次'''
    ...:     from numpy import log                         #导入NumPy模块的log函数
    ...:     r=m*log(1+Rm/m)                               #计算等价的连续复利利率
    ...:     return r

In [91]: Rc_norisk=Rc(Rm=R_norisk,m=freq)                 #每季复利转换为连续复利

In [92]: Rc_9M_1Y=Rc_norisk[1:]                           #取期限为9个月和1年的无风险利率

In [93]: value=Swaption(L=par,Sf=forward_Sep1,Sk=R_fixed,m=freq,sigma=Sigma_forward,
    ...:                 t=T_swaption,n=T_swap,R_list=Rc_9M_1Y,direction='receive')
    ...: print('2022年9月1日利率互换期权合约的价值(元)',round(value,2))
2022年9月1日利率互换期权合约的价值(元) 120645.99
```

通过以上的代码输出结果,可以得到在 2022 年 9 月 1 日该利率互换期权的价值约等于 12.06 万元。

第 3 步:考查利率互换的固定利率对利率互换期权价值的影响。对固定利率取在区间 [2%,3%] 的等差数列,在其他变量取值保持不变的前提下,计算不同的固定利率所对应的利率互换期权价值并且可视化(见图 5-6)。相关的代码如下:

```
In [94]: R_fixed_list=np.linspace(0.02,0.03,100)     #设定固定利率的等差数列并存放于数组

In [95]: value_list=np.ones_like(R_fixed_list)       #创建初始数组用于存放利率互换期权合约价值

In [96]: for i in range(len(value_list)):            #用for语句计算不同固定利率对应的利率互换期权合约价值
    ...:     value_list[i]=Swaption(L=par,Sf=forward_Sep1,Sk=R_fixed_list[i],m=freq,
    ...:                    sigma=Sigma_forward,t=T_swaption,n=T_swap,
    ...:                    R_list=Rc_9M_1Y,direction='receive')

In [97]: plt.figure(figsize=(9,6))
    ...: plt.plot(R_fixed_list,value_list,'r-',lw=2)
    ...: plt.xticks(fontsize=12)
    ...: plt.xlabel('利率互换的固定利率',fontsize=12)
    ...: plt.yticks(fontsize=12)
    ...: plt.ylabel('利率互换期权价值(元)',fontsize=12)
    ...: plt.title('利率互换的固定利率与利率互换期权价值的关系',fontsize=12)
```

---

① 假设 R_c 代表连续复利的利率, R_m 是与连续复利利率等价的每年复利 m 次的利率,存在如下的等式关系:

$$R_c = m \times \ln\left(1 + \frac{R_m}{m}\right)$$

```
...: plt.grid()
...: plt.show()
```

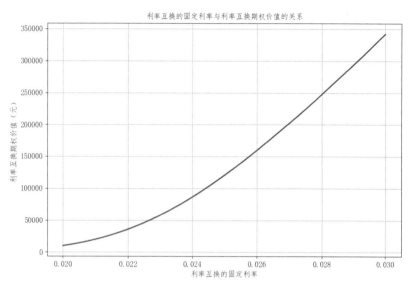

图5-6 利率互换的固定利率与利率互换期权价值的关系

从图5-6可以明显看到，利率互换期权价值随利率互换的固定利率非线性递增，这意味着对K公司而言，当利率互换设定的固定利率越高时，需要支付的利率互换期权成本就会越高。

到这里，第5章的内容就全部讨论完毕了，接下来的最后一章将结合Python探讨风险价值。

5.5 本章小结

期权具有很强的创新性、包容性与延展性，本章的内容诠释了期权的这些特性，当然这一切需要归功于金融领域许多天才般的头脑。本章结合10个示例讨论了以下关于期权延伸运用的4个方面。

（1）默顿模型。默顿模型通过股票价格来测度企业违约风险，模型的核心是将企业债券等价于以企业价值为基础资产、以债券面值为行权价格的欧式看跌期权空头头寸与无风险债券多头头寸的一个组合。

（2）可转换债券。相比于普通的债券而言，可转换债券兼具股性、债性以及可转换性等"三性"特征。通常运用二叉树模型对可转换债券定价，同时要考虑债券的违约风险，因此整个定价过程比美式期权更加复杂。

（3）期货期权。期货期权包括欧式期货期权与美式期货期权；欧式期货期权的定价采用布莱克模型，布莱克模型与BSM模型有相似也有差别；美式期货期权的定价采用二叉树模型，在二叉树的每个节点（不包括到期日节点）需要考查期权是否会被提前行权。

（4）利率期权。常见的利率期权包括利率上限期权、利率下限期权、利率双限期权以及利率互换期权等。利率上限期权由多个利率上限单元组成，利率下限期权由多个利率下限单元构成，利率双限期权则由利率上限期权与利率下限期权组合而成，利率互换期权赋予期权多头在未来某个时刻购入利率互换合约的权利。

5.6 拓展阅读

本章的内容参考了以下资料，建议感兴趣的读者拓展学习。

（1）在名为"On the Pricing of Corporate Debt: The Risk Structure of Interest Rates"的论文中，作者罗伯特·默顿创新性地运用期权理论解释了公司股票和债券，这一全新的思想和相关模型被学术界称为"默顿模型"。

（2）在名为"The Pricing of Commodity Contracts"的论文中，作者费希尔·布莱克首次提出了基于期货合约价格而测算商品期权合约价值的公式，后人将此模型称为"布莱克模型"。

（3）约翰·C. 赫尔的《期权、期货及其他衍生产品（原书第10版）》，该书的第27章和第29章分别对可转换债券以及利率期权的定价问题给出了详细论述。

06

第 6 章

运用 Python 测度
风险价值

本章导读

金融的核心和本质是风险管理。风险管理是包括风险识别、风险评估、风险计量、风险监测、风险报告等在内的一个有机整体与动态过程。在金融领域，既有针对单一金融资产的风险管理工具，又有针对整个投资组合的风险管理手段。例如，运用久期与凸性可以测度债券的利率风险，使用违约概率、违约回收率衡量企业信用风险，用波动率与贝塔值表示股票的市场风险，用希腊字母测算期权的不同风险暴露等。假定在一个投资组合中，不仅配置股票，也投资债券，甚至还持有衍生产品的头寸，如何对这样复杂的投资组合开展风险管理呢？关于这个问题的答案就是本章将要探讨的风险价值。

结合国内金融市场的案例并借助 Python，本章聚焦于以下几个主题。

✓ 讨论风险价值的含义、数学表达式、在日常实践中的优势以及相应的局限。

✓ 分析测量市场风险价值常用的 3 类模型，即方差-协方差法、历史模拟法以及蒙特卡罗模拟法，并且介绍不同模型的优劣势。

✓ 剖析针对风险价值模型的回溯检验，以及作为风险价值模型有益补充的压力测试以及压力风险价值。

✓ 探究用于测度投资组合尾部风险的预期损失（也称条件风险价值），包括相关概念、表达式以及比较常用的计量方法。

✓ 探讨测量投资组合信用风险的常用工具——信用风险价值，同时也会涉及违约相关性、高斯 copula 模型以及相关性结构等内容。

6.1 风险价值概述

风险价值的提出要归功于美国摩根大通银行（JPMorgan Chase & Co.）。在 20 世纪 80 年代，该银行的董事会主席丹尼斯·韦瑟斯通（Dennis Weatherstone）对每天收到长篇累牍的风险报告表示强烈的不满，因为在报告中充斥着大量针对不同风险暴露的希腊字母，这些细节信息对银行的管理层而言实在是晦涩难懂。因此，韦瑟斯通要求银行的风险管理部门运用简洁的方法，有针对性地汇报银行整体资产组合在未来 24 小时内的风险状况。经过不懈努力，在马科维茨投资组合理论的基础上，风险管理部门最终提出衡量整体资产组合风险的全新理念与方法——风险价值，相关工作于1990年完成。风险价值的主要好处是让管理层能一目了然地知晓银行承担的风险，并且利用风险价值能比较合理地在银行内部各业务线分配资本。此后，风险价值被广大金融机构与监管机构所采用，成了现代风险管理的重要工具和手段。

6.1.1 风险价值的定义

假如一家金融机构的首席风险官向董事会汇报公司面临的风险时，采用如下的表述方式描述风险：

"我有 X 的把握认为在未来的 N 天内公司投资组合的损失不会超过 V。"

在以上的这段描述中，金额 V 就是投资组合的风险价值，"X 的把握"可以理解为统计学中的置信水平，注意 X 的单位是百分比（%），N 天是资产持有期。

因此，**风险价值**（Value at Risk，VaR）是指在一定的持有期和给定的置信水平下，利率、汇率、股价等风险因子发生变化时可能对某个投资组合造成的潜在最大损失。举一个简单的例子，假定持有期为1天、置信水平为95%的情况下，计算得出的风险价值为1000万元，则表明该投资组合在1天内的损失有95%的概率不会超过1000万元。在这个例子中，$N=1$、$X=95\%$、VaR =1000万元。

通过上面的介绍不难发现，风险价值的大小取决于两个重要的参数：一个是持有期（N 天），另一个是置信水平（X）。在未来的 N 天内，理论上应该只有 $(100\%-X)$ 的概率，投资组合的损失才会超出VaR。根据统计学的定义，当持有期为 N 天、置信水平为 X 时，VaR 就对应在未来 N 天内投资组合收益分布中 $(100\%-X)$ 的分位数。需要注意的是，由于亏损对应负的收益，因此在投资组合收益的分布中，VaR 对应于分布左端的尾部。

风险价值的数学表达式如下：

$$\text{Prob}(\Delta P < -\text{VaR}) = 1 - X \tag{式6-1}$$

其中，Prob 是一个概率函数，ΔP 代表投资组合在持有期内的收益金额，如果是盈利，ΔP 是正数，如果是亏损，则 ΔP 是负数；VaR 是置信水平 X 条件下的风险价值并且是一个正数。

此外，针对金融机构运用风险价值计量风险和计算资本金，各国监管机构都会明确规定持有期和置信水平，并且这些规定主要受到巴塞尔银行监管委员会（Basel Committee on Banking Supervision，简称"巴塞尔委员会"）的影响。巴塞尔委员会在1996年 *Basel I*（《旧巴塞尔协议》）的修正案中明确规定银行交易账户的资本金需要通过风险价值计算得出，其中在计算 VaR 的时候，明确规定持有期 $N=10$ 天，置信水平 $X=99\%$，这意味着在理论上只有1%的可能性在未来10天内银行交易账户的损失会超出VaR。

在实践中，风险管理者往往先将持有期设定为 $N=1$，这是由于当 $N>1$ 时，可能没有足够多的数据估计风险因子的变化。因此，在计算相同置信水平并且持有期为 N 天的VaR时，可以运用如下的一个常用等式：

$$N\text{天VaR} = 1\text{天VaR} \times \sqrt{N} \tag{式6-2}$$

在风险管理领域，（式6-2）被称为**平方根法则**（square root rule）。需要注意的是，在严格意义上，只有当投资组合盈亏在不同交易日之间的变化是独立同分布并且服从期望值为0的正态分布时，（式6-2）才是成立的；对于其他的情形，（式6-2）仅仅是一个近似的相等形式。

6.1.2 风险价值的可视化

为了能够比较形象地展示风险价值，假定某个投资组合的收益服从正态分布，并且置信水平设定为95%，下面通过Python绘制风险价值的图形（见图6-1），需要运用SciPy子模块stats中构建正态分布分位点函数的norm.ppf以及计算正态分布概率密度函数的norm.pdf。具体的代码如下：

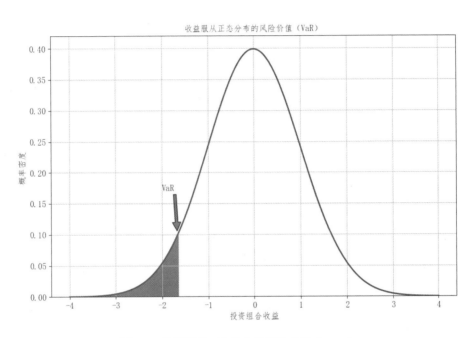

图6-1 收益服从正态分布的风险价值（VaR）

```
In [1]: import numpy as np                          #导入NumPy模块并且缩写为np
   ...: import pandas as pd                          #导入pandas模块并且缩写为pd
   ...: import matplotlib.pyplot as plt              #导入Matplotlib的子模块pyplot并且缩写为plt
   ...: from pylab import mpl                         #从pylab导入子模块mpl
   ...: mpl.rcParams['font.sans-serif']=['FangSong']  #以仿宋字体显示中文
   ...: mpl.rcParams['axes.unicode_minus']=False     #解决保存图像时负号显示为方块的问题
   ...: from pandas.plotting import register_matplotlib_converters #导入注册日期时间转换函数
   ...: register_matplotlib_converters()             #注册日期时间转换函数

In [2]: import scipy.stats as st                     #导入Scipy子模块stats并缩写为st

In [3]: x=0.95                                        #设定95%的置信水平
   ...: z=st.norm.ppf(q=1-x)                          #计算正态分布的分位数
   ...: x=np.linspace(-4,4,200)                       #创建从-4到4的等差序列（投资组合收益）
   ...: y=st.norm.pdf(x)                              #计算正态分布的概率密度函数值
   ...: x1=np.linspace(-4,z,100)                      #创建从-4到z的等差序列
   ...: y1=st.norm.pdf(x1)

In [4]: plt.figure(figsize=(9,6))
   ...: plt.plot(x,y,'r-',lw=2.0)
```

```
...: plt.fill_between(x1,y1)                    #颜色填充
...: plt.xlabel('投资组合收益',fontsize=12)
...: plt.ylabel('概率密度',fontsize=12)
...: plt.xticks(fontsize=12)
...: plt.yticks(fontsize=12)
...: plt.ylim(0,0.42)
...: plt.annotate('VaR',xy=(z-0.03,st.norm.pdf(z)+0.002),xytext=(-2.0,0.17),
...:            arrowprops=dict(shrink=0.01),fontsize=12)   #添加注释与箭头
...: plt.title('收益服从正态分布的风险价值（VaR）',fontsize=12)
...: plt.grid()
...: plt.show()
```

图 6-1 展示了当投资组合的收益服从正态分布并且置信水平是 95%的条件下，投资组合风险价值的情况。图中的横坐标代表在 N 天以内投资组合收益金额，曲线下方阴影部分的面积等于概率 100%−X，本例是 5%；此外，阴影部分与非阴影部分之间的边界对应到 X 轴的数值就是分位数，取绝对值以后就得到了风险价值的金额。

6.1.3 风险价值的优势与局限

1. 优势

根据前面的讨论可以得到，风险价值有 3 个显著的优势。

第一，结果的通俗化。风险价值可以比较简洁地表示风险的大小，即使缺乏专业知识背景的使用者也可以依据风险价值对风险大小进行评判。

第二，评判的事前化。风险价值可以用于事前计量风险，而不像以往风险管理的方法偏重于事后衡量风险大小。

第三，评价的组合化。利用风险价值不仅可以计算单个金融资产的风险，还能计算由多个金融资产构成的投资组合风险，这是传统金融风险管理工具很难实现的。

2. 局限

尽管风险价值有其自身的优势，但在具体应用时应当注意其 4 个方面的局限性。

第一，数据问题。风险价值运用数理统计方法进行计量分析，利用模型进行分析和预测时要有足够的历史数据，如果数据量在整体上无法满足风险计量的要求，则很难得出正确的结论。另外，数据的有效性也是一个重要问题，当金融市场尚不成熟，特别是由于市场炒作、消息面的引导等人为因素导致数据出现较大的非正常变化，数据会不具有代表性，缺乏可信度。

第二，内在缺陷。风险价值的原理和统计估计方法存在一定的缺陷。因为计算金融资产或投资组合的风险价值，需要针对资产或投资组合过去的收益特征进行统计分析来预测收益的波动率和相关性，从而估计可能的最大损失。所以，单纯依据风险价值评估潜在损失，往往会只关注风险的统计特征，而忽略全部的系统风险。同时，概率无法反映出经济主体对风险的意愿或偏好，不能决定经济主体在面临一定量的风险时愿意承担或应该规避的风险份额。

第三，前提局限。在应用风险价值时隐含了这样的一个前提，也就是金融资产组合的未来走势与过去相似。但金融市场的一些突发事件或者"黑天鹅"事件表明，有时未来的变化与过去并没有密切的联系，风险价值方法并不能全面地度量金融资产的风险，必须结合敏感性分析、压力测试等方法进行综合评判。

第四，用途局限。风险价值主要应用于正常市场条件或者稳态市场情形下对风险的测度。一旦市场出现极端情况，历史数据变得稀少，资产价格的正常关联性被打破，风险价值就无法度量极端情形的金融风险，这时就需要运用压力风险价值（SVaR）、预期损失（ES）等工具进行补救。压力风险价值以及预期损失会在本章后面部分进行讨论。

在测量风险价值时，首先需要厘清投资组合面临风险的具体类型，如果面临的主要风险是由股价、利率、汇率、商品价格等市场变量波动而引发的市场风险，就需要测量**市场风险价值**；如果面临的主要风险是违约等信用风险，就需要测量**信用风险价值**。

其中，市场风险价值的计量方法主要有三大类：方差-协方差法、历史模拟法以及蒙特卡罗模拟法，下面就逐一探讨这些方法；针对信用风险价值的内容会在 6.7 节展开讨论。

6.2　方差–协方差法

方差-协方差法（variance-covariance method，VCM），也称为**德尔塔正态法**，是计算市场风险价值十分基础、简便的一种参数化方法。

6.2.1　方差–协方差法的细节

方差-协方差法有两个核心的假设：一是正态分布，也就是假定投资组合的各风险因子服从联合正态分布；二是线性关系，即在持有期内，投资组合的风险暴露与风险因子之间存在线性关系。基于以上两个假设，便可以推导出投资组合的收益服从正态分布。

1. 数学表达式

运用方差-协方差法计算风险价值的数学表达式如下：

$$\text{VaR} = V_{\text{P}}\left[z_c\sigma_{\text{p}} - E\left(R_{\text{p}}\right)\right] \qquad （式6-3）$$

其中，V_p 表示投资组合的最新价值或是市值，参数 $c = 1 - X$，z_c 表示标准正态分布条件下 c 的分位数并且取绝对值，比如置信水平 99%（$c = 1\%$）对应的 $z_c = 2.33$，置信水平 95%（$c = 5\%$）对应的 $z_c = 1.64$。

此外，$E\left(R_{\text{p}}\right)$ 代表投资组合的期望收益率，通常用过往平均收益率替代。如果计算持有期 1 天的 VaR，则收益率就选择日收益率。投资组合期望收益率的表达式如下：

$$E\left(R_{\text{p}}\right) = \sum_{i=1}^{N} w_i E\left(R_i\right) \qquad （式6-4）$$

其中，w_i 是投资组合中第 i 个资产的权重，通常等于该资产的市值占投资组合总市值的比重，并且满足 $\sum_{i=1}^{N} w_i = 1$；$E\left(R_i\right)$ 是第 i 个资产的预期收益率，通常由该资产在过去某个期间内的收益率均值代替。

σ_{p} 表示投资组合收益率的波动率，同样如果计算持有期 1 天的 VaR，则波动率就选择日波动率。投资组合收益率的波动率有如下式子：

$$\sigma_{\text{P}} = \sqrt{\sum_{i=1}^{N}\sum_{j=1}^{N} w_i w_j \text{Cov}\left(R_i, R_j\right)} = \sqrt{\sum_{i=1}^{N}\sum_{j=1}^{N} \rho_{ij} w_i w_j \sigma_i \sigma_j} \qquad （式6-5）$$

其中，$\text{Cov}\left(R_i, R_j\right)$ 表示两个资产收益率之间的协方差，ρ_{ij} 表示两个资产收益率之间的相关系数，σ_i 表示第 i 个资产收益率的波动率。

需要注意的是，一些教材将风险价值的表达式简化如下：

$$VaR = V_p z_c \sigma_p \tag{式6-6}$$

当投资组合期望收益率为正时，（式6-6）会高估风险价值；相反，当投资组合期望收益率为负时，（式6-6）又会低估风险价值。因此本书不采用这一简化表达式计算风险价值。

2. Python自定义函数

为了测算的便捷性，通过Python自定义运用方差-协方差法计算风险价值的函数，具体代码如下：

```
In [5]: def VaR_VCM(Value,Rp,Vp,X,N):
   ...:     '''运用方差-协方差法计算风险价值的函数
   ...:     Value: 投资组合的价值或市值;
   ...:     Rp: 投资组合的日平均收益率;
   ...:     Vp: 投资组合收益率的日波动率;
   ...:     X: 置信水平;
   ...:     N: 持有期(天)'''
   ...:     import scipy.stats as st          #导入Scipy的统计子模块stats
   ...:     from numpy import sqrt             #从NumPy模块导入sqrt函数
   ...:     z=abs(st.norm.ppf(q=1-X))         #标准正态分布下1-X的分位数并取绝对值
   ...:     VaR_1day=Value*(z*Vp-Rp)          #持有期1天的风险价值
   ...:     VaR_Nday=sqrt(N)*VaR_1day         #持有期N天的风险价值
   ...:     return VaR_Nday
```

在以上自定义函数VaR_VCM中，输入投资组合的价值或市值、日平均收益率、日波动率、置信水平以及持有期等参数，就可以高效地运用方差-协方差法测算出不同持有期、不同置信水平的投资组合风险价值。

3. 优势与局限

方差-协方差法的优势在于原理简单，计算便捷。毕竟使用该方法只需估计投资组合中每个资产的收益率、波动率和协方差数据，就可得到任意投资组合的风险价值。

当然，方差-协方差法的局限性也比较明显，主要表现在以下3个方面。

第一，风险可能被低估。方差-协方差法的正态假设条件受到广泛质疑，由于**肥尾现象**（fat tail），也称**厚尾现象**在金融市场广泛存在，许多金融资产的收益特征并不完全符合正态分布，因此运用这种方法计算得到的投资组合风险价值可能会低估真实的金融风险。

第二，忽视非线性风险。方差-协方差法由于只反映出风险因子对整个投资组合的一阶线性影响，因此在测度简单资产组合的风险价值还比较可行，然而面对复杂的资产组合问题，由于无法度量非线性的风险，会导致结果失真。

第三，运算量会比较大。当投资组合由大量的单一资产组成时，需要计算的协方差会很庞大。比如一个投资组合包含100个不同的资产，需要计算的协方差数量是 $100^2=10000$ 个，运算量十分大。

6.2.2 方差-协方差法的运用

下面，通过一个资本市场的示例具体讨论并演示如何运用方差-协方差法计算投资组合的风险价值。

【例6-1】 假定A金融机构拥有一个投资组合，该组合在2022年12月30日（最后一个交易日）的市值为100亿元，组合配置的资产信息如表6-1所示。管理层要求计算满足持有期分别是1天和10天、置信水平依次为95%和99%的风险价值，同时假定整个投资组合收益服从正态分布。

表6-1 投资组合配置的资产信息

证券名称	证券代码	资产类型	配置权重
上汽集团	600104	股票	15%
中信证券	600030	股票	20%
五粮液	000858	股票	25%
华夏恒生ETF	159920	股票型基金	30%
嘉实增强信用定期债券	000005	债券型基金	10%

结合表6-1的资产在2020年至2022年期间日收盘价或基金净值数据，运用方差-协方差法并借助Python测度投资组合的风险价值，具体的过程分为3个步骤。

第1步：导入存放2020年至2022年期间每个资产日价格数据的Excel文件，计算每个资产的日平均收益率、日波动率、相关系数等变量并且可视化（见图6-2）。具体的代码如下：

```
In [6]: P_asset=pd.read_excel(io='C:/Desktop/投资组合配置资产的日价格数据.xlsx', sheet_name
='Sheet1',header=0,index_col=0)                              #导入数据
   ...: P_asset=P_asset.dropna()                             #删除缺失值

In [7]: P_asset.index=pd.DatetimeIndex(P_asset.index)   #将数据框索引转为Datetime类型

In [8]: (P_asset/P_asset.iloc[0]).plot(figsize=(9,6),grid=True,title='资产价格走势',
   ...:                 xlabel='日期',ylabel='价格（首个交易日价格归1)')  #可视化
Out[8]:
```

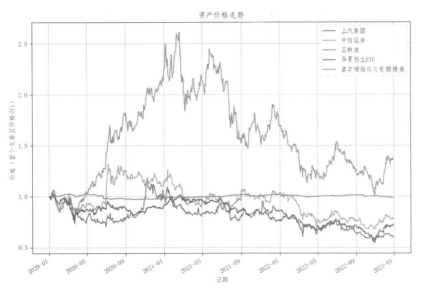

图6-2 资产价格走势
（资产价格按照首个交易日归1处理）

从图6-2可以清楚地看到,在2020年至2022年期间,投资组合中仅有五粮液股价略有上涨,其余4个资产的价格或者下跌或者原地踏步。

```
In [9]: R_asset=np.log(P_asset/P_asset.shift(1))          #日收益率(对数收益率)
   ...: R_asset=R_asset.dropna()                          #删除缺失值

In [10]: R_asset.describe()                               #描述性统计指标
Out[10]:
          上汽集团      中信证券      五粮液      华夏恒生ETF   嘉实增强信用定期债券
count  727.000000  727.000000  727.000000  727.000000  727.000000
mean    -0.000711   -0.000340    0.000431   -0.000462   -0.000018
std      0.021466    0.020352    0.025764    0.016045    0.001830
min     -0.097967   -0.105361   -0.105396   -0.066588   -0.027399
25%     -0.011702   -0.010479   -0.013538   -0.008149   -0.000288
50%     -0.001944   -0.001009    0.001325   -0.000534    0.000000
75%      0.009577    0.008852    0.014831    0.007504    0.000777
max      0.095486    0.095450    0.095301    0.088383    0.008675

In [11]: R_mean=R_asset.mean()                            #每个资产的日平均收益率
   ...: print('2020年至2022年期间日平均收益率\n',R_mean)
2020年至2022年期间日平均收益率
上汽集团              -0.000711
中信证券              -0.000340
五粮液                0.000431
华夏恒生ETF          -0.000462
嘉实增强信用定期债券    -0.000018
dtype: float64

In [12]: R_vol=R_asset.std()                              #每个资产收益率的日波动率
   ...: print('2020年至2022年期间日波动率\n',R_vol)
2020年至2022年期间日波动率
上汽集团              0.021466
中信证券              0.020352
五粮液               0.025764
华夏恒生ETF          0.016045
嘉实增强信用定期债券    0.001830
dtype: float64

In [13]: R_corr=R_asset.corr()                            #每个资产收益率之间的相关系数矩阵
   ...: R_corr                                            #输出相关系数矩阵
Out[13]:
                  上汽集团      中信证券      五粮液      华夏恒生ETF   嘉实增强信用定期债券
上汽集团           1.000000  0.446329  0.303576  0.385067  0.056316
中信证券           0.446329  1.000000  0.425296  0.477894  0.164645
五粮液            0.303576  0.425296  1.000000  0.525508  0.011216
华夏恒生ETF        0.385067  0.477894  0.525508  1.000000  0.050482
嘉实增强信用定期债券  0.056316  0.164645  0.011216  0.050482  1.000000
```

从以上的代码输出结果可以看到,五粮液的日波动率最高,表明股价波动的风险最高,而嘉实增强信用定期债券由于是债券型基金,因此波动率最低,风险也最低。同时,输出的不同资产收益率之间相关系数也比较低,说明投资组合资产配置的风险分散化效果较好。

第2步：按照投资组合每个资产的权重计算投资组合的日平均收益率和日波动率，其中，针对波动率的计算需要运用NumPy模块求矩阵之间内积的函数dot。具体的代码如下：

```
In [14]: W_asset=np.array([0.15,0.2,0.25,0.3,0.1])        #投资组合每个资产的配置权重

In [15]: Rp_mean=np.sum(W_asset*R_mean)                    #投资组合的日平均收益率
   ...: print('2020年至2022年期间投资组合的日平均收益率',round(Rp_mean,6))
2020年至2022年期间投资组合的日平均收益率 -0.000207

In [16]: R_cov=R_asset.cov()                               #每个资产收益率之间的协方差矩阵

In [17]: Vp_daily=np.sqrt(np.dot(W_asset,np.dot(R_cov,W_asset.T)))  #投资组合的日波动率
   ...: print('2020年至2022年期间投资组合的日波动率',round(Vp_daily,6))
2020年至2022年期间投资组合的日波动率 0.014209
```

从第2步的计算中可以发现，2020年至2022年期间投资组合的日平均收益率为负，同时投资组合的日波动率达到1.4209%。

第3步：运用自定义函数VaR_VCM，测算运用方差-协方差法测度的风险价值。具体的代码如下：

```
In [18]: MVp=1e10        #投资组合的最新市值为100亿元
   ...: D1=1             #持有期为1天
   ...: D2=10            #持有期为10天
   ...: X1=0.95          #置信水平为95%
   ...: X2=0.99          #置信水平为99%

In [19]: VaR95_1day_VCM=VaR_VCM(Value=MVp,Rp=Rp_mean,Vp=Vp_daily,X=X1,N=D1) #持有期1天、置信水平95%的风险价值
   ...: VaR99_1day_VCM=VaR_VCM(Value=MVp,Rp=Rp_mean,Vp=Vp_daily,X=X2,N=D1) #持有期1天、置信水平99%的风险价值
   ...: print('方差-协方差法测度持有期1天、置信水平95%的风险价值（元）', round(VaR95_1day_VCM,2))
   ...: print('方差-协方差法测度持有期1天、置信水平99%的风险价值（元）', round(VaR99_1day_VCM,2))
方差-协方差法测度持有期1天、置信水平95%的风险价值（元） 235785288.36
方差-协方差法测度持有期1天、置信水平99%的风险价值（元） 332616814.47

In [20]: VaR95_10day_VCM=VaR_VCM(Value=MVp,Rp=Rp_mean,Vp=Vp_daily,X=X1,N=D2) #持有期10天、置信水平95%的风险价值
   ...: VaR99_10day_VCM=VaR_VCM(Value=MVp,Rp=Rp_mean,Vp=Vp_daily,X=X2,N=D2) #持有期10天、置信水平99%的风险价值
   ...: print('方差-协方差法测度持有期10天、置信水平95%的风险价值（元）', round(VaR95_10day_VCM,2))
   ...: print('方差-协方差法测度持有期10天、置信水平99%的风险价值（元）', round(VaR99_10day_VCM,2))
方差-协方差法测度持有期10天、置信水平95%的风险价值（元） 745618549.99
方差-协方差法测度持有期10天、置信水平99%的风险价值（元） 1051826721.78
```

通过第3步的代码运算结果可以得出，在置信水平95%、持有期10天的情况下，风险价值的金额达到约7.46亿元，占到整个投资组合市值的约7.46%，这意味着从理论上讲，未来10个交易日内，有95%的把握保证100亿元市值的投资组合累计最大亏损不会超过7.46亿元。同样，在置信水平99%、持有期10天的情况下，风险价值提高至约10.52亿元，占到整个投资组合市值的约10.52%，这表明在未来10个交易日内，有99%的把握保证投资组合的最大累计亏损不会超过10.52亿元。

通过以上的示例可以看到，方差-协方差法运用每个资产的历史数据来计算日平均收益率、日波动率以及协方差等统计指标。对此，有读者可能在脑海中已经产生了一个新的想法：为了最大化发挥历史数据的作用，将过去每一天的收益率直接映射到每个资产并形成投资组合的历史收益分布，然后再求出风险价值。这个思路就引出了下一节的历史模拟法。

6.3　历史模拟法

历史模拟法（historical simulation method）是计算市场风险价值的一种流行方法。这种方法的核心假设就是历史可以代表未来，也就是假定基于过去交易数据的投资组合收益分布是对未来分布的最优估计。

6.3.1　历史模拟法的细节

为了能够更好地理解历史模拟法，先通过一个简单并且抽象的例子剖析这种方法的思路。

1. 一个简单且抽象的例子

假设存在一个投资组合，该组合配置了 M 个不同的资产。采用这 M 个资产过去1000个交易日的收益率数据，并依据投资组合的当前市值以及 M 个资产的最新权重比例，模拟出该投资组合在过去1000个交易日的每日收益金额，该金额如果大于零就表示盈利，小于零则表示亏损。

这里用数学形式抽象地描述模拟的过程，定义 R_{it} 表示投资组合中第 i 个资产在过去第 t 个交易日的收益率，并且假设今天是第 T 个交易日（$T=1000$），今天的投资组合最新市值用 S_{PT} 表示，第 i 个资产在今天的最新权重用 w_i 表示。在历史模拟方法中，模拟过去第 t 个交易日（$1 \leqslant t \leqslant T$）投资组合的收益 ΔS_{Pt} 就用如下的表达式：

$$\Delta S_{Pt} = \sum_{i=1}^{M} w_i R_{it} S_{PT} \qquad （式6\text{-}7）$$

然后，将这1000个交易日的投资组合收益金额，由大到小进行排序从而形成一个基于过去1000个交易日的投资组合收益分布，具体如下：

第1位　收益金额最大值（正数）

第2位　收益金额排第2的值（正数）

第3位　收益金额排第3的值（正数）

⋮

第950位　收益金额排第950的值（负数）

⋮

第990位　收益金额排第990的值（负数）

⋮

第1000位　收益金额最小值（负数）

当计算持有期为1天、置信水平为95%的风险价值，选取第950位的收益金额（对应于收益分布中的5%分位数），考虑到是负数，因此取绝对值以后就是计算得到的风险价值；当计算持有期为1天、置信水平为99%的风险价值，选取第990位的收益金额（对应于分布中的1%分位数）并取绝对值，可以得出相应的风险价值。针对相同置信水平而持有期 N 天的风险价值，可以运用（式6-2）计算得到。

由于影响投资组合的变量可能会有多个，因此在历史模拟法中，首先需要选定影响投资组合的各种变量或风险因子，这些变量通常是利率、汇率、债券价格、股票价格、期货价格、期权价格等，并且所有的资产价格应当以本币计价或者折算成为本币计价。同时，确定过去交易日的期间长度也是很关键的，通常可以选择过去3年、5年、10年甚至更长的周期，然后收集这些变量在选定期间内每个交易日的数据，这些数据提供了测算风险价值可能发生变化的情形。

2. 优势与局限

根据以上的例子可以归纳出历史模拟法的3个主要优势，具体如下。

第一，计算相对简便。 历史模拟法只需要通过模拟出投资组合历史收益的分布就可以直接求出投资组合的风险价值，显著降低了运算量。

第二，非参数化建模。 历史模拟法不依赖对变量、风险因子分布的任何假定，也不需要假设不同资产收益率之间相互独立，能够有效避免正态分布及独立性假设的局限，消除了参数估计误差对计算风险价值的影响。

第三，风险捕捉能力较强。 历史模拟法运用过去的真实交易数据，能够比较好地处理非线性风险、市场大幅波动等情况，在一定程度上提升了捕捉各种风险的能力。

当然，历史模拟法也有其局限性，概括起来包括以下3个方面。

第一，对数据完整性要求很高。 一般而言，适当地拉长过去的数据区间，历史模拟法计算得到的风险价值可能更接近于真实的风险值。但是，不同资产的过去交易数据会存在期间跨度方面的差异性，比如投资组合配置了新上市的公司股票（新股），由于这些新股缺乏足够多的过往交易信息，会影响到历史模拟法的有效运用。

第二，未来不是过去的简单重复。 前面提到了历史模拟法的核心假设是历史可以代表未来，未来是历史的一个镜像。然而类似于1997年亚洲金融危机、2008年美国金融危机、2010年欧债危机等重大事件发生时，基于过去的概率分布预测未来就显得不合时宜了。

第三，早期数据的可靠性问题。 使用者为了能够得到更加精确的风险价值数据，往往会拉长过去的数据区间从而得到更多的样本，但是样本量越大，其中的一些数据就越早，这些早期历史数据所处的市场条件可能与当前的情况存在很大差异，从而使得计算的结果反而有可能不可靠。

下面，通过一个示例具体演示运用历史模拟法计算投资组合的风险价值。

6.3.2 历史模拟法的运用

【例6-2】 沿用例6-1的投资组合信息，运用历史模拟法测算持有期分别为1天和10天、置信水平分别是95%和99%的风险价值。在计算过程中，选取上汽集团、中信证券、五粮液、华夏恒生ETF以及嘉实增强信用定期债券这5个资产2020年至2022年期间的日收益率历史数据。Python编程具体分为3个步骤，并且编程会运用在例6-1所设定的变量。

第1步：依据2020年至2022年相关资产的日收益率数据，并结合2022年12月30日投资组合的最新市值及每个资产的最新权重，模拟出2020年至2022年期间每个交易日投资组合的日收益金额（见图6-3）。具体的代码如下：

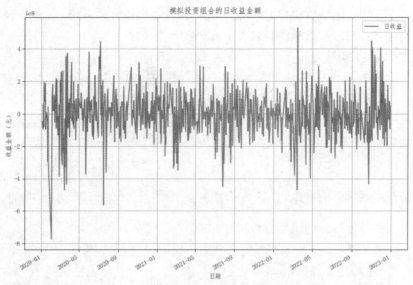

图6-3 模拟投资组合的日收益金额

```
In [21]: MV_asset=MVp*W_asset                #通过投资组合最新市值和资产权重计算每个资产最新市值

In [22]: profit_port=np.dot(R_asset,MV_asset)  #模拟投资组合2020年至2022年的日收益金额

In [23]: profit_port=pd.DataFrame(data=profit_port,index=R_asset.index,columns=['日收益']) #
转换为数据框

In [24]: profit_port.plot(figsize=(9,6),grid=True,title='模拟投资组合的日收益金额',
    ...:                   xlabel='日期',ylabel='收益金额（元）')         #可视化
Out[24]:
```

通过图6-3可以发现，在2020年至2022年期间，投资组合最大的单日亏损金额接近8亿元，此外也有多个交易日的亏损金额突破4亿元。

第2步：对模拟的投资组合日收益进行正态性检验，需要运用直方图（见图6-4）以及SciPy的子模块stats中的kstest、anderson、shapiro和normaltest等函数。具体的代码如下：

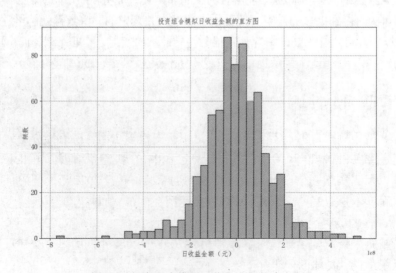

图6-4 投资组合模拟日收益金额的直方图

```
In [25]: plt.figure(figsize=(9,6))
    ...: plt.hist(x=np.array(profit_port),bins=40,facecolor='y',edgecolor='k') #绘制直方图并
在输入时将数据框转换为数组
    ...: plt.xticks(fontsize=12)
    ...: plt.xlabel('日收益金额（元）',fontsize=12)
    ...: plt.yticks(fontsize=13)
    ...: plt.ylabel('频数',fontsize=12)
    ...: plt.title('投资组合模拟日收益金额的直方图',fontsize=12)
    ...: plt.grid()
    ...: plt.show()
In [26]: profit_mean=profit_port.mean()              #计算投资组合模拟日收益金额的均值
    ...: profit_mean=float(profit_mean)              #转换为浮点型数据类型

In [27]: profit_std=profit_port.std()               #计算投资组合模拟日收益金额的标准差
    ...: profit_std=float(profit_std)

In [28]: mean_std=(profit_mean,profit_std)           #将均值与标准差存放于元组

In [29]: st.kstest(rvs=profit_port['日收益'],cdf='norm',args=mean_std)  #KS检验
Out[29]: KstestResult(statistic=0.05351450319976958, pvalue=0.029959595009076523)

In [30]: st.anderson(x=profit_port['日收益'],dist='norm') #Anderson-Darling检验
Out[30]: AndersonResult(statistic=3.775442741088227, critical_values=array([0.573, 0.652,
0.783, 0.913, 1.086]), significance_level=array([15. , 10. , 5. , 2.5, 1. ]))

In [31]: st.shapiro(profit_port['日收益'])            #Shapiro-Wilk检验
Out[31]: ShapiroResult(statistic=0.975048840045929, pvalue=8.397610939958611e-10)

In [32]: st.normaltest(profit_port['日收益'])         #一般的正态性检验
Out[32]: NormaltestResult(statistic=54.27227113135944, pvalue=1.640310495185613e-12)
```

无论是目测图6-4还是观察4个检验正态性的指标统计量，可以得出投资组合模拟日收益数据不服从正态分布的结论，因此，运用方差-协方差法计算得到的投资组合风险价值可能会存在偏差。

第3步：计算投资组合的风险价值，需要运用pandas模块计算分位数的quantile方法。具体的代码如下：

```
In [33]: VaR95_1day_history=np.abs(profit_port.quantile(q=1-X1)) #持有期1天、置信水平95%的风险价值
    ...: VaR99_1day_history=np.abs(profit_port.quantile(q=1-X2)) #持有期1天、置信水平99%的风险价值
    ...: VaR95_1day_history=float(VaR95_1day_history)        #转为浮点型数据类型
    ...: VaR99_1day_history=float(VaR99_1day_history)
    ...: print('历史模拟法测度持有期1天、置信水平95%的风险价值（元）', round(VaR95_1day_history,2))
    ...: print('历史模拟法测度持有期1天、置信水平99%的风险价值（元）', round(VaR99_1day_history,2))
历史模拟法测度持有期1天、置信水平95%的风险价值（元） 231491825.02
历史模拟法测度持有期1天、置信水平99%的风险价值（元） 393977470.87

In [34]: VaR95_10day_history=np.sqrt(D2)*VaR95_1day_history #持有期10天、置信水平95%的风险价值
    ...: VaR99_10day_history=np.sqrt(D2)*VaR99_1day_history #持有期10天、置信水平99%的风险价值
    ...: print('历史模拟法测度持有期10天、置信水平95%的风险价值（元）', round(VaR95_10day_history,2))
    ...: print('历史模拟法测度持有期10天、置信水平99%的风险价值（元）', round(VaR99_10day_history,2))
历史模拟法测度持有期10天、置信水平95%的风险价值（元） 732041426.76
历史模拟法测度持有期10天、置信水平99%的风险价值（元） 1245866154.75
```

从以上的代码输出结果可以看到，运用历史模拟法得到的持有期 10 天、置信水平 95% 的风险价值约为 7.32 亿元，这与方差-协方差法得出的风险价值约 7.46 亿元比较接近；然而，历史模拟法得到的持有期 10 天、置信水平 99% 的风险价值则高达约 12.46 亿元，显著高于方差-协方差法得出的风险价值约 10.52 亿元，这充分说明历史模拟法对尾部极端风险有更强的捕捉能力。

然而，当历史数据不足或者历史无法很好地代表未来之时，就需运用下一节讨论的蒙特卡罗模拟法。

6.4　蒙特卡罗模拟法

在计算市场风险价值时，除了前面提到的方差-协方差法以及历史模拟法以外，还可以通过蒙特卡罗模拟法得到投资组合收益的概率分布，并最终计算出风险价值。

6.4.1　蒙特卡罗模拟法的细节

蒙特卡罗模拟法（Monte Carlo simulation method），又称**统计试验方法**，属于计算数学的一个分支。在 20 世纪 30 ～ 40 年代，原子能事业得到长足发展，然而传统的经验方法由于不能逼近真实的物理过程，很难得到满意的结果，蒙特卡罗方法能够比较真实地模拟物理过程，从而受到关注与青睐，此后也开始运用于金融领域。在运用蒙特卡罗模拟法测度风险价值时，可以有两种不同的思路：一种以每个资产作为切入点，对每个资产的收益进行模拟；另一种则以投资组合为切入点，直接模拟投资组合的收益。下面就展开讨论。

1. 以每个资产为切入点的蒙特卡罗模拟

假设存在由 M 个资产所构建的投资组合，其中，S_i 表示第 i 个资产的当前价值，S_p 表示投资组合的当前价值，第 i 个资产的价值在一个交易日内的百分比变化用 x_i 表示，x_i 可以理解为日收益率。在运用蒙特卡罗模拟法计算投资组合的风险价值时，需要经历如下过程。

第 1 步：将 M 个资产的当前价值进行加总计算出投资组合的当前价值 S_p。其表达式如下：

$$S_p = \sum_{i=1}^{M} S_i \qquad （式 6-8）$$

第 2 步：基于第 i 个资产价值日百分比变化 x_i 所服从的多元分布（比如多元正态分布），进行一次随机抽样并得到抽样结果 x_i^j，上标 j 表示第 j 次抽样。

第 3 步：通过 x_i^j 模拟计算得出第 i 个资产在下一个交易日的收益金额 $x_i^j S_i$。

第 4 步：模拟计算得到投资组合在下一个交易日的收益金额。具体表达式如下：

$$\Delta S_p^j = \sum_{i=1}^{M} x_i^j S_i \qquad （式 6-9）$$

其中，ΔS_p^j 表示通过第 j 次抽样而模拟得到投资组合在下一个交易日的收益金额。

第 5 步：重复第 2 步至第 4 步，然后将 ΔS_p^j 的全部样本数据由大到小进行排序，从而建立投资组合在下一个交易日的模拟收益金额 ΔS_p 的概率分布。

第 6 步：持有期为 1 天、置信水平为 X 的投资组合风险价值对应于 ΔS_p 概率分布中的 X 分位数并且取绝对值。

比如，蒙特卡罗模拟法设定的抽样次数是1000次，通过以上的步骤可以得到 ΔS_p 的1000个不同样本值并且由大到小进行排列。持有期1天、置信水平95%的投资组合风险价值对应于排在第950位的数值并取绝对值；持有期1天、置信水平99%的投资组合风险价值就对应于排在第990位的数值并取绝对值。针对相同置信水平而持有期 N 天的风险价值，依然是通过（式6-2）计算得到。

需要注意的是，由于不同资产的收益率之间往往存在着一定的相关性，因此，在第2步设定 x_i 服从的多元分布函数时，就需要充分考虑不同资产收益率之间的协方差，这会导致整个模拟过程变得非常复杂。对此，有一种相对比较便捷的替代方法就是绕开每个资产，直接以投资组合作为切入点。

2. 以投资组合为切入点的蒙特卡罗模拟

假设由 M 个资产构建一个投资组合，S_p 表示投资组合的当前价值，x_p 表示投资组合在一个交易日内的百分比变化（投资组合的日收益率）。在运用蒙特卡罗模拟法计算投资组合的风险价值时，有以下若干步的过程。

第1步：基于 x_p 服从的分布（比如正态分布），进行一次随机抽样并得到抽样结果 x_p^j，上标 j 表示第 j 次抽样。

第2步：通过 x_p^j 模拟计算得出投资组合在下一个交易日的收益金额 $\Delta S_p^j = x_p^j S_p$。

第3步：重复第1步至第2步，然后将 ΔS_p^j 的全部样本数据由大到小进行排序，从而建立投资组合在下一个交易日的模拟收益金额 ΔS_p 的概率分布。

第4步：持有期为1天、置信水平为 X 的投资组合风险价值对应于 ΔS_p 概率分布中的 X 分位数并且取绝对值。

显然，相比以每个资产为切入点的方法，直接针对投资组合收益的模拟会更加简洁，并且运算过程也会被简化。

3. 优势与局限

通过以上的分析，可以归纳出蒙特卡罗模拟法的3个方面优势，具体如下。

第一，选择更多分布。 在蒙特卡罗模拟法中，针对市场变量和风险因子所服从的分布，风险管理者可以根据实际情况灵活设定，比如，针对厚尾现象可以通过选择学生氏分布（t 分布）等方式优化模拟结果。

第二，捕捉更多风险。 蒙特卡罗模拟法是一种数值估计的方法，针对非线性问题、波动幅度较大以及厚尾现象等情况，都能够较好地处理，风险捕捉能力较强。

第三，适应更多情景。 蒙特卡罗模拟法能够针对未来不同市场情景，随机生成各类变量和风险因子的数值，对未来风险进行模拟，便于风险管理者预测未来市场可能面临的风险。

当然，蒙特卡罗模拟法的局限性也会比较明显，主要包括以下3点。

第一，计算量大。 如果投资组合中涉及的变量和风险因子较多，运用蒙特卡罗模拟法计算风险价值的运算量会相当大，需要投入大量的时间进行运算。此外，结果精确度的提升需要以模拟次数的指数型增长为代价。例如将估计值的精确度提高1倍，必须将模拟次数提高4倍；如果精确度提高10倍，模拟次数将提高100倍；如果精确度提高100倍，模拟次数就需要提高1万倍；依此类推。

　　第二，随机陷阱。在蒙特卡罗模拟法中，生成的随机序列实质是伪随机数，所谓的**伪随机数**（pseudo-random number）是用确定性的算法计算出来的随机数序列，具有类似于随机数的统计特征，如均匀性、独立性等，但并非真正意义上的随机数。因此伪随机数可能会导致风险价值的计算结果出现偏差。

　　第三，可靠性弱。蒙特卡罗模拟法往往会对资产定价模型、随机模型的基础风险因子过度依赖，导致风险价值在风险预测方面的可靠性受到影响。

　　下面，通过一个示例具体演示如何运用蒙特卡罗模拟法测算投资组合的风险价值，并且直接以投资组合作为切入点。

6.4.2　蒙特卡罗模拟法的运用

　　【例6-3】　沿用例6-1的投资组合信息，运用蒙特卡罗模拟法计算投资组合的风险价值。具体是针对投资组合在下一个交易日的市值进行10万次模拟，进而求出持有期分别为1天和10天、置信水平依次为95%和99%的投资组合风险价值。

　　考虑到金融资产收益率的厚尾特征，为了进行对比分析，分别以学生氏分布和正态分布作为资产收益服从的分布。需要指出的是，国内外的研究发现，当股票等金融资产的收益率服从学生氏分布时，自由度估计值通常处于[4,8]的区间，因此本例将学生氏分布的自由度设定为8。同时，在模拟过程中，运用关于资产价格服从几何布朗运动的差分公式，结合本章设定的变量符号就有如下的等式：

$$S_{p,(t+\Delta t)} = S_{p,t} e^{\left(\mu_p - \frac{1}{2}\sigma_p^2\right)\Delta t + \sigma_p \varepsilon_t \sqrt{\Delta t}}　　　　　　（式6-10）$$

　　其中，（式6-10）中的 $S_{p,(t+\Delta t)}$ 表示需要预测的投资组合市值，$S_{p,t}$ 表示投资组合最新的市值，ε_t 在模拟过程中分别假定服从学生氏分布和标准正态分布；需要注意的是，如果时间变化 Δt 以年为单位（比如时间变化是一个交易日，$\Delta t = 1/252$），对应的 μ_p 是投资组合的年化平均收益率，σ_p 是投资组合收益率的年化波动率。

　　此外，为了确保蒙特卡罗模拟的结果能够重现，需要运用NumPy子模块random中的seed函数设定随机抽样的随机数种子。

　　下面，运用Python测算投资组合的风险价值，同时运用在例6-1所设定的变量，具体编程的过程分为4个步骤。

　　第1步：输入相关参数，并且运用（式6-10）模拟得出投资组合在下一个交易日的市值。具体的代码如下：

```
In [35]: import numpy.random as npr        #导入NumPy的子模块random并缩写为npr

In [36]: npr.seed(28)                      #设定随机数种子并且参数值等于28

In [37]: I=100000                          #模拟的次数
   ...: n=8                                #学生氏分布的自由度
   ...: epsilon_t=npr.standard_t(df=n,size=I)  #基于学生氏分布的随机抽样

In [38]: mu=Rp_mean*252                     #投资组合的年化平均收益率
   ...: sigma=Vp_daily*np.sqrt(252)         #投资组合的年化波动率
   ...: dt=1/252                            #设定步长为一个交易日
```

```
In [39]: MVp_new1=MVp*np.exp((mu-0.5*sigma**2)*dt+sigma*epsilon_t*np.sqrt(dt)) #模拟投资组合
下一个交易日的市值
```

第2步：计算投资组合在下一个交易日的收益并且可视化（见图6-5）。具体的代码如下：

```
In [40]: profit_new1=MVp_new1-MVp          #投资组合下一个交易日的模拟收益

In [41]: plt.figure(figsize=(9,6))
    ...: plt.hist(x=profit_new1,bins=40,facecolor='y',edgecolor='k')   #绘制直方图
    ...: plt.xticks(fontsize=12)
    ...: plt.xlabel('日收益金额（元）',fontsize=12)
    ...: plt.yticks(fontsize=12)
    ...: plt.ylabel('频数',fontsize=12)
    ...: plt.title('基于学生氏分布模拟得到投资组合日收益的直方图',fontsize=12)
    ...: plt.grid()
    ...: plt.show()
```

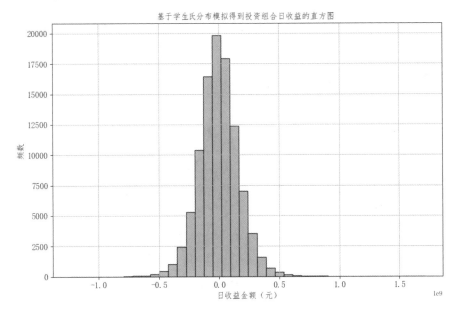

图6-5　基于学生氏分布模拟得到投资组合日收益的直方图

第3步：运用蒙特卡罗模拟法并且假定资产收益率服从学生氏分布，测度投资组合的风险价值。由于生成的投资组合模拟日收益是数组格式，所以需要运用NumPy模块计算分位数的percentile函数。具体的代码如下：

```
In [42]: VaR95_1day_MCt=np.abs(np.percentile(a=profit_new1,q=(1-X1)*100)) #持有期1天、置信水
平95%的风险价值
    ...: VaR99_1day_MCt=np.abs(np.percentile(a=profit_new1,q=(1-X2)*100)) #持有期1天、置信水平
99%的风险价值
    ...: print('蒙特卡罗模拟法（学生氏分布）测度持有期1天、置信水平95%的风险价值（元）',round(VaR95_1day_
MCt,2))
    ...: print('蒙特卡罗模拟法（学生氏分布）测度持有期1天、置信水平99%的风险价值（元）',round(VaR99_1day_
MCt,2))
蒙特卡罗模拟法（学生氏分布）测度持有期1天、置信水平95%的风险价值（元）  263063356.59
蒙特卡罗模拟法（学生氏分布）测度持有期1天、置信水平99%的风险价值（元）  401413989.32
```

```
In [43]: VaR95_10day_MCt=np.sqrt(D2)*VaR95_1day_MCt   #持有期10天、置信水平95%的风险价值
    ...: VaR99_10day_MCt=np.sqrt(D2)*VaR99_1day_MCt   #持有期10天、置信水平99%的风险价值
    ...: print('蒙特卡罗模拟法（学生氏分布）测度持有期10天、置信水平95%的风险价值（元）',round(VaR95_10day_
MCt,2))
    ...: print('蒙特卡罗模拟法（学生氏分布）测度持有期10天、置信水平99%的风险价值（元）',round(VaR99_10day_
MCt,2))
蒙特卡罗模拟法（学生氏分布）测度持有期10天、置信水平95%的风险价值（元） 831879375.75
蒙特卡罗模拟法（学生氏分布）测度持有期10天、置信水平99%的风险价值（元） 1269382490.9
```

从以上分析可以得到，运用蒙特卡罗模拟法并且假定资产收益率服从自由度为8的学生氏分布时，持有期10天、置信水平95%的投资组合风险价值约为8.32亿元，相同持有期、置信水平99%的风险价值则约等于12.69亿元，均高于方差-协方差法以及历史模拟法的结果。

第4步：为了进行对比，假定投资组合收益率服从标准正态分布，运用蒙特卡罗模拟法测度投资组合的风险价值并进行可视化（见图6-6）。具体的代码如下：

```
In [44]: npr.seed(68)                            #设定随机数种子并且参数值等于68

In [45]: epsilon_n=npr.standard_normal(I)        #基于标准正态分布的随机抽样

In [46]: MVp_new2=MVp*np.exp((mu-0.5*sigma**2)*dt+sigma*epsilon_n*np.sqrt(dt))  #模拟投资组
合下一个交易日的市值

In [47]: profit_new2=MVp_new2-MVp                 #投资组合下一个交易日的模拟收益

In [48]: plt.figure(figsize=(9,6))
    ...: plt.hist(x=profit_new2,bins=40,facecolor='y',edgecolor='k')
    ...: plt.xticks(fontsize=12)
    ...: plt.xlabel('日收益金额（元）',fontsize=12)
    ...: plt.yticks(fontsize=12)
    ...: plt.ylabel('频数',fontsize=12)
    ...: plt.title('基于标准正态分布模拟得到投资组合日收益的直方图',fontsize=12)
    ...: plt.grid()
    ...: plt.show()
In [49]: VaR95_1day_MCnorm=np.abs(np.percentile(a=profit_new2,q=(1-X1)*100))  #持有期1天、置
信水平95%的风险价值
    ...: VaR99_1day_MCnorm=np.abs(np.percentile(a=profit_new2,q=(1-X2)*100))  #持有期1天、置信
水平99%的风险价值
    ...: print('蒙特卡罗模拟法（标准正态分布）测度持有期1天、置信水平95%的风险价值（元）',round(VaR95_1day_
MCnorm,2))
    ...: print('蒙特卡罗模拟法（标准正态分布）测度持有期1天、置信水平99%的风险价值（元）',round(VaR99_1day_
MCnorm,2))
蒙特卡罗模拟法（标准正态分布）测度持有期1天、置信水平95%的风险价值（元） 235651513.32
蒙特卡罗模拟法（标准正态分布）测度持有期1天、置信水平99%的风险价值（元） 331012500.86

In [50]: VaR95_10day_MCnorm=np.sqrt(D2)*VaR95_1day_MCnorm   #持有期10天、置信水平95%的风险价值
    ...: VaR99_10day_MCnorm=np.sqrt(D2)*VaR99_1day_MCnorm   #持有期10天、置信水平99%的风险价值
    ...: print('蒙特卡罗模拟法（标准正态分布）测度持有期10天、置信水平95%的风险价值(元)',round(VaR95_10day_
MCnorm,2))
    ...: print('蒙特卡罗模拟法（标准正态分布）测度持有期10天、置信水平99%的风险价值(元)',round(VaR99_10day_
MCnorm,2))
蒙特卡罗模拟法（标准正态分布）测度持有期10天、置信水平95%的风险价值（元） 745195516.15
蒙特卡罗模拟法（标准正态分布）测度持有期10天、置信水平99%的风险价值（元） 1046753436.7
```

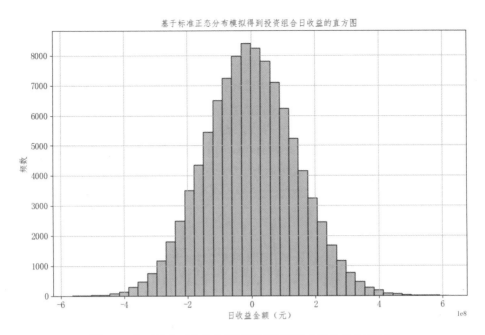

图 6-6 基于标准正态分布模拟得到投资组合日收益的直方图

根据以上代码输出的结果，当资产收益服从标准正态分布时，蒙特卡罗模拟法计算得到的投资组合风险价值会低于服从学生氏分布的风险价值。

6.5 回溯检验、压力测试以及压力风险价值

"实践是检验真理的唯一标准。"将这句话运用于风险价值模型，就引出了本节将要探究的3个内容：回溯检验、压力测试以及压力风险价值。

6.5.1 回溯检验

1. 基本概念

回溯检验（back testing），也称为**事后检验**或**返回检验**，是指将通过模型得到风险价值的估算结果与实际发生的亏损进行比较，以检验风险价值模型的准确性和可靠性，并据此对模型进行校正的一种方法。倘若估算结果与实际结果近似，则表明该模型的准确性和可靠性较高；若估算结果与实际结果的差距很大，则有理由质疑模型的准确性和可靠性。

举一个简单例子加以说明。假定计算得到持有期1天、置信水平95%的风险价值是1亿元，在对风险价值进行回溯检验时，就要找出投资组合在每个交易日中损失超出1亿元的天数，并且计算这些天数占整个检验样本天数的占比。如果观测的完整交易日天数是1000天，并且损失金额超出1亿元的天数控制在50天以内，也就是占总天数的5%以内，可以认为测算风险价值的模型是合理的；相反，如果损失超出1亿元的天数大于50天，即占总天数的比例超过5%，此时就应当对风险价值的模型产生合理怀疑。

下面，运用一个示例具体讲解开展回溯检验的过程与方法。

2. 一个示例

【例6-4】 沿用例6-1的投资组合信息，针对运用方差-协方差法计算得到的持有期1天、置信水平95%的风险价值，结合2020年至2022年的日交易数据，运用回溯检验判断风险价值的合理性。具体的编程分为两个步骤。

第1步：根据例6-2运用历史模拟法计算得出的2020年至2022年期间投资组合日收益金额数据，创建每年投资组合日收益金额的时间序列，并且将投资组合日收益与风险价值所对应亏损额进行可视化（见图6-7）。具体的代码如下：

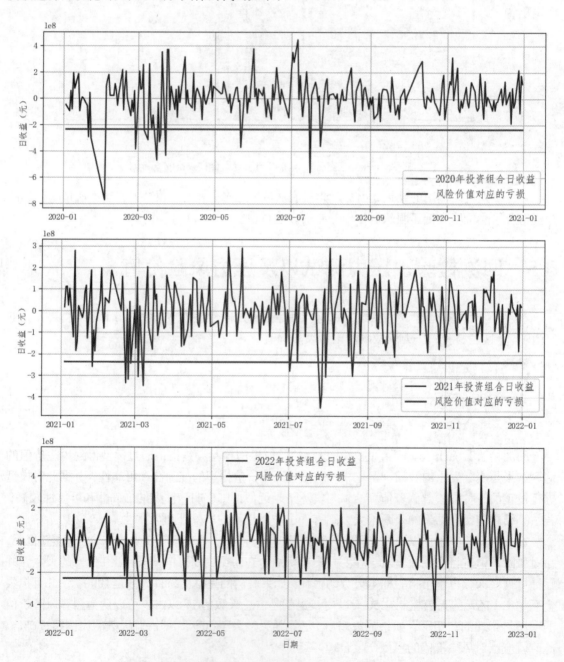

图6-7 投资组合在不同年份的日收益与风险价值对应的亏损额

```
In [51]: profit_2020=profit_port.loc['2020-01-01':'2020-12-31']   #取2020年投资组合的日收益金额
    ...: profit_2021=profit_port.loc['2021-01-01':'2021-12-31']   #取2021年投资组合的日收益金额
    ...: profit_2022=profit_port.loc['2022-01-01':'2022-12-31']   #取2022年投资组合的日收益金额

In [52]: VaR2020_neg=-VaR95_1day_VCM*np.ones_like(profit_2020)   #创建2020年风险价值对应亏损的数组
    ...: VaR2021_neg=-VaR95_1day_VCM*np.ones_like(profit_2021)   #创建2021年风险价值对应亏损的数组
    ...: VaR2022_neg=-VaR95_1day_VCM*np.ones_like(profit_2022)   #创建2022年风险价值对应亏损的数组

In [53]: VaR2020_neg=pd.DataFrame(data=VaR2020_neg,index=profit_2020.index) #转换为数据框
    ...: VaR2021_neg=pd.DataFrame(data=VaR2021_neg,index=profit_2021.index)
    ...: VaR2022_neg=pd.DataFrame(data=VaR2022_neg,index=profit_2022.index)

In [54]: plt.figure(figsize=(9,12))
    ...: plt.subplot(3,1,1)                          #第1个子图
    ...: plt.plot(profit_2020,'b-',label='2020年投资组合日收益')
    ...: plt.plot(VaR2020_neg,'r-',label='风险价值对应的亏损',lw=2)
    ...: plt.ylabel('日收益（元）')
    ...: plt.legend(fontsize=12)
    ...: plt.grid()
    ...: plt.subplot(3,1,2)                          #第2个子图
    ...: plt.plot(profit_2021,'b-',label='2021年投资组合日收益')
    ...: plt.plot(VaR2021_neg,'r-',label='风险价值对应的亏损',lw=2)
    ...: plt.ylabel('日收益（元）')
    ...: plt.legend(fontsize=12)
    ...: plt.grid()
    ...: plt.subplot(3,1,3)                          #第3个子图
    ...: plt.plot(profit_2022,'b-',label='2022年投资组合日收益')
    ...: plt.plot(VaR2022_neg,'r-',label='风险价值对应的亏损',lw=2)
    ...: plt.xlabel('日期')
    ...: plt.ylabel('日收益（元）')
    ...: plt.legend(fontsize=12,loc=9)               #该图例放置在中上位置
    ...: plt.grid()
    ...: plt.show()
```

在图6-7中，当投资组合日亏损金额触及风险价值对应的亏损额这条直线时，就表明亏损超出了风险价值。通过图6-7可以发现，相比2022年，2020年和2021年这两年超出风险价值的亏损天数更多，当然具体的天数需要通过第2步计算得到。

第2步：计算在2020年至2022年期间，每年的交易日天数、每一年内投资组合日亏损金额突破风险价值的具体天数以及占当年交易日天数的比重。具体的代码如下：

```
In [55]: days_2020=len(profit_2020)                 #2020年的全部交易日天数
    ...: days_2021=len(profit_2021)                 #2021年的全部交易日天数
    ...: days_2022=len(profit_2022)                 #2022年的全部交易日天数
    ...: print('2020年的全部交易日天数',days_2020)
    ...: print('2021年的全部交易日天数',days_2021)
    ...: print('2022年的全部交易日天数',days_2022)
2020年的全部交易日天数 242
2021年的全部交易日天数 243
2022年的全部交易日天数 242

In [56]: dayexcept_2020=len(profit_2020[profit_2020['日收益']<-VaR95_1day_VCM]) #测算2020年
日亏损突破风险价值的天数
    ...: dayexcept_2021=len(profit_2021[profit_2021['日收益']<-VaR95_1day_VCM]) #测算2021年日
```

```
亏损突破风险价值的天数
    ...: dayexcept_2022=len(profit_2022[profit_2022['日收益']<-VaR95_1day_VCM]) #测算2022年日
亏损突破风险价值的天数
    ...: print('2020年日亏损突破风险价值的天数',dayexcept_2020)
    ...: print('2021年日亏损突破风险价值的天数',dayexcept_2021)
    ...: print('2022年日亏损突破风险价值的天数',dayexcept_2022)
2020年日亏损突破风险价值的天数 13
2021年日亏损突破风险价值的天数 12
2022年日亏损突破风险价值的天数 11

In [57]: ratio_2020=dayexcept_2020/days_2020  #2020年日亏损突破风险价值的天数占全年交易日天数的比例
    ...: ratio_2021=dayexcept_2021/days_2021  #2021年日亏损突破风险价值的天数占全年交易日天数的比例
    ...: ratio_2022=dayexcept_2022/days_2022  #2022年日亏损突破风险价值的天数占全年交易日天数的比例
    ...: print('2020年日亏损突破风险价值的天数占全年交易日天数的比例',round(ratio_2020,4))
    ...: print('2021年日亏损突破风险价值的天数占全年交易日天数的比例',round(ratio_2021,4))
    ...: print('2022年日亏损突破风险价值的天数占全年交易日天数的比例',round(ratio_2022,4))
2020年日亏损突破风险价值的天数占全年交易日天数的比例 0.0537
2021年日亏损突破风险价值的天数占全年交易日天数的比例 0.0494
2022年日亏损突破风险价值的天数占全年交易日天数的比例 0.0455
```

通过以上的分析不难发现，2020年日亏损突破风险价值的天数占全年交易日天数的比重超过5%的阈值，因此可以认为方差-协方差法计算风险价值的模型在2020年不适用。但是，在2021年和2022年日亏损突破风险价值的天数占全年交易日天数的比例小于5%，可以认为该模型在这两年是可行的。

6.5.2　压力测试

除了计算风险价值，众多金融机构也会针对投资组合开展压力测试，目的就是检验如果出现过去10至20年甚至更长期间的某些极端市场条件，投资组合的业绩将会如何表现，进而采取可能的风险应对措施。

1.　压力测试的简介

压力测试（stress testing）是一种以定量分析为主的风险分析方法，通过测算金融机构在遇到假定的小概率事件等极端不利情况下可能面临的损失，分析这些损失对金融机构的盈利能力、资本金、业务指标以及风控指标等的负面影响，进而对单家金融机构、某类金融业态（如银行业）甚至整个金融体系的脆弱性做出评估和判断，并采取必要的应对措施。

压力测试包括敏感性分析、情景分析以及反向压力测试等具体方法。**敏感性分析**（sensitivity analysis）旨在测量单个重要风险因子或少数几项关系密切的风险因子根据假设的变动，对金融机构风险暴露和承受风险能力的影响。**情景分析**（scenario analysis）通常假设当多个风险因子同时发生变化以及某些极端不利事件出现时，测量这些变化因素对金融机构风险暴露和风险承受能力的影响。**反向压力测试**（reverse stress testing）通常针对特定的风险因子，反向评估当资本充足率等风险指标不达标时这些风险因子的不利变动幅度。

在压力测试中一般会设置多个压力情景，包括轻度情景、中度情景和重度情景等。这些情景在金融机构中通常由管理层制定，并且一般会采用以下两种方法：一种是**头脑风暴法**，具体是要求金融机构管理层定期会面，在给定经济背景和全球不确定状况下，通过集体研讨得出市场可能会出现的极端情形,该方法主观性较强,并且与管理层的专业水平和判断密切相关;另一种是**历史重现法**,就是直接选取在现实金融市场中已经出现过的极端情形,比如2008年美国金融危机等,考虑到在市场变量假设的概率分布中,这些极端情形发生的概率几乎为零,因此压力测试可以看成将这些极端情形考虑在内的方法。市场变量在一天内的变化超过5个标准差就是一种极端事件,在正态分布的假设下,这种极端事件每7000年才可能发生1次,然而在现实金融市场中,一天内变化5个标准差的极端事件每隔10年便会发生1~2次。

2. 针对压力测试的监管要求

目前,国家金融监督管理总局、中国证监会等金融监管机构对压力测试工作始终高度重视,并且针对压力测试做出了相关的监管制度安排。表6-2展示了监管层面针对压力测试的部分监管规定以及相关的压力测试情景。

表6-2 关于压力测试的部分监管要求

指引名称	发布机构	发布时间	压力测试情景
《商业银行压力测试指引》	原中国银监会(已更名为"国家金融监督管理总局")	2014年12月	1. 信用风险的压力情景:国内及国际主要经济体宏观经济增长下滑,房地产价格出现较大幅度向下波动,贷款质量和抵押品质量恶化,授信较为集中的企业和主要交易对手信用等级下降乃至违约,部分行业出现集中违约,部分国际业务敞口面临国别风险或转移风险,其他对银行信用风险带来重大影响的情况等 2. 市场风险的压力情景:利率重新定价,基准利率不同步以及收益率曲线出现大幅变动,期权行使带来的损失,主要货币汇率出现大的变化,信用价差出现不利走势,商品价格出现大幅波动,股票市场大幅下跌以及货币市场大幅波动等 3. 流动性风险的压力情景:流动性资产变现能力大幅减弱,批发和零售存款大量流失,批发和零售融资的可获得性下降,交易对手要求追加抵(质)押品或减少融资金额,主要交易对手违约或破产,信用评级下调或声誉风险上升,市场流动性状况出现重大不利变化,表外业务、复杂产品和交易对流动性造成损耗,银行支付清算系统突然中断运行等 4. 操作风险的压力情景:内部欺诈事件,外部欺诈事件,就业制度和工作场所安全事件,客户、产品和业务活动事件,实物资产的损坏,信息科技系统事件,执行、交割和流程管理事件等
《中国银保监会关于实施保险公司偿付能力监管规则(Ⅱ)有关事项的通知》(附件4:保险公司压力测试必测压力情景和必测因素)	原中国银保监会(已更名为"国家金融监督管理总局")	2021年12月	针对宏观经济风险情景,该情景假设宏观经济在未来一个会计年度末同时发生以下不利变动: 1. 无风险利率曲线上升50个基点; 2. 权益类资产认可价值下跌20%; 3. 固定收益类资产违约,产生其认可价值10%的损失

续表

指引名称	发布机构	发布时间	压力测试情景
《证券公司压力测试指引（2023年修订）》	中国证券业协会	2023年7月	1. 经营风险因素：证券交易量大幅下降、经纪业务佣金费率快速下滑、资产管理、投资银行、融资融券、股票质押等主要业务规模大幅变动等 2. 市场风险因素：利率或信用价差大幅变动、权益市场、汇率大幅波动、商品市场的大幅波动等，可参考资产价格在不同置信区间下的历史不利变动，并适度增加变动幅度 3. 信用风险因素：违约事件发生、信用评级下调、信用类业务违约率或违约损失率上升等，并充分考虑违约资产以及担保品处置周期等特殊因素 4. 操作风险因素：信息系统重大故障、业务流程设计失效、人员重大操作失误、外部事件造成重大损失等 5. 声誉风险因素：发生重大负面声誉事件，造成证券公司重大损失、证券行业声誉损害等 6. 法律合规风险因素：发生违法违规事件、监管处罚导致部分业务资格暂停、诉讼案件或有赔偿等 7. 流动性风险因素：融资成本持续高企、融资渠道受限、出现大额资金缺口、负债集中到期或赎回、金融资产变现困难以及可能导致流动性风险的其他因素 在考虑以上风险因素不利变动时，可同步考虑宏观经济风险因素的先导性作用，包括但不限于国际经济及政治不利因素、国内经济增速放缓，如国内生产总值（GDP）增速下降、失业率（UE）上升、居民消费价格指数（CPI）等指标出现大幅波动对证券公司经营、市场、信用等相关风险的传导及影响
《公募基金管理公司压力测试指引（试行）》	中国证券投资基金业协会	2016年11月	1. 市场出现重大变化，如股票市场急剧下跌、成交量急剧萎缩、债券市场发生重大违约、监管政策发生重大变化等 2. 基金公司进行重大创新、内部出现重大风险情况 3. 其他可能或已经出现的风险事件，需要进行压力测试

6.5.3 压力风险价值

由于前面讨论的风险价值存在局限性，尤其是针对极端风险的识别和测度能力不足，因此在经历 2008 年的金融危机以后，发达国家的金融监管部门开始意识到这个问题在一定程度上导致了金融体系的脆弱性，此后逐步要求金融机构测算压力风险价值，将其作为传统风险价值的补充。

1. 基本概念

压力风险价值（stressed VaR，SVaR）具体是指当市场变量在一定压力市场（极端市场）条件下通过历史模拟法计算得到的风险价值。下面通过一个简单的例子描述压力风险价值的一些技术细节。

假设由 M 个资产构建的投资组合，选择过去曾出现极端市场条件的250个交易日作为选定的压力期间，同时采用 M 个资产在压力期间的收益率数据，并且依据投资组合的当前市场价值以及 M 个资产的最新权重比例，模拟出该投资组合在压力期间的日收益金额。

定义 $\tilde{R}_{it}$ 表示第 i 个资产在选定压力期间的第 t 个交易日的收益率，并且假设当前的投资组合最新市值用 S_p 表示，第 i 个资产最新权重用 w_i 表示，参照6.3节历史模拟法的做法，模拟在压力期间第 t 个交易日（$1 \leqslant t \leqslant 250$）投资组合的收益 $\Delta \tilde{S}_{pt}$，表达式如下：

$$\Delta \tilde{S}_{pt} = \sum_{i=1}^{M} w_i \tilde{R}_{it} S_p \qquad (\text{式} 6\text{-}11)$$

然后，将模拟出的250个交易日投资组合收益金额由大到小进行排序，从而形成一个基于压力期间的投资组合收益分布，具体如下：

第1位　　收益金额最大值（正数）

第2位　　收益金额排第2的值（正数）

第3位　　收益金额排第3的值（正数）

$\vdots$

第237位　　收益金额排第237的值（负数）

第238位　　收益金额排第238的值（负数）

$\vdots$

第247位　　收益金额排第247的值（负数）

第248位　　收益金额排第248的值（负数）

$\vdots$

第250位　　收益金额最小值（负数）

当需要测算持有期为1天、置信水平为95%的压力风险价值时，选取第238位的收益金额（对应于收益分布中的5%分位数）或者第237位、238位收益金额的平均值，取绝对值以后就是对应的压力风险价值。当需要测算持有期为1天、置信水平为99%的压力风险价值时，可以选取第248位的收益金额（对应于收益分布中的1%分位数）或者第247位、248位收益金额的平均值，然后取绝对值就是压力风险价值。

下面通过一个示例具体演示测度压力风险价值的完整过程。

2. 一个示例

【例6-5】　沿用例6-1的投资组合信息，计算该投资组合的压力风险价值。首先需要选择一个有代表性的压力期间。回顾过去10年，发生在A股市场的极端事件包括2015年6月发生并持续数月的股市重挫以及2016年1月初的股市熔断机制。据此，将2015年6月15日股市重挫发生的第1个交易日作为压力期间的起始日，将2016年1月7日熔断机制叫停作为压力期间的结束日，一共140个交易日。在压力期间，无论是上证指数、深证成指还是中小板综指、创业板综指，累积跌幅均在40%左右，A股的大幅下挫也波及了中国香港股市，同期的恒生指数也下跌超过25%。相关指数具体下跌数据见表6-3。

表6-3　2015年6月15日至2016年1月7日压力期间A股及港股的主要指数跌幅

股票市场	股票指数名称	指数代码	期间累积涨跌幅
A股市场	上证指数	000001	−39.5124%
	深证成指	399001	−40.5453%
	中小板综指	399101	−37.7665%
	创业板综指	399102	−38.3291%
港股市场	恒生指数	HSI	−25.4658%

数据来源：上海证券交易所、深圳证券交易所、香港交易所。

下面，运用Python计算持有期为10天、置信水平分别为95%和99%的投资组合压力风险价值。编程过程分为2个步骤。

第1步：导入存放压力期间各资产日收盘价或基金净值数据的Excel文件，计算压力期间投资组合的日收益时间序列并且进行可视化（见图6-8）。具体的代码如下：

```
In [58]: P_stress=pd.read_excel(io='C:/Desktop/压力期间资产的日价格数据.xlsx', sheet_name='Sheet1',
header=0,index_col=0) #导入外部数据

In [59]: P_stress.index=pd.DatetimeIndex(P_stress.index)          #将数据框索引转为Datetime类型

In [60]: R_stress=np.log(P_stress/P_stress.shift(1))          #计算日收益率
    ...: R_stress=R_stress.dropna()                           #删除缺失的数据

In [61]: profit_stress=np.dot(R_stress,MV_asset)          #压力期间投资组合日收益（变量MV_asset在
例6-2已设定）

In [62]: profit_stress=pd.DataFrame(data=profit_stress,index=R_stress.index,columns=['压力
期间的日收益']) #转换为数据框
    ...: profit_stress.describe()                           #查看描述性统计指标
Out[62]:
         压力期间的日收益
count  1.390000e+02
mean  -2.136162e+07
std    2.164210e+08
min   -7.256182e+08
25%   -1.158392e+08
50%   -1.108159e+07
75%    8.190391e+07
max    6.772301e+08

In [63]: profit_zero=np.zeros_like(profit_stress)          #创建压力期间收益为0的数组
    ...: profit_zero=pd.DataFrame(data=profit_zero,index=profit_stress.index) #转换为数据框

In [64]: plt.figure(figsize=(9,6))
    ...: plt.plot(profit_stress,'b-',label='压力期间投资组合的日收益')
    ...: plt.plot(profit_zero,'r-',label='收益等于0',lw=2)
    ...: plt.xlabel('日期',fontsize=12)
```

```
...: plt.xticks(fontsize=13)
...: plt.ylabel('收益（元）',fontsize=12)
...: plt.yticks(fontsize=12)
...: plt.title('压力期间投资组合的日收益表现',fontsize=12)
...: plt.legend(fontsize=12)
...: plt.grid()
...: plt.show()
```

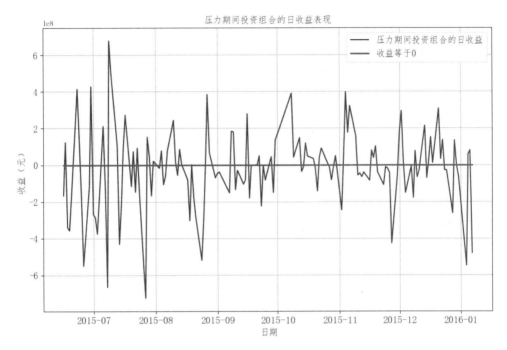

图6-8 压力期间投资组合的日收益表现

从以上的内容中可以看到，在压力期间投资组合的平均日亏损金额高达约2136.16万元，期间的日最大亏损约为7.26亿元，并且在压力期间投资组合的亏损天数要多于盈利天数。

第2步：根据压力期间投资组合的日收益时间序列，计算压力风险价值。具体的代码如下：

```
In [65]: SVaR95_1day=np.abs(profit_stress.quantile(q=1-X1)) #持有期1天、置信水平95%的压力风险价值
   ...: SVaR99_1day=np.abs(profit_stress.quantile(q=1-X2)) #持有期1天、置信水平99%的压力风险价值
   ...: SVaR95_1day=float(SVaR95_1day)          #转换为浮点型数据类型
   ...: SVaR99_1day=float(SVaR99_1day)
   ...: print('持有期1天、置信水平95%的压力风险价值（元）',round(SVaR95_1day,2))
   ...: print('持有期1天、置信水平99%的压力风险价值（元）',round(SVaR99_1day,2))
持有期1天、置信水平95%的压力风险价值（元） 427655870.34
持有期1天、置信水平99%的压力风险价值（元） 621685429.28

In [66]: SVaR95_10day=np.sqrt(D2)*SVaR95_1day        #持有期10天、置信水平95%的压力风险价值
   ...: SVaR99_10day=np.sqrt(D2)*SVaR99_1day        #持有期10天、置信水平99%的压力风险价值
   ...: print('持有期10天、置信水平95%的压力风险价值',round(SVaR95_10day,2))
   ...: print('持有期10天、置信水平99%的压力风险价值',round(SVaR99_10day,2))
持有期10天、置信水平95%的压力风险价值 1352366605.01
持有期10天、置信水平99%的压力风险价值 1965941944.65
```

通过第2步的代码运算结果，可以得出这样的结论：在2015年6月15日至2016年1月7日的压力期间，持有期10天、置信水平95%的压力风险价值达到约13.52亿元，相同持有期、置信水平99%的压力风险价值更是高达约19.66亿元，均远高于正常条件下测算的风险价值。

6.6 预期损失

针对风险价值无法有效捕捉投资组合的尾部风险这一缺陷，除了测算压力风险价值以外，还可以通过测算投资组合的预期损失来弥补，因此本节将对预期损失展开讨论。

6.6.1 预期损失的介绍

为了便于直观理解到底什么是预期损失，下面来看一个虚构的对话场景。

一家金融机构的首席风险官正在向董事会汇报公司面临的风险，提到有95%的把握公司投资组合在未来10个交易日内最大亏损不会超过5000万元（即风险价值是5000万元）。

董事会主席对此提出了一个问题："我想知道在未来的10个交易日内，公司投资组合的极端损失超过5000万元的风险价值，这个极端损失的平均值会有多大。"

首席风险官很自信地回答："经过我们严格的量化测算，主席您提到的这个极端损失的平均值是7500万元。换而言之，在5%的尾部区间内，公司投资组合的平均损失就是7500万元。"

在以上的场景中，首席风险官提到的7500万元就是持有期为10天、置信水平为95%的预期损失。

1. 定义与实践

预期损失（expected shortfall，ES），也称为**条件风险价值**（Conditional Value at Risk，CVaR）、**条件尾部期望**（conditional tail expectation）或**尾部损失**（tail loss），是指在给定置信水平下，投资组合在未来若干交易日内超过风险价值的损失期望值；换而言之，预期损失也可以理解为在尾部区间内，投资组合损失的平均值。由于预期损失用于衡量尾部风险，因此与风险价值相比，预期损失更容易受到收益分布尾部形状的影响。

早在2012年5月，巴塞尔委员会对外发布的《交易账户的基本审查（征求意见稿）》[*Fundamental Review of the Trading Book*（*Consultative Document*）]就提出，考虑到风险价值在捕捉尾部风险方面的不足，需要考虑其他的风险工具，并且特别提到了预期损失。2016年1月，巴塞尔委员会公布的新版《市场风险最低资本要求》（*Minimum Capital Requirements for Market Risk*），就明确提出从风险价值向测度压力风险的预期损失转换，使用预期损失有助于更谨慎地捕捉尾部风险，同时也有助于确保在金融市场极端情形下资本充足。

2. 一般化的数学表达式

假定投资组合的置信水平 X、持有期为 N 天的风险价值用 VaR 表示；y 代表投资组合在持有期内的收益金额，如果是盈利，y 就是正数，如果是亏损，则 y 是负数；$f(\cdot)$ 代表收益的概率密度函数；$F(\cdot)$ 则表示收益的累积概率分布函数。代表置信水平 X、持有期为 N 天的预期损失 ES 有如下的一般表达式：

$$ES = -E\left(y|y < -VaR\right)$$

$$= -\frac{\int_{-\infty}^{-VaR} yf\left(y\right)\mathrm{d}y}{F\left(-VaR\right)} \qquad （式6\text{-}12）$$

$$= -\frac{\int_{-\infty}^{-VaR} yf\left(y\right)\mathrm{d}y}{1 - X}$$

需要注意的是，等号右边的式子前面需要加上负号，这是为了确保计算得出的预期损失值是一个正数。从（式6-12）可以看到，预期损失是一个条件期望值。

此外，需要注意的是，当投资组合的收益 y 服从不同的分布类型（比如正态分布、学生氏分布等）时，概率密度函数 $f(\cdot)$ 会有不同的表达式，从而对应的预期损失就会有不同的解析表达式。下面以正态分布为例进行介绍。

3. 基于正态分布的数学表达式

假定投资组合的收益 y 服从均值为 μ_{p}、标准差为 σ_{p} 的正态分布，可以得到如下的概率密度函数：

$$f\left(y\right) = \frac{1}{\sqrt{2\pi}\sigma_{\mathrm{p}}}\mathrm{e}^{-\frac{\left(y-\mu_{\mathrm{p}}\right)^2}{2\sigma_{\mathrm{p}}^2}} \qquad （式6\text{-}13）$$

通过推导，可以得到置信水平 X、持有期为 N 天的预期损失 ES 的表达式如下[①]：

$$ES = \frac{N\left[\varPhi^{-1}\left(1-X\right)\right]}{1-X}\sigma_{\mathrm{p}} - \mu_{\mathrm{p}} \qquad （式6\text{-}14）$$

其中，$N(\cdot)$ 是标准正态分布的概率密度函数，$\varPhi^{-1}(\cdot)$ 是标准正态分布的分位点函数（即标准正态分布累积概率分布函数的逆函数）。此外，投资组合的收益均值 μ_{p} 与标准差 σ_{p} 通常是运用过去某个期间的数据计算得到的。

4. 历史模拟法

当然，预期损失也可以运用历史模拟法进行计算，计算的思路与6.3节测算风险价值的历史模拟法相同。

假设由 M 个资产构建投资组合，采用这 M 个资产过去1000个交易日的收益率数据，同时依据投资组合的当前市值以及 M 个资产的最新权重比例，模拟出该投资组合在过去1000个交易日的每日收益金额，该金额大于零就表示盈利，小于零则表示亏损。

将这1000个交易日的投资组合收益金额由大到小进行排序，从而形成一个基于过去1000个交易日的投资组合收益分布，具体如下：

---

① 关于完整的推导过程，感兴趣的读者可以阅读论文 K. Valentyn. *Conditional Value-at-Risk for Elliptical Distributions.* *Evropský časopis ekonomiky a managementu,* 2016, Volume 2, Issue 6, 70-79.

第1位　　收益金额最大值（正数）

第2位　　收益金额排第2的值（正数）

第3位　　收益金额排第3的值（正数）

⋮

第950位　　收益金额排第950的值（负数）

⋮

第990位　　收益金额排第990的值（负数）

⋮

第1000位　　收益金额最小值（负数）

如果计算持有期为1天、置信水平为95%的预期损失，就针对第950位之后的收益金额取平均值，考虑到是负数，因此取绝对值以后就是对应的预期损失；如果计算持有期为1天、置信水平为99%的预期损失，则针对第990位之后的收益金额取平均值，同样取绝对值以后就能得出相应的预期损失结果。

5. 平方根法则

与测算风险价值相类似的是，在预期损失的实践中，风险管理者通常先测算出某个置信水平并且持有期为1天的预期亏损（即1天 ES）。然后，参照6.1.1小节提到的平方根法则，计算相同置信水平并且持有期为 N 天的预期损失（ N 天 ES ），相关的等式如下：

$$N\text{天}ES = 1\text{天}ES \times \sqrt{N} \qquad\qquad (式6\text{-}15)$$

6.6.2 具体的运用

1. Python自定义函数

为了便于计算预期损失，通过Python自定义相关的函数。首先，自定义一个基于收益服从正态分布并测算预期损失的函数，需要用到在SciPy的子模块stats中，测算正态分布的概率密度函数norm.pdf以及分位点函数norm.ppf。相关的代码如下：

```
In [67]: def ES_Normal(Value,Rp,Vp,X,N):
    ...:     '''基于收益服从正态分布并测算预期损失的函数
    ...:     Value: 投资组合的最新市值；
    ...:     Rp: 投资组合日平均收益率；
    ...:     Vp: 投资组合收益率的日波动率；
    ...:     X: 置信水平；
    ...:     N: 持有期（天）'''
    ...:     from scipy.stats import norm              #从Scipy子模块stats导入norm
    ...:     from numpy import sqrt                    #从NumPy模块导入sqrt函数
    ...:     mu=Value*Rp                               #计算投资组合收益的期望值
    ...:     sigma=Value*Vp                            #计算投资组合收益的标准差
    ...:     ES_1day=sigma*norm.pdf(norm.ppf(q=1-X))/(1-X)-mu  #持有期1天的预期损失
```

```
         ...:     ES_Nday=sqrt(N)*ES_1day                    #持有期N天的预期损失
         ...:     return ES_Nday
```

在以上自定义函数 ES_Normal 中，输入投资组合的最新市值、日平均收益率、日波动率、置信水平以及持有期等参数，就可以测算得出收益基于正态分布的投资组合预期损失。

接着，自定义一个运用历史模拟法测算预期损失的函数。相关的代码如下：

```
In [68]: def ES_History(Value,W,R_list,X,N):
    ...:     '''测算基于历史模拟法预期损失的函数
    ...:     Value: 投资组合的最新市值；
    ...:     W: 投资组合每个资产的最新权重，以数组结构输入；
    ...:     R_list: 投资组合每个资产的日收益率时间序列，以数据框结构输入；
    ...:     X: 置信水平；
    ...:     N: 持有期（天）'''
    ...:     #为了便于更好地理解代码的撰写逻辑，整个代码分为两步：
    ...:     #第1步：测算风险价值
    ...:     Value_asset=Value*W                          #每个资产最新市值的数组
    ...:     profit_past=np.dot(R_list,Value_asset)       #模拟投资组合过去的日收益
    ...:     profit_past=pd.DataFrame(data=profit_past,index=R_list.index,
    ...:                    columns=['投资组合日收益'])   #转为数据框
    ...:     VaR_1day=np.abs(profit_past.quantile(q=1-X)) #持有期1天的风险价值
    ...:     VaR_1day=float(VaR_1day)                      #转换为浮点型数据类型
    ...:     #第2步：测算预期损失
    ...:     loss_tail=profit_past[profit_past['投资组合日收益']<-VaR_1day] #尾部亏损金额
    ...:     ES_1day=np.abs(loss_tail.mean())             #持有期1天的预期损失
    ...:     ES_1day=float(ES_1day)                        #转为浮点型数据类型
    ...:     ES_Nday=np.sqrt(N)*ES_1day                   #持有期N天的预期损失
    ...:     return ES_Nday
```

在以上自定义函数 ES_History 中，输入投资组合的最新市值、资产的最新权重、资产过往的日收益率、置信水平以及持有期等参数，就可以高效地运用历史模拟法测算出投资组合的预期损失。

下面，就通过一个具体示例讲解如何测算投资组合的预期损失。

2. 一个示例

【例6-6】 沿用例6-1的投资组合信息，计算该投资组合的预期损失。在测算预期损失的过程中，运用以下两种不同的方法。

一是假定投资组合的日收益服从正态分布，其中，投资组合日收益的期望值与标准差均通过2020年至2022年期间的日收益数据进行测算。

二是采用历史模拟法，并且运用2020年至2022年期间投资组合每个资产的日收盘价或基金净值数据。

下面，借助Python测算持有期分别是1天和10天、置信水平依次为95%和99%的预期损失，同时在编程过程中需要运用在例6-1已设定的一些变量。具体的编程分为两个步骤。

第1步：运用自定义函数 ES_Normal，测算投资组合的日收益服从正态分布条件下投资组合的预期损失。相关代码如下：

```
In [69]: ES95_1day_norm=ES_Normal(Value=MVp,Rp=Rp_mean,Vp=Vp_daily,X=X1,N=D1)  #持有期1天、
置信水平95%的预期损失
```

```
    ...: ES99_1day_norm=ES_Normal(Value=MVp,Rp=Rp_mean,Vp=Vp_daily,X=X2,N=D1)   #持有期1天、置
信水平99%的预期损失
    ...: print('收益服从正态分布条件下持有期1天、置信水平95%的预期损失(元)', round(ES95_1day_norm,2))
    ...: print('收益服从正态分布条件下持有期1天、置信水平99%的预期损失(元)', round(ES99_1day_norm,2))
收益服从正态分布条件下持有期1天、置信水平95%的预期损失（元） 295157678.26
收益服从正态分布条件下持有期1天、置信水平99%的预期损失（元） 380765343.37

In [70]: ES95_10day_norm=ES_Normal(Value=MVp,Rp=Rp_mean,Vp=Vp_daily,X=X1,N=D2) #持有期10天、
置信水平95%的预期损失
    ...: ES99_10day_norm=ES_Normal(Value=MVp,Rp=Rp_mean,Vp=Vp_daily,X=X2,N=D2) #持有期10天、
置信水平99%的预期损失
    ...: print('收益服从正态分布条件下持有期10天、置信水平95%的预期损失(元)', round(ES95_10day_norm,2))
    ...: print('收益服从正态分布条件下持有期10天、置信水平99%的预期损失(元)', round(ES99_10day_norm,2))
收益服从正态分布条件下持有期10天、置信水平95%的预期损失（元） 933370532.18
收益服从正态分布条件下持有期10天、置信水平99%的预期损失（元） 1204085739.12
```

通过以上的代码输出结果可以看到，在置信水平95%、持有期10天的情况下，预期损失的金额达到约9.33亿元，这就意味着从理论上讲，在未来10个交易日内，100亿元市值的投资组合在5%尾部区域的亏损期望值是约9.33亿元。同样，在置信水平99%、持有期10天的情况下，预期损失提高至约12.04亿元，这说明在未来10个交易日内，在1%尾部区域投资组合的亏损期望值达到约12.04亿元。

第2步：运用自定义函数ES_History，测算基于历史模拟法的投资组合预期损失。相关代码如下：

```
In [71]: ES95_1day_history=ES_History(Value=MVp,W=W_asset,R_list=R_asset,X=X1,N=D1) #持有期
1天、置信水平95%的预期损失
    ...: ES99_1day_history=ES_History(Value=MVp,W=W_asset,R_list=R_asset,X=X2,N=D1) #持有期1
天、置信水平99%的预期损失
    ...: print('通过历史模拟法测算持有期1天、置信水平95%的预期损失(元)', round(ES95_1day_history,2))
    ...: print('通过历史模拟法测算持有期1天、置信水平99%的预期损失(元)', round(ES99_1day_history,2))
通过历史模拟法测算持有期1天、置信水平95%的预期损失（元） 342987298.05
通过历史模拟法测算持有期1天、置信水平99%的预期损失（元） 498698378.13

In [72]: ES95_10day_history=ES_History(Value=MVp,W=W_asset,R_list=R_asset,X=X1,N=D2) #持有
期10天、置信水平95%的预期损失
    ...: ES99_10day_history=ES_History(Value=MVp,W=W_asset,R_list=R_asset,X=X2,N=D2) #持有期
10天、置信水平99%的预期损失
    ...: print('通过历史模拟法测算持有期10天、置信水平95%的预期损失（元)', round(ES95_10day_history,2))
    ...: print('通过历史模拟法测算持有期10天、置信水平99%的预期损失（元)', round(ES99_10day_history,2))
通过历史模拟法测算持有期10天、置信水平95%的预期损失（元） 1084621070.34
通过历史模拟法测算持有期10天、置信水平99%的预期损失（元） 1577022740.31
```

将第2步的代码输出结果与第1步的进行比较可以很清楚地看到，通过历史模拟法得到的投资组合预期损失要显著高于收益服从正态分布条件下的预期损失。

6.6.3　比较风险价值与预期损失

表6-4展示了本章例6-1至例6-6（不含例6-4）运用不同方法计算得到的风险价值、压力风险价值以及预期损失（保留至小数点后4位）。

表6-4　风险价值、压力风险价值与预期损失的数值结果　　（单位：亿元）

类型	方法	持有期1天置信水平95%	持有期1天置信水平99%	持有期10天置信水平95%	持有期10天置信水平99%
风险价值	方差-协方差法	2.3579	3.3262	7.4562	10.5183
	历史模拟法	2.3149	3.9398	7.3204	12.4587
	蒙特卡罗模拟法（学生氏分布）	2.6306	4.0141	8.3188	12.6938
	蒙特卡罗模拟法（标准正态分布）	2.3565	3.3101	7.4520	10.4675
压力风险价值	历史重现法	4.2766	6.2169	13.5237	19.6594
预期损失（条件风险价值）	基于正态分布	2.9516	3.8077	9.3337	12.0409
	历史模拟法	3.4299	4.9870	10.8462	15.7702

通过对比表6-4中的数据，可以得出以下3个富有意义的结论。

第一，压力风险价值的数值结果是最大的，其次是基于历史模拟法的预期损失，其余模型所给出的数值结果在大小排序上会因为置信水平的不同而有所差异，例如在置信水平95%的情况下，历史模拟法的风险价值会小于方差-协方差法，但是在置信水平99%的情况下，历史模拟法的风险价值则大于方差-协方差法。

第二，方差-协方差法测算的风险价值与基于标准正态分布的蒙特卡罗模拟法测算出的结果非常相近，原因就在于这两者都以正态分布作为假设。

第三，当置信水平设定为99%时，基于学生氏分布的蒙特卡罗模拟法测算出的风险价值与历史模拟法得到的结果是比较接近的，表明在捕捉尾部风险时这两种方法的作用相近。

6.7　信用风险价值

至此，本章所阐述的风险价值模型主要用于测量股价、利率、汇率、商品价格等市场变量波动而引发的市场风险，除了市场风险以外，金融机构面临的另一个重要风险是信用风险。因此，本节将探讨如何将风险价值运用于信用风险管理，在讨论的过程中将涉及违约相关性、高斯copula模型以及相关性结构等内容。

6.7.1　违约相关性

1. 概念

违约相关性（default correlation）用于描述两家公司同时违约的倾向。影响违约相关性的一些常见因素如下。

一是**宏观经济因素**。不利的经济环境一般会造成在某些年份内的平均违约率高于其他年份，比如在金融危机爆发的2008年，全球企业的违约率就显著高于其他年份。

二是**行业因素和区域因素**。处于同一行业或位于同一地域的公司往往会受同样的外界因素影响，因此这些公司可能会同时遭遇财务困难。

三是**违约风险的传染性**。比如，在一个覆盖采购、生产、销售等环节的供应链中，一家大型核心生产商出现违约，就很可能会波及该供应链上下游公司，这就是**信用传染效应**（credit contagion effect）。

违约相关性的存在意味着信用风险不能够通过投资组合的方式被完全分散掉，因此当投资组合与多个交易对手有关时，违约相关性将是决定投资组合违约损失概率分布的重要因素。

2. 模型分类

在实践中，描述违约相关性通常有两类模型，一类是**简约模型**（reduced form models），另一类是**结构化模型**（structural models）。

在简约模型中，往往假定不同公司的违约概率服从国内生产总值（GDP）、消费价格指数（CPI）等一些宏观经济变量的随机过程。例如，A公司和B公司处于同一行业并且还在同一个国家经营，或者由于某种原因A公司的财务状态与B公司的财务状态息息相关时，这两家公司会面临较高的违约相关性。简约模型的逻辑和数学形式很吸引人，并且能够反映经济周期与违约相关性的因果关系；主要缺点是部分宏观经济变量的观测频次较低，比如GDP数据是每季度对外公布，CPI数据是每月对外公布，从而导致模型的敏捷性不足。

结构化模型类似于5.1节讨论的默顿模型，也就是当公司的企业价值低于一定水平时，认为公司就会违约。在结构化模型中，A公司和B公司之间的违约相关性可以通过A公司企业价值所服从的随机过程与B公司企业价值所服从的随机过程之间的相关关系进行描述。结构化模型的主要优点是可以测算得出任意大小的违约相关系数，并且灵敏度较高；主要缺点是模型的适用范围受限，比如针对未上市的公司运用结构化模型可能就不是最优的选择。

目前，一种比较流行的工具是**高斯联结相依模型**（简称"**高斯copula模型**"），该模型主要用于测度违约时间，下面就展开具体讨论。

6.7.2 违约时间的高斯copula模型

在高斯copula模型中，假设所有的公司最终都会违约，并试图通过任意两家公司违约时间的概率分布定量地描述违约相关性。该模型既可以用于现实世界，也可以用于风险中性世界。

1. 两家公司的情形

首先来考虑两家公司这一最简单的情形。定义 t_1 为第1家公司的违约时间，t_2 为第2家公司的违约时间。如果 t_1 和 t_2 服从正态分布，就可以假设 t_1 和 t_2 的联合分布服从二元正态分布。但是公司的违约时间并不服从正态分布，这正是引入高斯copula模型的原因。

将 t_1 和 t_2 通过以下变换而转换为两个新的变量 x_1 和 x_2，具体如下：

$$x_1 = N^{-1}\left[C_1(t_1)\right] \tag{式6-16}$$

$$x_2 = N^{-1}\left[C_2(t_2)\right] \tag{式6-17}$$

其中，C_1 和 C_2 分别是 t_1 和 t_2 的累积违约概率函数，$N^{-1}(\cdot)$ 代表标准正态分布累积分布函数的反函数，即分位点函数；并且根据累积违约概率的公式可以得到以下等式：

$$C_1(t_1) = 1 - e^{-\lambda_1 t_1} \tag{式6-18}$$

$$C_2(t_1) = 1 - e^{-\lambda_2 t_2} \qquad （式6-19）$$

其中，λ_1代表第1家公司的连续复利年化违约概率（违约密度），λ_2代表第2家公司的连续复利年化违约概率。以上变换的实质就是分位数与分位数之间的映射。比如，变量t_1概率分布上1%的分位数被转换为$x_1 = -2.326$，这恰好是标准正态分布上1%的分位数；t_1概率分布上5%的分位数被转换为$x_1 = -1.645$，这正是标准正态分布上5%的分位数；依此类推。变量t_2与x_2之间的转换关系与此类似。

新的变量x_1和x_2将满足以下两个假设：一是x_1和x_2都服从均值为0、方差为1的标准正态分布；二是x_1和x_2之间服从二元正态分布。使用以上两个假设就会很方便，因为t_1和t_2的联合概率分布完全由t_1和t_2的累积违约概率函数C_1和C_2以及一个相关系数进行定义。

2. 推广至 n 家公司

高斯copula模型的优势在于该模型适用于被推广到多个公司的情形。假定考虑n家公司，第i家公司的违约时间为t_i，将t_i转换为一个服从标准正态分布的新变量x_i，这里采用的映射就是分位数与分位数之间的映射，具体表达式如下：

$$x_i = N^{-1}\left[C_i(t_i)\right] \qquad （式6-20）$$

其中C_i为t_i的累积违约概率函数，（式6-20）与（式6-16）和（式6-17）类似，同时假设变量x_i服从多元正态分布。由此可以推广得出，t_i与t_j之间的相关性可以由x_i与x_j之间的相关性定义，这就叫作**联结相依相关性**（即copula相关性）。

当然，在日常的金融实践中，t_i与t_j之间的 copula相关系数可以通过第i家公司的股票收益率和第j家公司的股票收益率之间的相关系数近似表示。

总结而言，高斯copula模型常常用于描述不服从正态分布的随机变量（原变量）之间的相关性结构。虽然原变量本身不满足多元正态分布，但是对每个原变量进行变换后的新变量则可以满足多元正态分布，从而为后续的信用风险价值计量铺平道路。

6.7.3　基于因子的相关性结构

1. 一般形式

在高斯copula模型中，为了避免对每两个变量x_i与x_j之间定义不同的相关系数，可以采用单因子模型，抽象的表达式如下：

$$x_i = a_i F + \sqrt{1 - a_i^2}\, Z_i \qquad （式6-21）$$

在（式6-21）中，F是影响所有公司违约状态的共同因子（比如GDP增速），Z_i则是仅影响第i家公司违约状态的特殊因子（比如公司的资产负债率），F与Z_i相互独立并且均服从标准正态分布；同时，Z_i与Z_j之间也是相互独立的，这里$i \neq j$。参数a_i是处于区间[-1,1]的一个常数，在金融实践中，参数a_i可通过第i家公司的股票收益率与一个分散程度较高的股票指数收益率之间的相关系数来近似描述。

根据相关系数的计算公式并结合（式6-21），就可以得到变量x_i与x_j之间的相关系数等于$a_i a_j$。

此外，假定第i家公司在T时刻之前违约的概率为$C_i(T)$。在高斯copula模型下，当满足如下条件时，第i家公司在T时刻之前将发生违约：

$$N(x_i) < C_i(T) \qquad (式6\text{-}22)$$

（式6-22）还可以写成如下的表达式：

$$x_i < N^{-1}\left[C_i(T)\right] \qquad (式6\text{-}23)$$

为了更好地理解（式6-23），举一个简单的例子进行说明。假定第i家公司在未来1年内的累积违约概率等于1%，当$x_i < N^{-1}(1\%) = -2.33$时，表明公司将在未来1年内违约；相反，当$x_i > -2.33$时，则意味着公司不会在未来1年内违约。

将（式6-21）代入（式6-23）并经过适当调整，就可以得到如下不等式：

$$Z_i < \frac{N^{-1}\left[C_i(T)\right] - a_i F}{\sqrt{1-a_i^2}} \qquad (式6\text{-}24)$$

前面提到Z_i服从标准正态分布，将（式6-24）两边的因子式同时放入标准正态分布累积分布函数$N(\cdot)$，第i家公司在T时刻之前发生违约的条件就可以转化成如下的不等式：

$$N(Z_i) < N\left(\frac{N^{-1}\left[C_i(T)\right] - a_i F}{\sqrt{1-a_i^2}}\right) \qquad (式6\text{-}25)$$

（式6-25）小于符号的右边就是一个概率，而且可以理解为在给定F值的条件下第i家公司在T时刻之前违约的概率（条件概率），因此就可以写成如下的等式：

$$C_i(T|F) = N\left(\frac{N^{-1}\left[C_i(T)\right] - a_i F}{\sqrt{1-a_i^2}}\right) \qquad (式6\text{-}26)$$

其中，$C_i(T|F)$就是一个条件概率。

2. 特殊形式

单因子高斯copula模型的一种特殊形式是假定所有公司的违约概率分布均相同，并且x_i与x_j之间相关系数也相同（$i \neq j$）。

这种特殊形式用数学方式表达就是假定对所有的公司，存在$C_i(T) = C(T)$，并且具有相同且唯一的相关系数为ρ。前面提到过，变量x_i与x_j之间的相关系数等于$a_i a_j$，因此，针对所有的公司，就有$a_i = \sqrt{\rho}$。

综上，（式6-26）就可以简化为如下的等式：

$$C(T|F) = N\left(\frac{N^{-1}\left[C(T)\right] - \sqrt{\rho}F}{\sqrt{1-\rho}}\right) \qquad (式6\text{-}27)$$

6.7.4 信用风险价值的测度

有了前面讲解的概念以及数学知识作为铺垫，本小节就重点讨论如何对信用风险价值进行测度。

信用风险价值（credit VaR）的定义与前面讨论的市场风险价值是十分类似的，这里通过一个简单的例子加以说明。假定一家商业银行持有1万亿元的信贷资产组合，通过计算得到在未来1年内有99.9%的把握该信贷资产组合的信用损失将不会超出1000亿元，这就意味着在持有期1年、置信水平99.9%的条件下，该信贷资产组合的信用风险价值就等于1000亿元。需要注意的是，信用风险价值的持有期通常是年（比如1年），市场风险价值的持有期则是天（比如1天或10天）。

针对一个金额巨大并且笔数众多的信贷资产组合，组合中每笔贷款的信用风险均很相似，比如个人住房按揭贷款的信贷资产组合。为了便于分析，做出3个相等性的假设：一是每笔贷款的违约概率都是相等的，二是每两笔贷款之间的违约相关系数都是相等的，三是每笔贷款的违约回收率也是相等的。

1. 数学表达式

当采用违约时间的高斯copula模型时，就可以利用（式6-27）。由于式子中的 F 服从标准正态分布，所以对于一个给定的F值，可以得到如下不等式：

$$N(F) > N(1-X) \qquad (\text{式6-28})$$

其中，变量 X 是置信水平（比如取99.9%、99%等）。

将（式6-28）进行调整后就能得到以下的式子：

$$F > N^{-1}(1-X) = -N^{-1}(X) \qquad (\text{式6-29})$$

（式6-29）的两边同时取负号，就可以得到以下的不等式：

$$-F < N^{-1}(X) \qquad (\text{式6-30})$$

将（式6-30）代入（式6-27）中，就可以得到置信水平是X并且在未来 T 年内，违约概率不会超出阈值$V(T,X)$，具体表达式如下：

$$C(T|F) < V(X,T) = N\left(\frac{N^{-1}\left[C(T)\right] + \sqrt{\rho}N^{-1}(X)}{\sqrt{1-\rho}} \right) \qquad (\text{式6-31})$$

其中，ρ 代表任意两笔贷款之间的违约copula相关系数，$C(T)$ 表示在 T 时刻之前单笔贷款的累积违约概率。根据累积违约概率的公式，可以得到$C(T)$的表达式如下：

$$C(T) = 1 - \mathrm{e}^{-\lambda T} \qquad (\text{式6-32})$$

其中，λ 代表任意一家贷款主体的连续复利违约概率。

以上结果最早由奥尔德日赫·阿尔方斯·瓦希切克（Oldrich Alfons Vasicek）在1987年提出，因此也被称为 **Vasicek模型**。

因此，假定 L 代表信贷组合的总金额，R 代表信贷主体的违约回收率，针对持有期为 T 年、置信水平X的投资组合信用风险价值 CVaR，可以有以下的表达式：

$$\text{CVaR} = L(1-R)V(X,T) \qquad (\text{式6-33})$$

其中，$V(X,T)$ 就是（式6-31）中的违约概率阈值。

此外，每笔金额 L_i 的贷款对整个组合信用风险价值的贡献 $CVaR_i$ 的表达式如下：

$$\text{CVaR}_i = L_i(1-R)V(X,T) \qquad (\text{式6-34})$$

以上的信用风险价值模型不仅适用于信贷资产，也适用于债券等存在违约风险的固定收益类资产。

2. Python 自定义函数

通过 Python 自定义一个计算投资组合信用风险价值的函数，需要用到在 SciPy 的子模块 stats 中，测算正态分布的分位点函数 norm.ppf 以及累积分布函数 norm.cdf。具体的代码如下：

```
In [73]: def CVaR(L,R,Lambda,rou,T,X):
    ...:     '''测算投资组合信用风险价值的函数
    ...:     L: 投资组合的总金额；
    ...:     R: 投资组合中每个主体的违约回收率并且每个主体均相同；
    ...:     Lambda: 投资组合中每个主体连续复利的年化违约概率并且每个主体均相同；
    ...:     rou: 投资组合中任意两个主体之间的违约相关系数并且均相同；
    ...:     T: 信用风险价值的持有期（年）；
    ...:     X: 信用风险价值的置信水平'''
    ...:     from scipy.stats import norm          #导入SciPy子模块stats中的norm
    ...:     from numpy import exp,sqrt            #导入NumPy模块的exp和sqrt函数
    ...:     C=1-exp(-Lambda*T)                    #计算每个主体的累积违约概率
    ...:     V=norm.cdf((norm.ppf(C)+sqrt(rou)*norm.ppf(X))/sqrt(1-rou))  #计算阈值（式6-31）
    ...:     VaR=L*(1-R)*V                         #计算信用风险价值
    ...:     return VaR
```

在以上自定义函数 CVaR 中，输入投资组合的总金额、违约回收率、年化违约概率、违约相关系数、持有期和置信水平等参数，可以方便地计算出投资组合的信用风险价值。

下面通过一个示例具体演示关于信用风险价值的测算。

3. 一个示例

【例6-7】　假定 B 银行持有金额为 1000 亿元的信贷资产组合，该组合共涉及 2000 笔信贷资产并对应 2000 家不同的借款主体，经过测算以后发现每家借款主体的连续复利年化违约概率均为 2%，违约回收率均为 60%，违约相关系数等于 0.3。要求计算在持有期为 1 年、置信水平为 99.9% 的条件下，该信贷资产组合的信用风险价值。

此外，为了考查置信水平、违约概率和违约相关系数这 3 个重要变量对信用风险价值的影响，需要完成如下的 3 项敏感性分析工作。

一是当置信水平取在区间 [90%,99.9%] 的等差数列并且在其他变量取值保持不变的情况下，测算相应的信用风险价值；

二是当违约概率取在区间 [0.5%,5%] 的等差数列并且在其他变量取值保持不变的情况下，测算相应的信用风险价值；

三是当违约相关系数取在区间 [0.1,0.9] 的等差数列并且在其他变量取值保持不变的情况下，测算相应的信用风险价值。

下面运用 Python 完成以上的相关分析工作，具体编程分为如下的 4 个步骤。

第1步：输入相关参数并运用自定义函数 CVaR，测度持有期为 1 年、置信水平为 99.9% 的信用风险价值。相关代码如下：

```
In [74]: T_CVaR=1                  #信用风险价值的持有期（年）
    ...: X_CVaR=0.999              #信用风险价值的置信水平
    ...: L_port=1e11               #信贷资产组合的总金额
    ...: recovery=0.6              #每家借款主体的违约回收率
    ...: PD=0.02                   #每家借款主体的违约概率
    ...: corr=0.3                  #任意两家借款主体之间的违约相关系数
```

```
In [75]: credit_VaR=CVaR(T=T_CVaR,X=X_CVaR,L=L_port,R=recovery,Lambda=PD,rou=corr) #计算信
用风险价值
    ...: print('持有期1年、置信水平99.9%的信用风险价值（亿元）',round(credit_VaR/1e8,2))
    ...: print('信用风险价值占投资组合金额的比重',round(credit_VaR/L_port,4))
持有期1年、置信水平99.9%的信用风险价值（亿元） 132.48
信用风险价值占投资组合金额的比重 0.1325
```

通过以上的计算，可以得到整个投资组合信用风险价值约等于132.48亿元，并且占整个投资组合总金额的比重达到约13.25%。

第2步：置信水平取在区间[90%,99.9%]的等差数列时，计算相应的信用风险价值，并且将置信水平与信用风险价值的关系可视化（见图6-9）。相关代码如下：

```
In [76]: X_list=np.linspace(0.9,0.999,200)              #创建置信水平的等差数列并存放于数组
In [77]: CVaR_list1=CVaR(T=T_CVaR,X=X_list,L=L_port,R=recovery,Lambda=PD,rou=corr) #不同置
信水平的信用风险价值
In [78]: plt.figure(figsize=(9,6))
    ...: plt.plot(X_list,CVaR_list1,'r-',lw=2)
    ...: plt.xlabel('置信水平',fontsize=12)
    ...: plt.xticks(fontsize=12)
    ...: plt.ylabel('信用风险价值（元）',fontsize=12)
    ...: plt.yticks(fontsize=12)
    ...: plt.title('置信水平与信用风险价值的关系',fontsize=12)
    ...: plt.grid()
    ...: plt.show()
```

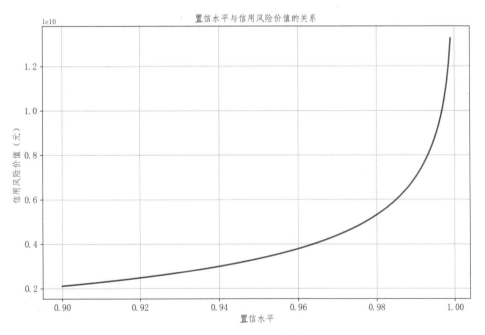

图6-9 置信水平与信用风险价值的关系

从图6-9可以看到，随着置信水平提高，信用风险价值的金额增大；同时存在着加速效应，也就是当置信水平超过98%时，信用风险价值会快速上升，表现为图中的曲线十分陡峭。

第3步：违约概率取在区间[0.5%,5%]的等差数列时，计算相应的信用风险价值，并且将违

约概率与信用风险价值之间的关系可视化（见图6-10）。相关代码如下：

```
In [79]: PD_list=np.linspace(0.005,0.05,200)          #创建违约概率的等差数列并存放于数组
In [80]: CVaR_list2=CVaR(T=T_CVaR,X=X_CVaR,L=L_port,R=recovery,Lambda=PD_list,rou=corr) #
不同违约概率的信用风险价值
In [81]: plt.figure(figsize=(9,6))
   ...: plt.plot(PD_list,CVaR_list2,'m-',lw=2)
   ...: plt.xlabel('违约概率',fontsize=12)
   ...: plt.xticks(fontsize=12)
   ...: plt.ylabel('信用风险价值（元）',fontsize=12)
   ...: plt.yticks(fontsize=12)
   ...: plt.title('违约概率与信用风险价值的关系',fontsize=12)
   ...: plt.grid()
   ...: plt.show()
```

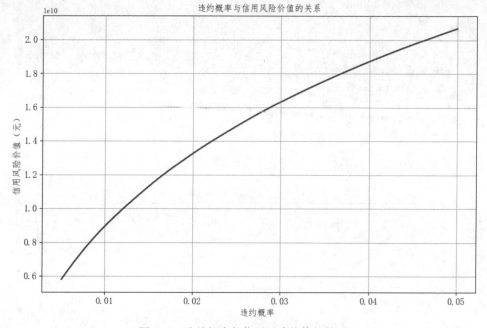

图6-10　违约概率与信用风险价值的关系

从图6-10可以看到，在投资组合中，每个借款主体的违约概率与整个组合信用风险价值之间存在着一种近似于线性的递增关系。

第4步：当违约相关系数取在区间[0.1.0.9]的等差数列时，计算相应的信用风险价值，并且将违约相关系数与信用风险价值的关系可视化（见图6-11）。相关代码如下：

```
In [82]: corr_list=np.linspace(0.1,0.9,200)          #创建违约相关系数的等差数列并存放于数组
In [83]: CVaR_list3=CVaR(T=T_CVaR,X=X_CVaR,L=L_port,R=recovery,Lambda=PD,rou=corr_list) #
不同违约相关系数的信用风险价值
In [84]: plt.figure(figsize=(9,6))
   ...: plt.plot(corr_list,CVaR_list3,'b-',lw=2)
   ...: plt.xlabel('违约相关系数',fontsize=12)
   ...: plt.xticks(fontsize=12)
   ...: plt.ylabel('信用风险价值（元）',fontsize=12)
   ...: plt.yticks(fontsize=12)
   ...: plt.title('违约相关系数与信用风险价值的关系',fontsize=12)
```

```
...: plt.grid()
...: plt.show()
```

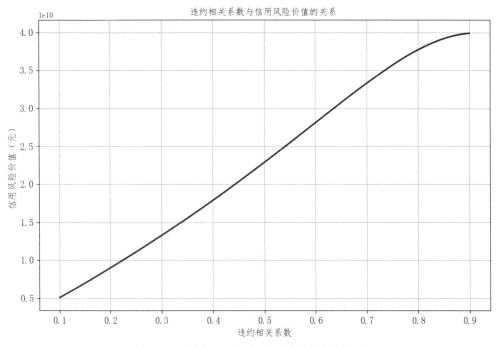

图6-11 违约相关系数与信用风险价值的关系

通过图6-11能够发现，在投资组合中，任意两个借款主体之间的违约相关系数与整个组合信用风险价值之间存在着一种近似于线性的递增关系。

在这里，本书的讲解就全部结束了。

6.8 本章小结

风险价值（VaR）是金融风险管理领域一个重要的工具，当然在运用风险价值的过程中，需要关注其本身的局限性。本章结合国内金融市场的7个示例并借助Python，重点探讨了关于风险价值的以下知识点。

（1）测度市场风险价值。在正常市场条件下，测度市场风险价值的方法包括方差-协方差法、历史模拟法以及蒙特卡罗模拟法这3种方法，其有各自的优劣势，并且所得到风险价值的数值也会存在差异。

（2）风险价值回溯检验。通过不同方法测算得到的风险价值结果与投资组合实际交易日发生的损益进行比较，从而检验风险价值模型的可靠性。通常以亏损金额超过风险价值的交易日天数占样本期间交易日天数的比重作为判断标准。

（3）测度压力风险价值。压力风险价值指通过历史模拟法测算在一定压力市场（极端市场）条件下的风险价值，选择的压力市场条件可以借鉴过往金融市场中已经出现过的极端市场条件。

（4）预期损失的计量。预期损失（条件风险价值）可用于捕捉投资组合的尾部风险，通常是指在给定置信水平下，投资组合在未来若干交易日内超过风险价值的损失期望值。在实践中，通常会假定收益服从正态分布或者运用历史模拟法。

（5）**测度信用风险价值**。信用风险价值用于测度信贷、债券等固定收益类资产组合的信用风险。在测度信用风险价值的过程中，需要测算出投资组合中单个资产的违约概率以及不同资产之间的违约相关性。

6.9　拓展阅读

本章的内容参考了以下资料，建议感兴趣的读者拓展学习。

（1）《VAR：风险价值——金融风险管理新标准》（作者菲利普·乔瑞），这本书是讨论风险价值的经典之作，其内容深入浅出并全面介绍了风险价值的背景、定义、衡量方法以及具体案例。

（2）《风险管理与金融机构（原书第 4 版）》（作者约翰·C. 赫尔），这本书是风险管理领域的权威之作，书中第 12 章至第 14 章对风险价值的建模方法做了比较详细的描述。

（3）在名为 "Probability of loss on a loan portfolio" 的论文中，作者奥尔德日赫·阿尔方斯·瓦希切克提出了对信用风险价值影响深远的 Vasicek 模型。该论文最早以工作论文形式在 1987 年对外公布，此后论文被 *Risk* 学术期刊接受并在该期刊 2002 年第 12 月期正式发表，论文标题调整为 "Loan Portfolio Value"（信贷组合价值）。